로스쿨 시대의 불법행위법

일러두기

* 법명이 없는 것은 민법 조문임.
* 이 책은 사법연수원에서 발간한 「특수불법행위법 연구」 및「손해배상소송」을 참조하였으며, 이 책에서 인용된 각종 서식들은「소장작성 매뉴얼 및 소송전략」(김덕원 著, 진원사, 2012),「최신 손해배상실무」(장종운 著, 진원사, 2011),「유형별 소장정리의 기술」(정병섭 著, 법률정보센타, 2009),「사례별 서식총람」, (정익군 著, 법률정보센타, 2012)을 참조하였음.

• 이 저서는 2012년도 전북대학교 저술장려비 지원에 의하여 연구되었음.

로스쿨 시대의 불법행위법

이은영 지음

전북대학교 출판문화원

로스쿨 시대의 불법행위법

지은이　이은영
펴낸이　서거석
펴낸곳　전북대학교 출판문화원

초판 1쇄 인쇄　2013년 12월 5일
초판 1쇄 발행　2013년 12월 10일

전북대학교 출판문화원
주　　소　전라북도 전주시 완산구 어진길 32 (풍남동2가)
내용문의　063) 219-5321~2
구입문의　063) 219-5321~2
팩　　스　063) 219-5323
출판등록　2012년 8월 20일 제465-2012-000021호

값 20,000원

ISBN 978-89-98534-06-6 93360

이 도서의 국립중앙도서관 출판시도서목록(CIP)은 서지정보유통지원시스템 홈페이지(http://seoji.nl.go.kr)와 국가자료공동목록시스템(http://www.nl.go.kr/kolisnet)에서 이용하실 수 있습니다.
(CIP제어번호 : CIP2013025323)

/머/리/말/

사법개혁의 과제로서 등장한 로스쿨 제도가 벌써 다섯 해를 맞았다. 로스쿨 시행 초기 법학교육 체계에 대한 여러 가지 시행착오도 있었지만, 지난 시간을 되짚어 보면 잘된 부분과 잘못된 부분을 평가하고 보다 나은 로스쿨에 대한 비전을 가질 수 있었다는 점에서 5년이란 시간은 학계나 실무계에 있어 매우 의미 있는 시간이었음은 분명한 것 같다.

법학교육과 관련하여, 교육현장에서 느낀 여러가지 중에서 특히 지나친 학설과 이론의 비중으로 정작 문제해결 방식과는 현실적인 괴리가 있음을 느꼈다. 이러한 괴리감은 실무가를 양성하는 로스쿨교육에 있어서는 실제 장벽이 되기도 하였다. 무엇보다, 학계에서든 실무계에서든 불법행위법의 중요도가 매우 큼에도 불구하고 로스쿨 체제에 맞는 서적 등이 많지 않음에 늘 아쉬움이 있었다. 이러한 아쉬움과 고민이 부족한 저자로 하여금 이 책을 집필하게 동기를 부여했으며 용기를 북돋아 주었다. 아울러 이러한 동기는 이 책의 주요한 특징이기도 하다.

전통적으로 불법행위법은 과실책임주의를 견지해온 반면에 현대사회에서는 과실 없는 손해 발생, 기업 및 정보화에 따른 손해의 대규모화, 구조적인 불평등의 심화 등의 특징을 갖는다. 또, 전통사회에서 불법행위법이 이미 발생한 위법행위의 결과처리에 초점을 맞추었다면, 현대사회에서 불법행위법은 사고예방과 지속가능한 개발에 중점을 둔다는 점에서 보다 미래지향적이다. 이처럼 전통적인 불법행위법과 이른바 현대형 불법행위법의 영역은 그 특징과 구제수단에 따라 이원화할 수 있으며, 특히 현대형 불법행위에서는 전통적인 법리만으로는 해결이 안되는 사례가 다수 있어 관련 특별법이나 해석론의 검토 필요성이 증대되었다.

이 점에 주목하여, 이 책은 불법행위법의 내용을 관련 법리 및 판례, 실무상의 운용 등으로 압축하여 이론, 판례, 실무의 연관관계를 유기적으로 접근하려고 노력하였다. 보다 구체적으로, 이 책의 체계는 먼저 불법행위법 영역을 전통사회와 현대사회로 구분하여, 제1편과 제2편에서는 불법행위법의 기초 및 불법행위법의 일반법인 민법상의 불법행위에 대해 살펴보았다. 그리고 제3편에서는 주로 특별법에 의해 규율되고 있는 현대형 불법행위에 대해 유형별로 관련 내용 및 법규 그리고 절차상의 구제수단 등 실무상의 운용 순으로 검토하였다. 내용적으로는, 각 단원에서 먼저 중요한 개념 및 법리에 대해 설명하고 요건 및 효과별로 주로 문제가 된 관련 판례 등을 통해 다시 구체적인 검토를 하였다. 또, 신청서나 답변서, 소장 등 실제 문제가 된 사안과 관련한 서식 및 내용을 단원마다 넣어 문제발생에서부터 문제해결에 이르기까지 절차적인 흐름을 자연스럽게 익히게 하였다. 다만, 주요판례에 대한 사실관계 및 하급심 판결 등은 지면의 한계상 다 싣지는 못하였는데 이러한 점은 강의시간 등을 통해 해결할 예정이다.

이 책은 그동안 유수한 민법학자들의 고민과 노고에 힘입어 이루어진 것이다. 이 자리를 빌어 다시 한번 감사의 말씀을 드리고 싶다. 그리고 이 책의 교정작업을 도와 준 강원표, 김윤호, 박은혜 로스쿨 원생들에게 고마움을 전한다. 마지막으로 오늘날까지 나를 나일수 있게 만들어준 사랑하는 가족과 나의 영원한 멘토 남편 세혁씨께 이 책을 바친다.

2013년 겨울의 시작 즈음
저자 이은영

/차/례/

제1편 불법행위법의 기초 / 13

제1장 불법행위법의 이념과 기능 / 15

제1절 불법행위법의 이념 / 15

1. 정의와 형평 / 18
2. 불법행위법에서 정의와 형평의 실현 / 20

제2절 불법행위법의 기능 / 20

1. 본질적 기능 : 손해 전보 / 20
2. 부수적 기능 : 예방 및 제재 / 21

제2장 불법행위책임과 관련 유사제도와의 비교 / 23

제1절 부당이득 / 23

1. 의의 / 23
2. 성립요건 및 효과 / 25

제2절 채무불이행책임 / 26

1. 의의 / 26
2. 성립요건 및 효과 / 27

제3절 사무관리 / 32

1. 의의 / 32
2. 성립요건 및 효과 / 32

제4절 물권적 청구권 / 33

1. 의의 / 33
2. 성립요건 및 효과 / 34

제2편 불법행위법 총론 / 37

제1장 불법행위책임의 발생 / 39

제1절 고의 또는 과실 / 39

1. 의의 / 39
2. 주요 판례 / 42

제2절 책임능력 / 46

1. 의의 / 46
2. 판단기준 및 증명책임 / 46

제3절 위법성 / 47

1. 의의 / 47
2. 위법성 조각사유 / 51
3. 주요 판례 / 54

제4절 손해 / 60

1. 의의 / 60
2. 주요 판례 / 64

제5절 인과관계 / 67

1. 의의 / 67
2. 주요 판례 / 70

제2장 불법행위책임의 내용 / 74

제1절 손해배상 / 74

1. 의의 / 74
2. 방법 / 77
3. 범위 / 78
4. 손해배상자 대위 / 89

제2절 손해배상의 조정 / 90

1. 과실상계 / 91
2. 손익상계 / 97
3. 제765조 배상액 경감청구 / 100
4. 형평칙에 의한 책임제한 / 103
5. 면책합의 / 106

제3절 금지청구 및 방해배제청구 등 / 109
1. 금지청구권 및 방해배제 · 예방 청구권 / 109
2. 명예회복에 적당한 처분 / 111

제3장 불법행위책임의 시효 / 113
제1절 소멸시효 의의 / 113
제2절 소멸시효 기산점 / 114
1. 의의 / 114
2. 주요 판례 / 116
제3절 관련 문제 / 120
1. 계속적 불법행위 및 후유증 / 120
2. 소송법적 쟁점 / 122

제3편 불법행위법 각론 / 125

제1장 민법상의 특수 불법행위 / 127
제1절 책임무능력자의 감독자책임 / 127
1. 의의 / 127
2. 성립요건 및 효과 / 130
3. 주요 판례 / 131
제2절 사용자배상책임 / 133
1. 의의 / 133
2. 성립요건 및 효과 / 136
3. 주요 판례 / 143
제3절 공작물의 점유자 및 소유자책임 / 152
1. 의의 / 152
2. 성립요건 및 효과 / 153
제4절 동물점유자책임 / 162
1. 의의 / 162
2. 성립요건 및 효과 / 162

제5절 공동불법행위책임 / 163
1. 의의 / 163
2. 성립요건 및 효과 / 164
3. 주요판례 / 171

제2장 특별법상의 불법행위 / 175

제1절 자동차손해배상책임 / 175
1. 의의 / 175
2. 성립요건 및 효과 / 179
3. 주요 판례 / 192

제2절 생활방해 등 환경침해책임 / 223
1. 의의 / 223
2. 성립요건 및 효과 / 226
3. 주요 판례 / 236

제3절 사생활침해 및 명예훼손책임 / 250
1. 의의 / 250
2. 성립요건 및 효과 / 252
3. 주요 판례 / 261

제4절 의료과오책임 / 269
1. 의의 / 269
2. 성립요건 및 효과 / 271
3. 주요 판례 / 282

제5절 산업재해책임 / 303
1. 의의 / 303
2. 성립요건 및 효과 / 305
3. 주요 판례 / 312

제6절 국가배상책임 / 332
1. 의의 / 332
2. 국가배상법 제2조 / 335
3. 국가배상법 제5조 / 344
4. 주요 판례 / 347

제7절 제조물책임 / 373
1. 의의 / 373
2. 성립요건 및 효과 / 377
3. 주요 판례 / 383

제8절 지적재산권침해책임 / 393
1. 의의 / 393
2. 성립요건 및 효과 / 399
3. 주요 판례 / 405

제 1 편 불법행위법의 기초

제1장 불법행위법의 이념과 기능

고의 또는 과실로 인한 위법행위로 타인에게 손해를 가한 자는 피해자에게 그 손해를 배상할 책임이 있다(제750조). 이와 같이 타인에게 손해를 가하는 위법한 행위를 불법행위라고 하며 불법행위의 의의 및 요건, 효과 등 불법행위의 전반을 다루는 영역이 불법행위법이다.

제 1 절 불법행위법의 이념

1. 정의와 형평

불법행위법의 이념에 대해서는 오래전부터 다양한 논의가 있어 왔는데,[1] 오늘날에는 대체로 손해의 전보와 손해의 공평·타당한 분담 두 가지로 의견이 모아지고 있다.[2] 개별적인 손해배상 사건에서 손해의 전보와 손해의 공평

---

1) E. Weinrib, "Liberty, community, and corrective justice", *Liability and Responsibility* (R.G. Frey/ C. Morris eds.), Cambridge: Cambridge UP, 1991, 290-316면; S. Perry, "Tort law", *A Companion to Philosophy of Law and Legal Theory* (D. Patterson ed.), Oxford: Blackwell, 1996, 57-79면; J. Coleman, "Tort Law and Tort Theory", Philosophy and the Law of Torts(G. Postema ed.), Cambridge: Cambridge UP, 2001, 183-213면; B. Zipursky, "Philosophy of Tort Law", *The Blackwell Guide to the Philosophy of Law and Legal Theory*(M. Golding/W. Edmundson eds.), Oxford: Blackwell, 2005, 122-137면; W. Lucy, Philosophy of Private Law,.Oxford: OUP, 2007 참조.

2) 손해배상법의 변화 및 발전은 오랜 역사와 이론적 논쟁 및 법원의 실천적 검증을 거쳐 다져져 왔다. 현대사회의 주요한 손해보상체계는 크게 불법행위, 사보험, 사회보장제로 나누어 볼 수 있는데 이들 각각은 고립적인 제도가 아니라 서로 영향을 주고 받는다. 「민법 주해(XVIII)」(김성태 집필), 박영사, 2005, 74-125면.

한 분담은 대개 동일한 결론을 지향하며 조화롭게 공존하지만, 종종 어긋난 결론을 내리면서 서로 충돌한다. 충돌하는 두 이념 중 어디에 더 비중을 두어야 하는지를 결정하기 위해서는 법이념으로서의 정의(justice)와 형평(equity)에 대한 이해가 선행되어야 한다. 여기에서는 손해배상법의 이념적 기초를 이루는 정의에 대해서 먼저 살펴본 다음에 그 수정원리로서의 형평에 대하여 살펴본다.

(1) 정 의

법의 궁극적인 목적은 정의를 실현하는 데에 있다. 이는 불법행위법에 있어서도 다르지 않다. 그런데 정작 정의가 무엇인지에 대해서는 지금까지도 의견의 일치를 보지 못했으며, 앞으로도 의견의 일치를 보기는 어려울 것 같다. 다만, 다양한 정의관(conception of justice) 가운데에서도 토마스 아퀴나스 이래 오늘날까지 교환적 정의와 시정적 정의를 포함한 평균적 정의, 그리고 배분적 정의로 구분하여 논의하는 것이 널리 받아들여지고 있다.[3] 이 점은 불법행위법의 이념으로서의 정의에 있어서도 그러하다.[4]

전통적으로 불법행위법의 문제는 일차적으로 시정적 정의(corrective/rectificatory justice)의 문제로 다루어졌다.[5] 시정적 정의의 관점에서 불법행위법 제도는 존재하여야 하는 상태를 회복시키는 것을 지향한다. 즉 시정적 정의를 추구할 경우 불법행위법에서는 손해의 전보가 그 이념이 된다. 그러므로 불법행위책임을 발생시킨 원인행위로 인하여 존재하여야 하는 상태가 존재하지 못하게 되었다면 존재하여야 하는 상태로 회복시켜야 한다. 그리고 그 불법행위의 범위는 원칙적으로 불법행위책임의 원인행위로 발생한 존재하여야 하는 상태와 현 상태와의 차이가 된다.[6]

---

3) G. Radbruch, *Rechtsphilosophie, 8.Aufl.*, 1973 : 최종고 역, 「법철학」, 삼영사, 2002, 64–66면; 심헌섭, 「법철학」, 방송대 출판부, 1985, 187–216면.

4) Coleman, 위의 논문, 183–209면; Zipursky, 위의 논문, 133–135면.

5) J. Gordley, "Tort Law in the Aristotelian Tradition", *Philosophical Foundations of Tort Law*(D. Owen ed.), Oxford: OUP, 2006, 131–158면, 특히 131면.

6) 물론, 존재하여야 할 상태와 현 상태의 차이가 손해배상의 범위와 반드시 일치하는 것은 아니다. 우리나라와 같이 제한배상주의 아래에서는 발생한 손해 전부가 배상되어야 하는 경우가 있고 어떤 근거를 기준으로 발생한 손해 가운데 일부만이 손해배상의 범

그런데 불법행위의 문제는 필연적으로 책임이 있는 가해자로부터 소송에 성공한 피해자에게 자산이 재분배된다는 점에서, 배분적 정의(distributive justice)의 문제이기도 하다. 자유주의 시장경제질서에서는 배분적 정의가 특별히 강조되는데, 불법행위법에 있어서도 당사자 사이에 실질적인 불평등이 존재하는 경우에는 배분적 정의를 고려할 필요가 있다.[7] 배분적 정의는 불법행위법에 대하여 단순히 피해자의 손해를 회복시키는 것을 넘어서 적극적으로 당사자의 손해에 대한 조정을 요구하며 많은 경우 이러한 조정을 통해 정의가 구현될 수 있다. 즉 배분적 정의를 추구할 경우 불법행위법에서는 손해의 공평한 분담이 그 이념이 된다.

(2) 형 평

불법행위법에 있어서 손해의 공평·타당한 분담을 그 이념으로 삼는다면, 구체적 타당성을 강조하는 형평의 이념이 손해배상에서 고려되는 것은 당연하다. 불법행위법은 시정적 정의와 배분적 정의의 문제일 뿐 아니라 형평의 문제이기도 한 것이다. 특히 오늘날과 같이 산업화되고 경제적 불평등이 존재하는 현대사회에서는 시정적 정의와 배분적 정의 뿐만 아니라 형평의 관념은 함께 공존한다.

이러한 형평은 법의 이념으로서의 정의와 불가분의 관계에 있다. 형평은 정의와 본질적으로 다른 것이거나 대립하는 것이 아니다. 오히려 그것은 서로 긴장관계에 놓여 있는 정의의 두 가지 경향 중 하나를 표현하고 있으며, 한 마디로 말해 '개별사례적 정의'인 것이다.[8] 그럼에도 불구하고, 사회의 변화에 맞춰 정의의 개념이 다양하게 개념화되듯이 형평의 개념 역시 시대별로 또 상황별로 다르게 정의되기 때문에 형평이 무엇인가를 명확하게 정의하는 것은 쉽지 않다.

형평에 관한 고전적인 논의를 대표하는 아리스토텔레스의 「니코마코스 윤

위에 포함될 수도 있다.

7) 오늘날 일부 학자들이 손실분배(loss distribution)라는 관념에서 손해전가를 정당화 하는 문제에 대한 해답을 찾고 있는 것도 이러한 맥락에서 이해될 수 있을 것이다. 「민법주해(XVIII)」(김성태 집필), 박영사, 2005, 74-125면 특히 82-83면 참조.

8) 심헌섭, 위의 책, 213-216면, 특히 215면.

리학(Ethica Nichomachea)에 따르면, 형평은 정의로운 것이기는 하지만, 법에 따른다는 의미에서의 정의가 아니라 법적 정의를 바로 잡는 것이라는 의미에서 정의로운 것이다. 이것은 모든 법이 보편적이기는 하지만, 어떤 것들과 관련해서는 보편적 규정을 올바르게 말할 수 없기 때문이다. 다시 말해, 형평은 법규범의 일반적인 규정방식만으로는 정당한 해결을 할 수 없는 특수한 개별 사례에서 법규범을 교정하는 역할을 한다. 이렇게 본다면, 형평은 시정적 정의만으로 정의가 추구되지 않을 때 이를 시정하기 위해 도입되는 법원리이다. 다만, 정의와 마찬가지로 형평의 개념 또한 모호하기 때문에 예측가능성을 보장할 수 없다는 점에서 법적 안정성을 해할 우려가 있다는 본질적인 한계가 있다.

2. 불법행위법에서 정의와 형평의 실현

(1) 시정적 정의 : 손해의 완전배상

우리 민법에서 불법행위법의 이념에 대해 직접 언급하고 있지는 않지만, 불법행위법의 가장 궁극적인 목적은 불법행위로 인한 피해자의 손해를 전보하여 피해자를 가능한 한 불법행위 이전의 상태로 되돌리고자 함에 있다. 이 점에서 우리 불법행위법도 완전배상주의를 지향한다. 다만, 현행 민법은 제한주의 배상을 원칙으로 하며, 그리하여 특별한 손해는 가해자의 예견가능성에 따라 배상여부가 좌우되며 인과관계에 있어 상당성 내지 비율별 인정 등 구체적인 사안에서 최종적인 손해배상은 제한적으로 운용된다.

이처럼 민사책임에서 정의는 무엇보다 손해배상을 통해 실현된다. 본래 "발생한 손해는 소유자가 스스로 감수한다(casum sentit dominus)"는 것이 원칙인데, 손해가 다른 사람의 고의나 과실에 의해 발생한 경우에는 고의나 과실이 있는 자가 배상하는 것이 정의에 부합한다. 이 점에서, 유책주의는 '과실 없이는 책임도 없다'는 공식으로 불법행위법에서 요청되는 정의의 근거이자 정당화의 도구이다.[9] 다만, 누구의 과실에 의하지 않고서도 손해가 발생하는

9) 개인적인 비난가능성을 전제로 하는 본래 의미의 과실책임주의 내지 유책성 원칙이 손해의 공평한 분담을 조정하기 위해 변화해 왔다는 견해로 서광민, "과학기술의 발달과 불법행위법의 대응–사고손해의 조정과 관련하여–", 「서강법학연구」 제4권, 2002,

위험사회에 이르러서는 위험원을 관리 내지 운영하는 자가 책임을 지는 무과실책임 내지 위험책임의 법리가 손해배상에 있어서 정의를 실천하는 또 다른 원리가 되었다.[10] 그리고 이러한 영역에서는 손해의 공평한 분담이 강하게 요청된다.

그렇다면 불법행위법은 궁극적으로 타인의 유책에 기인하여 발생한 개인의 손실을 확정하고 산정하여 이에 대한 전보를 목적으로 하는 시정적 정의를 그 근본이념으로 삼아야 한다. 단지, 이를 관철할 수 없는 경우나 관철할 수 있더라도 불합리한 결과가 야기되는 경우에 한하여 예외적으로 이를 교정하는 방법으로서 배분적 정의를 내세워야 한다.

(2) 배분적 정의 : 공평하고 타당한 손해 분담

불법행위법의 이념으로서의 시정적 정의에만 충실하면, 공동체에 있어서 광범위한 배분적 쟁점을 고려하지 않고 당사자 사이를 정의롭게 다루면 충분하다. 실제 손해를 입은 사람은 자신의 손해를 배상받기 위하여 다른 사람이 아닌 자신의 가해자에 대해서만 상응하는 권리를 갖는다. 그러나 불법행위법은 사회질서를 어지럽히고 그에 따른 사회적, 국가적 손해를 발생시키며 그 손해는 종국적으로 공동체가 분담한다는 점에서 필연적으로 사회와 국가 그리고 그 구성원들과 밀접한 관계를 맺는다. 이 점에서 오늘날과 같은 복지국가에서는 배분적 정의가 특히 강조된다.

또한, 불법행위법의 이념적 기초로서의 정의는 불법행위법의 원리들과 제도들을 통하여 구체적으로 실현된다. 가령, 과실책임주의를 포함한 유책주의, 인과관계에 있어서 상당인과 관계론이나 확률적 인과관계, 과실상계와 손익상계제도 및 그 확대적용, 규범의 보호목적 고려, 기타 법원의 재량을 통하여 정의와 형평은 구현되고 있다. 그런데 전통적으로 손해의 위험을 어떻게 분담할 것인가의 책임범위를 결정할 때 그 핵심적인 평가요소는 무엇보다

117-143면, 특히 121-127면.

10) D. Nolan, "New Forms of Damages in Negligence", *Modern Law Review 70,* 2007, 59-88면 참고. 무과실책임 내지 위험책임이 지배하는 영역에서는 손실분배와 위험분배가 손해배상의 주요 목적이 된다. 이에 대한 자세한 논의는 「민법 주해(XVIII)」(김성태 집필), 박영사, 2005, 74-125면 참조.

과실의 유무 및 비중이었다. 그러나 각종 위험원과 과실 없이도 손해가 빈번히 발생하는 오늘날과 같은 위험사회에서는 이러한 평가요소를 적용할 수 없기 때문에 손해의 공평·타당한 분담이 더 중요시 된다.[11)]

이처럼 오늘날과 같이 산업화되고 경제적 불평등이 존재하는 위험사회 및 현대사회에서는 배분적 정의가 특별히 강조되며 손해의 공평·타당한 분담이 그 지도원리가 된다.[12)] 다만, 이 과정에서 또 다른 법이념으로서의 법적 안정성이 훼손될 수 있다는 점에서 신중한 운용이 필요하다.

제 2 절 불법행위법의 기능

1. 본질적 기능 : 손해 전보

불법행위법의 기능은 불법행위법의 이념을 어떻게 이해하느냐에 따라 달라질 수 있다. 주지한 바와 같이 불법행위법의 이념적 기초는 시정적 정의에 있으므로 손해의 전보가 불법행위법의 주된 목적이자 1차적인 기능이다. 즉, 불법행위에 따른 손해배상은 궁극적으로 불법행위로 인하여 피해자에게 발생한 손해를 전보하여 불법행위가 없었던 상태로 가능한 한 회복시키려는 데에 있으므로 손해 전보가 불법행위법의 가장 궁극적인 목적이 된다. 요컨대, 불법행위법은 피해자의 재산상태를 불법행위의 전후로 나누어 그 차이를 평가하고 그에 대해 금전을 지급함으로써 피해자를 불법행위 이전의 상태로 되돌리고자 한다는 점에서 불법행위법의 궁극적인 목적 내지 주된 기능은

---

11) 손해배상법에서 시정적 정의의 구현은 과실책임 영역에 비해 위험책임의 영역에서 약화된다. 위험영역에서는 위험을 가장 잘 부담할 수 있거나 보험 기타의 방법에 의해 사고비용을 가장 적절히 분산할 수 있는자 또는 사고비용의 감소를 위해 자신의 행동을 가장 적절히 조절할 수 있는 주체에게 배분해야 한다는 나름의 근거가 중심이 되고 있다. 다만, 이 기준 역시도 위험영역을 크게 달리하는 잠재적 위험부담자 사이의 위험분배를 결정하는 데만 유용하다. 즉 개인과 대기업, 국가 사이에 위험에 대한 배분적 근거로서는 의미가 있지만, 가령 사인과 사인 사이에 어느 일방에게 보상해줘야 한다는 결정이 내려진 경우 누가 얼마만큼 부담해야 하는지에 대해서는 명확히 대답할 수 없다. 「민법 주해(XVIII)」(호문혁 집필), 박영사, 2005, 143-146면.

12) 우리 불법행위법에 나타난 손해의 공평·타당한 분담형태에 대한 예로, 과실상계, 민법 제765조에 의한 손해감경, 물건의 교환가치 한도의 배상, 인과관계와 과실존부에 관한 증명책임의 전환(완화) 등이 있다.

손해의 전보이다.

2. 부수적 기능 : 예방 및 제재

손해의 전보가 불법행위법의 유일한 목적 내지 기능은 아니다. 고대에는 불법행위를 저지른 가해자에게 손해배상을 명하는 것과 가해자의 반사회적 행위에 대한 제재가 명확히 구분되지 않았을 뿐 아니라 손해배상이라는 제재를 통하여 불법행위가 억제 내지 예방된다는 사고가 근저에 있었다.[13)]

물론, 오늘날 손해배상의 예방적 기능 내지 제재적 기능을 불법행위법의 독자적 기능으로 볼 수 있는지에 대해서는 이견이 있으나, 이들 기능이 손해전보적 기능에 부수하여 일정한 효과를 나타내고 있음은 주지의 사실이다. 불법행위법의 예방적 기능과 제재적 기능은 주로 법 경제학적 관점에서 주목받아 왔으나 오늘날 불법행위법을 운영할 때 이러한 기능을 충분히 고려해야 한다는 점에서는 대체로 공감한다. 다만, 다양한 영역에서 보험제도가 활성화 되어 있는 현대사회에서는 불법행위로 인해 발생한 손해가 보험자의 보험금으로 충당됨으로써 불법행위법의 사전 억제적 기능 내지 제재적 기능이 많이 퇴색되고 있다.

한편, 제재적 기능과 관련해서는 무엇보다도 징벌적 손해배상의 도입여부가 쟁점이 되고 있다. 징벌적 손해배상(punitive damages)은 영미법상의 제도로서 민사재판에서 가해자의 행위가 악의적이고 반사회적인 경우 가해자에게 제재를 가할 목적으로 실제 손해액보다 더 많은 손해배상을 부과하는 제도를 말한다. 징벌적 손해배상은 가해자가 부담하는 손해배상이 형벌적 성격을 갖고 있기 때문에 이 제도를 민사 책임으로 인정할 수 있는지 여부 및 형사책임이 부과된 경우 이중처벌 금지 원칙에 위배되지 않는지 등에 대해 논란이 있다.

징벌적 손해배상은 전보적 손해배상만으로는 예방적 효과가 충분하지 않기 때문에 가해자에게 고액의 배상을 치르게 함으로써 장래에 가해자가 똑같은 불법행위를 반복하지 못하도록 막는 동시에 다른 사람 또는 기업 및

---

13) 石本雅男, 「不法行爲論」, 日本評論社, 1960, 3-6면.

단체가 유사한 부당행위를 저지르지 않도록 예방하는 데에 주된 목적이 있다. 이 점에서 환경오염이나 인권침해, 기업이나 조직의 횡포 등으로 인한 손해에 대해 징벌적 손해배상제도를 적극적으로 도입해야 한다는 주장이 설득력을 얻고 있다. 현재 우리나라에서는 「하도급거래 공정화에 관한 법률」 제35조에서 징벌적 손해배상을 규정하고 있다.[14)]

14) 하도급거래 공정화에 관한 법률 제35조(손해배상 책임) ① 원사업자가 이 법의 규정을 위반함으로써 손해를 입은 자가 있는 경우에는 그 자에게 발생한 손해에 대하여 배상책임을 진다. 다만, 원사업자가 고의 또는 과실이 없음을 증명한 경우에는 그러하지 아니하다.

② 원사업자가 제4조, 제8조제1항, 제10조, 제11조제1항·제2항 및 제12조의3제3항을 위반함으로써 손해를 입은 자가 있는 경우에는 그 자에게 발생한 손해의 3배를 넘지 아니하는 범위에서 배상책임을 진다. 다만, 원사업자가 고의 또는 과실이 없음을 증명한 경우에는 그러하지 아니하다.

③ 법원은 제2항의 배상액을 정할 때에는 다음 각 호의 사항을 고려하여야 한다.

1. 고의 또는 손해 발생의 우려를 인식한 정도
2. 위반행위로 인하여 수급사업자와 다른 사람이 입은 피해규모
3. 위법행위로 인하여 원사업자가 취득한 경제적 이익
4. 위반행위에 따른 벌금 및 과징금
5. 위반행위의 기간·횟수 등
6. 원사업자의 재산상태
7. 원사업자의 피해구제 노력의 정도

④ 제1항 또는 제2항에 따라 손해배상청구의 소가 제기된 경우 「독점규제 및 공정거래에 관한 법률」 제56조의2 및 제57조를 준용한다.

제2장 불법행위책임과 관련 유사제도와의 비교

불법행위책임이 성립하더라도 동일한 사안에 대해 민법상의 다른 책임이 성립하거나 다른 구제수단이 있을 수 있다. 민사상 책임이 발생할 수 있는 사유로는 불법행위 이외에도 부당이득, 채무불이행, 사무관리, 물권침해 등이 있다.15)

제 1 절 부당이득

1. 의 의

> **제741조(부당이득의 내용)** 법률상 원인 없이 타인의 재산 또는 노무로 인하여 이익을 얻고 이로 인하여 타인에게 손해를 가한 자는 그 이익을 반환하여야 한다.

부당이득제도는 법률상 원인 없이 타인의 재산이나 노무로 인하여 이득이 생기고 이로 인하여 타인에게 손실을 입힌 경우 손실자가 수익자에게 그 이

15) 한편, 「소송촉진 등에 관한 특례법」제 25조는 배상명령제도를 규정하고 있다. 배상명령제도란 형사사건 또는 가정보호사건에서 법원이 유죄판결을 선고할 경우, 피해자 및 상속인의 신청 또는 직권에 의하여 범행으로 인해 피해자에게 발생한 직접적인 물적 피해, 치료비 및 위자료의 배상을 법원이 명령할 수 있도록 한 제도이다. 피해자는 원래 가해자가 받는 형사처벌과 별도로 자신이 범행으로 입은 피해보상을 받으려면 따로 민사소송을 제기해야 한다. 그럼에도, 상해, 폭행, 과실치상, 강간·추행, 사기·공갈, 횡령·배임, 손괴 등 '소송촉진 등에 관한 특례법'에 규정된 사건과 가정보호사건 등 '가정폭력범죄의 처벌 등에 관한 특례법'에 규정된 범죄의 경우 피해자가 입은 손해를 신속, 간편하게 보상을 받을 수 있도록 한다는 취지에서 배상명령제도가 마련되었다.

득을 반환시키는 제도이다(제741조). 부당이득제도란 재화가 정당한 귀속자에게 귀속되지 않은 경우 이를 시정하기 위한 것이다.[16)]

부당이득은 법정채권을 발생시키는 원인이라는 점에서 불법행위제도와 같으나 그 요건과 효과를 달리 하므로, 동일한 사안이 부당이득과 불법행위 책임 모두를 성립시키는 경우 양자의 경합이 인정된다.[17)] 가령, 어느 사람이 타인의 토지나 건물을 무단으로 사용하는 경우에 부당이득과 불법행위책임이 성립하며 양자는 경합한다. 또한, 법률행위가 사기에 의한 것으로 취소되는 경우 그 법률행위가 동시에 불법행위를 구성하는 때에는 취소의 효과로 생기는 부당이득반환청구권과 불법행위로 인한 손해배상청구권은 경합하여 병존하는 것이므로 채권자는 어느 것이라도 선택하여 행사할 수 있다.[18)] 그러나 사기에 의하여 금원을 교부한 경우 불법행위가 성립하나, 그 의사표시를 취소하지 않는 한 그 의사표시는 유효하므로 부당이득은 성립하지 않는다.[19)]

• 판 례

◇ 대법원 1993. 4. 27. 선고 92다56087 판결 : 법률행위가 사기에 의한 것으로서 취소되는 경우에 그 법률행위가 동시에 불법행위를 구성하는 때에는 취소의 효과로 생기는 부당이득반환청구권과 불법행위로 인한 손해배상청구권은 경합하여 병존하는 것이므로, 채권자는 어느 것이라도 선택하여 행사할 수 있지만 중첩적으로 행사할 수는 없다.

◇ 대법원 1998. 3. 10. 선고 97다55829 판결 : 제3자의 사기행위로 인하여 피해자가 주택건설사와 사이에 주택에 관한 분양계약을 체결하였다고 하더라도 제3자의 사기행위 자체가 불법행위를 구성하는 이상, 제3자로서는 그 불법행위로 인하여 피해자가 입은 손해를 배상할 책임을 부담하는 것이므로, 피해자가 제3자를 상대로 손해배상청구를 하기 위하여 반드시 그 분양계약을 취소할 필요는 없다.

16) 재화의 귀속이 정당하지 못한 경우 이를 시정하기 위한 제도로서 점유자의 회복자에 대한 관계(제201조-제203조), 계약해제에 따른 원상회복(제548조) 등이 있으며 부당이득(제741조 이하)은 이들 제도의 일반규정을 이룬다.

17) 대법원 1991. 9. 24. 선고 91다23639 판결

18) 대법원 1993. 4. 27. 선고 92다56087 판결

19) 대법원 1990. 11. 13. 선고 90다카17153 판결

2. 성립요건 및 효과

(1) 성립요건

부당이득이 성립하기 위해서는 수익자가 법률상 원인이 없이 타인의 재산이나 노무로 인하여 이득을 얻고 그로 인하여 타인이 손실을 입어야 한다. 즉 이득과 타인의 손실 사이에 인과관계가 있어야 한다. 이 경우 법률상 원인이란 반환의무자에게 일정한 이익의 취득을 법률상 정당화시키는 사유 내지 그 이득을 보유할 권원을 말하며 그것이 흠결될 때 비로소 부당이득이 성립한다. 부당이득에서 이득이란 실질적 이익을 의미하므로 상대방에게 손실이 발생했더라도 이득자에게 실질적 이득이 없다면 부당이득은 성립하지 않는다. 이득과 손실은 차액설의 관점에서 파악하며 손실액이 이득액보다 적은 경우에는 손실액의 한도에서만 이득액을 반환할 의무가 있다.[20)]

(2) 효 과

제747조(원물반환 불능한 경우와 가액반환, 전득자의 책임) ① 수익자가 그 받은 목적물을 반환할 수 없는 때에는 그 가액을 반환하여야 한다.
② 수익자가 그 이익을 반환할 수 없는 경우에는 수익자로부터 무상으로 그 이익의 목적물을 양수한 악의의 제삼자는 전항의 규정에 의하여 반환할 책임이 있다.

제748조(수익자의 반환범위) ① 선의의 수익자는 그 받은 이익이 현존한 한도에서 전조의 책임이 있다.
② 악의의 수익자는 그 받은 이익에 이자를 붙여 반환하고 손해가 있으면 이를 배상하여야 한다.

제749조(수익자의 악의인정) ① 수익자가 이익을 받은 후 법률상 원인없음을 안 때에는 그때부터 악의의 수익자로서 이익반환의 책임이 있다.
② 선의의 수익자가 패소한 때에는 그 소를 제기한 때부터 악의의 수익자로 본다.

부당이득이 성립하면 수익자는 손실자에게 부당하게 취득한 이익을 반환할 의무가 있다. 부당이득반환청구권은 기한의 정함이 없는 채권으로 수익자

20) 대법원 1968. 7. 24. 선고 68다905 판결

는 손실자로부터 이행청구를 받은 때부터 지체책임을 진다.[21] 소멸시효의 기산점 역시 청구권이 발생한 때로부터 진행하며, 쌍무계약에 기한 급부의 반환청구권은 동시이행의 관계에 있다.[22]

부당이득은 수익자가 받은 이익 그대로를 반환해야 한다. 즉 수익자가 취득한 원물을 그대로 반환하는 것이 원칙이고, 다만 수익자가 원물을 반환할 수 없는 경우 그 가액, 객관적 시가를 반환해야 한다(제747조 제1항). 이 경우 부당이득자가 선의라면 현존이익을 반환해야 하고 악의라면 받은 이익에 이자를 붙여 반환하고 손해가 있으면 손해배상까지 하여야 한다(제748조). 선의의 수익자가 패소한 때에는 소제기시부터 악의의 수익자로 된다(제749조 제2항).

제 2 절 채무불이행책임

1. 의 의

> **제390조(채무불이행과 손해배상)** 채무자가 채무의 내용에 좇은 이행을 하지 아니한 때에는 채권자는 손해배상을 청구할 수 있다. 그러나 채무자의 고의나 과실 없이 이행할 수 없게 된 때에는 그러하지 아니하다.

일반적으로 채무의 내용이 정상적으로 실현되지 않은 것을 급부장애라고 한다. 이러한 급부장애 중 채무자의 고의나 과실로 채무의 내용에 좇은 이행을 하지 않은 경우를 채무불이행이라 하고 그에 대한 책임을 채무불이행책임이라고 한다(제390조). 채무불이행은 불이행의 유형에 따라 이행불능, 이행지체, 불완전이행으로 나뉜다.

이행불능이란 채무자의 귀책사유로 채무의 이행이 후발적, 종국적으로 불가능하거나 그 실현을 기대할 수 없는 것을 말한다. 또, 이행지체란 채무자가 이행기에 급부의 이행이 객관적으로 가능함에도 고의나 과실로 이행하지 않아 이행기를 도과한 것을 말하며, 불완전이행이란 채무자가 채무를 이행하였으나 그 내용이 완전하지 못한 것을 말한다.

21) 대법원 1995. 11. 21. 선고 94다45753, 45760 판결

22) 대법원 1995. 9. 15. 선고 94다55071 판결

채무불이행책임이나 불법행위책임이나 고의 또는 과실로 인한 위법행위라는 점에서 공통된다. 특히 민법은 제763조에서 손해배상 범위(제393조), 손해배상 방법(제394조), 과실상계(제396조), 손해배상자 대위(제399조) 규정을 준용하고 있어 이 경우에는 채무불이행책임과 불법행위책임에 차이가 없다.

그러나 채무불이행책임과 불법행위책임은 다음과 같은 점에서 차이가 있다. 먼저, 불법행위에서는 피해자가 가해자의 귀책사유를 증명해야 하나 채무불이행의 경우는 채무자가 자신의 귀책사유 없음을 증명해야 한다. 둘째, 태아는 불법행위로 인한 손해배상청구권에 관해서 이미 출생한 것으로 간주되는데 이는 불법행위에서만 그러하다(제762조). 셋째, 사망의 경우 직접피해자 이외에도 유족 고유의 위자료청구권이 인정되며, 사망 이외의 상해에 대해서도 근친자에게 위자료가 인정되나 이 또한 불법행위에서만 그러하다(제750, 751조). 넷째, 사용자배상책임의 경우 사용자의 면책가능성이 인정되나(제756조 제1항 단서), 채무불이행책임의 경우 이러한 면책가능성이 인정되지 않는다(제391조). 다섯째, 불법행위의 경우 손해 및 가해자를 안 날로부터 3년, 불법행위가 있은 날로부터 10년의 소멸시효가 적용되나(제766조), 채무불이행의 경우 10년의 소멸시효가 적용된다. 여섯째, 고의의 불법행위의 경우 배상채권을 수동채권으로 한 상계가 금지되는데 이는 불법행위에서만 그러하다(제496조). 또, 경과실의 불법행위자가 배상으로 인하여 생계에 중대한 영향을 받을 경우 법원에 배상액의 경감을 청구할 수 있으나 이 또한 불법행위에만 적용된다(제765조). 끝으로, 실화책임법은 불법행위책임을 묻는 경우에만 적용된다.[23)]

2. 성립요건 및 효과

(1) 성립요건

이행지체로 인한 채무불이행이 성립하기 위해서는 1)채무가 이행기에 있고, 2)그 이행이 가능함에도 불구하고 채무자의 귀책사유로 이행을 지체해야 하며, 3)그러한 행위가 위법해야 한다. 이행기에 도래했는가와 관련하여 채무

23) 대법원 1987. 12. 8. 선고 87다카8981 판결

이행의 확정기한이 있는 경우에는 그 기한이 도래한 때로부터 지체책임이 성립하나(제387조 1항 1문), 예외적으로 쌍무계약에 기해 당사자 간에 동시이행의 항변권(제536조)이 인정되는 경우에는 일방의 이행제공이 있음에도 상대방이 채무를 이행하지 않은 때 비로소 이행지체가 된다. 기한의 정함이 없는 경우에는 채무자는 이행청구를 받은 때로부터 지체책임이 있다(제387조 2항). 이행기가 경과된 후 급부가 불가능하게 된 때에는 이행불능으로 취급하며, 이행기에 불이행을 정당화하는 사유, 예컨대 동시이행의 항변권이나 유치권을 행사하는 경우에는 이행지체가 성립하지 않는다.

이행불능이 성립하기 위해서는 1)채권관계 성립 이후에 채무자의 귀책사유로 이행이 불능으로 되어야 하며, 2)그 행위가 위법해야 한다. 불능이란 경험법칙 또는 거래상의 관념에 비추어 볼 때 채권자가 채무자의 이행의 실현을 기대할 수 없는 경우를 말하며,[24] 불능여부는 원칙적으로 이행기를 기준으로 판단한다.

불완전이행이 성립하기 위해서는 1)이행행위가 존재해야 하며, 2)그러한 이행행위가 채무자의 귀책사유로 불완전하고 위법해야 한다. 주는 채무의 일부지체나 일부불능, 수량부족의 경우는 불완전이행에 속하나 이 경우는 대체로 담보책임으로 해결이 가능하다. 다만, 결과채무나 수단채무에서의 불완전한 결과 또는 주의의무 해태의 경우는 불완전한 이행으로서 채무불이행책임이 문제된다. 또, 안전배려의무나 설명의무와 같이 일반적인 부수적 의무 위반의 경우에도 불완전이행이 문제된다.

(2) 효 과

제389조(강제이행) ① 채무자가 임의로 채무를 이행하지 아니한 때에는 채권자는 그 강제이행을 법원에 청구할 수 있다. 그러나 채무의 성질이 강제이행을 하지 못할 것인 때에는 그러하지 아니하다.

제390조(채무불이행과 손해배상) 채무자가 채무의 내용에 좇은 이행을 하지 아니한 때에는 채권자는 손해배상을 청구할 수 있다. 그러나 채무자의 고의나 과실없이 이행할 수 없게 된 때에는 그러하지 아니하다.

24) 대법원 2003. 1. 24. 선고 2000다22850 판결

제392조(이행지체 중의 손해배상) 채무자는 자기에게 과실이 없는 경우에도 그 이행지체 중에 생긴 손해를 배상하여야 한다. 그러나 채무자가 이행기에 이행하여도 손해를 면할 수 없는 경우에는 그러하지 아니하다.

제393조(손해배상의 범위) ① 채무불이행으로 인한 손해배상은 통상의 손해를 그 한도로 한다.

② 특별한 사정으로 인한 손해는 채무자가 그 사정을 알았거나 알 수 있었을 때에 한하여 배상의 책임이 있다.

제399조(손해배상자의 대위) 채권자가 그 채권의 목적인 물건 또는 권리의 가액전부를 손해배상으로 받은 때에는 채무자는 그 물건 또는 권리에 관하여 당연히 채권자를 대위한다.

제544조(이행지체와 해제) 당사자 일방이 그 채무를 이행하지 아니하는 때에는 상대방은 상당한 기간을 정하여 그 이행을 최고하고 그 기간내에 이행하지 아니한 때에는 계약을 해제할 수 있다. 그러나 채무자가 미리 이행하지 아니할 의사를 표시한 경우에는 최고를 요하지 아니한다.

제546조(이행불능과 해제) 채무자의 책임있는 사유로 이행이 불능하게 된 때에는 채권자는 계약을 해제할 수 있다.

채무불이행책임은 채무불이행의 유형에 따라 그 효과가 다르다. 가령, 이행불능이 성립하면 그 효과로서 계약을 해제하거나(제546조), 본래 급부에 갈음한 손해배상, 즉 이행이익의 배상을 내용으로 하는 전보배상청구권을 행사할 수 있다. 이 경우 전보배상을 한 채무자는 채권의 목적인 물건이나 권리에 대해 채권자를 대위한다(제399조). 만일, 후발적 불능으로 채무자가 목적물에 갈음하는 이익을 취득하였다면 채권자는 대상청구권을 행사하여 그 이익의 상환을 청구할 수 있다.

반면, 이행지체가 성립하더라도 이행기가 도래했을 뿐 급부의 이행은 여전히 가능하므로 채무자의 귀책여부를 불문하고 강제이행을 할 수 있으며(제389조), 동시에 지연배상을 청구할 수 있다. 다만, 채무자가 상당한 기간 내에 채무를 이행하지 않거나 지체 후의 이행이 채권자에게 이익이 없는 경우에는 채권자는 전보배상을 청구하거나 계약을 해제할 수 있다(제544조). 이행지체 중에는 채무자의 과실 없이 발생한 손해에 대해서도 채무자는 배상책임이 있다(제392조 본문).

불완전이행이 성립하는 경우, 완전이행 내지 추완이 가능한 경우에는 완전이행청구 내지 추완청구권을 행사할 수 있으며 이행지체에 따른 지연배상을 청구할 수 있다. 그리고 확대손해가 발생한 경우에는 확대손해에 대한 배상청구도 가능하다. 완전이행이나 추완이 불가능하거나 그 이행이 채권자에게 이익이 없는 경우에는 계약을 해제할 수 있다.

그런데 하나의 행위가 채무불이행책임뿐 아니라 불법행위책임의 요건을 충족하는 경우 채무불이행책임과 불법행위책임은 각각 요건과 효과를 달리하는 별개의 법률관계에서 발생하는 것이므로 두 개의 청구권은 병존하며 권리자는 그 어느 것을 선택하여서 행사할 수 있다.[25] 만일, 권리자가 채무불이행책임 및 불법행위책임에 따른 청구권을 모두 주장하면 청구의 선택적 병합이 되어 법원이 하나의 청구원인에 대하여 원고의 청구를 인용하면 나머지 청구는 판단할 필요가 없게 된다. 또한, 권리자가 이 두 개의 청구권 중 소송에서 어느 하나를 주장하다가 후에 다른 것으로 바꾸더라도 적법한 청구의 변경이 된다. 다만, 채무불이행에 근거한 손해배상청구권의 소멸시효 항변이 불법행위로 인한 손해배상청구권의 소멸시효 항변을 포함한 것으로 볼 수는 없다.[26]

한편, 원인이 된 행위가 발생하기 이전에 당사자 사이에 계약상 면책특약이 있는 경우 이러한 면책특약은 일반적으로 이를 불법행위책임에도 적용하기로 하는 명시적 또는 묵시적 합의가 없는 한 당연히 불법행위책임에 적용되는 것은 아니다.[27] 다만, 당사자의 합의에 의해 불법행위책임을 면책시킬 수는 있으나, 이 경우에도 고의나 중과실에 의한 채무불이행책임과 불법행위책임은 면책되지 않는다(약관규제법 제7조 1호).

---

25) 대법원 1983. 3. 22. 선고 82다카1533 전원합의체 판결
26) 대법원 1998. 5. 29. 선고 96다51110 판결
27) 대법원 1999. 7. 13. 선고 99다8711 판결

• 판 례

◇ 대법원 1999. 7. 13. 선고 99다8711 판결 : 운송계약상의 채무불이행책임이나 불법행위로 인한 손해배상책임은 병존하고, 운송계약상의 면책특약은 일반적으로 이를 불법행위책임에도 적용하기로 하는 명시적 또는 묵시적 합의가 없는 한 당연히 불법행위책임에 적용되지 않는다.

제 3 절 사무관리

1. 의 의

> **제734조(사무관리의 내용)** ① 의무없이 타인을 위하여 사무를 관리하는 자는 그 사무의 성질에 좇아 가장 본인에게 이익되는 방법으로 이를 관리하여야 한다.
> ② 관리자가 본인의 의사를 알거나 알 수 있는 때에는 그 의사에 적합하도록 관리하여야 한다.
> ③ 관리자가 전2항의 규정에 위반하여 사무를 관리한 경우에는 과실없는 때에도 이로 인한 손해를 배상할 책임이 있다. 그러나 그 관리행위가 공공의 이익에 적합한 때에는 중대한 과실이 없으면 배상할 책임이 없다.

사무관리란 관리자가 법률상 또는 계약상의 의무 없이 타인을 위하여 그의 사무를 처리해줌으로써 생기는 관리자와 타인 사이의 법정채권관계를 말한다(제734조 제1항). 사무관리는 적법행위이며 의사표시를 요소로 하지 않으므로 준법률행위이나, 사무관리의 내용인 행위는 사실행위일 수도 있고 법률행위일 수도 있다. 이러한 사무관리는 상호부조의 정신에 따라 위법성을 조각시킨다.

2. 성립요건 및 효과

> **제739조(관리자의 비용상환청구권)** ① 관리자가 본인을 위하여 필요비 또는 유익비를 지출한 때에는 본인에 대하여 그 상환을 청구할 수 있다.
> ② 관리자가 본인을 위하여 필요 또는 유익한 채무를 부담한 때에는 제688조제2항의 규정을 준용한다.
> ③ 관리자가 본인의 의사에 반하여 관리한 때에는 본인의 현존이익의 한도에서 전2항의 규정을 준용한다.
>
> **제740조(관리자의 무과실손해보상청구권)** 관리자가 사무관리를 함에 있어서 과실없이 손해를 받은 때에는 본인의 현존이익의 한도에서 그 손해의 보상을 청구할 수 있다.

사무관리가 성립되기 위해서는 의무 없는 자가 관리의사를 가지고 타인의 사무를 관리해야 하며 그 관리가 객관적으로 본인의 의사나 이익에 부합해야 한다(제734조). 사무관리가 성립하면 관리자의 관리행위가 적법한 것으로 되어 결과적으로 본인에게 손해를 끼치더라도 불법행위책임을 지지 않으며 관리시 별도의 비용을 지출한 경우 본인에게 비용상환청구권을 행사할 수 있다. 또한, 관리자가 사무관리를 하면서 과실 없이 손해를 입은 경우에 본인은 현존이익의 한도에서 그 손해를 보상할 의무가 있다(제740조).

한편, 사무관리나 불법행위책임이나 당사자의 의사표시를 요소로 하지 않는 법정채권의 발생원인이라는 점에서 공통적이다. 그러나 사무관리가 성립하면 그 관리행위가 적법한 것으로 되어 위법성이 조각된다. 그러므로 사무관리가 인정되면 불법행위책임이 성립될 여지가 없다. 또한, 사무관리에서는 관리자가 취득한 이익이나 물건을 본인에게 반환해야 하나 불법행위책임에서는 상대방이 입은 손해의 범위 내에서 상대방의 손해에 대해서만 배상하면 된다.

제 4 절 물권적 청구권

1. 의 의

제213조(소유물반환청구권) 소유자는 그 소유에 속한 물건을 점유한 자에 대하여 반환을 청구할 수 있다. 그러나 점유자가 그 물건을 점유할 권리가 있는 때에는 반환을 거부할 수 있다.

제214조(소유물방해제거, 방해예방청구권) 소유자는 소유권을 방해하는 자에 대하여 방해의 제거를 청구할 수 있고 소유권을 방해할 염려있는 행위를 하는 자에 대하여 그 예방이나 손해배상의 담보를 청구할 수 있다.

물권적 청구권이란 물권내용의 실현이 어떤 사정으로 방해받고 있거나 방해받을 염려가 있는 경우에 권리자가 그 방해자에 대하여 그 방해의 제거 또는 예방에 필요한 행위를 청구할 수 있는 권리를 말한다. 물권의 실효성을 확보하기 위해 물권적 청구권은 필수적이다. 물권적 청구권이 성립하기 위해서는 물권의 침해 또는 침해의 가능성이 있어야 하며 상대방에게 물건에 대한 정당한 권리가 없어야 한다.

물권적 청구권은 침해의 유형에 따라 반환청구권, 방해제거청구권, 방해예방청구권으로 구분된다. 타인이 권원 없이 물건의 전부를 점유하거나 소유하는 때에는 물권적 반환청구권을 행사하여 그 물건의 반환을 청구할 수 있다. 또한 타인이 물건을 전부 점유하거나 소유하는 이외의 방법으로 방해하거나 장래 방해받을 염려가 있는 때에는 물권적 방해제거 내지 방해예방청구권을 행사하여 방해의 제거를 청구하거나 그 예방에 필요한 행위를 청구할 수 있다. 물권적 청구권은 소유권과 같은 본권 이외에도 점유권에 기해서도 행사할 수 있다(제204조 내지 제206조).

2. 성립요건 및 효과

물권적 청구권의 성립 내지 행사가 가능하기 위해서는 현재 물건에 대한 정당한 권리가 없는 자가 물권자의 물건을 탈취하였거나 그 지배상태를 방해하거나 또는 방해할 우려가 있어야 한다. 이 때 물건의 탈취 내지 방해라는 객관적인 상태에 있기만 하면 되고 그러한 행위가 행위자의 고의나 과실에 기인할 필요는 없으며, 손해가 발생하지 않더라도 무방하다.

물권적 청구권이 성립하면 물권자는 물권적 청구권의 대상인 물건의 반환이나 방해의 제거 내지 방해할 우려가 있는 행위 내지 물건에 대한 예방을 요청할 수 있다. 즉 물권적 청구권은 물권적 반환청구, 방해제거 청구, 방해예방 청구 등 작위적 행위를 그 주된 내용으로 한다. 이에 반해 불법행위책임에 있어서는 그 성립과 행사요건으로서 가해자의 고의나 과실을 요건으로 하며 손해가 발생해야 한다. 또한, 불법행위의 주된 내용은 주로 금전배상인 손해배상이라는 점에서 양 제도는 차이가 있다.

동일한 사실이 물권적 청구권과 불법행위책임 두 요건을 모두 충족하는 경우 물권적 청구권과 불법행위에 기한 손해배상청구권은 그 요건과 효과를 달리하므로 서로 경합관계에 있다. 물권적 청구권 행사만으로 목적을 달성할 수 없는 경우에는 별도로 불법행위책임을 물을 수 있다. 예컨대, 어떤 사람이 타인의 토지나 건물을 무단으로 사용하는 경우에 소유자는 토지나 건물의 반환과 함께 불법행위에 따른 손해배상을 청구할 수 있다.

한편, 물권적 청구권의 이행불능으로 인한 전보배상청구권은 인정되지 않는다.

• 판 례

◇ **대법원 2012. 5. 17. 선고 2010다28604 전원합의체 판결** : 국가 명의로 소유권보존등기가 경료된 토지의 일부 지분에 관하여 갑 등 명의의 소유권이전등기가 경료 되었는데, 을이 등기말소를 구하는 소를 제기하여 국가는 을에게 원인무효인 등기의 말소등기절차를 이행할 의무가 있고 갑 등 명의의 소유권이전등기는 등기부취득시효 완성을 이유로 유효하다는 취지의 판결이 확정되자, 을이 국가를 상대로 손해배상을 구한 사안에서, 소유권보존등기 말소등기절차 이행의무의 이행불능으로 인한 손해배상책임을 인정한 원심판결에는 법리오해 등 위법이 있다.

제2편 불법행위법 총론

제1장 불법행위책임의 발생

제750조는 불법행위의 성립 요건으로, 첫째, 고의 또는 과실에 의한 가해행위 둘째, 가해행위의 위법성 셋째, 손해의 발생 넷째, 가해행위와 손해와의 인과관계를 규정하고 있다. 그러므로 고의 또는 과실로 인하여 타인에게 손해를 가한자는 불법행위 책임을 진다.

제1절 고의 또는 과실

1. 의 의

(1) 고의 또는 과실의 개념

> **제750조(불법행위의 내용)** 고의 또는 과실로 인한 위법행위로 타인에게 손해를 가한 자는 그 손해를 배상할 책임이 있다.

고의란 위법한 침해 내지 손해라는 일정한 결과가 발생하리라는 것을 알면서 이를 행하는 심리상태를 말한다. 이에 비해 과실은 일정한 결과가 발생한다는 것을 인식할 수 있었으나 주의의무를 다하지 못하여 이를 알지 못하고 행위를 하는 심리상태를 말한다. 고의에는 확정적 고의는 물론 미필적 고의도 포함되며, 과실 역시 경과실은 물론 중과실을 포함한다. 고의와 과실은 그로 인해 발생한 손해에 대한 책임을 행위자에게 전가하는 것을 정당화시킨다는 점에서 귀책사유에 해당한다. 귀책사유로서의 고의나 과실은 행위자에게서 기인하는 것이 원칙이나 행위자의 감독 하에 있는 타인의 고의나 과실이 마치 행위자의 고의나 과실로 취급되는 경우도 있다. 책임무능력자의 감독자의 책임이나 사용자배상책임 등이 그러하다.[1)]

형사책임은 고의에 의한 범죄만을 처벌하는 것을 원칙으로 하나 민사책임의 성립에 있어서 고의나 과실은 차이가 없다. 다만, 불법행위책임의 산정 및 그 범위에 있어서 고의와 과실은 차이가 있다. 가령, 객관적으로 산출되는 재산상 손해의 배상에 있어서는 고의에 의한 것이든 과실에 의한 것이든 차이가 없으나, 위자료의 경우 고의에 인한 경우가 과실에 비해 다액임은 당연하다. 또한, 고의에 의한 불법행위채권을 수동채권으로 하여 상계하는 것은 금지되나, 과실에 의한 불법행위채권의 경우에는 그리하지 아니하다(제496조). 물론, 과실상계를 함에 있어서도 고의와 과실의 참작비율은 현저한 차이가 난다. 면책특약 내지 약관이 있는 경우에도 고의에 의한 불법행위책임의 면책은 인정되지 않는다. 아울러, 경과실과 중과실의 경우 일정한 경우 중과실이 있어야만 책임이 성립되거나 요건이 충족하는 경우가 있다. 도급인의 책임(제757조), 배상액 경감(제765조) 등이 그러하다. 불법행위책임에 있어 중과실은 고의에 가까운 현저한 주의의무 위반을 의미한다. 경우에 따라서는 위험원의 발생이나 무과실의 경우에도 책임이 성립될 수 있다.

한편, 피해자가 가해자의 고의에 기한 불법행위책임을 물었더라도 심리를 통해 과실이 인정되면 법원은 과실에 기한 불법행위책임을 인정할 수 있다.

• 판 례

◇ 대법원 1995. 12. 22. 선고 94다21078 판결 : 고의에 의한 불법행위를 원인으로 한 손해배상 책임의 주장에는 만일 고의는 없으나 과실이 인정될 경우에는 과실에 의한 불법행위를 원인으로 한 손해배상을 바라는 주장도 포함되어 있다고 보아야 한다.

---

1) 책임무능력자의 감독자나 사용자 역시 감독자의 감독의무위반 내지 선임감독상의 주의의무를 해태하여야 손해배상책임을 진다. 다만, 다수의 판례가 책임무능력자의 감독자책임이나 사용자배상책임의 경우 그 면책사유를 거의 인정하지 않는다는 점에서 이들 책임은 실제 무과실책임에 가깝게 운영되고 있다.

(2) 증명책임

고의 또는 과실은 불법행위의 적극적 성립요건이므로 그 증명책임은 불법행위의 성립을 주장하는 피해자에게 있다. 고의와 같은 내심의 의사는 이를 인정할 직접적인 증거가 거의 없으므로 사물의 성질상 고의와 상당한 관련성이 있는 간접사실을 증명하는 방법에 의하여 증명할 수밖에 없다. 이 때, 무엇이 상당한 관련성이 있는 간접사실에 해당할 것인가는 사실관계의 연결상태를 논리와 경험칙에 의하여 합리적으로 판단한다.[2] 실무상 고의에 의한 불법행위에 대해 형사사건이 진행되는 경우 유죄판결을 통해 고의가 증명된다. 과실의 경우도 마찬가지이나 별도의 형사사건이 진행되지 않는다면 그 증명에 있어서는 먼저, 과실의 내용으로서 주의의무의 기준을 설정해야 한다. 이 경우 법규상 또는 조리상 요구되는 주의의무가 설정되어 있다면 그것이 일응 기준이 된다. 만일 그러한 기준이 없다면, 당해 행위자와 같은 업무와 직무에 종사하는 사회평균인 내지 보통인의 주의의 정도를 표준으로 정한다. 요컨대, 불법행위 성립요건으로서의 과실은 추상적·객관적 과실을 기준으로 그 내용과 위반여부를 판단한다.

한편, 고의 또는 과실에 대한 증명책임이 예외적으로 가해자에게 전환되는 경우가 있다. 민법상의 특수불법행위로 분류된 책임무능력자의 감독자책임(제755조), 사용자배상책임(제756조), 공작물책임(제758조), 동물의 점유자책임(제759조)이 그러하다. 이 밖에도 각종 특별법을 통해 증명책임이 전환되는 경우가 있다. 의료과오에 있어서는 해석론으로 피해자의 증명책임을 완화시키고 있으며, 사실상 과실의 추정으로 증명책임이 전환되는 경우가 있다.[3]

---

2) 대법원 2001. 3. 9. 선고 2000다67020 판결
3) 대법원 1992. 9. 25. 선고 92다8453 판결

2. 주요 판례

(1) 고의 또는 과실의 의미

• 판 례

◇ 대법원 2002. 7. 12. 선고 2001다46440 판결 : 불법행위에 있어서 고의는 일정한 결과가 발생하리라는 것을 알면서 감히 이를 행하는 심리상태로서, 객관적으로 위법이라고 평가되는 일정한 결과의 발생이라는 사실의 인식만 있으면 되고 그 외에 그것이 위법한 것으로 평가된다는 것까지 인식하는 것을 필요로 하는 것은 아니다.

◇ 대법원 2001. 1. 19. 선고 2000다12532 판결 : 불법행위의 성립요건으로서의 과실은 이른바 추상적 과실만이 문제되는 것이고 이러한 과실은 사회평균인으로서의 주의의무를 위반한 경우를 가리키는 것이지만, 그러나 여기서의 '사회평균인'이라고 하는 것은 추상적인 일반인을 말하는 것이 아니라 그때그때의 구체적인 사례에 있어서의 보통인을 말하는 것이다.

◇ 대법원 2001. 4. 24. 선고 2001다10199 판결 : 책임보험은 피보험자의 법적 책임부담을 보험사고로 하는 손해보험이고 보험사고의 대상인 법적 책임은 불법행위책임이므로 어떠한 것이 보험사고인가는 기본적으로는 불법행위의 법리에 따라 정하여야 할 것인바, 책임보험 계약 당사자 간의 보험약관에서 고의로 인한 손해에 대하여는 보험자가 보상하지 아니하기로 규정된 경우에 고의행위라고 구분짓기 위하여는 특별한 사정이 없는 한 구체적인 정신능력으로서의 책임능력이 전제되어 있다고 볼 것이어서 '피보험자의 고의에 의한 손해'에 해당한다고 하려면 그 피보험자가 책임능력에 장애가 없는 상태에서 고의행위를 하여 손해가 발생된 경우이어야 한다.

(2) 유형별 검토

1) 의료행위

• 판 례

◇ 대법원 1987. 1. 20. 선고 86다카1469 판결 : 의료사고에 있어서 의료종사원의 과실은 일반적 보통인을 표준으로 하여 요구되는 주의의무를 결한 것으로서 여기에서 일반적 보통인이라 함은 추상적인 일반인이 아니라 그와 같은 업무와 직무에 종사하는 사람을 뜻하는 것이므로, 결국 이와 같은 사람이라면 보통

누구나 할 수 있는 주의의 정도를 표준으로 하여 과실유무를 논하여야 하며 이에는 사고 당시의 일반적인 의학의 수준과 진료환경 및 조건, 의료행위의 특수성 등이 고려되어야 한다.

2) 금융기관

• 판 례

◇ 대법원 2007. 7. 13. 선고 2005다21821 판결 : 금융기관에 개설된 예금계좌는 단순히 그 계좌를 개설한 자가 금원을 입·출금하는 데 사용됨에 그치는 것이 아니라, 신용거래의 활성화와 온라인 송금 및 자금이체 시스템 등의 발달로 인하여 일상생활이나 영업활동에서 제3자에 대하여 갖게 되거나 지게 된 채권·채무 등을 추심하거나 변제하기 위한 수단 등으로도 활발히 이용되고 있는 것이 현 금융거래의 실정인바, 금융기관이 본인 또는 대리인을 자처하는 자에게 예금계좌를 개설하여 주는 과정에서 본인의 신분증을 확인하거나 위임장과 인감증명서를 제출받고 대리인의 신분증을 확인하는 등의 최소한의 확인절차마저 모두 생략한다면, 피모용자가 수령하여야 할 금원을 피모용자 명의로 임의로 개설한 은행계좌로 송금하게 하는 방법으로 금원을 편취하는 범죄행위 등이 용이하게 이루어질 수 있음은 누구나 쉽게 예견할 수 있고, 금융기관이 위와 같은 최소한도의 조치만 취하더라도 그와 같은 잠재적 위험의 상당 부분을 제거할 수 있으며, 또 예금계좌의 개설에 임하는 금융기관 이외에는 위와 같은 역할을 수행할 주체가 전혀 존재하지 아니하는 점 등에 비추어 볼 때, 금융기관으로서는 금융실명거래 및 비밀보장에 관한 법률에서 정한 실명확인의무와 무관하게 위와 같은 최소한의 조치를 취함으로써 그것이 피모용자를 포함한 불특정 다수의 잠재적 피해자에 대한 범죄행위에 이용될 가능성을 미연에 방지함으로써 타인의 불법행위에 도움을 주지 않아야 할 주의의무가 있다.

3) 공무원

• 판 례

◇ 대법원 2002. 5. 10. 선고 2001다62312 판결 : 행정법규가 행정청으로서 지켜야 할 일정한 준칙을 규정함에 불과하고 그 범위 안에서 행정청의 재량에 일임하여 그 법규가 정하는 행정목적의 달성을 위하여 객관적으로 구체적 타당성에 적합하도록 하는 이른바 편의재량(공익재량, 합목적재량)의 경우에는 공익상의 필요, 합목적성의 여부는 행정청의 자유재량에 따라 결정하고 그에 적합하

다고 인정되는 처분을 선택하는 것이므로, 그 경우에 한 처분에 있어 관계공무원이 공익성, 합목적성의 인정·판단을 잘못하여 그 재량권의 범위를 넘어선 행정행위를 한 경우가 있다 하더라도 공익성 및 합목적성의 적절 여부의 판단기준은 구체적 사안에 따라 각각 동일하다 할 수 없을 뿐만 아니라, 구체적인 경우 어느 행정처분을 할 것인가에 관하여 행정청 내부에 일응의 기준을 정해 둔 경우 그 기준에 따른 행정처분을 하였다면 이에 관여한 공무원에게 그 직무상의 과실이 있다고 할 수 없다.

4) 법무사

● 판 례

◇ 대법원 2012. 12. 27. 선고 2010다57473 판결 : 갑 주식회사와 토지분양계약을 체결한 수분양자 을에게서 분양토지의 소유권이전등기 업무를 위임받은 법무사 병이 그 업무가 끝나기 전에 등기의무자인 갑 회사의 요청에 따라 분양토지에 관하여 정 명의의 근저당권설정등기를 마쳤고, 그 후 근저당권 등에 기한 경매절차가 진행되어 토지가 매각된 사안에서, 병에게는 갑 회사의 요청 사실을 을에게 알려 주어 을이 자신의 권리보호를 위하여 적당한 조치를 취할 기회를 부여할 위임계약상 의무가 있음에도 그러한 조치를 취하지 아니하고 이 사건 분양토지에 관하여 소외 명의의 근저당권설정등기 등을 경료함으로써 그에 기한 경매절차에서 위 토지가 매각되게 하였으므로, 병은 그로 인하여 원고가 입은 손해를 배상할 책임이 있다.

5) 학교법인

● 판 례

◇ 대법원 2013. 1. 16. 선고 2012다31734 판결 : 기간임용제 대학교원에 대한 학교법인의 재임용거부결정이 재량권을 일탈·남용한 것으로 평가되어 그 사법상 효력이 부정된다고 하더라도 이것이 불법행위를 구성함을 이유로 학교법인에게 재산상 손해배상책임을 묻기 위해서는 당해 재임용거부가 학교법인의 고의 또는 과실로 인한 것이라는 점이 인정되어야 한다. 이를 위해서는 학교법인이 보통 일반의 대학을 표준으로 하여 볼 때 객관적 주의의무를 결하여 그 재임용거부결정이 객관적 정당성을 상실하였다고 인정될 정도에 이른 경우이어야 하며, 이때에 객관적 정당성을 상실하였는지 여부는 재임용거부사유의 내용 및 성질, 그러한 거부사유 발생에 있어서 해당 교원의 기여(관여) 정도, 재임

용심사절차에서 해당 교원의 소명 여부나 그 정도, 명시된 재임용거부사유 외에 학교법인이 재임용거부 판단에 실질적으로 참작한 사유의 유무 및 그 내용, 재임용심사의 전체적 진행 경과 등 여러 사정을 종합하여 손해의 배상책임을 대학에게 부담시켜야 할 실질적인 이유가 있는지 여부에 의하여 판단하여야 한다.

6) 언 론

• 판 례

◇ **대법원 2009. 9. 10. 선고 2007다71 판결** : 언론기관이 범죄사실의 보도와 함께 피의자의 실명을 공개하기 위해서는 피의자의 실명을 보도함으로써 얻어지는 공공의 정보에 관한 이익과 피의자의 명예나 사생활의 비밀이 유지됨으로써 얻어지는 이익을 비교형량한 후 전자의 이익이 후자의 이익보다 더 우월하다고 인정되어야 한다. 또한, 전자의 이익이 더 우월하다고 판단되더라도 그 보도의 내용이 진실과 다를 경우 실명이 보도된 피의자에 대한 법익침해의 정도는 그렇지 아니한 경우보다 더욱 커지므로, 언론기관이 피의자의 실명을 공개하여 범죄사실을 보도할 경우에는 그 보도내용이 진실인지 여부를 확인할 주의의무는 더 높아진다.

7) 과실에 의한 방조

• 판 례

◇ **대법원 2012. 11. 15. 선고 2010다92346 판결** : 민법 제760조 제3항은 교사자나 방조자는 공동행위자로 본다고 규정하여 교사자나 방조자에게 공동불법행위자로서 책임을 부담시키고 있는데, 방조라 함은 불법행위를 용이하게 하는 직접, 간접의 모든 행위를 가리키는 것으로서 작위에 의한 경우뿐만 아니라 작위의무 있는 자가 그것을 방지하여야 할 제반 조치를 취하지 아니하는 부작위로 인하여 불법행위자의 실행행위를 용이하게 하는 경우도 포함하는 것이고, 손해의 전보를 목적으로 하여 과실을 원칙적으로 고의와 동일시하는 민사법의 영역에서는 과실에 의한 방조도 가능한데, 이 경우의 과실의 내용은 불법행위에 도움을 주지 않아야 할 주의의무가 있음을 전제로 하여 이 의무에 위반하는 것을 말하고, 방조자에게 공동불법행위자로서의 책임을 지우기 위하여는 방조행위와 피방조자의 불법행위 사이에 상당인과관계가 있어야 한다.

제2절 책임능력

1. 의 의

책임능력이란 자기의 행위에 의하여 일어난 결과에 대하여 책임을 변식할 수 있는 정신능력을 말한다. 즉, 책임능력은 자기의 행위가 위법한 행위로서 그 결과에 대하여 책임을 져야 한다는 것을 인식할 수 있는 정신적 능력이다. 행위자에게 불법행위책임을 묻기 위해서는 행위자가 적어도 자신의 행위가 위법한 행위로서 사회적으로 비난받는다는 사실을 인지 내지 판단할 수 있는 능력이 있어야 한다. 이 점에서 책임능력은 행위자에 대해 불법행위책임을 귀속 시킬 수 있는 전제가 되며, 불법행위능력이라고 한다. 책임능력은 불법행위의 성립요건이며 따라서 책임능력이 없는 자의 행위는 불법행위가 성립하지 않는다.

2. 판단기준 및 증명책임

제753조(미성년자의 책임능력) 미성년자가 타인에게 손해를 가한 경우에 그 행위의 책임을 변식할 지능이 없는 때에는 배상의 책임이 없다.

제754조(심신상실자의 책임능력) 심신상실 중에 타인에게 손해를 가한 자는 배상의 책임이 없다. 그러나 고의 또는 과실로 인하여 심신상실을 초래한 때에는 그러하지 아니하다.

민법은 책임능력의 개념 및 판단기준에 대해 규정을 두고 있지 않다. 다만 제753조와 제754조에서 각각 행위의 책임을 변식할 지능이 없는 미성년자와 심신상실자는 책임능력이 없다고 규정하고 있다. 그에 따라 책임능력의 유무는 형법과 같이 획일적인 기준에 따라 정해질 수 없고 불법행위 당시를 기준으로 가해행위의 종류와 태양, 개인의 구체적인 사정 등을 고려하여 개별적으로 판단한다.[4] 다만, 민사책임에서 미성년자의 경우는 형법과 마찬가지

---

4) 형법에서는 책임능력과 관련하여 제9조와 제10조에서 다음과 같이 규정하고 있다.
제9조(형사미성년자) 14세가 되지 아니한 자의 행위는 벌하지 아니한다.
제10조(심신장애자) ① 심신장애로 인하여 사물을 변별할 능력이 없거나 의사를 결정

로 14세 이상인 경우 책임능력을 인정한다. 책임능력을 개별적으로 판단하는 경우는 대체로 13세와 14세 사이의 미성년자의 경우이다.[5)]

판단능력이 결여된 심신상실자의 경우도 책임무능력자로서 불법행위책임을 지지 않는다. 심신상실의 상태는 지속적일 것을 요하지 않으며 불법행위 당시 심신상실의 상태에 있으면 족하다. 책임능력의 유무를 판단함에 있어 한정치산이나 금치산 선고를 받았느냐의 여부는 관계가 없으며 2013년 7월 1일부터 시행된 개정민법에 따라 제한능력자로서 가정법원으로부터 후견개시를 심판받았는지 여부도 문제되지 않는다. 행위자 본인이 심신상실의 상태를 고의 또는 과실로 초래한 경우에는 책임을 면하지 못한다(제754조 단서). 이처럼 책임무능력자인 미성년자와 심신상실자가 불법행위를 한 경우에는 이들을 감독할 의무가 있는 자가 불법행위책임을 질 수 있다.

한편, 가해자가 14세 이상의 자인 경우 책임능력은 일반적으로 갖추어져 있는 것이 보통이기 때문에 가해자가 자신이 책임능력이 없음을 항변사항으로 주장하고 증명하여야 한다.

제 3 절 위법성

1. 의 의

(1) 위법성의 개념

위법이란 법질서에 반하는 것을 말한다. 법질서는 실정 법규 이외에도 선량한 풍속 기타 사회질서를 포함한다. 그러므로 위법하다는 것은 실정법 내지 선량한 풍속 기타 사회질서에 반하는 것을 의미한다. 다만 이 경우 선량한 풍속 기타 사회질서의 위반은 민법 제103조와 직접적으로 관계가 있는

할 능력이 없는 자의 행위는 벌하지 아니한다.
② 심신장애로 인하여 전항의 능력이 미약한 자의 행위는 형을 감경한다.
③ 위험의 발생을 예견하고 자의로 심신장애를 야기한 자의 행위에는 전2항의 규정을 적용하지 아니한다.

5) 당사자의 구체적 사정을 고려하여 13세 3개월 된 미성년자의 책임능력을 인정하는가 하면 14세 6개월 된 미성년자의 책임능력을 부정한 판례가 있다. 이처럼 민사상 불법행위의 책임능력이 문제된 것은 주로 13세~14세의 미성년자의 경우이다.

것은 아니고 위법성의 판단에 있어서 사회적으로 허용되지 아니하는 것을 의미할 뿐이므로 구체적 사안에서 개별적으로 판단해야 한다.[6]

일반적으로 권리에 대한 침해는 그 자체로 바로 위법한 것으로 평가된다. 그러나 권리침해라는 결과가 발생하지 않았더라도 어떤 행위를 함에 있어 또는 하지 않음에 있어 법질서에 반한 행위가 있었다면 위법한 것으로 평가될 수 있다. 위법은 결과 뿐 아니라 행위에 대한 위법도 포함하기 때문이다.[7]

(2) 위법성의 판단

위법성은 정당성을 인정할 수 없는 가해행위에 대한 부정적 가치판단이다. 따라서 위법성 유무의 판단은 사실인정의 문제가 아니라 가치판단의 문제이다. 그러므로 그 시대의 문화와 가치관 등에 따라 가변적일 수 있다. 범죄행위나 생명권 등 침해의 경우는 위법성 여부가 문제되지 않으나 구체적으로 위법성의 존부 및 정도를 판단하기 위해서는 법익의 종류와 침해의 태양을 상관적으로 고려하여야 한다. 또한, 위법성을 판단함에 있어 가해행위 전체를 일체로 판단하여 결정해야 하는 것은 아니고, 문제가 되는 행위마다 개별적·상대적으로 판단하여야 한다.[8] 특히, 현대와 같이 복잡하고 다양한 산업사회에서 위법성 여부는 획일적으로 판단할 수 없는 경우가 많으며, 경우에 따라서는 사회생활상 통상의 수인한도가 일응의 기준이 될 수 있다.

한편, 위법성 역시 불법행위책임의 발생요건으로 그에 대한 증명책임은 피해자인 원고에게 있다. 다만 증명정도에 있어서는 법익의 태양에 따라 달라지는데, 가령, 생명이나 신체 침해의 경우에는 피해자가 생명이나 신체에 침

6) 「민법주해」[XVIII](이상훈 집필), 박영사, 2005, 211면.

7) 위법성의 평가에 대하여, 종래에는 침해사실에 착안하여 타인의 생명·신체·건강·자유·소유권이나 그 밖의 권리를 침해하는 결과를 야기한 행위는 위법성 조각사유가 없는 한 위법하다고 보는 결과불법론이 지배적이었다. 그러나 결과불법론은 법질서상 허용되고 있는 각종위험 영역에서 발생된 법익침해의 경우 행위는 위법하나 결과가 발생하지 않은 경우 등에 대해서는 설명할 수 없다. 이러한 문제점에 착안하여, 행위불법론은 위법성의 본질을 가해행위에서 찾는다. 즉, 위법성의 평가에 있어서는 보호법익의 침해 뿐 아니라 그러한 침해가 법규범이 행위자에게 부과한 주의의무를 해태함에 의하여 야기된 것이어야 한다. 「민법주해」[XVIII](이상훈 집필), 박영사, 2005, 209면 참조.

8) 대법원 2003. 6. 27. 선고 2001다734 판결

해를 입었다는 사실을 증명하면 위법성이 인정된다. 그러나 채무자가 아닌 제3자에 의한 채권침해의 경우 침해의 태양과 관련하여 특별한 증명이 필요하다. 이처럼 위법성의 증명정도와 관련하여 침해된 대상을 유형화 하는 것은 의미가 있다.

(3) 유형별 검토

1) 소유권, 점유권, 제한물권 등 물권의 침해

소유권은 물건에 대해 정당한 권원이 있는 자가 갖는 절대적 권리이므로 그 침해는 원칙적으로 위법성을 띤다. 그런데 점유권의 경우에는 본권을 갖는 경우와 그렇지 않은 경우로 나누어 판단해야 한다. 점유에 있어 본권이 있는 전자의 경우는 소유권 내지 용익물권의 침해와 다르지 않으므로 위법성 인정이 용이하다. 반면 본권을 갖지 않는 후자의 경우 본권자에 의한 점유권 침해는 원칙적으로 위법하지 않다. 다만 본권자가 정당한 방법에 의하지 않고 불법수단을 동원하여 점유자의 점유상태를 침해하는 경우에는 위법성이 인정될 수 있다. 또, 본권이 없는 제3자가 점유권을 침해하는 경우에도 위법성이 인정될 수 있다.

지상권, 지역권, 전세권과 같은 용익물권 내지 유치권, 질권, 저당권과 같은 담보물권에 대한 침해 역시 위법성 인정이 용이하다. 물론, 용익물권에 대한 침해의 경우 손해는 사용이익을 한도로 하며, 담보물권의 경우 채권자의 우선변제권이 침해된 한도에서 손해를 인정함이 원칙이다.[9)]

2) 채권의 침해

채권은 채권자와 채무자 사이의 상대적인 권리에 불과하며 채권침해는 일반적으로 채무자에 의해 이뤄진다. 채무자에 의한 채권침해의 경우는 채무불이행으로서 위법성이 추정되며 이 경우에는 채무불이행책임 내지 불법행위책임의 법리로 해결하면 된다.

그런데 제3자에 의해 채권이 침해되는 경우는 그 자체만으로 위법성이 인정되지 않는다. 채권은 공시되지 않으므로 제3자에 의한 채권침해는 예외적인 경우에 해당한다. 따라서 제3자가 채권자를 해한다는 사정을 알면서도 법

---

9) 대법원 2009. 5. 28 선고 2006다42818 판결

규를 위반하거나 선량한 풍속 기타 사회질서를 위반하는 등 위법한 행위를 함으로써 채권자의 이익을 침해하였어야 한다.[10] 이러한 요건을 갖추었을 때 비로소 제3자의 채권침해의 위법성이 인정되어 피해자는 제3자를 상대로 불법행위책임을 물을 수 있다.

3) 비재산적 이익의 침해

재산 이외에 비재산적 이익에 대한 침해로서 주로 인격권 내지 인격적 이익에 대한 침해가 문제된다. 인격권 내지 인격적 이익은 권리주체를 이루는 바로 그것이므로 그에 대한 침해는 일반적으로 위법성의 인정이 용이하다. 대표적으로 생명이나 신체의 완전성에 대한 침해가 그러하다. 이외에도 명예, 성명, 초상, 사생활의 비밀과 자유, 신용 등 기타 인격적 이익에 대한 침해 역시 위법성 인정이 용이하다. 다만, 아직 독자적인 권리로서 승인되었다고 보기 어려운 인격적 이익에 대한 침해는 대립하는 이익과의 비교형량을 통해서 위법여부가 결정된다. 특히 우리나라에서 퍼블리시티권(Right of Publicity)은 이를 독자적인 재산권으로 인정하기보다 인격권의 한 내용으로 다루고 있다.

• 판 례

◇ **서울고법 2002. 4. 16. 선고 2000나42061 판결** : 우리나라에서도 근래에 이르러 연예, 스포츠 산업 및 광고산업의 급격한 발달로 유명인의 성명이나 초상 등을 광고에 이용하게 됨으로써 그에 따른 분쟁이 적지 않게 일어나고 있으므로 이를 규율하기 위하여 이른바 퍼블리시티권이라는 새로운 권리 개념을 인정할 필요성은 수긍할 수 있으나, 성문법주의를 취하고 있는 우리 나라에서 법률, 조약 등 실정법이나 확립된 관습법 등의 근거 없이 필요성이 있다는 사정만으로 물권과 유사한 독점·배타적 재산권인 퍼블리시티권을 인정하기는 어렵다고 할 것이며, 퍼블리시티권의 성립요건, 양도·상속성, 보호대상과 존속기간, 침해가 있는 경우의 구제수단 등을 구체적으로 규정하는 법률적인 근거가 마련되어야만 비로소 퍼블리시티권을 인정할 수 있을 것이다.

◇ **서울서부지법 2010. 4. 21. 자 2010카합245 결정** : 일반적으로 성명이나 초상 등 자기동일성이 가지는 경제적 가치를 상업적으로 사용하고 통제할 수 있는 배타적 권리라고 설명되는 퍼블리시티권은 이를 명시적으로 규정한 실정법이 존

---

10) 대법원 2007. 9. 21. 선고 2006다9446 판결

재하지는 않으나, 헌법상의 행복추구권과 인격권의 한 내용을 이루는 성명권에는 사회통념상 특정인임을 알 수 있는 방법으로 성명이 함부로 영리에 사용되지 않을 권리가 포함된다고 할 것인 점, 특정인의 성명 등에 관하여 형성된 경제적 가치가 이미 인터넷 게임업 등 관련 영업에서 널리 인정되고 있으므로 이를 침해하는 행위는 그 특정인에 대한 관계에서 민법상의 불법행위를 구성한다고 볼 것인 점 등에 비추어 보면, 특정인이 성명이나 초상 등 자기동일성의 상업적 사용에 대하여 배타적으로 지배할 수 있는 권리를 퍼블리시티권으로 파악하기에 충분하므로, 어떤 사람의 성명 전부 또는 일부를 그대로 사용하는 것은 물론 성명 전부 또는 일부를 그대로 사용하지 않더라도 그 사람을 나타낸다고 볼 수 있을 정도로 이를 변형하여 사용하는 경우에도 퍼블리시티권을 침해한 것으로 볼 것이며, 이러한 퍼블리시티권은 인격권, 행복추구권으로부터 파생된 것이기는 하나 재산권적 성격도 가지고 있다.

〈전직 프로야구 선수들의 사전 동의 없이 위 선수들의 성명을 영문 이니셜로 변경하여 인터넷 야구게임에 등장하는 캐릭터에 사용한 행위가 위 선수들의 자기동일성의 경제적 가치를 상업적으로 사용하여 퍼블리시티권을 침해한 것이라고 본 사례〉

◇ 대법원 2013. 6. 27. 선고 2012다31628 판결 : 사람은 누구나 자신의 얼굴 기타 사회통념상 특정인임을 식별할 수 있는 신체적 특징에 관하여 함부로 촬영 또는 그림묘사 되거나 공표되지 아니하며 영리적으로 이용당하지 아니할 권리를 가지는데, 이러한 초상권도 헌법 제10조 제1문에 의하여 헌법적으로 보장되는 권리이다.

2. 위법성 조각사유

(1) 의 의

1) 위법성 조각사유의 개념

제761조(정당방위, 긴급피난) ① 타인의 불법행위에 대하여 자기 또는 제삼자의 이익을 방위하기 위하여 부득이 타인에게 손해를 가한 자는 배상할 책임이 없다. 그러나 피해자는 불법행위에 대하여 손해의 배상을 청구할 수 있다.
② 전항의 규정은 급박한 위난을 피하기 위하여 부득이 타인에게 손해를 가한 경우에 준용한다.

위법성이 인정되더라도 특별한 사유가 있는 경우에는 위법하지 않은 것으로 취급되며 이 특별한 사유를 위법성 조각사유라고 한다. 위법성 조각사유에 대해 민법은 제761조에서 정당방위와 긴급피난에 대해 규정하고 있다. 다만, 해석론으로 형법상의 위법성 조각사유로 인정되고 있는 자력구제, 정당행위, 피해자의 승낙도 민사상 위법성 조각사유로 인정되고 있다. 아울러 방송 등 언론에 의한 명예훼손의 경우에는 언론 매체의 사실적시가 공공의 이해에 관한 사항으로서 그 목적이 오로지 공공의 이익을 위한 것일 때에는 적시된 사실이 진실이거나 진실이라고 믿을 상당한 이유가 있는 경우 위법성이 조각된다.[11)]

위법성의 유무를 판단함에 있어 피침해이익과 침해행위의 태양과의 상관관계가 고려되는 것과 마찬가지로 위법성 조각사유의 유무를 판단함에 있어서도 이와 같은 상관관계가 고려된다. 위법성 조각사유는 가해자가 자신의 가해행위의 위법성을 조각하기 위한 것이므로 가해자에게 증명책임이 있다.

2) 구체적 유형

① 정당방위

타인의 불법행위에 대하여 자기 또는 제3자의 이익을 방위하기 위하여 부득이 타인에게 손해를 가한 행위를 정당방위라 한다. 정당방위가 인정되는 경우에는 위법성이 조각되어 가해자는 손해를 배상할 책임이 없다(제761조 1항).

정당방위가 인정되기 위한 요건 중 가장 중요한 요건은 상당성이다. 즉, 가해자가 행한 행위 이외에 다른 구제수단이 없어야 하며, 그 방법에 의하여 방위하려는 이익과 상대방이 입은 손해 사이에 균형을 이루어야 한다. 그러므로 과잉방위의 경우에는 위법성이 조각되지 않고 불법행위가 성립한다. 다만 이 경우 과실상계의 법리에 따라 손해배상책임이 감경될 수 있다.

② 긴급피난

긴급피난은 급박한 위난을 피하기 위하여 부득이 타인에게 손해를 가한 경우를 말한다(제761조 제2항). 정당방위가 위법한 침해에 대한 방위인 데 반해 긴급피난은 위법하지 않은 침해에 대한 피난이다. 긴급피난이 인정되기 위해서는 현재의 급박한 위난을 피하기 위한 행위여야 하며, 그 행위가 부득이한 경우이어야 한다. 급박한 위난은 사람에 의해서든 물건에 의해서든 발생할

---

11) 대법원 2003. 9. 2. 선고 2002다63558 판결

수 있으나, 가해자의 고의 또는 과실로 인해 발생해서는 안된다.[12] 또, 부득이 하다고 인정되기 위해서는 타인에게 손해를 주는 것 외에는 다른 적절한 피난수단이 없어야 하고 이익과 손해 사이의 현저한 불균형이 없어야 한다.

③ 자력구제

자력구제란 청구권을 보전하기 위하여 국가기관의 구제를 기다릴 여유가 없는 경우에 피해자 스스로의 자력에 의하여 구제하는 행위를 말한다. 자력구제는 과거의 침해에 대한 방어수단이라는 점에서 현재의 침해에 대한 방위행위인 정당방위·긴급피난과 차이가 있다. 민법에는 점유침탈에 있어 자력구제를 허용하는 규정이 있으나(제209조), 자력구제에 관한 일반규정은 존재하지 않는다. 그럼에도 자력구제는 해석상 위법성 조각사유로 인정되고, 다만 자력구제 시 자력구제를 위해 사용하는 수단이 선량한 풍속 기타 사회질서에 반해서는 안 된다.

④ 피해자의 승낙

위법한 가해행위라도 피해자가 그 법익의 침해에 동의 내지 승낙을 한 경우에는 위법성이 조각된다. 피해자의 승낙이 위법성 조각사유로 인정되기 위해서는 먼저 피해자가 승낙의 의미를 이해할 수 있을 정도의 정신능력을 갖추어야 한다. 그러므로 유아나 만취자의 동의 내지 승낙은 위법성을 조각하지 않는다. 또한, 동의 내지 승낙이 선량한 풍속 기타 사회질서에 반하는 것이어서는 안된다. 따라서 자살방조나 승낙에 의한 살인 역시 위법성이 조각되지 않는다. 한편, 본인의 승낙을 받은 경우에도 승낙의 범위를 초과하여 승낙 당시의 예상과는 다른 목적이나 방법으로 가해행위가 행해졌다면 위법성이 조각되지 않는다.[13]

⑤ 정당행위

정당행위란 당해 행위가 법률에 의해 허용되거나 선량한 풍속 기타 사회질서에 비추어 사회적 타당성이 인정되는 경우를 말한다. 정당행위 역시 위법성이 조각되는 사유로, 가령, 정당한 사무관리(제734조), 친권자 또는 후견인의 징계행위(제951조, 제954조), 교원의 학생에 대한 징계행위(초중등교육법 제

12) 대법원 1981. 3. 24 선고 80다1592 판결
13) 대법원 1998. 9. 4. 선고 96다11327 판결

18조, 고등교육법 제13조), 근로자의 정당한 노동쟁의행위(노동조합 및 노동관계조정법 제4조), 현행범인의 체포(형사소송법 제212조), 의사의 치료행위, 운동경기에 의한 가해행위 등이 이에 해당한다. 이 중 특히 교사의 학생에 대한 체벌이 징계권의 행사로서 정당행위에 해당하려면 그 체벌이 교육상의 필요가 있고 다른 교육적 수단으로는 교정이 불가능하여 부득이 한 경우에 한하는 것이어야 할 뿐만 아니라, 그와 같은 경우에도 그 체벌의 방법에 객관적 타당성이 인정되어야만 한다.[14] 또, 민사소송절차의 변론과정에서 당사자가 상대방의 프라이버시나 명예에 관한 사항을 주장하고 이에 관한 증거자료를 제출함으로써 상대방의 프라이버시가 침해되거나 명예가 훼손되었다 하더라도, 그 주장과 증명이 당사자에게 허용되는 정당한 변론활동의 범위를 일탈한 것이 아니라면 위법성이 없다.[15]

3. 주요 판례

(1) 위법성 판단기준

• 판 례

◇ 대법원 2001. 2. 9. 선고 99다55434 판결 : 불법행위 성립요건으로서의 위법성은 관련 행위 전체를 일체로만 판단하여 결정하여야 하는 것은 아니고, 문제가 되는 행위마다 개별적·상대적으로 판단하여야 할 것이므로 어느 시설을 적법하게 가동하거나 공용에 제공하는 경우에도 그로부터 발생하는 유해 배출물로 인하여 제3자가 손해를 입은 경우에는 그 위법성을 별도로 판단하여야 하고, 이러한 경우의 판단 기준은 그 유해의 정도가 사회생활상 통상의 수인한도를 넘는 것인지 여부라고 할 것이다.

◇ 대법원 2001. 5. 8. 선고 2000다35955 판결 : 공동의 이해관계를 갖는 다수의 사람들이 그들의 주장이나 목적을 관철할 의도하에 한 집단행동이 민사상 불법행위를 구성하는 위법성을 갖는지 여부는, 그 집단행동의 구체적인 내용, 방법, 정도뿐만 아니라 이에 이른 동기나 목적, 경위, 상황 등을 침해이익과 함께 종합적으로 고려하여 그 집단행동이 사회통념상 용인될 만한 정도의 상당성이 있는지 여부에 의하여 판단하여야 할 것이다.

---

14) 대법원 1988. 1. 12. 선고 87다카2240 판결

15) 대법원 2008. 2. 15. 선고 2006다26245 판결

◇ **대법원 2011. 9. 2. 선고 2008다42430 전원합의체 판결** : 정보주체의 동의 없이 개인정보를 공개함으로써 침해되는 인격적 법익과 정보주체의 동의 없이 자유롭게 개인정보를 공개하는 표현행위로서 보호받을 수 있는 법적 이익이 하나의 법률관계를 둘러싸고 충돌하는 경우에는, 개인이 공적인 존재인지 여부, 개인정보의 공공성 및 공익성, 개인정보 수집의 목적 · 절차 · 이용형태의 상당성, 개인정보 이용의 필요성, 개인정보 이용으로 인해 침해되는 이익의 성질 및 내용 등 여러 사정을 종합적으로 고려하여, 개인정보에 관한 인격권 보호에 의하여 얻을 수 있는 이익(비공개 이익)과 표현행위에 의하여 얻을 수 있는 이익(공개 이익)을 구체적으로 비교 형량하여, 어느 쪽 이익이 더욱 우월한 것으로 평가할 수 있는지에 따라 그 행위의 최종적인 위법성 여부를 판단하여야 한다.
〈변호사 정보 제공 웹사이트 운영자가 변호사들의 개인신상정보를 기반으로 변호사들의 '인맥지수'를 산출하여 공개하는 서비스를 제공한 사안에서, 위 인맥지수 서비스 제공행위가 변호사들의 개인정보에 관한 인격권을 침해하는 위법한 것이라고 한 사례 및 변호사 정보 제공 웹사이트 운영자가 대법원 홈페이지에서 제공하는 '나의 사건검색' 서비스를 통해 수집한 사건정보를 이용하여 변호사들의 '승소율이나 전문성 지수 등'을 제공하는 서비스를 한 사안에서, 위 행위는 변호사들의 개인정보에 관한 인격권을 침해하는 위법한 행위로 평가할 수 없다고 한 사례〉

(2) 유형별 검토

1) 온라인서비스제공자

• **판 례**

◇ 대법원 2003. 6. 27. 선고 2002다72194 판결 : 온라인 서비스 제공자인 인터넷상의 홈페이지 운영자가 자신이 관리하는 전자게시판에 타인의 명예를 훼손하는 내용이 게재된 것을 방치하였을 때 명예훼손으로 인한 손해배상책임을 지게하기 위하여는 그 운영자에게 그 게시물을 삭제할 의무가 있음에도 정당한 사유 없이 이를 이행하지 아니한 경우여야 하고, 그의 삭제의무가 있는지는 게시의 목적, 내용, 게시기간과 방법, 그로 인한 피해의 정도, 게시자와 피해자의 관계, 반론 또는 삭제 요구의 유무 등 게시에 관련한 쌍방의 대응태도, 당해 사이트의 성격 및 규모 · 영리 목적의 유무, 개방정도, 운영자가 게시물의 내용을 알았거나 알 수 있었던 시점, 삭제의 기술적 · 경제적 난이도 등을 종합하여 판단하여야 할 것으로서, 특별한 사정이 없다면 단지 홈페이지 운영자가 제공하는 게시판에 다른 사람에 의하여 제3자의 명예를 훼손하는 글이 게시되고 그 운영자가 이를 알았거나 알 수 있었다는 사정만으로 항상 운영자가 그 글을 즉시 삭제할 의무를 지게 된다고 할 수는 없다.

2) 일조권

• 판 례

◇ 대법원 2000. 5. 16. 선고 98다56997 판결 : 건축법 등 관계 법령에 일조방해에 관한 직접적인 단속법규가 있다면 그 법규에 적합한지 여부가 사법상 위법성을 판단함에 있어서 중요한 판단자료가 될 것이지만, 이러한 공법적 규제에 의하여 확보하고자 하는 일조는 원래 사법상 보호되는 일조권을 공법적인 면에서도 가능한 한 보증하려는 것으로서 특별한 사정이 없는 한 일조권 보호를 위한 최소한도의 기준으로 봄이 상당하고, 구체적인 경우에 있어서는 어떠한 건물 신축이 건축 당시의 공법적 규제에 형식적으로 적합하다고 하더라도 현실적인 일조방해의 정도가 현저하게 커 사회통념상 수인한도를 넘은 경우에는 위법행위로 평가될 수 있다. 일조방해 행위가 사회통념상 수인한도를 넘었는지 여부는 피해의 정도, 피해이익의 성질 및 그에 대한 사회적 평가, 가해 건물의 용도, 지역성, 토지이용의 선후관계, 가해 방지 및 피해 회피의 가능성, 공법적 규제의 위반 여부, 교섭 경과 등 모든 사정을 종합적으로 고려하여 판단하여야 한다.

3) 범죄사실보도

• 판 례

◇ 대법원 2009. 9. 10. 선고 2007다71 판결 : 개인은 자신의 성명의 표시 여부에 관하여 스스로 결정할 권리를 가지나, 성명의 표시행위가 공공의 이해에 관한 사실과 밀접불가분한 관계에 있고 그 목적 달성에 필요한 한도에 있으며 그 표현내용·방법이 부당한 것이 아닌 경우에는 그 성명의 표시는 위법하다고 볼 수 없다. 따라서 범죄사실에 관한 보도 과정에서 대상자의 실명 공개에 대한 공공의 이익이 대상자의 명예나 사생활의 비밀에 관한 이익보다 우월하다고 인정되어 실명에 의한 보도가 허용되는 경우에는, 비록 대상자의 의사에 반하여 그의 실명이 공개되었다고 하더라도 그의 성명권이 위법하게 침해되었다고 할 수 없다.

4) 소제기

• 판 례

◇ 대법원 2002. 5. 31. 선고 2001다64486 판결 : 법적 분쟁의 당사자가 법원에 대하여 당해 분쟁의 종국적인 해결을 구하는 것은 법치국가의 근간에 관계되는

중요한 일이므로 재판을 받을 권리는 최대한 존중되어야 하고, 제소행위나 응소행위가 불법행위가 되는가를 판단함에 있어서는 적어도 재판제도의 이용을 부당하게 제한하는 결과가 되지 아니하도록 신중하게 배려하여야 할 것인바, 따라서 법적 분쟁의 해결을 구하기 위하여 소를 제기하는 것은 원칙적으로 정당한 행위이고, 단지 제소자가 패소의 판결을 받아 확정되었다는 것만으로 바로 그 소의 제기가 불법행위였다고 단정할 수는 없으나, 반면 소를 제기당한 사람 쪽에서 보면, 응소를 강요당하고 어쩔 수 없이 그를 위하여 변호사 비용을 지출하는 등의 경제적·정신적 부담을 지게 되는 까닭에 응소자에게 부당한 부담을 강요하는 결과를 가져오는 소의 제기는 위법하게 되는 경우가 있을 수 있으므로, 민사소송을 제기한 사람이 패소판결을 받아 확정된 경우에 그와 같은 소의 제기가 상대방에 대하여 위법한 행위가 되는 것은 당해 소송에 있어서 제소자가 주장한 권리 또는 법률관계가 사실적·법률적 근거가 없고, 제소자가 그와 같은 점을 알면서, 혹은 통상인이라면 그 점을 용이하게 알 수 있음에도 불구하고 소를 제기하는 등 소의 제기가 재판제도의 취지와 목적에 비추어 현저하게 상당성을 잃었다고 인정되는 경우에 한한다.

5) 공무원

• 판 례

▌법관▐

◇ 대법원 2003. 7. 11. 선고 99다24218 판결 : 법관의 재판에 법령의 규정을 따르지 아니한 잘못이 있다 하더라도 이로써 바로 그 재판상 직무행위가 국가배상법 제2조 제1항에서 말하는 위법한 행위로 되어 국가의 손해배상책임이 발생하는 것은 아니고, 그 국가배상책임이 인정되려면 당해 법관이 위법 또는 부당한 목적을 가지고 재판을 하였다거나 법이 법관의 직무수행상 준수할 것을 요구하고 있는 기준을 현저하게 위반하는 등 법관이 그에게 부여된 권한의 취지에 명백히 어긋나게 이를 행사하였다고 인정할 만한 특별한 사정이 있어야 한다.

▌검사▐

◇ 대법원 2002. 2. 22. 선고 2001다23447 판결 : 검사는 수사기관으로서 피의사건을 조사하여 진상을 명백히 하고, 죄를 범하였다고 의심할 만한 상당한 이유가 있는 피의자에게 증거 인멸 및 도주의 염려 등이 있을 때에는 법관으로부터 영장을 발부받아 피의자를 구속할 수 있으며, 나아가 수집·조사된 증거를 종합하여 객관적으로 볼 때, 피의자가 유죄판결을 받을 가능성이 있는 정도의 혐의를 가지게 된 데에 합리적인 이유가 있다고 판단될 때에는 피의자에 대하여

공소를 제기할 수 있으므로 그 후 형사재판 과정에서 범죄사실의 존재를 증명함에 충분한 증거가 없다는 이유로 무죄판결이 확정되었다고 하더라도 그러한 사정만으로 바로 검사의 구속 및 공소제기가 위법하다고 할 수 없고, 그 구속 및 공소제기에 관한 검사의 판단이 그 당시의 자료에 비추어 경험칙이나 논리칙상 도저히 합리성을 긍정할 수 없는 정도에 이른 경우에만 그 위법성을 인정할 수 있다.

▌경찰관▐

◇ 대법원 2000. 11. 10. 선고 2000다26807,26814 판결 : 경찰관은 수상한 거동 기타 주위의 사정을 합리적으로 판단하여 어떠한 죄를 범하였거나 범하려 하고 있다고 의심할 만한 상당한 이유가 있는 자 또는 이미 행하여진 범죄나 행하여지려고 하는 범죄행위에 관하여 그 사실을 안다고 인정되는 자를 정지시켜 질문할 수 있고, 또 범죄를 실행중이거나 실행 직후인 자는 현행범인으로, 누구임을 물음에 대하여 도망하려 하는 자는 준현행범인으로 각 체포할 수 있으며, 이와 같은 정지 조치나 질문 또는 체포 직무의 수행을 위하여 필요한 경우에는 대상자를 추적할 수도 있으므로, 경찰관이 교통법규 등을 위반하고 도주하는 차량을 순찰차로 추적하는 직무를 집행하는 중에 그 도주차량의 주행에 의하여 제3자가 손해를 입었다고 하더라도 그 추적이 당해 직무 목적을 수행하는 데에 불필요하다거나 또는 도주차량의 도주의 태양 및 도로교통상황 등으로부터 예측되는 피해발생의 구체적 위험성의 유무 및 내용에 비추어 추적의 개시·계속 혹은 추적의 방법이 상당하지 않다는 등의 특별한 사정이 없는 한 그 추적행위를 위법하다고 할 수는 없다.

6) 금융기관

• 판 례

◇ 대법원 2012. 12. 26. 선고 2010다86815 판결 : 간접투자신탁의 수익증권 판매업무를 영위하는 판매회사의 임직원이 고객에게 수익증권의 매수를 권유할 때에는 그 투자에 따르는 위험을 포함하여 당해 수익증권의 특성과 주요내용을 명확히 설명함으로써 고객이 그 정보를 바탕으로 합리적인 투자판단을 할 수 있도록 고객을 보호하여야 할 주의의무가 있고, 경험이 부족한 일반 투자자에게 거래행위에 필연적으로 수반되는 위험성에 관한 올바른 인식형성을 방해하거나 고객의 투자 상황에 비추어 과대한 위험성을 수반하는 거래를 적극적으로 권유함으로써 투자자에 대한 보호의무를 위반한 위법행위를 하여 투자자에게 손해를 가하는 경우, 판매회사는 불법행위로 인한 손해배상책임을 진다. 이

때 고객에게 어느 정도의 설명을 하여야 하는지는 당해 수익증권의 특성 및 위험도의 수준, 고객의 투자경험 및 능력 등을 종합적으로 고려하여 판단하여야 한다.

7) 제3자 채권침해

• 판 례

◇ 대법원 2003. 3. 14. 선고 2000다32437 판결 : 일반적으로 채권에 대하여는 배타적 효력이 부인되고 채권자 상호간 및 채권자와 제3자 사이에 자유경쟁이 허용되는 것이어서 제3자에 의하여 채권이 침해되었다는 사실만으로 바로 불법행위로 되지는 않는 것이지만, 거래에 있어서의 자유경쟁의 원칙은 법질서가 허용하는 범위 내에서의 공정하고 건전한 경쟁을 전제로 하는 것이므로, 제3자가 채권자를 해한다는 사정을 알면서도 법규에 위반하거나 선량한 풍속 또는 사회질서에 위반하는 등 위법한 행위를 함으로써 채권자의 이익을 침해하였다면 이로써 불법행위가 성립한다고 하지 않을 수 없고, 여기에서 채권침해의 위법성은 침해되는 채권의 내용, 침해행위의 태양, 침해자의 고의 내지 해의의 유무 등을 참작하여 구체적, 개별적으로 판단하되, 거래자유 보장의 필요성, 경제·사회정책적 요인을 포함한 공공의 이익, 당사자 사이의 이익균형 등을 종합적으로 고려하여야 한다.

◇ 대법원 2002. 2. 26. 선고 2001다74353 판결 : 채권자의 부작위가 제3자에 대하여 불법행위를 구성하려면 그 부작위가 위법하여야 하므로 그 전제로서 채권자는 제3자에 대하여 작위의무를 지고 있어야 하는바, 일반적으로 채권자가 자신의 채무자에 대하여 상계권을 행사하고 아니하고는 채권자의 권리일 뿐 특별한 사정이 없는 한 제3자의 이익을 위하여 상계를 하여야 할 작위의무를 부담한다고 할 수는 없으므로, 채권자가 상계권을 행사하지 아니한 것이 제3자에 대하여 불법행위를 구성한다고 할 수 없다.

◇ 대법원 2009. 7. 23. 선고 2008다81534 판결 : 제3자가 채무자의 책임재산을 감소시키는 행위를 함으로써 채권자로 하여금 채권의 실행과 만족을 불가능 내지 곤란하게 한 경우 채권의 침해에 해당한다고 할 수는 있겠지만, 그 제3자의 행위가 채권자에 대하여 불법행위를 구성한다고 하기 위하여는 단순히 채무자 재산의 감소행위에 관여하였다는 것만으로는 부족하고 제3자가 채무자에 대한 채권자의 존재 및 그 채권의 침해사실을 알면서 채무자와 적극 공모하였다거나 채권행사를 방해할 의도로 사회상규에 반하는 부정한 수단을 사용하였다는 등 채권침해의 고의·과실 및 위법성이 인정되는 경우라야만 할 것이며, 여

기서 채권침해의 위법성은 침해되는 채권의 내용, 침해행위의 태양, 침해자의 고의 내지 해의의 유무 등을 참작하여 구체적, 개별적으로 판단하되, 거래의 자유 보장의 필요성, 경제·사회정책적 요인을 포함한 공공의 이익, 당사자 사이의 이익균형 등을 종합적으로 고려하여 신중히 판단하여야 한다.

제4절 손 해

1. 의 의

(1) 개 념

손해배상법에서 가장 핵심적인 문제는 손해의 개념이다. 가령 손해의 개념을 어떻게 파악하느냐에 따라 손해의 유형이 달라지며 손해의 유형에 따라 손해배상책임의 성립여부, 손해배상의 범위, 그리고 손해배상 소송에서의 주장과 증명방법이 달라진다.

손해가 무엇을 의미하는지에 대해서는 법률에 명확한 규정이 없지만,[16] 통설과 판례에 따르면 손해란 '법익에 관하여 받는 불이익으로서 가해요인(채무불이행 또는 불법행위)이 없었다면 존재하였을 이익상태와 가해가 있는 현재의 이익상태와의 차이'로 설명된다 : 차액설(Diffrenztheorie).[17] 즉, 손해란 채무의 불이행 내지 불법행위라는 구체적 사실로 인하여 채권자 또는 피해자가 입은 현실적 불이익을 말한다.[18]

그런데, 불법행위로 인하여 재산적, 비재산적 법익의 침해가 있음에도 불구하고, 불법행위가 없었다면 존재하였을 이익상태와 불법행위 이후 현재의

16) 근본적으로 손해가 명확하고 빠진 점 없이 망라적으로 정의를 내릴 수 있는 개념인가에 대하여 의문을 제기하면서 손해개념에 관하여 규정할 필요가 없다는 주장이 있다. 양창수, 「민법입문 전정판」, 박영사, 1995, 228면 및 244면.

17) 「민법주해」[IX](지원림 집필), 465-469면; 대법원 1996. 2. 9. 선고 94다53371 판결 이는 손해를 자연적 손해개념(natürlicher Schadensbegriff)으로 파악하는 것이다. 임건면, "민사법상의 손해의 개념", 「경남법학」제17집, 2002, 440면.

18) 손해가 비자발적인 법익의 손실을 의미하는 반면 비용은 자발적으로 이루어진 재산가치의 희생이다. 김규완, "손해배상과 비용배상", 「재산법연구」제21권 1호, 2004, 171-198면, 특히 179면.

이익상태에 아무런 차이가 없는 경우가 있을 수 있다. 가령, 교통사고로 상당한 노동능력의 상실이 있음에도 불구하고 종전의 소득과 동일한 소득을 계속 얻거나, 보험금으로 일실소득이 보충되는 경우가 그러하다.

이렇듯 차액설이 갖는 한계를 극복하기 위하여 평가설(규범적 손해설)이 주장되었다. 평가설은 피해자의 재산상태에 변화가 없더라도 규범적 평가에 의하여 손해를 파악한다.[19] 이러한 평가설에 의한 손해인식의 산정방법에 따르면 인신손해의 경우, 사망 또는 부상에 따른 신체손상 그 자체가 손해가 되며, 그로 인한 재산상의 지출이나 수입의 감소 등은 손해를 평가하는 자료에 불과하다. 실무상 소극적 손해로서 일실소득은 원칙적으로 평가설의 입장에서 손해를 파악한다.

(2) 증명책임

손해의 발생은 피해자인 원고가 증명을 해야 한다. 법원은 적극적으로 석명권을 행사하여 손해의 액수에 관한 증명을 촉구하고 경우에 따라서는 직권으로 손해액을 심리·판단할 수 있으나 그럼에도 손해액을 확정할 수 없으면 원고의 청구를 기각해야한다.[20] 또, 재산상 손해의 발생은 인정되나 구체적인 손해의 액수를 증명하는 것이 사안의 성질상 곤란한 경우, 법원은 증거조사의 결과와 변론 전체의 취지에 의하여 밝혀진 당사자들 사이의 관계, 불법행위와 그로 인해 재산상 손해가 발생하게 된 경위, 손해의 성격, 손해가 발생한 이후의 제반 정황 등 관련된 모든 간접사실들을 종합하여 상당인과관계 있는 손해의 범위를 정할 수 있다.[21]

한편, 재산상 손해의 경우에는 객관적으로 손해를 증명할 자료가 요구되는데 반해 비재산상 손해는 불법행위와 관련된 제반사정을 모두 참작하여 산정한다. 특히 비재산상 손해에 대한 손해배상으로서의 위자료는 보충성 내지

---

19) 高橋 眞, "損害概念", 「新·現代損害賠償法 6」, 日本評論社, 1998, 41면. 이는 손해를 규범적 손해개념(normativer Schadensbegriff)으로 파악하는 것이다. 손해개념에 규범적 요소가 가미되는 이유는 손해의 확정은 민사법의 규범목적을 지향하여야 하고 규범목적에 의하여 조정되어야 하기 때문이다. 임건면, 위의 논문, "민사법상의 손해의 개념", 449면 및 451면.

20) 대법원 2011. 7. 14. 선고 2010다103451 판결

21) 대법원 2010. 10. 14. 선고 2010다40505 판결

보완성이 인정된다. 그러나 재산상 손해액의 확정이 가능한데도 위자료라는 명목 아래 사실상 손해의 전보를 꾀하는 것은 허용되지 않는다.

• 판 례

◇ 대법원 1984. 11. 13. 선고 84다카722 판결 : 법원은 위자료액을 산정함에 있어서 피해자 측과 가해자 측의 제반사정을 참작하여 그 금액을 정하여야 하므로 피해자가 가해자로부터 당해 사고로 입은 재산상 손해에 대하여 배상을 받을수 있는지의 여부 및 그 배상액의 다과 등과 같은 사유도 위자료액 산정의 참작사유가 되는 것은 물론이며 특히 재산상 손해의 발생이 인정되는데도 입증곤란 등의 이유로 그 손해액의 확정이 불가능하여 그 배상을 받을 수 없는 경우에 이러한 사정을 위자료의 증액사유로 참작할 수 있다고 할 것이나, 이러한 위자료의 보완적 기능은 재산상 손해의 발생이 인정되는데도 손해액의 확정이 불가능하여 그 손해 전보를 받을 수 없게 됨으로써 피해회복이 충분히 이루어지지 않는 경우에 이를 참작하여 위자료액을 증액함으로써 손해전보의 불균형을 어느 정도 보완하고자 하는 것이므로 함부로 그 보완적 기능을 확장하여 그 재산상 손해액의 확정이 가능함에도 불구하고 편의한 방법으로 위자료의 명목 아래 사실상 손해의 전보를 꾀하는 것과 같은 일은 허용되어서는 안될 일이다.

(3) 손해항목

손해는 침해법익에 따라 크게 재산상 손해와 비재산상 손해로 나누어진다.[22] 그리고 재산상 손해는 그 형태에 따라 적극적 손해와 소극적 손해로 나누어진다. 손해배상의 대상이 되는 손해의 항목이 확정되면 이를 금전으로 평가하여 산정해야 한다(제394조).

1) 재산상 손해와 비재산상 손해

재산상 손해는 물적 손해로서 물건의 훼손 내지 멸실, 이용권의 침해, 담보권의 침해, 기타 재산권의 침해 등이 이에 해당한다. 재산상 손해는 종전의 이익이 상실되는 적극적 손해와 장차 얻을 수 있는 이익을 얻지 못하는

22) 재산상 손해와 비재산상 손해의 개념을 분류하는 기준에 대해서는 견해가 나뉜다. 이에 대해서는 김대정, 「채권총론」, 피데스, 2007, 603-604면; 임건면, "재산상 손해와 비재산상 손해 - 독일에서의 논의를 중심으로 -", 「성균관법학」제17권 1호, 2005, 175-196면, 특히 178-180면 참조.

소극적 손해를 포함한다. 비재산상 손해는 인적 손해로서 생명, 신체, 건강의 침해와 정신적 손해 등이 이에 해당한다. 특히 정신적 손해에 대한 손해배상을 위자료라 하는데 민법은 제750조 내지 제752조에서 이에 대해 규정하고 있다.

실무상으로 위자료는 전체 손해배상금의 적정화를 위한 조정적 기능으로도 운용되고 있다.[23] 최종적인 위자료 액수는 사실심 법원이 변론종결 시까지 나타난 모든 사정을 참작하여 그 직권에 속하는 재량에 의하여 이를 확정할 수 있다.[24] 이렇게 법관의 재량에 의하여 위자료가 결정되기 때문에 자의적일 수 있으며, 경우에 따라서는 지나치게 적은 액수만이 인정되기 때문에 피해자 보호에 미흡할 수 있다.

위자료를 산정함에 있어서 참작하는 사유에는 제한이 없다. 위자료를 산정함에 있어 채권자 또는 피해자의 정신적 고통의 정도를 고려하는 한편 당사자의 지위·연령·직업·국적·재산상태·불법행위의 동기·가해의 사전 및 사후의 모든 사정 등이 종합적으로 고려된다.[25]

2) 적극적 손해와 소극적 손해

기존재산의 멸실 또는 감소를 적극적 손해라 하고 장래에 취득할 이익의 상실을 소극적 손해라 한다. 일반적으로 물적 사고에 있어서 적극적 손해는 피해물건의 교환가치에 의하여 손해를 산정하게 되나, 인신사고의 경우 손해는 피해자가 가해자의 불법행위로 인하여 지출하였거나 지출하지 않으면 안 될 현실적인 손해를 기초로 산정하게 된다. 가령, 의료비, 개호비, 보조구 구입비, 특수 교육비 등이 여기에 포함된다. 적극적 손해는 통상손해로 되는 경우가 일반적이어서 소극적 손해보다 용이하게 손해배상이 인정된다.

소극적 손해로서 일실이익이란 불법행위가 없었을 경우를 가정하여 피해자가 장래 얻을 수 있었으리라고 예상되는 이익 또는 소득을 말한다. 여기에는 기왕의 일실수입 및 장래의 일실수입, 일실퇴직금 등이 포함된다. 소극적 손해는 장래의 이익획득의 가능성에 기초하여 산정되기 때문에 특별손해로

---

23) 「주석민법」채권총칙(1)(이은영 집필), 한국사법행정학회, 2000, 425-431면.
24) 대법원 2003. 7. 11. 선고 99다24218 판결
25) 「민법주해」[XVIII](이동명 집필), 박영사, 2005, 421-429면.

될 수 있다는 점에서 현실적 손해인 적극적 손해와 구별된다. 일반적으로 일실소득은 그 가해행위로 인하여 손해가 발생할 당시에 피해자가 종사하고 있었던 직업의 실제소득을 기준으로 산정한다.[26] 불법행위로 인해 상해를 입고 그 상해치료 이후에도 후유장애가 남아 노동능력이 상실된 경우 그로 인한 소득상실에 대하여 손해배상을 청구할 수 있다. 다만, 후유장애에 따른 장래의 일실이익은 특별손해에 해당하는 경우가 많기 때문에 이 경우에는 가해자의 예견가능성을 기준으로 손해배상 여부가 판단된다.

한편, 적극적 손해든 소극적 손해든 정기금 지급을 구할 것인가 일시금 지급을 구할 것인가는 당사자가 임의로 선택할 수 있다. 법원이 일시금지급을 명할 것인가 정기금 지급을 명할 것인가는 그 재량에 속하나,[27] 당사자가 일시금 지급을 청구하였을 경우 법원은 피해자의 잔존여명이 불확실하다는 등 특별한 사정이 없는 한 정기금배상을 명할 수 없다.[28]

2. 주요 판례

(1) 손해의 의미

• 판 례

◇ 대법원 1999. 1. 26. 선고 98다23850 판결 : 일조장해, 사생활 침해, 시야차단으로 인한 압박감, 소음, 분진, 진동 등과 같은 생활이익의 침해로 인하여 발생한 재산상 손해의 항목 중 토지 · 가옥의 가격저하에 의한 손해를 산정함에 있어서는 광열비 · 건조비 등의 지출 증대와는 별도로 일조장해 등과 상당인과관계가 있는 정상가격의 감소액을 부동산감정 등의 방법으로 평가하여야 할 것이고, 분양된 아파트가 일조피해를 입고 있는 경우 그 아파트의 시세가 분양대금에 물가상승률이나 예금금리를 감안한 금액보다 높게 유지된다고 하여 그 소유자에게 당해 아파트의 가격저하로 인한 손해가 발생하지 아니하였다고 볼 수 없다.

26) 판례는 일실이익의 산정에 있어서 차액설과 평가설의 입장을 취하는데 주류적인 판례는 평가설을 따르고 있다. 대법원 1983. 10. 25. 선고 83다카1262 판결 등 다수 판결
27) 대법원 1991. 1. 25. 선고 90다카27587 판결
28) 대법원 1994. 1. 25. 선고 93다48526 판결

◇ 대법원 1990. 11. 23. 선고 90다카21022 판결 : 타인의 불법행위로 인하여 상해를 입고 노동능력의 일부를 상실한 경우에 피해자가 입은 일실이익의 산정방법에 대하여서는 일실이익의 본질을 불법행위가 없었더라면 피해자가 얻을 수 있는 소득의 상실로 보아 불법행위 당시의 소득과 불법행위 후의 향후 소득과의 차액을 산출하는 방법(소득상실설 또는 차액설)과 일실이익의 본질을 소득창출의 근거가 되는 노동능력의 상실 자체로 보고 상실된 노동능력의 가치를 사고 당시의 소득이나 추정소득에 의하여 평가하는 방법(가동능력 상실설 또는 평가설)의 대립이 있는데, 당해 사건에 현출된 구체적 사정을 기초로 하여 합리적이고 객관성 있는 기대수익액을 산정할 수 있으면 족한 것이고 반드시 어느 하나의 산정방법만을 정당한 것이라고 고집해서는 안된다고 할 것이지만 사고 전후에 있어서의 현실적인 소득의 차액이 변론과정에서 밝혀지지 않고 있는 경우에는 앞에서 본 차액설의 방법에 의하여 일실이익을 산정하는 것은 불가능하고 평가설의 방법에 의하여 산정하는 것이 합리적이고 정의와 형평에도 합당하다.

(2) 유형별 검토

1) 추상장애

• 판 례

◇ 대법원 1993. 11. 23. 선고 93다35421 판결 : 불법행위로 인한 후유장애로 말미암아 외모에 추상이 생긴 경우에 그 사실만으로는 바로 육체적인 활동기능에는 장애를 가져오지 않는다고 하더라도 추상의 부위 및 정도, 피해자의 성별, 나이 등과 관련하여 그 추상이 장래의 취직, 직종선택, 승진, 전직에의 가능성 등에 영향을 미칠 정도로 현저한 경우에는 추상장애로 인하여 노동능력의 상실이 있다고 보는 것이 상당하다.

2) 설명의무위반과 손해

• 판 례

◇ 2001. 6. 15. 선고 2000다17896 판결 : 의사가 기형아 판별확률이 높은 검사방법에 관하여 설명하지 아니하여 임산부가 태아의 기형여부에 대한 판별확률이 높은 검사를 받지 못한 채 다운증후군에 걸린 아이를 출산한 경우, 모자보건법 제14조 다운증후군은 위 조항 소정의 인공임신중절사유에 해당하지 않음이 명

백하여 부모가 태아가 다운증후군에 걸려 있음을 알았다고 하더라도 태아를 적법하게 낙태할 결정권을 가지고 있었다고 보기 어렵다고 할 것이어서 부모의 적법한 낙태결정권이 침해되었다고 할 수 없다.

3) 장애아로 태어난 아이의 손해

● 판 례

◇ 대법원 1999. 6. 11. 선고 98다22857 판결 : 인간 생명의 존엄성과 그 가치의 무한함에 비추어 볼 때, 어떠한 인간 또는 인간이 되려고 하는 존재가 타인에 대하여 자신의 출생을 막아 줄 것을 요구할 권리를 가진다고 보기 어렵고, 장애를 갖고 출생한 것 자체를 인공임신중절로 출생하지 않은 것과 비교해서 법률적으로 손해라고 단정할 수도 없으며, 그로 인하여 치료비 등 여러 가지 비용이 정상인에 비하여 더 소요된다고 하더라도 그 장애 자체가 의사나 다른 누구의 과실로 말미암은 것이 아닌 이상 이를 선천적으로 장애를 지닌 채 태어난 아이 자신이 청구할 수 있는 손해라고 할 수는 없다.

4) 원인무효등기를 믿은 최종매수인의 손해

● 판 례

◇ 대법원 1992. 6. 23. 선고 91다33070 전원합의체 판결 : 타인 소유의 토지에 관하여 매도증서, 위임장 등 등기관계서류를 위조하여 원인무효의 소유권이전등기를 경료하고 다시 이를 다른 사람에게 매도하여 순차로 소유권이전등기가 경료된 후에 토지의 진정한 소유자가 최종 매수인을 상대로 말소등기청구소송을 제기하여 그 소유자 승소의 판결이 확정된 경우 위 불법행위로 인하여 최종 매수인이 입은 손해는 무효의 소유권이전등기를 유효한 등기로 믿고 위 토지를 매수하기 위하여 출연한 금액, 즉 매매대금으로서 이는 기존이익의 상실인 적극적 손해에 해당하고, 최종 매수인은 처음부터 위 토지의 소유권을 취득하지 못한 것이어서 위 말소등기를 명하는 판결의 확정으로 비로소 위 토지의 소유권을 상실한 것이 아니므로 위 토지의 소유권상실이 그 손해가 될 수는 없다.

제 5 절 인과관계

1. 의 의

(1) 개 념

불법행위 성립요건으로서의 인과관계는 가해행위로 인해 손해가 발생하였을 것을 말한다. 이 때, 인과관계는 '선행사실이 없었다면 후행사실도 없을 것이다'(conditio sine qua non)라고 하는 논리적인 사고형식으로서, 무한대로 확대될 수 있는 자연적 내지 사실적 인과관계이다.[29] 즉, 불법행위책임의 성립에서 인과관계는 일정한 원인이 없었다면(but for) 손해가 발생하지 않았을 것이라는 관계로 충분하다. 손해배상책임의 성립에 있어서 인과관계의 문제는 가치판단이라기보다는 사실판단의 문제이기 때문이다.

• 판 례

◇ 대법원 2013. 7. 12. 선고 2006다17539 판결 : 불법행위로 인한 손해배상청구 소송에서 가해행위와 손해 발생 사이의 인과관계는 존재하거나 부존재 하는지를 판단하는 것이고, 이를 비율적으로 인정할 수는 없으므로, 이른바 비율적 인과관계론은 받아들일 수 없다.

그런데 손해배상범위의 결정에서 인과관계는 이외에 추가적인 평가, 즉 가치판단에 의한 평가로서 상당성을 필요로 한다. 이 경우 상당성의 유무는 일반적인 결과발생의 개연성은 물론 직무상 의무를 부과하는 법령 기타 행동규범의 목적, 그 수행하는 직무의 목적 내지 기능으로부터 예견가능 한 행위 전후의 사정, 가해행위의 태양 및 피해의 정도 등을 종합적으로 고려하여 판단한다.[30] 이 점에서 상당인과관계는 발생한 모든 손해 중 피해자가 배상받을 수 있는 손해배상을 제한하는 역할을 한다. 손해배상범위에 관한 규정인 제393조 제1항의 통상손해는 가해행위와 손해 사이에 상당인과관계가 있는 손해로서 가해자는 피해자에게 발생한 손해 전부를 배상해야 하지만 제2항의 특별손해는 가해자의 예견가능성의 유무에 따라 피해자에게 배상할 수도

29) 「민법주해」[IX](지원림 집필), 491면.
30) 대법원 2008. 1. 31. 선고 2006다913 판결

그렇지 않을 수도 있다. 이외에도 책임귀속을 위한 법률적 인과관계에 관한 학설로 규범목적설과 위험성관련설 등이 있다.

인과관계에 대한 증명책임은 원고인 피해자에게 있다. 다만, 의료소송이나 환경소송과 같이 인과관계의 증명에 있어 고도의 전문성이 필요하며 증거가 일방에게 편재되어 있는 경우는 손해의 공평·타당한 분담이라는 견지에서 피해자 측의 증명부담을 덜어줄 필요가 있다. 그에 따라, 인과관계의 사실상 추정, 표현증명론, 일응의 증명 등 인과관계 완화와 관련된 이론들이 등장하였으며, 우리나라에서는 그 중 일부를 수용하여 피해자 구제를 도모하고 있다.[31]

(2) 인과관계의 경합

동일한 손해발생에 복수의 가해행위가 기여한 경우 인과관계의 경합 내지 공동불법행위의 문제가 발생한다. 인과관계의 경합은 가해행위가 복수로 존재하는 경우로서 복수로 존재하는 가해행위의 관계에 따라 필요적 경합, 중첩적 경합, 과잉적 경합, 추월적 경합, 가정적 경합 등의 유형으로 분류된다. 가해행위와 자연력이 경합한 경우에는 가해자는 발생한 손해 전부에 대해 불법행위책임을 지는 것이 원칙이나, 자신의 가해행위의 기여분을 증명하면 기여분 만큼에 대해서만 불법행위책임을 진다.[32]

1) 필요적 경합

복수의 가해행위가 경합하여 단일한 손해를 발생케 하였으나 각각의 독자적인 가해행위만으로는 손해라는 결과발생을 야기할 수 없는 경우 이들 복수 가해행위 사이의 인과관계를 말한다. 이 경우 가해자들은 공동불법행위로서 자기의 기여분을 증명하지 못하는 한 손해전부에 대해 연대채무를 부담한다.

2) 중첩적 경합

복수의 가해행위가 경합하여 단일한 손해를 발생케 하였으나 각각의 독자적인 가해행위만으로도 손해라는 결과발생을 야기할 수 있기에 충분한 경우 이들 복수 가해행위 사이의 인과관계를 말한다. 이 경우 가해자들은 공동불법행위자로서 각자 손해 전부에 대하여 연대하여 배상할 책임이 있다. 내부

31) 대법원 1995. 2. 10. 선고 93다52402 판결 등.
32) 대법원 2003. 6. 27. 선고 2001다734 판결

적으로는 과실의 정도 등에 비례하여 손해분담부분을 정할 수 있다.

3) 과잉적 경합

복수의 가해행위가 있었으나 그 중 어느 하나의 가해행위만으로도 독자적으로 손해발생이라는 결과를 야기할 수 있기에 충분하나 다른 가해행위는 그렇지 않은 경우 이들 복수 가해행위 사이의 인과관계를 말한다. 이 경우에도 가해자들은 공동불법행위자로서 각자 손해 전부에 대하여 연대하여 배상할 책임이 있다. 다만, 독자적으로 손해발생에 이르지 않은 가해자의 경우는 이를 증명하여 불법행위책임으로부터 벗어날 수 있다.

4) 추월적 경합

하나의 가해행위가 있은 후에 그 가해행위로 인한 결과발생이 완료되기 전에 다른 가해행위가 경합하여 손해라는 결과가 야기된 경우 이들 복수 가해행위 사이의 인과관계를 말한다. 이 경우에도 마찬가지로 가해자들은 공동불법행위자로서 각자 손해 전부에 대하여 연대하여 배상할 책임이 있다. 다만, 경우에 따라서는 각자의 사정을 고려하여 배상액이 감액될 수 있다.

5) 가정적 경합

가해행위에 의해 이미 손해라는 결과가 발생, 완료되었으나 이를 알지 못한 또 다른 가해자가 가해행위를 한 경우 이들 복수 가해행위 사이의 인과관계를 말한다. 가령, 갑이 을의 총에 맞아 사망하였으나 이를 몰랐던 병이 갑을 사망케 한 경우 등이 이에 해당한다. 가정적 인과관계에서는 후자의 경우 가해행위와 손해발생 사이의 인과관계가 인정되지 않으므로 전자의 가해행위자만이 불법행위책임을 진다. 다만 후자의 경우도 일정한 경우 불법행위책임을 질 수 있다.

6) 원인불명의 복수 가해행위

복수의 가해행위가 행하여졌으나 손해발생의 원인행위가 불분명한 경우이다. 이 경우에는 가해자 모두 공동불법행위자로서 발생한 손해 전부에 대해 연대하여 배상할 책임이 있다. 다만, 가해자가 자신의 가해행위와 손해발생 사이의 인과관계를 증명하면 그 범위 내에서만 손해를 배상할 책임이 있다.

(3) 증명책임

피해자인 원고는 인과관계에 대한 증명책임을 부담한다. 다만 공해사건과 의료과오사건 등 이른바 현대형 불법행위 영역에서는 증명책임이 다소 완화되거나 전환되기도 한다. 가령, 의료과오의 경우 피해자 측에서 일련의 의료행위 과정에 있어서 저질러진 의료상의 과실 있는 행위를 증명하고 그 결과와의 사이에 의료행위 외에 다른 원인이 개재될 수 없다는 점을 증명한 경우에는 의료행위를 한 측이 그 결과가 의료상의 과실로 발생한 것이 아니라 전혀 다른 원인으로 발생한 것이라는 증명을 하지 아니하면 의료상 과실과 결과 사이의 인과관계가 사실상 추정된다.[33]

한편, 의료과오로 의심되는 사안에서 부정과 관련된 증명책임에 대하여 2010년 대법원은 다음과 같은 판결을 하였다. "사망 원인이 분명하지 않아 사망 원인을 둘러싼 다툼이 생길 것으로 예견되는 경우에 망인의 유족이 보험회사 등 상대방에게 사망과 관련한 법적 책임을 묻기 위해서는 먼저 부검을 통해 사망원인을 명확하게 밝히는 것이 가장 기본적인 증명 과정 중의 하나가 되어야 하는데, 의사의 사체 검안만으로 망인의 사망 원인을 밝힐 수 없었음에도 유족의 반대로 부검이 이루어지지 않은 경우, 사망 원인을 밝히려는 증명책임을 다하지 못한 유족에게 부검을 통해 사망 원인이 명확히 밝혀진 경우보다 더 유리하게 사망 원인을 추정할 수는 없으므로, 부검을 하지 않음으로써 생긴 불이익은 유족들이 감수하여야 한다."[34]

2. 주요 판례

(1) 과실과 상당인과관계

• 판 례

◇ 대법원 2011. 1. 27 선고 2010다74416 판결 : 육군 공병단에서 근무하던 초임하사가 영내에서 자살한 사안에서, 위 공병단 지휘관 등이 망인의 부대 적응을 도와주지 않은 잘못이 있다고 볼 수 없고, 다만 육군 규정을 잘 숙지하지 못하고 위 규정에 규정된 기간을 초과하여 망인으로 하여금 영내거주를 하도록 한

33) 대법원 2000. 9. 8. 선고 99다48245 판결
34) 대법원 2010. 9. 30. 선고 2010다12241 판결

과실은 있으나, 영내생활이 다소 길어지게 되었다는 사정만으로 스스로 자신의 삶을 마감하는 방법을 선택한다는 것은 극히 이례적인 경우라 할 것이어서, 위 공병단 공무원의 위와 같은 업무상 잘못으로 망인이 자살할 수도 있다는 특별한 사정에 관한 예견가능성을 인정하기는 어렵고, 따라서 위 업무집행상의 잘못과 망인의 사망 사이에 상당인과관계가 있다고 볼 수 없다.

◇ 대법원 2010. 7. 22 선고 2010다13527 판결 : 개별공시지가 산정 업무 담당공무원 등이 잘못 산정·공시한 개별공시지가를 신뢰한 나머지 토지의 담보가치가 충분하다고 믿고 그 토지에 관하여 근저당권설정 등기를 경료한 후 물품을 추가로 공급함으로써 손해를 입었음을 이유로 그 담당공무원이 속한 지방자치단체에 손해배상을 구한 사안에서, 그 담당공무원 등의 개별공시지가 산정에 관한 직무상 위반행위와 위 손해 사이에 상당인과관계가 있다고 보기 어렵다.

(2) 유형별 검토

1) 금융기관의 과실과 예금주의 손해

• 판 례

◇ 대법원 2007. 7. 13 선고 2005다21821 판결 : 금융기관이 본인확인절차 등을 제대로 거치지 아니하여 개설된 모용계좌가 사기적 거래관계에서 이미 기망당한 피해자에 의하여 단순히 원인계약상의 채무의 이행을 위하여 입금하는데 이용되거나 다른 방법이나 경로로 피해자의 재산권을 침해하여 얻은 이득금 등을 입금·보관하는 데 이용된 것에 불과한 경우 등에는 특별한 사정이 없는 한 피해자가 모용계좌의 존재로 인하여 잘못된 신뢰를 형성하여 원인계약을 체결하기에 이르렀다거나 가해자가 그 모용계좌의 존재로 인하여 피해자의재산권에 대한 접근 및 침해가 가능하게 되었다고 보기 어렵고, 또한 위와 같은 유형의 범죄행위로 인하여 발생한 피해에 대한 책임을 금융기관에 부담시키게 된다면 불특정 다수인 이 자신의 책임 하에 행하여야 할 거래상대방에 관한 시용조사 등을 잘못하여 이루어진 각양각색의 하자 있는 거래 관계나 불특정다수인을 상대로 행하여진 다양한 형태의 재산권 침해행위 등으로 인하여 발생한 손해에 대해서까지 무차별적으로 금융기관에 책임을 추궁하는 결과가 되어 금융기관의 결과발생에 대한 예측가능성은 물론 금융기관에게 본인확인의무 등을 부과한 행동규범의 목적과 보호법익의 보호범위를 넘어서게 되므로, 본인확인절차 등을 제대로 거치지 아니하여 모용계좌를 개설한 금융기관의 잘못과 위와 같은 태양의 가해행위로 인한 손해 발생 사이에는 상당인과관계를 부정하여야 한다.

◇ 대법원 2003. 5. 16. 선고 2003다14195 판결 : 금융기관의 신용불량정보 등록으로 인하여 개인에게 미치는 파급효과를 고려하면 신용불량정보 등록시 금융기관의신용정보교환및관리규약 제11조 소정의 거래처에 대한 신용불량정보 등록 사실의 통지규정은 준수되어야 하고, 만약 금융기관이 위와 같은 통지규정에 위반하여 신용불량자로 등록된 자로 하여금 잘못된 신용정보의 정정 등을 요구할 기회를 잃게 하거나 채무를 청산하여 등록을 해제할 기회를 박탈당하게 함으로써 적절하게 신용 및 경제활동의 자유에 대한 제한에 대처할 기회를 침해하는 경우에는 그와 같은 금융기관의 통지규정 위반은 위법한 행위가 된다. 다만, 금융기관이 신용불량정보 등록을 하고도 신용불량자로 등록된 자에게 그 사실을 통지하지 않은 위법행위와 신용불량자로 등록된 자에게 발생한 손해와의 사이에 상당인과관계가 없다.

2) 부적법한 송달과 집행채권자의 손해

• 판 례

◇ 대법원 2009. 7. 23 선고 2006다87798 판결 : 우편집배원이 압류 및 전부명령 결정 정본을 특별송달 하는 과정에서 민사소송법을 위반하여 부적법한 송달을 하고도 적법한 송달을 한 것처럼 우편송달보고서를 작성하여 압류 및 전부의 효력이 발생한 것과 같은 외관을 형성시켰으나, 실제로는 압류 및 전부의 효력이 발생하지 아니하여 집행채권자로 하여금 피압류채권을 전부 받지 못하게 함으로써 손해를 입게 한 경우에는 우편집배원의 위와 같은 직무상 의무위반과 집행채권자의 손해 사이에는 상당인과관계가 있다고 봄이 상당하고, 국가는 국가배상법에 의하여 그 손해에 대하여 배상할 책임이 있다.

3) 학교안전사고와 학생의 사망

• 판 례

◇ 대법원 2012. 12. 13. 선고 2011다111961 판결 : 학교안전사고보상법 제39조와 같은 법 제40조는 '피공제자가 학교안전사고로 인하여 사망한 경우'에 유족급여와 장의비를 지급한다고 규정하고 있으므로, 유족급여와 장의비를 지급받기 위해서는 학교안전사고와 사망 사이에 인과관계가 있어야 하지만, 사망의 주된 발생원인이 학교안전사고와 직접적인 관계가 없더라도 적어도 학교안전사고가 사망의 주된 발생원인에 겹쳐서 사망을 유발했다면 그 사이에 인과관계가 있다고 보아야 할 것이고, 그 인과관계는 반드시 의학적·자연과학적으로

명백히 증명하여야 하는 것은 아니고 제반 사정을 고려할 때 학교안전사고와 사망 사이에 상당인과관계가 있다고 추단되는 경우에도 그 증명이 있다고 보아야 한다.

〈학생 갑이 등교 시간을 지키기 위해 급하게 교실을 향해 뛰어가다가 학교 복도에서 심계항진 및 호흡곤란 등으로 의식을 잃고 쓰러져 병원에서 치료를 받던 중 사망한 사안에서, 위 사고는 구 학교안전사고 예방 및 보상에 관한 법률에서 정한 '학교안전사고'에 해당하고, 사고발생 경위 등에 비추어 사고와 갑의 사망 사이에 상당인과관계가 있다고 한 사례〉

4) 고엽제와 당뇨병

• 판 례

◇ 대법원 2013.7.12. 선고 2006다17539 판결 : 갑 등 베트남전 참전군인들이 을 외국법인 등에 의해 제조되어 베트남전에서 살포된 고엽제 때문에 당뇨병 등 각종 질병에 걸렸다며 을 법인 등을 상대로 제조물책임 등에 따른 손해배상을 구한 사안에서, 고엽제 노출과 당뇨병 등 비특이성 질환 사이에 통계학적 연관성이 있다는 사정과 참전군인들 중 일부가 비특이성 질환에 걸렸다는 사정만으로 그들 개개인이 걸린 비특이성 질환이 베트남전 당시 살포된 고엽제에 노출되어 발생하였을 개연성을 인정할 수 없는데도, 일부 참전군인들이 고엽제의 TCDD에 노출되어 당뇨병 등 비특이성 질환이 발생하는 손해를 입었다고 본 원심판결에 역학적 인과관계와 개연성 등에 관한 법리오해 등 위법이 있다.

5) 계약교섭 중 부당파기

• 판 례

◇ 대법원 2004. 5. 28. 선고 2002다32301 판결 : 계약교섭의 부당한 중도파기가 불법행위를 구성하는 경우, 상대방에게 배상책임을 지는 것은 계약체결을 신뢰한 상대방이 입게 된 상당인과관계 있는 손해이고, 한편 계약교섭 단계에서는 아직 계약이 성립된 것이 아니므로 당사자 중 일방이 계약의 이행행위를 준비하거나 이를 착수하는 것은 이례적이라고 할 것이므로 설령 이행에 착수하였다고 하더라도 이는 자기의 위험 판단과 책임에 의한 것이라고 평가할 수 있지만 만일 이행의 착수가 상대방의 적극적인 요구에 따른 것이고, 바로 위와 같은 이행에 들인 비용의 지급에 관하여 이미 계약교섭이 진행되고 있었다는 등의 특별한 사정이 있는 경우에는 당사자 중 일방이 계약의 성립을 기대하고 이행을 위하여 지출한 비용 상당의 손해가 상당인과관계 있는 손해에 해당한다.

제2장 불법행위책임의 내용

제750조는 불법행위로 인한 법률효과로서 손해배상청구권을 규정하고 있다. 민법 제763조가 제393조, 제394조, 제396조, 제399조를 준용하고 있으므로 이에 대해서는 불법행위책임이나 채무불이행책임에 차이가 없다. 따라서 불법행위로 인한 손해배상의 경우에도 금전배상이 원칙이며, 통상의 손해를 그 한도로 한다. 다만, 실무상 이들의 운용에는 다소 차이가 있을 수 있다. 피해자에게 지급되는 손해배상은 손해배상의 조정단계를 거쳐 최종적으로 산정된다.

불법행위의 효과로서 손해배상 이외에도 일정한 경우 금지청구 및 방해배제 청구 등이 인정될 수 있다.

제 1 절 손해배상

1. 의 의

(1) 손해배상의 본질

가해자의 불법행위로 인해 발생한 손해에 대해 피해자에게 금전으로 배상해 주는 손해배상의 본질은 불법행위의 기능과 밀접한 관련이 있다. 주지한 바와 같이 불법행위법의 1차적 목적 내지 기능이 손해의 전보에 있으므로 가해자의 피해자에 대한 손해배상의 주된 본질은 피해자의 손해전보에 있다. 아울러 이러한 손해배상은 또 다른 불법행위를 억제하는 등의 예방 및 제재라는 부수적인 성질을 갖는다.

손해배상의 본질이 손해의 전보에 있다는 점에서 고의의 불법행위자는 피해자의 손해배상채권을 수동채권으로 하여 상계할 수 없다(제496조). 고의의 불법행위를 저지른 자가 피해자에게 갖는 채권을 자동채권으로 하여 상계하는 것을 인정하는 경우 피해자는 자신이 입은 손해에 대해 현실적인 변제를 받지 못해 손해를 전보할 수 없을 뿐 아니라 가해자가 이를 기화로 고의로 불법행위를 저지를 가능성이 있어 예방적 효과 역시 거둘 수 없기 때문이다. 물론, 피해자가 고의의 불법행위자에 대하여 갖는 손해배상채권을 자동채권으로 하여 상계하는 것은 가능하다.

(2) 양도 및 상속성

> **제449조(채권의 양도성)** ① 채권은 양도할 수 있다. 그러나 채권의 성질이 양도를 허용하지 아니하는 때에는 그러하지 아니하다.
> ② 채권은 당사자가 반대의 의사를 표시한 경우에는 양도하지 못한다. 그러나 그 의사표시로써 선의의 제삼자에게 대항하지 못한다.
>
> **제1005조(상속과 포괄적 권리의무의 승계)** 상속인은 상속개시된 때로부터 피상속인의 재산에 관한 포괄적 권리의무를 승계한다. 그러나 피상속인의 일신에 전속한 것은 그러하지 아니하다.

피해자가 가해자에게 갖는 불법행위에 따른 손해배상청구권은 재산권으로서 원칙적으로 양도성을 갖는다. 다만, 예외적으로 법률의 규정 내지 성질상 그 양도가 제한되는 경우가 있다. 가령, 생명·신체의 침해로 인한 국가배상청구권은 양도하거나 압류하지 못한다(국가배상법 제4조). 부양청구권과 연금청구권 등도 그러하다. 다만, 위자료청구권은 그 본질상 피해자의 일신에 속한 권리로서 양도성을 부정하는 견해가 있으나 판례는 위자료의 상속성을 인정하는 바와 같이 위자료의 양도성 역시 인정한다.

(3) 손해배상청구권자

> **제752조(생명침해로 인한 위자료)** 타인의 생명을 해한 자는 피해자의 직계존속, 직계비속 및 배우자에 대하여는 재산상의 손해 없는 경우에도 손해배상의 책임이 있다.
>
> **제762조(손해배상청구권에 있어서의 태아의 지위)** 태아는 손해배상의 청구권에 관하여는 이미 출생한 것으로 본다.
>
> **제1000조(상속의 순위)** ③ 태아는 상속순위에 관하여는 이미 출생한 것으로 본다.

1) 자연인 및 태아

불법행위로 손해를 입은 모든 자연인은 성별, 연령 등에 상관없이 불법행위에 대한 손해배상청구권자가 된다(제3조). 태아 역시 손해배상의 청구권에 관하여는 이미 출생한 것으로 보므로 불법행위에 따른 자신 고유의 손해배상청구권을 갖는다(제762조). 또, 태아는 모체 내에서 독자적으로 불법행위의 객체가 될 수 있다. 그러므로 산모에 대한 교통사고의 충격으로 산모가 태아를 조산하고 그로 인해 태어난 아이가 제대로 성장하지 못하고 사망한 경우 위 불법행위는 산모에 대한 불법행위인 동시에 태아 자신에 대한 불법행위로 사망한 아이는 불법행위에 따른 손해배상청구권을 갖는다. 아울러, 태아는 직계존속의 생명침해에 대해 고유의 위자료청구권을 갖으며(제752조), 상속순위에 있어서도 이미 출생한 것으로 보므로(제1000조 3항), 직계존속의 생명침해로 인한 직계존속 본인의 위자료는 태아에게 상속된다. 다만, 태아는 살아서 출생한 경우에만 자신의 불법행위에 따른 손해배상청구권을 행사할 있다.[35] 모체와 같이 사망하여 출생하지 못한 태아는 손해배상청구권을 갖지 못하며 따라서 상속문제도 발생하지 않는다.

피해자의 직계존속, 직계비속 및 배우자는 별도의 정신적 고통에 대한 증명 없이 피해자의 생명침해에 따른 유족 고유의 위자료청구권을 갖는다(제752조). 또, 피해자와 사실상 친족관계가 있는 근친자의 경우에도 정신적 고통을 증명하면 위자료를 배상받을 수 있다(제751조).

---

35) 대법원 1976. 9. 14. 선고 76다1365 판결 판례는 정지조건설의 입장에서 태아가 살아서 출생한 때에 출생시기가 문제의 사건의 시기까지 소급하여 그 때에 태아가 출생한 것과 같이 해석한다.

2) 법인 및 비법인 사단과 재단

법인도 원칙적으로 불법행위에 따른 손해배상청구권을 갖는다. 다만 정신적 고통에 따른 위자료청구권은 법인에 대해 인정할 수 있는 명예나 신용 등이 침해되어 법인의 목적인 사업수행에 영향을 미치게 되는 경우와 같이 사회적 평가가 침해되는 경우에 한해 인정될 수 있다.[36]

비법인 사단이나 비법인 재단의 경우도 당사자능력이 인정되고 있을 뿐 아니라(민사소송법 제52조),[37] 법인과 마찬가지로 명예나 신용 등을 인정할 수 있으므로 불법행위에 따른 손해배상청구권을 갖는다.

2. 방 법

(1) 금전배상과 원상회복

> **제394조(손해배상의 방법)** 다른 의사표시가 없으면 손해는 금전으로 배상한다.
>
> **제763조(준용규정)** 제393조, 제394조, 제396조, 제399조의 규정은 불법행위로 인한 손해배상에 준용한다.
>
> **제764조(명예훼손의 경우의 특칙)** 타인의 명예를 훼손한 자에 대하여는 법원은 피해자의 청구에 의하여 손해배상에 가름하거나 손해배상과 함께 명예회복에 적당한 처분을 명할 수 있다.

불법행위에 따른 손해배상의 방법에는 원상회복주의와 금전배상주의가 있다. 민법은 금전배상을 원칙으로 한다(제763조, 제394조). 그러므로 법원이 당사자 사이에 다른 특약이 없음에도 불구하고 원상회복을 명하는 것은 위법하다.[38] 다만, 당사자 간의 합의나 법률의 규정이 있는 경우에는 원상회복도 가능하다. 물론 원상회복이 인정되는 경우에도 원상회복으로 회복되지 않는 손해에 대해서는 금전배상을 청구할 수 있다. 또, 명예훼손의 경우에는 제764조에 의해 명예회복에 적당한 처분을 구할 수 있으며 이러한 적당한 처

36) 대법원 1996. 6. 28. 선고 96다12696 판결

37) 민사소송법 제52조(법인이 아닌 사단 등의 당사자능력) 법인 아닌 사단이나 재단은 대표자 또는 관리인이 있는 경우에는 그 사단이나 재단의 이름으로 당사자가 될 수 있다.

38) 대법원 1997. 3. 28. 선고 96다10638 판결

분은 명예훼손뿐 아니라 다른 인격권 침해의 경우에도 인정된다.

(2) 일시금배상과 정기금배상

손해배상의 지급방법에는 일시금배상과 정기금배상이 있는데 판례는 일시금배상을 원칙으로 한다. 다만 예외적으로 법원은 재량으로 정기금배상을 명할 수 있다.[39] 즉, 피해자는 원칙적으로 정기금 또는 일시금 중 어느 방식을 취할 것인지 선택할 수 있으나, 식물인간 등의 경우와 같이 그 후유장애의 계속기간이나 잔존여명이 단축된 정도를 확정하기 곤란한 것과 같이 특별한 사정이 있는 경우에는 피해자가 일시금으로 청구하였다 하더라도 법원은 재량으로 정기금에 의한 지급을 명하는 판결을 할 수 있다.[40]

3. 범 위

(1) 통상손해와 특별손해

제393조(손해배상의 범위) ① 채무불이행으로 인한 손해배상은 통상의 손해를 그 한도로 한다.

② 특별한 사정으로 인한 손해는 채무자가 그 사정을 알았거나 알 수 있었을 때에 한하여 배상의 책임이 있다.

제763조(준용규정) 제393조, 제394조, 제396조, 제399조의 규정은 불법행위로 인한 손해배상에 준용한다.

불법행위로 인하여 피해자에게 발생한 여러 가지 손해 중에서 어떠한 것이 배상될 수 있느냐가 손해배상 범위의 문제이다. 판례는 손해배상의 범위와 관련하여 상당인과관계설의 입장에 있다. 즉, 가해행위로 인한 손해의 발생이 상당한 것으로 인정되면 피해자는 그 손해 전부에 대해 배상받을 수 있다(제393조 1항). 이것이 통상손해인데 통상손해란 손해가 당해 불법행위로 인하여 사회통념상, 일반적으로 발생하는 것으로 평가되는 손해를 말한다.

39) 대법원 1970. 7. 24. 선고 70다621 판결

40) 대법원 1975. 5. 27. 선고 74다1393 판결

이때, '사회통념상, 일반적으로 발생하는 것으로 평가되는 것'이 상당성이며 상당성은 실제로 개별사건의 제반사정을 고려하여 공평과 구체적 타당성의 견지에서 정해진다.

그런데 특별손해는 가해자가 그 사정을 알았거나 알 수 있었을 때에 한하여 배상받을 수 있다(제393조 2항). 그러므로 손해배상범위를 결정하기 위해서는 먼저 피해자에게 발생한 손해가 상당인과관계가 있는 손해인지 여부를 판단하고, 특별손해에 해당하는 경우라면 그러한 손해발생의 원인이 된 특별한 사정을 채무자가 알았거나 알 수 있었는지에 대한 검토가 이뤄져야 한다. 일반적으로 타인의 불법행위로 인해 피해자의 적극적 재산이 감소하였다 할지라도 불법행위의 직접적인 대상에 대한 손해가 아닌 간접적인 손해는 특별한 사정이 없는 한 특별손해에 해당한다.

• 판 례

◇ **대법원 1996. 1. 26. 선고 94다5472 판결 :** 가해자가 공장지대에 위치한 전신주를 충격하여 전선이 절단된 경우, 그 전선을 통하여 전기를 공급받아 공장을 가동하던 피해자가 전력공급의 중단으로 공장의 가동이 상당한 기간 중지되어 영업상의 손실을 입게 될지는 불확실하며 또 이러한 손실은 가해행위와 너무 먼 손해라고 할 것이므로, 전주 충격사고 당시 가해자가 이와 같은 소극적인 영업상 손실이 발생할 것이라는 것을 알거나 알 수 있었다고 보기 어렵지만, 이 경우 그 전신주를 통하여 전력을 공급받고 있는 인근 피해자의 공장에서 예고 없는 불시의 전력공급의 중단으로 인하여 갑자기 공장의 가동이 중단되는 바람에 당시 공장 내 가동 중이던 기계에 고장이 발생한다든지, 작업 중인 자료가 못쓰게 되는 것과 같은 등의 적극적인 손해가 발생할 수 있을 것이라는 사정은 가해자가 이를 알거나 알 수 있었을 것이라고 봄이 상당하다.

또한, 일반적으로 재산상 손해의 배상에 의하여 정신적 고통도 회복된다고 보아야 하므로 재산상 손해의 배상에 의하여 회복할 수 없는 정신적 손해가 발생하였다면 이는 특별한 사정으로 인한 손해로서 가해자가 그러한 사정을 알았거나 알 수 있었을 경우에 한하여 인정될 수 있다.[41] 그리고, 불법행위로 인하여 소유물이 훼손된 경우 물건의 수리가 가능함에도 수리비 외에 교

41) 대법원 1989. 8. 8. 선고 88다카27249 판결

환가격의 감소액을 청구하려면 그와 같은 특별사정의 존재 및 그 사정을 가해자가 알았거나 알 수 있었다는 점에 관하여 원고가 주장 증명하여야 한다. 그런데 많은 경우 구체적으로 통상손해와 특별손해를 판단하기가 쉽지만은 않다. 현실적으로 불법행위로 인한 손해가 발생하는 경우 통상손해와 특별손해가 같이 병행하여 존재하는 경우가 많기 때문이다.

피해자가 불법행위에 따른 손해배상을 청구하는 경우 불법행위가 발생한 시점을 기점으로 지연손해금이 기산되나 불법행위 시점과 손해발생 시점 사이에 시간적 간격이 있는 경우에는 불법행위로 인한 손해배상청구권의 지연손해금은 손해발생 시점을 기산일로 하여 산정된다.[42] 한편, 계약 당시 당사자 사이에 손해배상액을 예정하는 내용의 약정이 있는 경우 그것은 계약상의 채무불이행으로 인한 손해액에 관한 것이고 이를 그 계약과 관련된 불법행위의 손해까지 예정한 것이라고 볼 수 없다.

• 판 례

◇ 대법원 1999. 1. 15. 선고 98다48033 판결 : 토지매매계약이 매수인의 잔대금지급채무의 불이행을 이유로 해제된 다음 매도인이 매수인 등을 상대로 위 토지상의 건물철거 및 대지인도의 소를 제기하여 승소판결을 받고 그 판결이 확정되었음에도 매수인 등이 이를 이행하지 아니하여 매도인이 위 토지를 사용·수익하지 못하게 됨으로써 입은 차임 상당의 손해는 위 매매계약이 해제된 후의 별도의 불법행위를 원인으로 하는 것으로서 계약 당시 수수된 손해배상예정액으로 전보되는 것이 아니다.

(2) 손해 3분설의 구체적 유형

1) 인신사고 : 재산상 손해 중 적극적 손해

① 기왕치료비

치료비는 불법행위와 상당인과 관계있는 범위에서만 배상청구가 인정된다. 따라서 기왕증을 치료를 위한 비용이나 과잉치료를 위한 비용은 상당인과관계가 부정된다. 상당성 여부를 판단함에 있어서는 당해 치료행위의 필요성, 기간 그리고 치료보수의 상당성도 고려되어야 한다.

42) 대법원 2011. 7. 28. 선고 2010다76368 판결

② 향후치료비

향후치료비라 함은 부상이 치우된 후 남아있는 흉터 등을 제거하는 성형 수술비, 물리치료 등을 위한 증상 개선비용, 증상 악화방지, 생명연장을 위한 항경련제, 항생제 복용비용 등이 있다. 치료비 등 적극적 손해 배상을 청구한 전 소송의 변론종결 후에 새로 치료비 손해가 발생한 경우에 전 소송의 변론종결 당시 그 손해의 발생을 예견할 수 없었고, 또 그 부분 청구를 포기하였다고 볼 수 없는 등 특별한 사정이 있다면 그 부분에 대한 청구는 별개의 소송물로서 새로이 청구할 수 있다.

③ 개호비

개호비라 함은 피해자가 중상을 입어 타인의 조력을 받아야 할 경우에 드는 비용을 말하며, 여기에 개호에는 신체적 장애뿐만 아니라 지적 또는 정신적 장해로 인하여 타인의 조력이 필요한 경우도 포함된다. 개호의 필요성과 상당성은 상해의 정도, 후유장해의 부위, 연령, 치료기간 등을 종합적으로 고려하여 판단되어야 한다.

④ 장례비

일반적으로 중환자실에 있는 환자의 경우는 개호비가 인정되지 않으며, 상태가 호전되어 일반병실 등으로 옮겨져 개호가 필요한 상황에서 인정된다. 피해자가 사망한 경우 장례비는 불법행위로 인한 적극적 손해로서 통상손해에 해당한다.[43] 현재 장례비는 실무상 통상 300만원의 범위 내에서 지급된다.

⑤ 신체감정 등 부대비용

진단서를 발급받기 위하여 지출되는 비용도 적극적 손해로 인정되고, 신체감정비용은 소송비용으로 처리되어 별도로 청구될 수 없다. 다만, 신체감정을 위하여 필요한 검진비용 등은 적극적 손해로 인정된다.

2) 재산상 손해 중 소극적 손해

인신사고로 인한 소극적 손해는 크게 사망과 상해의 경우로 나누어 볼 수 있다. 사망의 경우에는 피해자가 가동기간 동안 올릴 수 있었던 수익의 상실이 소극적 손해가 되고, 상해의 경우에는 입원기간 동안 올릴 수 있었던 수

---

43) 대법원 1966. 10. 11. 선고 66다1456 판결

익의 상실과 후유장애로 인한 노동능력의 상실로 인한 일실수익의 상실이 소극적 손해가 된다.

① 산정방식

실무에서는 평가설에 따라 일실수입을 산정한다.[44] 평가설에 따라 일실이익을 산정하기 위해서 사고당시의 소득, 노동능력상실율 그리고 가동기간을 확정하여야 한다. 일실이익은 먼저 사고 당시의 소득을 기준으로 산정한다. 다만 사고 이후 변론종결 전까지 임금이 인상되는 등 그 수입이 증가될 것이 상당한 정도로 확실하게 예측할 수 있는 객관적인 자료가 있는 때에는 그 증가된 수입은 통상손해로 이를 고려해야 한다.[45] 가령, 호봉 승급에 따라 인상된 임금이나 진급이나 승진이 상당한 정도로 확실하게 예측된 경우 그로 인하여 증가된 수입이 그러하다.[46] 그러나 사고 후 신설된 수당 내지 정년이 연장됨으로 인한 증가분은 특별손해에 해당하여 가해자가 이를 알았거나 알 수 있었을 때에 한하여 배상책임이 있다.[47] 따라서 사고 이후 수입이 증가된 자료가 변론종결 전에 제출되었음에도 사고 당시 임금실태조사보고서에 따른 평균소득 기준만을 기초로 하여 일실이익을 산정한 것은 위법하다.[48]

한편, 사고 당시의 수입이 변론종결시까지 사이에 인하되는 경우에도 위와 같은 법리에 따라야 한다. 즉, 피해자가 근무하던 회사가 사고 후 해산하거나 부도로 폐업한 경우, 피해자의 사망 때문에 회사가 도산되었다는 등 특별한 사정이 없는 한 피해자가 그 회사에 해산이나 폐업 이후 정년시까지 계속 근무할 수 있는 것을 전제로 하여 일실수입을 산정할 수는 없고, 이 경우에는 피해자의 나이, 교육정도, 종전 직업의 성질, 기능 숙련정도 및 유사 직종이나 다른 직종에의 전업 가능성과 확률, 그 밖의 사회적·경제적 조건 및 경험칙에 비추어 장차 피해자가 종사 가능하다고 보이는 직업과 소득을 조사·심리하여야 한다.[49]

44) 대법원 1984. 10. 23. 선고 84다카325 판결
45) 대법원 1992. 11. 13. 선고 92다14526 판결
46) 대법원 1991. 4. 23. 선고 91다5389 판결
47) 대법원 1991. 5. 24. 선고 90다18036; 대법원 1992. 11. 27. 선고 92다24561 판결
48) 대법원 1990. 4. 10. 선고 89다카27093 판결
49) 대법원 1986. 3. 25. 선고 85다카538 판결

② 직업별 소득

a. 급여소득자

급여소득자의 경우 실제 수입을 확정할 수 있는 객관적 자료에 기초하여 사고 당시의 실제 수입을 기초로 일실수입을 산정하게 된다. 직장 근로자의 소득은 원천징수 영수증과 같은 세무자료나 임금지급대장에 의하여 확정할 수 있다. 여기서 급여소득자의 근로소득은 사용자가 근로의 대가로 근로자에게 계속적·정기적으로 지급되는 금품을 말하며, 그 명칭이나 지급근거가 급여 규정에 명시되어 있는지 여부는 문제되지 않는다. 따라서 퇴직금도 일실이익으로 산정되며, 가해자의 불법행위로 피해자의 가동능력이 일부 상실된 경우 피해자의 임금 또한 그만큼 감소될 것이므로 일실퇴직금을 구하는 피해자가 변론종결 당시 실제로 퇴직하지 않았다 하더라도 특별한 사정이 없는 한 피해자는 남은 가동능력을 가지고 그 사업장에서 정년까지 근무할 것이므로 노동능력상실률 상당의 일실퇴직금이 인정된다.[50)]

또, 시간외 수당이나 연·월차휴가수당, 휴일근무수당 등 각종 법정수당의 경우 이러한 수당은 임금으로서의 성질을 가지므로 향후 소득으로서 증명이 되는 경우에는 일실수입 산정의 기초로 삼아야 한다. 그러나 국회 소속 공무원에게 지급되는 판공비, 정보비, 차량유지비, 정액급식비 등 실비변상적 급여는 일실수입 산정의 기초 임금에 포함되지 않는다. 전투경찰에만 지급되는 전투수당, 현장소장의 현장수당 등은 그 직을 수행하는 기간에만 지급되는 것이고 재직기간 동안 통상적으로 지급되는 것이 아니므로 일실수입 산정의 기초에 포함시킬 수 없다. 아울러, 피해자의 연령, 교육정도, 종전 직업의 성질, 직업 경력, 유사 직종이나 다른 직종에의 전업 가능성과 확률, 그 밖의 사회적·경제적 조건과 경험칙에 비추어 정년 또는 임기 만료 후 장차 종사 가능하다고 보이는 직업과 소득을 조사, 심리하여 이를 일실수입의 기초로 삼아야 한다.

한편, 원천징수 영수증과 같은 세무자료 등이 없는 경우에는 고용형태별 근로실태 조사보고서나 임금구조 기본통계 조사보고서 등 각종 통계자료를 활용하여 일실수입을 산정하게 된다.

---

50) 대법원 1994. 9. 30. 선고 93다58844 판결

b. 사업소득자

사업소득자의 일실이익은 근로의 대가에 상당하는 근로소득에 한정되므로 사업 총수익 중 자산소득과 인적 물적 경비부분은 제외된다. 의사나 변호사, 건축사 등의 수입은 위임장이나 수임부, 진료차트 등 관계서류 등에 의해 대체로 실수입을 기초로 하여 산정한다. 그러나 사업체의 수입과 경비 등을 구체적으로 파악하기가 어려워 실무에서는 사업체의 규모, 경영실적 등을 참작하여 피해자와 같은 경력, 기술 및 경영능력을 가진 사람을 고용하는 경우의 보수 상당액은 대체고용비를 심리하는 방법을 활용한다.[51] 또한, 사업주 개인의 노무에 의존하고 자본적 수익이 미미한 경우에는 추정통계소득에 의하여 일실수입을 산정할 수도 있다.[52]

c. 일반노임소득자

사고 당시에 일정한 직업이 없는 경우에도 장래에 수입이 없을 것이라고 볼 만한 특별한 사정이 없는 한 성인이 되면 그 성별과 연령에 따른 보통노임 정도의 수입은 얻는 것으로 본다.[53] 따라서 실무상 사고 당시 무직자나 미성년자, 가정주부, 학생 등에 대하여는 관련 통계상의 보통인부의 일용노임을 인정한다.

그런데 사고 무렵 피해자가 이미 일정한 자격을 취득하였거나 전공과에 재학 중인 학생으로서 그 자격 취득에 그다지 높은 학력이나 기능 등을 요구하는 것이 아닌 경우에는 전문직 취업의 개연성이 높은 것으로 보고 그에 대응하는 소득은 인정하되, 의사나 법조인과 같은 고도의 기술 또는 고액 소득의 업종에 해당하는 전문직 양성 대학이나 대학원의 경우 국가고시 응시자의 합격률이 90~100%라는 것만으로 당연히 의사 내지 변호사로서 종사할 것이 상당한 정도로 확실시된다고 예견할 수 없어 그 개연성이 부정된다.[54] 또한, 사고 후 사실심 변론종결시까지 사이에 노임액이 인상된 경우에는 그 이후에는 인상된 노임액을 기준으로 일실이익을 산정하여야 한다.[55]

---

51) 대법원 1989. 6. 13. 선고 88다카10906 판결
52) 대법원 1988. 3. 22 선고 87다카1580 판결
53) 대법원 1966. 11. 23. 선고 66다1504 판결
54) 대법원 1978. 2. 28. 선고 77다1976 판결
55) 대법원 1995. 11. 7. 선고 95다35722판결.

d. 위법소득 등

일실이익을 산정할 당시 피해자의 사고 당시 소득의 원천이 되는 행위가 위법하거나 법규에 위반되는 경우 이러한 위법소득은 원칙적으로 인정되지 않는다.[56] 가령, 매춘행위, 무면허 중기조정행위, 무허가 오물처리업, 사립고등학교 교사가 유흥업소 밴드원으로 전속출연하여 받은 급료 등이 그러하다. 그러나 관련 법규에서 정한 그 직종의 면허소지자가 아니더라도 그 취업을 금지하는 규정이 없거나 금할 의무가 없다면 피해자가 그 직종의 공인된 자격을 취득하지 못하였더라도 이를 기초로 일실수입을 산정해야 한다. 가령, 자격은 있으나 신고 없이 한 부동산중개영업이라든가 승계 신고 없이 한 염제조업 경영, 차량 정비업소의 정비공의 경우는 사고 당시의 일실 수입을 참작할 수 있다. 다만, 법규의 입법취지와 그 법령에 위반된 행위의 사법상 효력, 위반행위에 대한 비난가능성의 정도 특히 그 위반행위가 가지는 위법성의 강도 등을 종합하여 구체적·개별적으로 위법소득인지 여부를 판단해야 한다.[57] 위법성이 약하거나 단속규정 위반의 경우는 위법소득에 해당하지 않는다. 피해자가 세무서에 신고한 소득이 있거나 근로소득세의 원천징수영수증 등이 있는 경우에는 이를 기초로 일실수입을 산정하며, 세무서에 신고하지 않은 소득이라도 소득 그 자체가 위법소득이 아니라면 객관적 증거가 증명되는 한 이를 참작해야 한다.[58]

한편, 피해자가 불법행위가 없었으면 장차 외국에서 계속 거주할 사정이었다면 그 외국에서 얻을 수 있는 수입을 전제로 일실수입을 산정해야 한다.[59] 다만, 일시 체류 외국인의 경우에는 생활근거가 있는 주거지인 본국에서의 수익을 기초로 하여 일실수입을 산정해야 한다.[60] 불법체류 외국인의 경우 허가된 체류기간이 도과되었어도 그 이후의 상당한 기간(실무상 2년 정도 인정)은 우리나라에서 실제 얻고 있던 임금액 또

56) 대법원 1995. 6. 29. 선고 95다10471 판결
57) 대법원 1994. 6. 14. 선고 94다9368 판결
58) 대법원 1993. 2. 23. 선고 92다37642 판결
59) 대법원 1995 5. 12. 선고 93다48373 판결 이 사건은 우리나라 여성이 일본인과 혼인하여 일본에서 거주하면서 불법행위가 발생한 사안이다.
60) 대법원 1977. 3. 8. 선고 76다1010 판결

는 통계소득을 기초로, 그 나머지 기간은 본국에서의 수입을 기준으로 일실수입을 산정한다.[61]

③ 노동능력상실

a. 의 의

노동능력상실이란 치료종결 후에도 장래 더 이상 호전을 기대할 수 없는 신체기능의 영구적 장해 내지 훼손상태를 말한다. 다만 노동능력상실은 불법행위와 상당인과관계가 있는 경우로 한정되므로 기왕증에 기한 것은 제외된다. 다만, 기왕증이 현재 증상의 전 부분에 기여한 경우에는 이를 고려해야 하며 이 경우에는 〈노동능력상실율×(1－기여도)〉로 산정한다.

노동능력상실율은 단순한 의학적 신체기능장애율과는 구분되는 규범적 개념으로, 의사의 감정결과를 포함한 여러 증거에 의하여 피해자의 정신적, 육체적 활동에 미치는 영향 등을 확정한 다음 피해자의 신체상의 장애를 성별, 연령, 교육정도 기타 사회적·경제적 조건 등을 참작하여 합리적이고 객관적인 방법에 의하여 판정된다.[62] 다만, 법관이 노동능력상실율을 판정함에 있어서는 객관적인 방법에 의하여야 하므로, 실무상으로는 신체감정의가 제시한 감정결과에 따라 대체로 노동능력상실율이 인정된다.

실무상 신체장애율을 평가함에 있어서 그 기준은 맥브라이드 장해평가표를 원칙으로 하되 여기에 나오지 않는 항목에 대해서는 국가배상법 시행령 별표상의 기준을 예외로 적용하여 결정한다. 다만, 상이한 장해부위에 대하여는 서로 다른 장해판정기준에 따라 노동능력상실 정도를 판정할 수 있다. 또, 복합장해율의 경우 장애부위가 중복되는 경우 총 노동능력상실율은 특별한 사정이 없는 한, 상실률이 많은 쪽의 수치를 기준으로 하고 그 잔존능력율에 나머지 상실률을 곱하여 평가한 상실률을 합산하는 방식으로 한다. 즉, 중복장해의 경우 노동능력상실률의 평가공식은, '총 상실률＝A(큰 장해상실률, %)＋(100－A)×B(작은 상실률, %)/100' 이다.

61) 대법원 1998. 9. 18. 선고 98다25825 판결
62) 대법원 1991. 2. 22. 선고 90다11806 판결

한편, 노동능력상실의 판정시점은 치료의 종결 내지 증상의 고정시이나, 손해배상 청구소송이 제기된 경우 감정인은 치료 종결 후의 피해자의 상태를 예측하여 감정할 수 있다. 또, 피해자가 의료보조기구를 착용한 경우에는 특별한 사정이 없는 한 이를 착용한 상태를 기준으로 노동능력상실율을 평가하여야 한다.

b. 가동기간 및 가동일수

가동기간을 정하기 위해서는 기대여명을 확정하여야 한다. 실무에서는 일반적으로 통계청이 정기적으로 발표하는 한국인 간이생명표등의 통계자료를 기초로 산정하며, 특별한 사정이 없는 한 일반인은 한국인 생명표의 평균여명까지 생존하고 60세를 가동연한으로 본다. 다만, 평균여명에 못 미친다는 전문의의 구체적 감정이 있는 경우에는 이를 존중해야 한다.

통상 가동개시연령은 성년이 되는 19세부터이고,[63] 남자의 경우에는 병역이 면제되는 등 특별한 사정이 없는 한 병역복무기간은 가동기간에서 제외된다.[64] 가동종료연령은 정년이 있는 직장인이라면 그 정년이 되며, 정년에 관한 규정이 따로 없는 경우에는 동일, 유사직종의 일반적인 가동연한 종료 시가 그 기준이 된다.[65] 일용노동자의 경우 가동연한은 만60세이며,[66] 기타 프로야구 선수는 만40세, 중개업자, 사진사, 미용사 등은 만 55세이다.[67] 한편, 일반 일용노동자 내지 농촌일용노동자의 월 평균 가동일수는 25일로 보나 구체적으로 이와 다른 일수의 객관적인 자료가 있다면 그에 따른다.

c. 중간이자의 공제

피해자는 재산상 손해 중 일실수입 손해배상의 경우 정기금과 일시금 중 이를 선택적으로 청구할 수 있다. 피해자가 일시금 지급을 청구한 경우 법원은 특별한 사정이 없는 한 이에 따라야 하며, 이 경우에는 불법행위 당시의 현가액을 산출하기 위하여 중간이자를 공제하여야 한다.

---

63) 2013년 7월 1일부터 개정민법이 시행됨에 따라 19세 이상부터 성인이 된다.
64) 대법원 2000. 4. 11. 선고 98다33161 판결
65) 대법원 1973. 6. 12. 선고 71다2669 판결
66) 대법원 1991. 3. 27. 선고 90다11400 판결
67) 대법원 1982. 3. 9. 선고 81다35 판결; 1967. 7. 25. 선고 67다933 판결

중간이자를 공제하는 방식에는 호프만식 계산법과 라이프니쯔식 계산법이 있는데, 실무상으로는 복식 호프만식 계산법이 이용된다. 아울러 불법행위로 인한 손해배상채권은 불법행위시에 발생하므로 장래의 손해발생 시점까지의 중간이자를 공제한 금액에 대해 다시 불법행위시부터 지연손해금을 부가하여 지급함이 원칙이다.

④ **생계비의 공제**

일실수입손해를 산정함에 있어서 피해자가 사망한 경우 가동기간의 기대수입에서 생계비를 공제하여야 하고, 피해자의 여명이 가동기간내로 단축된 경우에도 그 단축된 여명 이후부터 가동연한까지의 기대수입에서 생계비를 공제하여야 한다.[68] 사망자의 일실이익을 산정함에 있어 가동기간 경과 후 여명에 이르기까지의 생계비는 공제의 대상이 아니다.[69] 다만, 가동기간이 지난 후에도 일정한 급여가 있는 경우 가동기간이 지난 후의 생계비는 보통 여기에서 충당하는 것이 상당하므로 생계비를 공제해야 한다. 그러므로 퇴직연금 생활자가 사망하여 장래 지급받을 수 있었던 연금수입을 상실한 경우 그가 받을 각 연금에서 생계비를 공제하여야 한다.[70]

한편, 생계비의 구체적 액수를 정확히 파악하기는 어렵기 때문에 실무에서는 생계비를 퇴직금이나 퇴직연금을 제외한 월 평균수입에서 1/3 만큼 공제하여 처리한다.

3) 비재산상 손해 : 위자료

비재산상 손해는 특히 정신적 고통에 대한 손해배상인 위자료는 재산상 손해의 산정과는 달리 금전으로 평가할 객관적 기준이 존재하지 않는다는 문제가 있다. 법원은 피해자뿐 아니라 가해자의 현재 및 장래의 제반 사정을 참작하여 위자료를 산정하며 위자료의 산정은 사실심법관의 전권사항에 해당한다. 유사한 사건에서 인용된 위자료액수가 다르게 나오는 것도 이러한 연유에 기인한다.

이러한 문제점에 착안하여 실무에서는 교통사고에 대하여 채택하고 있는

68) 대법원 1984. 3. 27. 선고 83다카853 판결
69) 대법원 1972. 4. 25. 선고 71다1156 판결
70) 대법원 1991. 8. 13. 선고 91다8890 판결

위자료 산정기준을 참고하여 사건유형별로 어느 정도 정액화 된 위자료가 적용되고 있다. 가령, 2008년 이후 발생한 사건에 대하여 현재의 실무례는 대체로 원고들 전체에 대한 금액을 기준으로 하여, 예컨대 전체 8,000만원(사망 또는 노동능력 100% 상실시)에서 과실비율 상당 금액을 공제한 금액에다 여러 증가요소를 고려하여 적절히 증감한 뒤 이를 신분관계에 따라 배분하거나(예컨대 본인 : 배우자 : 부모·자녀 : 조부모·형제=8 : 4 : 2 : 1, 이른바 '가단이론'), 그렇지 않으면 청구인별로 기준금액을 정하여 예컨대 피해자 본인에 대하여 2,000만원(사망 또는 노동능력100%상실시)을 기준으로 하여 위에서 본 과실상계 등 제반 증감요소를 고려한 뒤 신분관계에 따라 다른 원고들의 위자료를 일정한 비율로 정하는 방법이 있으며, 총액 기준과 개인별 기준을 병행할 수 있다. 노동능력의 일부 상실 시에는 사망 시의 기준금액에다 노동능력 상실률을 곱한 금액에다 위와 같은 원칙을 곱하여 산정한다.

다만, 재판부는 위자료 산정 시 사건발생 경위, 가해자·피해자 사이의 관계, 피해자의 정신적 고통이 매우 큰 특수한 사정 등을 참작해 기준금액의 20%에 한해 증감할 수 있다.

4. 손해배상자의 대위

(1) 의 의

제399조(손해배상자의 대위) 채권자가 그 채권의 목적인 물건 또는 권리의 가액전부를 손해배상으로 받은 때에는 채무자는 그 물건 또는 권리에 관하여 당연히 채권자를 대위한다.

제763조(준용규정) 제393조, 제394조, 제396조, 제399조의 규정은 불법행위로 인한 손해배상에 준용한다.

불법행위의 가해자가 자신의 불법행위로 인해 손해를 입은 피해자에게 손해전부를 배상한 때에는 불법행위의 대상이 된 물건 또는 권리에 관하여 가해자는 당연히 피해자를 대위한다. 가령, 타인의 물건을 손괴한 자가 그 물건의 가액전부를 배상하였다면 그 손괴된 물건의 소유권은 당연히 배상자에게 이전된다. 손해배상자의 대위권은 피해자가 가해자로부터 손해전부를 배상받았음에도 손해의 대상이 된 물건 또는 권리가 피해자에게 여전히 남는다면 피해자는 이중으로 배상을 받아 공평에 반하므로 이를 방지하기 위해 인정되는 제도이다.

(2) 성립요건 및 효과

손해배상자대위는 배상의무자가 배상권리자에게 불법행위의 대상인 물건이나 권리의 가액 전부를 배상해준 경우에 한해 인정되며 일부만 배상한 경우에 일부대위는 원칙적으로 인정되지 않는다. 또한 배상자대위는 손해배상이 전보배상의 성격을 갖는 경우에 한하여 허용되며, 지연배상에서는 대위가 허용되지 않는다.

손해배상대위가 인정되면 법률상 불법행위의 대상인 물건이나 권리가 배상자에게 당연히 이전되므로 손해배상자는 물권변동의 요건(등기나 인도), 또는 채권양도의 대항요건을 별도로 갖출 필요가 없다. 아울러 공동불법행위의 경우, 1인 또는 수인의 공동불법행위자가 피해자에게 전액 손해배상을 하면 피해자의 다른 공동불법행위자에 대한 손해배상청구권은 배상자대위에 의하여 당연히 손해배상자에게로 이전된다.

제 2 절 손해배상의 조정

손해배상의 범위에 대한 금전적 평가를 통하여 1차적으로 산정된 손해배상액이 최종적으로 피해자에게 지급되기 전에 과실상계나 손익상계 등이 행해져 손해배상액을 조정하게 된다. 또한, 실무상으로는 대개 손해액의 공평·타당한 분담을 이유로 재산상의 손해에 대한 책임제한의 과정을 거쳐 최종적인 손해배상액이 확정된다. 이외에도 경과실의 배상의무자가 배상액 경감을 신청하거나 당사자 사이의 면책합의 등을 통해 손해 배상액이 조정될 수 있다.

1. 과실상계

(1) 의 의

제396조(과실상계) 채무불이행에 관하여 채권자에게 과실이 있는 때에는 법원은 손해배상의 책임 및 그 금액을 정함에 이를 참작하여야 한다.

제763조(준용규정) 제393조, 제394조, 제396조, 제399조의 규정은 불법행위로 인한 손해배상에 준용한다.

과실상계는 불법행위로 인한 손해배상책임에 있어서 피해자에게 손해의 발생 또는 확대에 기여한 과실이 있는 경우에 이를 참작하여 가해자의 손해배상책임을 감면하는 제도이다(제763조의 제396조 준용).[71] 과실상계는 신의칙 내지 손해의 공평·타당한 분담이라는 형평의 원칙에 근거한다.

과실상계의 대상이 되는 과실은 가해자의 과실과 같이 의무위반이라는 강력한 과실이 아니고, 사회통념이나 신의성실의 원칙에 따라 공동생활에 있어 요구되는 약한 의미의 부주의를 의미한다. 즉 피해자가 자신의 불이익을 방지할 주의를 게을리 하는 것을 의미한다.[72] 물론, 피해자의 과실이 법규 위반과 같은 강한 과실인 경우에는 피해자의 독자적인 불법행위 성립도 가능하다. 또한, 피해자의 과실이 불법행위의 성립자체에 기여한 것은 아니지만 손해를 확대시키는 데에 기여한 경우에도 과실상계가 인정된다. 이 역시 피해자의 손해경감의무 해태에 따른 책임을 의미한다.

• 판 례

◇ 대법원 1996. 10. 25. 선고 96다30113 판결 : 민법상의 과실상계제도는 채권자가 신의칙상 요구되는 주의를 다하지 아니한 경우 공평의 원칙에 따라 손해의 발생에 관한 채권자의 그와 같은 부주의를 참작하게 하려는 것이므로 단순한 부주의라도 그로 말미암아 손해가 발생하거나 확대된 원인을 이루었다면 피해자에게 과실이 있는 것으로 보아 과실상계를 할 수 있고, 피해자에게 과실이 인정되면 법원은 손해배상의 책임 및 그 금액을 정함에 있어서 이를 참작하여야

71) 「민법주해」[IX](오종근 집필), 박영사, 2000, 602면.
72) 대법원 1999. 2. 6. 선고 98다52469 판결

하며, 배상의무자가 피해자의 과실에 관하여 주장하지 않는 경우에도 소송자료에 의하여 과실이 인정되는 경우에는 이를 법원이 직권으로 심리·판단하여야 한다.

과실상계를 하기 위해 피해자에게 가해자의 과실의 전제가 되는 책임능력을 요구하지는 않으나 피해자는 적어도 사리변식능력은 있어야 한다.[73] 피해자에게 사리변식능력조차 없는 경우에는 보호감독의무자의 과실을 피해자 측의 과실로 보아 이를 참작한다.

• 판 례

◇ 대법원 1968. 4. 16. 선고 67다2653 제3부 판결 : 행위의 책임을 변호할 지능이 없는 미성년자의 피해에 대하여 보호감독의무자에게 과실이 있는 때는 그 의무자에 대한 위자료액을 정함에 있어서는 물론 미성년자에 대한 재산상 손해 및 위자료를 정함에 있어서도 이를 참조하여야 한다.

(2) 적용범위

피해자의 과실이 모두 상계대상이 되는 것은 아니다. 상계의 대상이 되는 과실은 손해의 발생 또는 손해의 확대 사이에 상당인과관계에 있는 과실에 한한다. 또, 피해자의 과실은 가해행위와 경합하여 혹은 가해행위 이후에 존재하는 것이 일반적이나, 운전좌석의 안전띠를 미착용한 경우와 같이 가해행위 이전에 존재하는 경우도 과실상계의 대상이 될 수 있다. 아울러, 피해자 본인의 과실뿐 아니라 피용자나 가족관계에 있는 자와 같이 피해자와 신분상 내지 사회생활상 일체를 이루는 관계에 있는 자의 과실도 피해자 측의 과실로서 참작된다.[74] 이 때, 어느 경우에 신분상 내지 사회생활상 일체를 이루는 관계라고 할 것인지는 구체적인 사정을 검토하여 판단하되, 종국적으로 피해자 측의 과실로 참작하는 것이 공평의 관념에 비추어 타당한 경우여야 한다.[75]

---

73) 대법원 1971. 3. 23. 선고 70다2986 판결

74) 피해자측의 과실을 인정하는 근거는 손해의 공평부담이라는 불법행위법의 이념에서 찾을 수 있으나, 이외에도 공동불법행위자 사이의 구상관계를 간편하고 합리적으로 해결할 수 있다는 데에 그 실질적 필요성을 인정할 수 있다.

가해자의 고의에 의한 불법행위의 경우에도 피해자의 과실이 참작되어야 한다. 다만 가해자가 의도적으로 피해자의 부주의를 이용한 경우 가해자는 과실상계를 주장할 수 없다.[76] 그러나 피해자가 피용자의 불법행위에 대하여 사용자배상책임을 묻는 경우 그 피용자에게 고의가 인정되더라도 피해자에게 과실이 있다면 과실상계를 해야 한다.[77] 그리고, 당사자 사이에 손해배상액을 예정한 경우에는 과실상계가 인정되지 않는다.[78]

과실이 인정되는 경우 법원은 반드시 과실상계를 해야 하지만, 그 참작의 정도는 법원의 재량사항이다.[79] 피해자의 과실 유무 및 그 정도는 당사자의 주장에 구애받지 아니하고 법원이 직권으로 조사·결정할 사항이다.[80] 즉, 과실상계는 소송상 나타난 모든 사정을 고려하여 법원이 재량으로 그 범위를 결정하므로, 피해자 스스로가 인정하는 비율보다 적게 과실상계를 하여도 당사자 처분권주의에 반하는 것은 아니다.[81] 또, 과실상계에 관한 사실 인정은 형평의 원칙에 비추어 현저히 불합리하다고 인정되지 않는 한 사실심의 전권에 속한다.[82] 과실상계는 재산상 손해에 대해서만 적용되며 적극적 손해와 소극적 손해 모두에 적용된다.[83] 정신적 손해에 있어서는 피해자의 과실을 위자료의 산정을 위한 여러 참작요인의 하나로서 고려할 뿐 별도로 과실상계를 적용하지는 않는다.[84]

한편, 판례는 피해자의 체질적 소인이나 기왕증, 의료행위에 내재된 위험성, 자연력의 기여부분 등에 대해 과실상계의 법리를 유추 적용하여 해결하고 있다. 그러나 과실이 피해자의 부주의를 의미한다는 점에서 이는 타당하지 않으며, 이와 같은 경우는 형평칙에 의한 책임제한의 법리를 적용하는 것

75) 대법원 1999. 7. 23. 선고 98다31868 판결
76) 대법원 2000. 1. 21. 선고 99다50538 판결
77) 대법원 1994. 2. 22. 선고 93다53696 판결
78) 대법원 1972. 3. 31. 선고 72다108 판결
79) 대법원 1972. 12. 26. 선고 72다1037 판결
80) 대법원 1981. 12. 22. 선고 81다331 판결
81) 대법원 1981. 12. 22. 선고 81다331 판결 다만 법원이 최종적으로 인용하는 손해배상금이 원고의 청구액을 넘을 수는 없다.
82) 대법원 2000. 5. 26. 선고 99다31100 판결
83) 대법원 1979. 12. 11. 선고 79다1733 판결
84) 「민법주해」[IX](오종근 집필), 2000, 622면.

이 보다 합리적이다.

• 판 례

◇ 대법원 1996. 2. 27. 선고 95다41239 판결 : 사고 당시 11세에 불과한 피해자가 외삼촌이 운전하는 어머니 소유의 자동차에 승차하여 외삼촌 일행과 같이 외증조부의 묘소에 갔다 오다가 사고를 당한 사안에서, 피해자는 자동차의 소유자인 어머니와 생활관계에 있어서 일체를 이루고 있다고 보아야 하고 한편 어머니는 그 자동차의 운행자로서 제3자에 대하여 운전자인 외삼촌과 동일한 책임을 부담할 지위에 있으므로, 결국 피해자의 손해분담 비율을 정함에 있어 외삼촌의 과실을 피해자측의 과실로 보아 그 과실비율 그대로 참작함이 공평의 이념에 합치한다는 이유로 외삼촌의 과실비율을 70%로 인정하되 그의 생질인 피해자의 손해분담 비율을 40%로 정한 원심판결을 파기한다.

◇ 대법원 1996. 11. 12. 선고 96다26183 판결 : 가족회사에서 직장동료로 근무하고 있던 4촌 형제간이지만 각 성년으로서 각자의 직업을 가진 독립된 경제주체라는 점 등에서 서로간에 신분상 내지 생활관계상 일체를 이루는 관계에 있지는 않다고 보아, 운전자인 사촌형의 과실을 동승 피해자인 사촌동생의 손해배상액을 산정함에 있어 피해자측 과실로 참작할 수 없다.

◇ 대법원 1997. 11. 14. 선고 97다35344 판결 : 오로지 호의동승 차량 운전자의 과실로 인한 사고로 동승자가 사망하거나 상해를 입어 동승자 혹은 그 유족들이 그 동승 차량의 운행자를 상대로 손해배상을 청구하는 경우에는 그 운전자의 과실은 오로지 동승 차량 운행자의 손해배상채무의 성립 요건에 해당할 뿐 피해자측의 과실로 참작할 성질의 것이 아니다.

◇ 대법원 1990. 11. 13. 선고 90다카26225 판결 : 피해자가 야간에 특정지역을 오가는 영업택시들이 과속을 일삼아 사고발생의 위험성이 매우 높은 사실을 알면서도 택시에 합승하여 가다가 같은 승객들이 택시기사에게 급하다고 빨리 가라고 재촉하여 제한시속을 30키로나 초과하여 달리는데도 이를 만류하지 아니하고 안전띠가 설치되어 있었는데도 이를 착용하지 아니하였다가 교통사고로 사망한 경우 피해자의 과실비율을 100분의 20으로 보아 과실상계 한 것은 정당하다.

(3) 일부청구와 과실상계

양적으로 분할 가능한 급부를 목적으로 하는 특정채권에 관하여 채권자가 임의로 일부를 분할하여 소송상 청구하는 것을 일부청구라 한다. 판례는 일부청구라는 명시가 있는 경우에 한하여 이를 제한적으로 인정하고 있다.[85] 다만 일부청구라는 명시를 어느 정도 해야 하는지는 원고 주장의 해석문제로서, 실제 소송상으로는 나머지 청구의 의사가 유보된 일부청구로 볼 것인지 모호한 경우가 있다.

만일, 피해자가 손해배상청구를 함에 있어 그 일부만을 청구하는 경우 어느 부분에서 어느 정도의 과실상계를 하는지에 대하여 견해가 나누어져 있다. 일부청구 금액과 잔액에 대하여 각각 과실상계를 적용하는 안분설과 손해의 전액에서 과실상계에 따라 감액하고 그 잔액이 청구금액을 초과하지 않을 경우에는 그 잔액을 인용하고, 잔액이 청구금액을 초과하는 경우에는 청구금액 전액을 인용하는 외측설이 그것이다. 판례는 외측설이 일부청구를 하는 당사자의 통상적인 의사에 부합한다고 보아 외측설의 입장에 있다.[86] 그러므로 법원이 청구의 기초가 되는 손해액을 원고가 피고에게 청구한 금원을 초과하는 금액으로 인정하였다 할지라도 과실비율에 의한 감액을 한 잔액만을 인용한 관계로 원고의 위 청구금액을 초과하여 지급을 명하지 아니한 이상 손해배상의 범위에 있어서 당사자 처분권주의에 위배되었다고 할 수 없다.[87]

85) 대법원 1982. 11. 23. 선고 82다카845 판결
86) 대법원 1976. 6. 22. 선고 75다819 판결
87) 대법원 1994.10.11. 선고 94다17710 판결

【서식】 답변서(과실상계 주장)

답 변 서

사 건 2○○○가합○○○ 손해배상

원 고 ○ ○ ○
주 소
피 고 ○○운수 주식회사
주 소

위 사건에 대하여 피고는 다음과 같이 답변합니다.

청구취지에 대한 답변

1. 원고의 청구는 이를 기각한다.
2. 소송비용은 원고의 부담으로 한다.

라는 판결을 구합니다.

청구원인에 대한 답변

1. 원고의 청구원인 사실 중,
① 원고주장과 같은 일시 장소에서 원고가 부상을 입은 사실
② 서울 ○○마 ○○○○의 버스가 피고 회사의 소유로 교통사고를 일으켰던 사실 등은 인정하나 원고의 그 외 주장사실은 이를 부인합니다.
2. 원고는 위와 같이 부상을 입을 당시 교통법규를 위반하고 횡단보도가 아닌 차도로 침입 피고 회사의 버스 전면에 갑자기 뛰어들어 본건 사고는 발생한 것이므로 원고에게 더 큰 과실이 있으므로 원고의 본소 청구는 부당합니다.
3. 그러므로 원고의 본소 청구에 응할 수 없습니다.

20○○. ○. ○.

위 피고 ○○운수 주식회사 (인)
대표이사 ○ ○ ○ (인)

○○○○법원 귀중

2. 손익상계

(1) 의 의

손해배상은 실제로 발생한 손해의 전보를 목적으로 하므로 하나의 사실에서 손해와 동시에 이익이 생긴 때에는 손해에서 이익을 공제해야 하며 이러한 손익상계는 명문규정은 없지만 공평의 원칙상 손해배상 산정시 당연히 인정된다.[88)]

공제의 대상이 되는 이익은 불법행위와 상당인과관계에 있는 이익에 한정된다. 그러므로 별도의 보험계약체결로 발생하는 보험금이나 증여에 따른 부의금, 고용계약에 따른 급여 등은 공제의 대상이 아니다. 그런데 이익의 상계가 가해자에게 불공평하게 이익을 가져다 줄 경우에는 손익상계가 인정되지 않는다.[89)] 그리고 손익상계는 손해의 성질이 동일하여 상호보완적인 관계에 있는 것 사이에서만 이루어질 수 있다.[90)]

위자료가 손익상계의 대상이 되는지에 대해서는 논란이 있다. 판례는 이에 대해 명확히 밝히고 있지 않으나 실무상으로는 재산상 손해에 대해서만 손익상계를 하고 있다. 손익상계에 대해 피고인 가해자의 주장이 없더라도 그 증거가 당사자에 의하여 제출되면 법원은 이를 손해액에서 공제하여야 한다.[91)]

한편 불법행위에 기한 손해배상청구에 있어 피해자에게 과실도 있고 이익도 있는 경우 과실상계를 먼저 한 다음에 손익상계를 한다.[92)]

---

88) 대법원 1992. 12. 22. 선고 92다31361 판결; 곽윤직, 「채권각론」 제6판, 225면; 김용한, 「채권법총론」, 박영사, 1988, 216면; 현승종, 「채권각론」, 167면; 김주수, 「채권각론」, 삼영사, 1997, 167면. 영미에서도 판례법상 과잉금지 제한(no-worse-off limitation)이 인정되고 있으며 제2차 불법행위법 리스테이트먼트 제920조로 도입되었다. Restatement (Second) of Torts § 920(1979) 참조.

89) 피해자 또는 제3자의 행위 없이 '스스로' 발생한 이익은 항상 손익상계의 대상이 된다. 임건면, "손익상계", 「경남법학」 제18호, 2002, 157–176면, 특히 166면.

90) 대법원 1995. 4. 25. 선고 93다61703 판결 이는 영미법의 '동일한 이익 제한(same interest limitation) 규칙'과 유사하다. Vikingstad, 위의 논문, 1092–1097면.

91) 대법원 2002. 5. 10. 선고 2000다37296 판결

92) 대법원 1990. 5. 8. 선고 89다카29129 판결

(2) 유형별 검토

1) 형사합의금

형사합의금이란 가해자가 형사처벌을 감면받고자 피해자에게 지급하는 일련의 금전을 말한다. 원칙적으로 형사합의금은 재산상 손해배상금의 일부로 보아 공제를 하나, 위로금조로 지급되거나 보험금과는 별도로 지급된 경우에는 지급액 전부를 공제하지 않고, 위자료의 산정에 있어 이를 참작할 뿐이다.[93] 판례는 대체로 형사합의금이 소액이어서 호의적·동정적·의례적인 것으로 볼 수 있는 경우에는 위로금으로 보아 공제를 하지 않고, 고액인 경우에는 전액 공제를 인정한다.

2) 생명보험금, 상해보험금, 손해보험금

생명보험금은 불법행위와는 별개의 원인인 보험계약에 의하여 지급되는 것이므로 손익상계의 대상이 되지 않는다. 그러나 손해보험금은 손해의 전보를 목적으로 하고 보험자대위(상법 제682조)가 인정되므로 손해배상액에서 공제된다. 상해보험금의 경우에는 논란이 있는데 상해보험이 인보험의 성격을 갖고 정액화되어 있다는 점에서, 그리고 보험자대위가 금지되는 점에 비추어 손익상계의 대상이 되지 않는 것으로 보아야 할 것이다.

3) 근로기준법, 산업재해보상보험법, 공무원연금법상 보상 및 급여

근로자가 업무상 재해로 피해를 입은 경우 산업재해보상보험법상 휴업급여, 장해급여 등 각종 보험급여를 받을 수 있다. 또, 산업재해보상보험법의 적용을 받지 않는 근로자라 할지라도 사용자로부터 근로기준법상의 각종 재해보상을 받을 수 있다. 이 경우 산업재해보상보험법상의 보험급여는 실질적으로 근로기준법상의 재해보상과 같은 것으로 이러한 보험급여가 지급된 경우 사용자는 그 한도 내에서 근로기준법에 의한 재해보상책임이 면제된다(산업재해보상보험법 제48조 1항). 또, 피해자인 근로자가 산업재해보상보험법상의 보험급여나 근로기준법상의 재해보상을 받은 경우 동일한 사유에 대하여 근로자는 사용자로부터 배상받을 수 있는 손해배상액에서 기지급된 금액을 제외한 나머지 부분에 한해서만 배상받을 수 있다(산업재해보상보험법 제48조 2

93) 대법원 1991. 8. 13. 선고 91다18712 판결

항, 근로기준법 제90조).

다만, 공제되는 범위는 총액에서의 공제가 아니라 항목별로 공제가 행해진다. 가령, 일실수입에 대하여는 휴업급여, 장해급여, 유족급여를 각각 공제하고, 치료비손해에 대하여는 요양급여를 공제하며, 장례비 손해에 대하여는 장의비를 공제하게 된다. 그러므로 피해자가 치료비나 개호비 등 적극적 손해를 청구하는 경우 가해자는 이미 지급한 휴업손해나 장해급여 등 소극적 손해의 공제를 주장할 수 없다.

• 판 례

◇ **대법원 1995. 4. 25. 선고 93다61703 판결** : 손해배상은 손해의 전보를 목적으로 하는 것이므로 피해자가 근로기준법이나 산업재해보상보험법에 따라 휴업급여나 장해급여 등을 이미 지급받은 경우에 그 급여액을 일실수익의 배상액에서 공제하는 것은 그 손해의 성질이 동일하여 상호보완적 관계에 있는 것 사이에서만 이루어질 수 있고, 따라서 피해자가 수령한 휴업급여금이나 장해급여금이 법원에서 인정된 소극적 손해액을 초과하더라도 그 초과부분을 그 성질을 달리하는 손해의 배상액을 산정함에 있어서 공제할 것은 아니고, 같은 이치에서 휴업급여는 휴업기간 중의 일실수익에 대응하는 것이므로 휴업급여금은 그것이 지급된 휴업기간 중의 일실수익 상당의 손해액에서만 공제되어야 한다.

한편, 공무원이 제3자의 불법행위로 사망한 경우 그 유족은 공무원연금법에 의한 유족급여를 지급받을 수 있다(공무원연금법 제42조 및 제56조). 공무원연금법상 유족급여에는 유족보상금, 유족연금, 유족연금부가금 등이 있는데 여기서 유족보상금만이 실손해전보의 성질을 갖는다. 따라서 유족이 공무원연금법상의 유족급여를 받은 경우 유족보상금만이 손익공제의 대상이 되고 그 이외의 급여는 공제의 대상이 되지 않는다.[94]

---

94) 대법원 2000. 3. 10. 선고 98다37491 판결

3. 제765조 배상액 경감청구

(1) 의 의

제765조(배상액의 경감청구) ① 본장의 규정에 의한 배상의무자는 그 손해가 고의 또는 중대한 과실에 의한 것이 아니고 그 배상으로 인하여 배상자의 생계에 중대한 영향을 미치게 될 경우에는 법원에 그 배상액의 경감을 청구할 수 있다.
② 법원은 전항의 청구가 있는 때에는 채권자 및 채무자의 경제상태와 손해의 원인 등을 참작하여 배상액을 경감할 수 있다.

『실화책임에 관한 법률』

제1조(목적) 이 법은 실화(失火)의 특수성을 고려하여 실화자에게 중대한 과실이 없는 경우 그 손해배상액의 경감(輕減)에 관한 「민법」 제765조의 특례를 정함을 목적으로 한다.

제2조(적용범위) 이 법은 실화로 인하여 화재가 발생한 경우 연소(燃燒)로 인한 부분에 대한 손해배상청구에 한하여 적용한다.

제3조(손해배상액의 경감) ① 실화가 중대한 과실로 인한 것이 아닌 경우 그로 인한 손해의 배상의무자(이하 "배상의무자"라 한다)는 법원에 손해배상액의 경감을 청구할 수 있다.
② 법원은 제1항의 청구가 있을 경우에는 다음 각 호의 사정을 고려하여 그 손해배상액을 경감할 수 있다.
1. 화재의 원인과 규모
2. 피해의 대상과 정도
3. 연소(燃燒) 및 피해 확대의 원인
4. 피해 확대를 방지하기 위한 실화자의 노력
5. 배상의무자 및 피해자의 경제상태
6. 그 밖에 손해배상액을 결정할 때 고려할 사정

가해자의 사소한 부주의로 피해자에게 막대한 손해가 발생하더라도 가해자는 원칙대로 발생한 손해 전부를 배상할 책임이 있다. 그런데 가해자가 피해자에게 금전배상을 함으로써 경우에 따라서는 자신의 생계유지가 어려울 정도로 최소한의 인간다운 생활조차 어렵게 되는 경우가 있을 수 있다.[95] 이 경우 우리 민법은 법원이 제반 사정을 고려하여 피해자의 배상액을 적의하

게 경감할 수 있는 수단으로서 민법 제765조 배상액 경감제도를 규정하고 있다.[96)]

제765조의 입법취지는 경제적으로 넉넉하지 못한 자가 가벼운 과실로 배상책임을 부담하게 되고, 그 배상액이 그의 능력을 훨씬 초과하는 경우에 피해자의 보호만을 생각하여 그 전액을 그대로 배상케 함으로써 가해자에게 그의 생활근거마저 잃게 하는 가혹한 결과가 된다면 이는 오늘날에 있어서 불법행위제도가 사회에서 생기는 손해의 공평·타당한 분배를 꾀하려고 하는 데에 그 이상이 있다는 점에 비추어 온당하지 않다는 데에 있다.[97)]

한편, 2007년 헌법불합치결정을 받은 실화책임에 관한 법률[98)]이 전면개정됨에 따라 종전과 달리 경과실이 있는 실화자도 실화에 대한 책임을 부담하게 되었다. 다만 실화가 실화자의 중대한 과실로 인한 것이 아닌 경우에는 제765조에 따른 배상액 경감청구를 할 수 있다. 이점에서 실화책임에 관한 법률은 민법 제765조의 특례법이다.

(2) 요건 및 효과

채무자가 배상액 경감청구권을 행사할 수 있으려면 첫째, 불법행위로 인한 손해배상의무가 존재할 것, 둘째, 의무자에게 고의 또는 중과실이 없을 것, 셋째로, 배상의무자가 배상으로 인해 생계에 중대한 영향을 받아야 한다. 법원이 배상액 경감청구를 인용하기 위해서는 배상의무자가 위와 같은 요건들을 주장하고 증명하여야 하며, 그에 대한 주장과 증명이 있음에도 불구하고 이를 인정하지 않으면 민사소송법 제424조 제1항 4호에 의한 이유불비에 해

---

95) 이 점에서 본조에 의한 배상액 경감제도의 존재이유를 헌법적 차원에서 구할 수도 있을 것이다. 고의 또는 중과실이 없는 배상의무자의 과중한 배상액이 가해자의 생존을 위협할 수 있으며 이는 결국 헌법상의 인간의 존엄과 가치, 행복추구권뿐만 아니라 특히 경제적 기본권을 침해할 수 있기 때문이다. 특히 근로자책임제한의 관점에서 자세한 내용은 김영문, "과중한 민사책임·채무의 헌법적 통제? −근로자책임과 보증채무의 제한가능성을 중심으로−", 「경영법률」제9권, 1999, 511−572면 특히 519−526면 참조. 한편 배상의무자의 최소한의 생존배려는 강제집행단계에서 고려될 수 있다고 하는 견해로는, 「민법주해 (XIX)」, (양창수 집필부분), 박영사, 2005, 339−366면, 특히 343−344면.

96) 곽윤직, 채권각론(신정판), 1995, 838면.

97) 양삼승, 「주석민법」채권각칙(8), 한국사법행정학회, 2002, 610−611면.

98) 헌법재판소 2007. 8. 30. 선고 2004헌가25 결정.

당되어 상고이유가 된다.[99)]

첫 번째 요건과 관련하여, 여기서 말하는 불법행위에는 제750조 일반불법행위 이외에 공동불법행위나 사용자배상책임에서의 사용자와 피용자 등과 같이 동일한 내용의 배상의무를 부담하는 사람이 다수인 경우도 포함된다.[100)] 책임무능력자의 감독자 책임이나 사용자배상책임 등에서와 같이 타인의 행위로 인하여 책임을 지는 경우뿐 아니라, 공작물의 점유자 또는 소유자나 동물점유자와 같이 위험책임에 기한 경우도 마찬가지라 할 것이다.

두 번째 요건과 관련하여, 본조가 적용되기 위해서는 배상의무자에게 고의 또는 중과실이 없어야 하므로 배상의무자의 경과실로 손해가 발생한 경우에 한해 배상액을 감액할 수 있다.[101)] 이 때, 고의와 중과실을 경과실과 구분하는 것, 특히 중과실을 경과실과 구분하는 것이 쉽지 않으나, 판례는 일반적으로 중과실을 '행위자의 직업, 행위의 종류·목적 등에 비추어 보통 요구되는 주의를 현저히 결여한 것'이나 '통상인에게 요구되는 정도의 상당한 주의를 하지 않더라도 약간의 주의를 한다면 손쉽게 위법 유해한 결과를 예견할 수 있는 경우임에도 만연히 이를 간과함과 같은 거의 고의에 가까운 현저한 주의를 결여한 상태'라고 한다.[102)]

끝으로 세 번째 요건과 관련하여, 배상액 경감청구제도가 인정되려면 가해자가 배상을 함으로써 자신의 생계에 중대한 영향을 받아야 한다. 앞서 살펴본 두가지의 요건에 비해 이 요건은 법적이기 보다 다소 정책적이다. 여기에서 생계에 중대한 영향을 미친다 함은 배상의무자가 속하는 계층, 직업, 지위 등을 고려할 때 그에게 보장되어야 할 최소한의 생활이 유지될 수 없음(궁핍상태)을 의미한다.[103)] 생계에 중대한 영향을 미치는 요소 내지 기준은

---

99) 「민법주해」(양창수 집필), 349면.

100) 「민법주해」(양창수 집필), 349면.

101) 우리 민법은 소위 유책성과 손해배상의 균형원칙을 채택하고 있지 않으므로, 불법행위로 인한 손해배상에서 배상의무자의 과책의 정도를 구별할 실익이 없는 것이 원칙이지만, 제765조는 배상의무자에게 경과실이 있는 경우에만 손해배상액의 감경을 인정하는 점에서 이에 대한 예외를 이루고 있다. 곽윤직, 채권각론, 690면. 그밖에 손해배상법에서 과책의 정도가 고려되는 것으로, 손해배상범위를 정함에 있어서 특별손해의 인정범위, 정신적 손해배상의 범위, 과실상계 등을 들 수 있다.

102) 대법원 1983. 2. 8. 선고 81다428 판결; 대법원 1990. 6. 12. 선고 88다카2 판결; 대법원 1991. 4. 9. 선고 90나11509 판결 등.

원칙적으로 가해자 측 사정이 중심이 되겠으나, 피해자 측 사정, 가령 피해자의 재산상태나 기타 제3의 사정도 고려될 수 있다.[104] 특히 완전한 손해배상을 받지 못함으로써 피해자 자신이 궁박한 상황에 빠지게 될 경우에는 손해배상의 감축을 하여서는 안 된다.

한편, 제765조에서 규정한 요건을 충족하더라도 법원은 배상의무자의 청구가 있을 경우에만 배상액을 감액할 수 있다. 배상의무자의 경감청구가 없음에도 법원이 제765조의 경감사유가 존재한다고 판단하여 직권으로 배상액을 감액하는 것은 허용되지 않는다. 또 법원은 배상액 경감청구의 여부에 관한 석명의무도 없다.[105] 배상액 경감청구가 결정되면 법원은 가해자 및 피해자의 제반 사정을 종합적으로 고려하여 합리적 재량으로 손해배상액을 감액할 수 있다.[106] 배상액 경감청구의 가부 및 범위를 판단함에 있어서는 다른 구제수단과의 관계, 가령 배상의무자가 책임보험에 가입되어 있다든지, 구상권 행사가 가능하거나, 직업교육을 받고 있거나, 이를 기초로 대출 등을 받을 수 있는 등 향후 손해를 전보 받을 여지가 있는지 등의 유무도 고려해야 한다.

4. 형평칙에 의한 책임제한

(1) 의 의

손해의 발생에 어느 누구의 책임으로도 돌릴 수 없는 제3의 요소, 예를 들면 자연적 요소 등이 개입된 경우에 이로 인한 손해부분을 배상의 범위에서

---

103) 「민법주해」(양창수 집필), 354면.

104) 이와 관련하여 피해자의 특별히 높은 소득이 참작사유로 고려되어야 하는지 문제될 수 있다. 제765조가 기본적으로 배상의무자를 보호하려는 목적에서 입법되었다는 점에 주안을 두면 결과적으로 피해자의 특별히 높은 소득도 고려되어야 할 것이다. 그러나 손해배상법의 이념이 손해전보에 있다는 사실을 주지하면 피해자의 높은 소득과 같은 우연한 사정은 고려되면 안 될 것이다.

105) 대법원 62. 9. 20. 선고 62다428 판결에서 법원은 '배상의무자가 [본조에 의하여]배상액의 감액을 받으려면 민법 제765조에 규정된 사실을 주장, 증명하여 그 감액을 청구하여야 하며 그 청구의 여부에 관하여는 법원은 아무런 석명의무가 없는 것'이라고 판시하고 이어서 피고가 그러한 감액을 청구하지 아니하였다면 '원심이 그 점에 관하여 석명도 하지 않고 또 판단을 하지 아니한 것에는 아무런 위법이 없다'고 판단하였다.

106) 대법원 1967. 12. 26. 선고 67다1430 판결에서 법원은 '법원은... 형평의 정신에 입각하여 자유로이 배상액을 경감할 수 있(다)'고 판시하였다.

제외시킬 것인가가 문제될 수 있다. 이는 결국 '불운'과 '불법'을 구별하여, 불운으로 인한 손해를 배상의 범위에서 제외시킬 수 있는가의 문제로 귀결된다. 불법행위자에게 자신이 저지른 불법을 넘어서 불운에 따른 손해까지 배상하도록 하는 것은 지나치게 가혹하고 손해의 공평·타당한 분담에 맞지 않는다. 하지만, 이에 대하여 민법은 아무런 규정을 두고 있지 않다.

실무상에서도 종종 부딪치는 이러한 문제를 해결하기 위하여 법원은 이른바 '판례상의 책임제한'이라는 법리를 발전시켰다. 판례상의 책임제한은 손해배상법의 기본원리로서 일반적으로 받아들여지는 손해의 공평·타당한 분담, 신의칙이나 형평의 원칙에 기초하여 가해자의 배상액을 경감시키고자 실무상 인정되고 있는 손해배상액 감경제도이다. 현재까지도 법원은 일관되게 과실상계나 손익상계와는 별개로 형평칙에 의한 책임제한을 인정하고 있다.

• 판 례

◇ 대전고등법원 1997. 6. 12. 선고 96나8268 판결 : 손해배상법의 기본 원리로서 일반적으로 받아들여지고 있는 '손해의 공평한 분담', '신의칙이나 형평의 원칙'에 의하더라도 손해를 야기한 가해자에 대하여는 자기의 잘못으로 인한 범위에 대하여만 배상의 의무를 부담시키는 것이 타당할 것이고, 어느 누구의 잘못도 아닌 불운에 따른 부분까지도 모두 가해자에게 부담시키는 것은 오히려 형평의 원칙에 부합하지도 않는 것인바, 형평의 원칙에 따른 배상액의 감경이 이루어지려면, 가해자의 가해행위가 고의에 의하거나, 사회적으로 크게 비난받을 과실에 의하여서도 아니될 것이며, 그 과실이 경미하여 불운에 해당한다고 보여질 정도로 사회적 비난가능성이 경미하여야 한다.

〈가해자가 피해자와 함께 야구놀이를 하는 과정에서 야구방망이 대신 사용하여 휘두르던 플라스틱 파이프의 연결 부분이 빠져나가서 약 10m 정도나 떨어져 있던 피해자의 눈 부분에 맞아 실명에까지 이르게 된 사안에서, 과실상계 비율 10%와는 별도로 형평의 원칙에 따라 불운이 개입된 정도에 비추어 손해배상액을 30% 감액한 사례〉

그런데 명문의 규정이 없이 단지, 손해배상법의 이념, 즉 형평의 원칙에 기초하여 배상액을 경감하는 판례상 책임제한이 법원에서 당연하게 인정되고 있는 것은 문제가 있다. 실무상 이의 필요성이 인정된다고 하더라도, 실정법에 아무런 근거도 없이 판례상의 책임제한 법리를 적용하는 것은 자칫 법관의 재량에 의하여 자의적으로 남용될 우려가 있기 때문이다. 더욱이 책임제한의 비율 역시 사실심 전권사항으로 법원의 재량사항에 속한다.[107] 그러므로 판례상의 책임제한이 보다 타당한 구체적 원리로서 적용되기 위해서는 실정법에 그 근거를 두어야 할 것이다.

(2) 적용범위

환경소송이나 의료소송에 주로 적용되어 오던 판례상 책임제한이 근래 들어서는 손해의 공평한 분담을 위해 많은 영역으로 점차 확대, 적용되고 있다. 전통적으로 의료행위의 경우 가해자의 가해행위와 피해자의 체질적 소인이나 의료행위 자체에 내재된 위험 내지 치료의 위험도가 있는 경우 법원은 이를 참작하여 과실상계의 법리를 유추적용하거나 책임제한의 법리를 적용하여 가해자의 손해배상액을 감액시켜왔다.[108] 또, 피해자의 기왕증이 교통사고와 경합하여 악화됨으로써 피해자가 입은 상해가 악화되거나 후유장해가 확대되는 결과에 기여한 경우 법원은 기왕증이 기여한 정도에 따라 가해자의 손해배상을 감액하고 있다. 이 경우 법원은 변론에 나타난 기왕증의 원인과 정도, 상해의 부위 및 정도, 기왕증과 전체 상해와의 상관관계, 치료경과, 피해자의 연령과 직업 및 건강상태 등 제반사정을 고려하여 책임제한을 행한다.[109] 또한, 판례는 가해자의 가해행위와 자연력이 경합한 경우에도 자연력이 기여한 부분만큼 책임제한의 법리를 적용하여 감액배상을 하며, 신체를 부딪치는 운동경기 중 발생한 손해 등에 대해서도 책임을 제한한다.[110]

그러나 형평칙에 의한 책임제한은 책임이 제한되는 부분을 피해자가 고스란히 떠안는다는 점에서 이를 적용함에 있어서는 신중할 필요가 있다.

---

107) 대법원 2000. 1. 21. 선고 98다50586 판결
108) 대법원 2000. 1. 21. 선고 98다50586 판결
109) 대법원 2004. 11. 26. 선고 2004다47734 판결
110) 대법원 1993. 2. 23. 선고 92다52122 판결

5. 면책합의[111)]

(1) 의 의

불법행위의 경우 당사자 사이에 합의가 이뤄지는 경우가 많은데, 이 경우 합의의 내용으로는 보통 배상권리자의 모든 손해배상청구권을 포기한다는 권리포기조항이 삽입되고, 더 나아가 당사자가 소송을 제기하지 아니한다는 소송상의 합의의 일종인 부제소 특약을 하는 경우가 많다. 만일, 당사자 사이에 부제소의 특약이 인정되면 법원은 손해배상 청구서를 각하하여야 하고, 권리의 포기로 인정되면 청구를 기각해야 한다. 한편, 일부 판례는 교통사고 피해자의 유족과 가해자의 합의를 청구권 일부 포기의 약정이 아니라 개인 재산에 대하여 강제집행을 하지 않겠다는 부집행의 약정이라고 본 바 있다.[112)]

합의는 가해자와 피해자 본인이 직접 하는 것이 일반적이다. 그런데 친권자 본인이 부상을 입어 손해배상에 관하여 가해자 측과 합의를 하는 경우 특별한 사정이 없는 한 미성년자인 자녀들의 고유의 위자료에 관하여도 그 친권자가 법정대리인으로서 함께 합의 하였다고 보는 것이 경험칙상 합당하다.[113)] 또, 피해자가 성년자인 경우 부모의 위자료청구권과 관련하여, 가령 교통사고로 말미암아 피해자 본인과는 별도로 그의 부모들도 그들이 입은 정신적 손해에 대하여 고유의 위자료 청구권을 가진다 할 것이고, 피해자 본인이 전국택시공제조합과의 합의에 의하여 합의금을 수령하고 나머지 손해배상청구권을 포기하기로 약정하였다 하더라도 그의 부모들이 손해배상청구권을 포기할 뜻을 명시적 혹은 묵시적으로 나타낸 바 있다는 등 특별한 사정이 없는 한 위 포기 등 약정의 효력이 당연히 고유의 손해배상청구권을 가지는 그의 부모들에게까지 미친다고는 할 수 없다.[114)]

---

111) 이외에도 헌법 제45조에 의한 국회의원의 면책특권, 노동조합 및 노동관계조정법 제3조에 의한 정당한 쟁의행위로 인한 손해에 대해서는 민사상 배상책임이 면제된다.

112) 대법원 1993. 12. 10. 선고 93다42979 판결

113) 대법원 1975. 6. 24. 선고 74다1929 판결

114) 대법원 1993. 9. 28. 선고 92다42606 판결

(2) 효 력

불법행위로 인한 손해배상에 관하여 가해자와 피해자 사이에 피해자가 일정한 금액을 지급받고 그 나머지 청구를 포기하기로 합의가 이루어진 때에는 그 후 그 이상의 손해가 발생하였다 하여 다시 그 배상을 청구할 수는 없다. 그런데 그 합의가 손해발생의 원인인 사고가 얼마 지나지 않아 손해의 범위를 정확히 확인하기 어려운 상황에서 이루어진 것이고, 후발손해가 합의 당시의 사정으로 보아 예상이 불가능한 것으로서, 당사자가 후발손해를 예상하였더라면 사회통념상 그 금액으로는 합의하지 않았을 것이라고 보는 것이 상당한 때에는 당사자의 의사가 후발손해에 대해서까지 배상청구권을 포기한 것이라고 볼 수 없으므로 다시 그 배상을 청구할 수 있다. 즉 이러한 경우 피해자는 예견가능한 손해만 포기한 것으로서 합의 당시 예상하지 못했던 손해는 합의의 대상이 아니라는 제한적 해석이 가능하다. 그러므로 합의의 효력을 제한하기 위해서는 별도의 명시적 또는 묵시적인 의사가 있었다고 볼 수 있는 사정이 있어야 한다.[115)]

한편, 공동불법행위자 상호간 또는 사용자와 피용자와 같이 부진정연대채무자 상호간에 있어서 채권의 목적을 달성시키는 변제와 같은 사유는 채무자 전원에 대하여 절대적 효력을 발생하지만 그 밖의 사유는 상대적 효력을 발생하는데 그친다. 따라서 배상권리자가 그 중 1인의 채무자에 대하여 그 채무자의 부담부분을 넘어서 모든 청구권을 포기한다는 의사표시를 하였더라도 다른 채무자들에게는 포기의 효력이 미치지 않는다.[116)] 최근 대법원 전원합의체에 의하여 상계와 상계계약은 절대적 효력을 가진다.[117)]

---

115) 대법원 2000. 3. 23. 선고 99다63176 판결

116) 대법원 1993. 5. 27. 선고 93다6560 판결

117) 대법원 2010. 9. 16. 선고 2008다97218 전원합의체 판결에서 법원은 부진정연대채무자 중 1인이 자신의 채권자에 대한 반대채권으로 상계를 한 경우에도 채권은 변제, 대물변제, 또는 공탁이 행하여진 경우와 동일하게 현실적으로 만족을 얻어 그 목적을 달성하는 것이므로, 그 상계로 인한 채무소멸의 효력은 소멸한 채무 전액에 관하여 다른 부진정연대채무자에 대하여도 미친다. 이는 부진정연대채무자 중 1인이 채권자와 상계계약을 체결한 경우에도 마찬가지이다. 나아가 이러한 법리는 채권자가 상계 내지 상계계약이 이루어질 당시 다른 부진정연대채무자의 존재를 알았는지 여부에 상관없이 적용된다고 판시하였다.

(3) 합의효력의 제한

합의는 통상 손해배상책임의 유무나 그 범위가 확정적이지 않은 상태에서 체결되기 때문에 합의 당시 당사자가 인식하지 못했던 손해라든가 합의 후 증가된 손해에 대해서는 피해자를 구제해야 할 필요성이 제기된다. 이를 위해 판례는 일정한 경우 당사자의 합의 자체의 성립을 부정하는가 하면, 불공정한 법률행위나 착오에 의한 법률행위 등의 법리를 적용하여 피해자 구제를 도모한다. 가령, 배상책임의 존부나 액수에 관하여 당사자의 실질적인 교섭이 없는 경우 합의의 성립자체가 부정될 수 있다.[118] 현실적으로 합의의 당사자는 합의서를 주고받으나 합의서는 합의에 실질적 교섭이 있었는지 여부를 결정하는 중요한 자료의 하나에 불과하므로 합의서가 작성되었다 하더라도 경우에 따라서는 합의의 성립이 부정될 수 있다.

그리고 합의 후에 발생한 후유증으로 인한 손해에 관하여 불공정한 법률행위, 해제, 착오 등에 의하여 합의의 효력이 부정될 수 있다. 합의는 민법상 전형계약인 화해에 해당하는 것으로 제733조에 따라 화해의 목적이 분쟁 이외의 사항에 착오를 일으킨 경우라면 취소가 가능하다. 여기서 화해의 목적인 분쟁 이외의 사항이라 함은 분쟁의 대상이 아니라 분쟁의 전제 또는 기초가 된 사항을 말하는 것으로, 당사자가 예정한 것으로서 상호 양보의 내용으로 되지 않고 다툼이 없는 사실로 양해된 사항을 말한다. 그러므로 가령, 교통사고에서 피해자가 오로지 자신의 과실로 인해 사고가 발생한 것으로 착각하고 상대방과 합의한 경우, 위 사고가 피해자의 과실로 인하여 발생하였다는 사실은 쌍방 당사자 사이에 다툼이 없어 양보의 대상이 되지 않았던 사실로서 화해의 목적인 분쟁의 대상이 아니라 그 분쟁의 전제가 되는 사항에 해당하므로, 위 사고 발생에 상대방의 과실이 경합된 경우라면 피해자는 착오를 이유로 위 합의를 취소할 수 있다.[119] 아울러, 합의에 이르게 된 경위, 합의의 시점, 합의 당시 예측할 수 있었던 증상의 추이, 당사자의 직업, 지식, 경험의 유무, 합의금과 실손해액 간의 불균형 내지 후발손해의 중대성 등을 종합적으로 검토하여 손해가 합의 당시 예상할 수 없었던 중대한 손해

118) 대법원 1999. 3. 23. 선고 98다64301 판결
119) 대법원 1992. 7. 14. 선고 91다47208 판결

로 평가되면 합의의 효력이 제한될 수 있다.

마지막으로, 재판상 화해나 확정판결 이후 피해자가 손해배상을 추가로 청구할 수 있는지 문제될 수 있는데, 재판상 화해나 확정판결이 있는 경우에는 기판력이 부여되고, 이 기판력은 소송물 전체에 미치므로 이 소송물의 일부를 이루는 새로운 추가청구는 기판력에 반하여 허용될 수 없다. 그러나 재판상 화해 당시 또는 전소의 변론 종결 당시 그 손해의 발생이 예견될 수 없었고 또 그 부분의 청구를 포기하였다고 볼 수 없는 등 특단의 사정이 있으면 비록 전 소송에서 그에 관한 청구가 유보되지 않았다 하더라도 그 부분의 청구는 전 소송의 소송물과 동일성이 없는 별개의 소송물로서 전 소송의 기판력에 저촉되어 부적법한 것이라고 볼 수 없다.[120)]

제 3 절 금지청구 및 방해배제청구 등

1. 금지청구권 및 방해배제 · 예방청구권

(1) 의 의

물권의 침해가 있는 경우 물권자는 불법행위책임으로 손해배상청구권 이외에 물권적 청구권을 행사할 수 있다. 그러므로 점유자는 점유침해에 대해 점유보호청구권(제205조 내지 제206조)을 행사할 수 있고, 또, 소유권자는 소유권침해에 대해 물권적 청구권을 행사할 수 있다(제214조). 기타 제한물권자인 지상권자(제290조), 지역권자(제301조), 전세권자(319조), 저당권자(제370조) 역시 각각의 준용규정에 의해 물권적 청구권을 행사할 수 있다. 또한, 지적재산권법이나 부정경쟁방지 및 영업비밀보호에 관할 법률 등 각종 특별법에서 이와 같은 권리를 인정하고 있다. 인격권 침해나 환경침해의 경우 판례는 침해행위의 정지 내지 방지 등의 금지청구권을 인정한다.[121)]

그런데 불법행위로 인한 물권 침해 이외에 일반 불법행위의 효과로서 금

---

120) 대법원 2007. 4. 13. 선고 2006다78640 판결

121) 대법원 1996. 4. 12. 93다40614 · 40621; 대법원 2007. 6. 15. 선고 2004다37904, 37911 판결

지청구권 및 방해배제·예방청구권을 인정할 수 있는가에 대해서는 논란이 있다.122) 이와 관련하여, 최근 2010년에 대법원은 다음과 같은 의미 있는 판결을 내렸다.

• 판 례

◇ 대법원 2010. 8. 25. 자 2008마1541 결정 : 경쟁자가 상당한 노력과 투자에 의하여 구축한 성과물을 상도덕이나 공정한 경쟁질서에 반하여 자신의 영업을 위하여 무단으로 이용함으로써 경쟁자의 노력과 투자에 편승하여 부당하게 이익을 얻고 경쟁자의 법률상 보호할 가치가 있는 이익을 침해하는 행위는 부정한 경쟁행위로서 민법상 불법행위에 해당하는바, 위와 같은 무단이용 상태가 계속되어 금전배상을 명하는 것만으로는 피해자 구제의 실효성을 기대하기 어렵고 무단이용의 금지로 인하여 보호되는 피해자의 이익과 그로 인한 가해자의 불이익을 비교·교량할 때 피해자의 이익이 더 큰 경우에는 그 행위의 금지 또는 예방을 청구할 수 있다."고 하여 부정경쟁행위에 해당하지 않는 위법행위에 대하여 불법행위의 일반적 효과로서 불법행위의 금지 및 예방청구권이 인정될 수 있다.

현실적으로 불법행위로 발생한 손해에 대해서는 손해배상으로 해결하는 것이 일반적이다. 다만, 손해배상청구권이 인정된다고 하여 그 자체만으로 금지청구권 내지 방해배제·예방청구권의 인정의 필요성 자체를 부정할 수는 없다. 무엇보다 계속적이고 반복적인 불법행위의 경우나 손해배상만으로 손해의 회복이 완전하지 않은 경우 또는 현재에도 지속적으로 손해가 발생하고 있는 경우에는 금지청구 내지 방해배제청구권을 인정할 필요성이 크다. 또한 이를 인정하는 것이 불법행위법의 목적에도 부합한다.

(2) 인정요건

불법행위의 효과로서 금지 및 방해배제·예방청구권이 인정되기 위해서는 다음과 같은 요건을 충족해야 한다.

122) 가령, 채권침해의 경우 채권은 배타성과 공시성이 없으므로 방해배제 내지 방해예방과 같은 물권적 청구권을 인정할 수 있는가에 대해 논란이 있다.

먼저, 일회적인 불법행위와는 달리 불법행위가 계속, 반복적으로 발생하여야 한다. 둘째, 가해행위로 인하여 손해 내지 침해가 발생하였거나 그럴 염려가 있거나 또는 발생할 고도의 개연성이 있어야 한다. 셋째, 금전배상만으로는 피해의 완전한 회복이 어렵거나 어려울 것으로 예상할 수 있어야 한다. 끝으로, 침해이익과 피침해이익을 비교형량하여 피침해이익이 침해이익보다 그 보호필요성이 더 커야 한다. 물론 이를 위해서는 이미 침해가 발생하였을 것을 전제로 하며 그 침해가 위법해야 한다. 한편, 금지청구권 인정여부에 대한 논란을 잠식시키기 위해 2013년 현재 금지청구권에 대해서는 이를 명문으로 신설하는 내용의 민법개정안이 국회에 성안되었다.

2. 명예회복에 적당한 처분

(1) 의 의

> **第764條(명예훼손의 경우의 특칙)** 타인의 명예를 훼손한 자에 대하여는 법원은 피해자의 청구에 의하여 손해배상에 가름하거나 손해배상과 함께 명예회복에 적당한 처분을 명할 수 있다.

명예훼손은 성질상 일단 침해된 후에 피해자에 대한 금전배상만으로 피해의 완전한 회복이 어렵고 손해전보의 실효성을 기대하기 어렵다. 그리하여 민법은 제764조에서 손해배상에 가름하거나 손해배상과 함께 명예회복에 적당한 처분, 즉 원심회복처분을 명할 수 있다고 규정하고 있다. 이 때 적당한 처분이란 훼손된 피해자의 인격적 가치에 대한 사회적·객관적 평가 자체를 회복하게 할 수 있게 만들어 주는 일체의 구제수단을 말한다. 명예회복에 적당한 처분으로는 종래에는 주로 명예훼손에 관한 민·형사판결의 내용을 신문 등에 게재하거나 명예훼손에 해당하는 내용을 정정한다는 내용을 광고하는 방법이 주로 이용되어 왔다.

그런데 인터넷 등 전자매체의 발달로 이러한 매체를 통해 명예훼손이 되는 경우가 빈번히 발생하고 있다. 그에 따라 명예회복을 할 수 있는 방법도 전자 매체 등을 통해 이뤄지고 있는데, 가령, 인터넷상의 전자게시판에 의하여 명예를 훼손당한 경우 정보통신서비스 제공자는 당해 정보를 삭제하거나 수정하는 내용의 글을 게재할 수 있다. 또, 언론보도에 의한 명예훼손의 경우에는 정정보도 또는 반론보도의 방식으로, 또, 언론에 의하여 범죄혐의가 있거나 형사상의 조치를 받았다고 보도 또는 공표된 자는 그에 대한 형사절차가 무죄판결 또는 이와 동등한 형태로 종결된 때에는 언론중재법이 정하는 바에 따라 추후 보도하는 방식으로 명예회복을 할 수 있다.

(2) 확대적용

제764조에서 정한 원상회복처분이 명예훼손뿐만 아니라 프라이버시 침해의 경우에도 이 규정을 유추 적용하는 방식으로 인정될 수 있는지 검토해 볼 필요가 있다. 이와 관련하여 대법원의 판결은 아직 찾아볼 수 없으나, 하급심법원이 다음과 같이 판시한 부분에 주목할 필요가 있다. 법원은 불법행위에 의해 인격권이 침해되는 경우 현행법상으로는 금전배상의 원칙만이 인정될 뿐 원상회복청구권 내지 이른바 만족청구권은 명문으로 규정되어 있지 않다고 하면서, 다만, "인격권의 한 부분이라고 생각되는 명예가 훼손된 경우 제764조가 법원이 명예회복을 위한 적당한 처분을 명할 수 있다고 규정하고 있는 점, 저작권법 제95조가 고의 또는 과실로 저작인격권을 침해한 자에 대하여는 손해배상에 갈음하거나 손해배상과 함께 명예회복을 위하여 필요한 조치를 청구할 수 있다고 규정하고 있는 점과 지배적인 학설이 일반적 인격권에 대하여 배타적 지배권으로서 대세적 효력을 인정하는 점에 비추어 보면 법원은 피해자가 바라는 경우 금전으로 손해배상을 명하는 이외에 원상회복을 위한 조치 또는 피해자에게 만족을 줄 수 있는 조치를 명할 수 있다고 보는 것이 발전하는 법질서의 요청에 부응할 수 있을 뿐 아니라 피해의 구제수단을 다양화하여 형평을 기하는 데 적합하다고 할 수 있다"고 하였다.[123)]

실제로 언론매체에 의한 인격권 침해의 양상을 보면 단순히 명예만 훼손하는 것이 아니라 프라이버시와 초상권, 성명권의 침해도 함께 문제되는 것이 일반적이다. 이 점에서 제764조의 원상회복에 필요한 구제수단은 일반적인 인격권 침해에도 적용할 수 있는 것으로 보아야 할 것이다.

---

123) 서울고등법원 1994. 9. 27. 선고 92나35846 판결

제3장 불법행위책임의 시효

소멸시효는 권리자가 권리를 행사할 수 있음에도 불구하고 권리 불행사의 상태를 일정기간 계속함으로써 권리소멸의 효과를 발생시키는 제도이다. 소멸시효는 발생원인 및 적용법규에 따라 그 기간이 다를 수 있다. 다만, 시효의 기산점은 권리를 행사할 수 있는 때부터 진행하며, 부작위를 목적으로 하는 채권의 경우는 위반행위를 한 때로부터 진행함을 원칙으로 한다(제166조).

제 1 절 소멸시효 의의

제166조(소멸시효의 기산점) ① 소멸시효는 권리를 행사할 수 있는 때로부터 진행한다.

② 부작위를 목적으로 하는 채권의 소멸시효는 위반행위를 한 때로부터 진행한다.

제167조(소멸시효의 소급효) 소멸시효는 그 기산일에 소급하여 효력이 생긴다.

제168조(소멸시효의 중단사유) 소멸시효는 다음 각호의 사유로 인하여 중단된다.

1. 청구 2. 압류 또는 가압류, 가처분 3. 승인

제766조(손해배상청구권의 소멸시효) ① 불법행위로 인한 손해배상의 청구권은 피해자나 그 법정대리인이 그 손해 및 가해자를 안 날로부터 3년간 이를 행사하지 아니하면 시효로 인하여 소멸한다.

② 불법행위를 한 날로부터 10년을 경과한 때에도 전항과 같다.

일정한 사실상태가 오랫동안 지속되면 과거 발생했던 불법행위를 증명하는 것이 매우 어려우며 나아가 오랫동안 지속된 사실상태에 기초하여 새로운 이해관계가 형성되어 이를 변경하는 것은 법적 안정성을 해할 수 있다. 불법행위의 소멸시효를 규정하고 있는 제766조도 이러한 배경에서 입법되었다. 그에 따라 불법행위로 인한 손해배상청구권은 피해자나 그 법정대리인이 손해 및 가해자를 안 날로부터 3년간 행사하지 않거나 또는 불법행위를 한 날로부터 10년이 지나면 시효의 완성으로 소멸한다(제766조 제1항 및 제2항).[124] 즉, 불법행위로 인한 손해배상청구권은 제766조 제1항 또는 제2항의 기간 중 어느 하나라도 도과하면 행사할 수 없다. 소멸시효는 그 기산일에 소급하여 효력이 생긴다(제167조). 이외에도 각종 특별법에서 별도로 소멸시효를 정해 놓은 경우가 있다.

한편, 소멸시효는 청구, 압류 또는 가압류, 가처분, 승인으로 인하여 중단된다(제168조). 또, 당사자는 소멸시효로 인하여 받는 이익을 포기할 수 있다. 소멸시효기간 만료에 따른 권리소멸은 소멸시효의 이익을 받을 자인 피고의 항변사항으로서 피고가 소멸시효완성의 항변을 하지 않으면, 그 의사에 반하여 재판할 수 없다.[125]

제 2 절 소멸시효 기산점

1. 의 의

단기소멸시효의 기산점이 되는 제766조 제1항의 손해 및 가해자를 안 날이라 함은 손해의 발생사실과 손해가 가해자의 불법행위로 인하여 발생하였다는 것을 안 날을 의미한다. 즉, 불법행위의 성립요건인 고의나 과실에 의한 가해행위의 존재, 위법성, 손해의 발생, 가해행위와 손해와의 인과관계를 안 때로부터 소멸시효가 진행된다. 이 경우 손해의 발생사실을 알았다고 하기 위해서는 손해의 액수나 정도를 구체적으로 알아야 할 것은 아니나 단순

---

124) 대법원 1996. 12. 19. 선고 94다22927 판결
125) 대법원 1980. 1. 29. 선고 79다1863 판결

히 장래 손해가 발생할 것이라는 예상만으로는 안 되고 손해발생을 현실적이고도 구체적으로 인식하여야 한다.[126] 그러므로, 불법행위로 사람이 상해를 입고 사망한 경우 사망으로 인한 손해를 안 날이란 사망일시를 말하며, 병원비에 대한 손해배상청구권의 소멸시효는 상해를 입은 날로부터 진행한다. 또, 가해자를 안다는 것은 직접 불법행위를 한 자를 알게 되는 것을 뜻하는바, 여기서 가해자는 손해배상청구의 상대방이 되는 자를 의미하며, 불법행위를 이유로 가해자에게 손해배상을 청구할 수 있다는 사실을 안다는 것을 의미한다.[127]

장기소멸시효의 기산점이 되는 불법행위를 한 날이란 가해행위로 인한 손해의 결과발생이 현실적인 것으로 되었다고 할 수 있을 때를 말하며,[128] 소멸시효는 피해자가 손해의 결과발생을 알았거나 예상할 수 있는가 여부에 관계없이 가해행위로 인한 손해가 현실적인 것으로 되었다고 볼 수 있는 때로부터 진행한다.[129] 그러므로 가해행위와 그로 인한 현실적인 손해의 발생 사이에 시간적인 간격이 있는 사안에서 소멸시효의 기산점이 되는 시점은 손해의 결과발생이 현실적인 것으로 되었다고 할 수 있는 때부터이다.

소멸시효의 기산점은 이를 주장하는 자가 증명하여야 한다.[130] 다만, 불법행위의 피해자가 미성년자로 행위능력이 제한된 자인 경우에는 다른 특별한 사정이 없는 한 그 법정대리인이 손해 및 가해자를 안 때로부터 시효가 진행한다.[131]

126) 대법원 1995. 11. 14. 선고 95다30352 판결
127) 대법원 1997. 12. 26. 선고 97다28780 판결
128) 대법원 1979. 12. 2. 선고 77다1894,1895 판결
129) 대법원 2005. 5. 13. 선고 204다71881 판결
130) 대법원 1971. 4. 6. 선고 70다269 판결
131) 대법원 2010. 2. 11. 선고 2009다79897 판결

2. 주요 판례

(1) 단기 소멸시효의 기산점

1) 국가의 위법행위

• 판 례

◇ 대법원 1979. 12. 26. 선고 77다1894 전원합의체 판결 : 국가의 위법한 부동산의 매각조치로 인한 손해배상청구권에 대한 소멸시효는 매수자 명의의 등기가 현실적으로 말소될 것이 확실시 되어, 이제까지는 그의 현실적인 행사를 기대할 수 없어서 단지 관념적이고 부동적인 상태에서 잠재적으로만 존재하고 있었다고 하여야 할 손해가 현실화 되었다고 볼 수 있는 때로부터 그 기간이 개시되는 것이라고 봄이 상당하다.

◇ 대법원 2008. 4. 24. 선고 2006다30440 판결 : 긴급체포의 적법여부는 주로 긴급체포의 요건 충족 여부와 관련된 것으로서 일반인을 기준으로 볼 때 불법행위 당시 그 법적 평가의 귀추가 불확실하다고 볼 여지가 있고, 실제로 관련 형사재판에서 긴급체포의 적법성이 다투어지고 있는 경우에는 관련 형사판결이 확정된 때에 비로소 그로 인한 손해 등을 현실적·구체적으로 인식하였다고 볼 수 있다.

◇ 대법원 2010. 12. 9. 선고 2010다71592 판결 : 경찰관들로부터 폭행을 당한 갑이 그 경찰관들을 폭행죄로 고소하였으나 오히려 무고죄로 기소되어 제1심에서 징역형을 선고받았다가 상고심에서 무죄로 확정된 사안에서, 갑의 무고죄가 유죄로 인정되는 경우에는 갑이 가해 경찰관들이나 국가에 대하여 손해배상청구를 하더라도 손해배상을 받을 수 없고 오히려 가해 경찰관들에게 손해를 배상해 주어야 할 입장에 놓일 수도 있게 될 것이어서 이와 같은 상황 아래서 갑이 손해배상청구를 한다는 것은 사실상 불가능하다고 보이므로, 갑의 손해배상청구는 무고죄에 대한 무죄판결이 확정된 때에야 비로소 사실상 가능하게 되었다고 보아야 하며, 갑의 손해배상청구권은 그때부터 소멸시효가 진행된다.

2) 미성년자가 피해자인 경우

• 판 례

◇ 대법원 2010. 2. 11. 선고 2009다79897 판결 : 피고로부터 간음을 당할 당시 만 15세로서 미성년자이던 원고의 법정대리인이 원고의 피해사실 및 그 가해자를 알았다고 볼 만한 증거가 없으므로, 원고가 성년이 된 2005.5.25.경 까지는 원

고의 피고에 대한 손해배상청구권의 소멸시효는 진행되지 않았다고 판단하여 피고의 소멸시효 항변을 배척한 원심의 사실인정과 판단을 정당한 것으로 긍인 하였다.

◇ 대법원 2001. 1. 19. 선고 2000다11836 판결 : 사고 당시 피해자는 만2세 남짓한 유아로서 좌족부의 성장판을 다쳐 의학적으로 뼈가 성장을 멈추는 만18세가 될 때까지는 위 좌족부가 어떻게 변형될지 모르는 상태였던 경우, 피해자가 고등학교1학년 재학 중에 담당의사에게 진찰을 받은 결과 비로소 피해자의 좌족부 변형에 따른 후유장해의 잔존 및 그 정도 등을 가늠할 수 있게 되었다면 피해자의 법정대리인도 그때서야 현실화된 손해를 구체적으로 알았다고 보아 그 무렵을 기준으로 소멸시효 기산점을 삼아야 한다.

3) 법인이 피해자인 경우

• 판 례

◇ 대법원 2012. 7. 12. 선고 2012다20475 판결 : 법인 대표자가 법인에 대하여 불법행위를 한 경우에는, 법인과 대표자의 이익은 상반되므로 법인 대표자가 그로 인한 손해배상청구권을 행사하리라고 기대하기 어려울 뿐만 아니라 일반적으로 대표권도 부인된다고 할 것이어서, 법인 대표자가 손해 및 가해자를 아는 것만으로는 부족하다. 따라서 위 경우에는 적어도 법인의 이익을 정당하게 보전할 권한을 가진 다른 대표자, 임원 또는 사원이나 직원 등이 손해배상청구권을 행사할 수 있을 정도로 이를 안 때에 비로소 단기소멸시효가 진행하고, 만약 임원 등이 법인 대표자와 공동불법행위를 한 경우에는 그 임원 등을 배제하고 단기소멸시효 기산점을 판단하여야 한다.

〈주식회사의 대표이사 을이 이사회결의 등 적법한 절차를 거치지 않은 채 병의 갑 회사에 대한 채무를 면제해 주어 갑 회사에 손해가 발생하였는데, 채무면제행위 당시 갑 회사 감사 정이 그 자리에 함께 있었음에도 을의 행위에 대하여 유지(유지)할 것을 청구하거나 이사회 또는 주주총회에 보고하는 등 필요한 조치를 전혀 취하지 않은 사안에서, 을의 채무면제행위와 이에 대한 정의 고의 또는 과실에 의한 방조행위가 객관적으로 관련 공동되어 있고 이로 인하여 갑 회사에 손해가 발생함으로써 공동불법행위가 성립한 이상 정이 갑 회사를 대표하여 을을 상대로 손해배상청구권을 행사하리라고 기대하기는 어려우므로, 갑 회사의 이익을 정당하게 보전할 권한을 가진 다른 임원 또는 사원이나 직원 등이 손해배상청구권을 행사할 수 있을 정도로 을의 불법행위를 안 때를 소멸시효의 기산점으로 잡아 소멸시효의 완성 여부를 판단해야 하는데도, 이와 달리 정이 을의 불법행위를 안 때부터 을에 대한 손해배상청구권의 소멸시효가 진행된다고 본 원심판결에 공동불법행위의 성립에 관한 법리오해의 위법이 있다고 한 사례〉

(2) 장기 소멸시효의 기산점

1) 불법행위를 한 날의 의미

• 판 례

◇ 대법원 2007. 11. 16. 선고 2005다55312 판결 : 가해행위와 그로 인한 현실적인 손해의 발생 사이에 시간적 간격이 있는 불법행위에 기한 손해배상채권의 경우, 소멸시효의 기산점이 되는 '불법행위를 한 날'의 의미는 단지 관념적이고 부동적인 상태에서 잠재적으로만 존재하고 있는 손해가 그 후 현실화되었다고 볼 수 있는 때, 다시 말하자면 손해의 결과 발생이 현실적인 것으로 되었다고 할 수 있는 때로 보아야 한다.

◇ 대법원 2013. 7. 12. 선고 2006다17539 판결 : 가해행위와 이로 인한 손해의 발생 사이에 시간적 간격이 있는 불법행위에 기한 손해배상청구권의 경우, 위와 같은 장기소멸시효의 기산점이 되는 '불법행위를 한 날'은 객관적·구체적으로 손해가 발생한 때, 즉 손해의 발생이 현실적인 것으로 되었다고 할 수 있을 때를 의미하고, 그 발생 시기에 대한 증명책임은 소멸시효의 이익을 주장하는 자에게 있다.

〈갑 등 베트남전 참전군인들이 베트남전에서 살포된 고엽제 때문에 염소성여드름 등 질병에 걸렸다며 고엽제 제조회사인 을 외국법인 등을 상대로 제조물책임 등에 따른 손해배상을 구하자, 을 법인 등이 소멸시효 항변을 한 사안에서, 염소성여드름 발병 시점부터 을 법인 등 보유의 특허권에 대한 가압류신청일이나 을 법인 등을 상대로 한 소 제기일까지 10년의 장기소멸시효기간이 지난 참전군인들의 경우에도 그들이 고엽제후유증환자로 등록하여 을 법인 등에 대한 손해배상청구권의 존재에 관하여 인식할 수 있게 되기까지는 객관적으로 권리행사를 기대하기 어려운 장애사유가 있었고, 그들 중 일부를 제외한 나머지 참전군인들의 경우 그들 개개인이 고엽제후유증환자 등록 후 민법상 시효정지의 경우에 준하는 단기간 내에 가압류신청이나 소제기 등 권리행사를 하는 데 상당한 어려움이 있는 등 매우 특수한 사정이 있었던 점을 감안할 때 그들이 상당한 기간 내에 권리행사를 한 것으로 봄이 타당하므로, 을 법인 등이 그들에게 소멸시효 완성을 주장하는 것은 신의칙에 반하는 권리남용에 해당하여 허용되지 않지만, 고엽제후유증환자로 등록한 날부터 3년이 경과한 후에 가압류신청 또는 소를 제기한 일부 참전군인들에 대한 소멸시효 항변은 권리남용에 해당하지 않는다고 본 사례〉

2) 유형별 검토

① 소유권이전등기 말소청구 및 근저당설정등기 말소청구

• 판 례

◇ 대법원 2007. 11. 16. 선고 2005다55312 판결 : 피고 소속 직원의 불법행위로 인하여 이 사건 토지에 관하여 원고 명의로 원인무효의 소유권 이전 등기가 경

료 되었다가 피고가 위 소유권이전등기가 원인무효임을 들어 소유권이전등기 말소청구의 소를 제기하여 승소한 이 사건에 있어서는 위 소송의 판결이 확정된 때에 비로소 손해의 결과발생이 현실화 되었다고 볼 것이므로, 원고의 피고에 대한 불법행위를 원인으로 하는 손해배상청구권의 기산점이 되는 '불법행위를 한 날'은 위 판결이 확정된 날이다.

◇ 대법원 1990. 1. 12. 선고 88다카25168 판결 : 동장의 동일인 증명의 발급이 그 공무원의 직무상 과실에 인한 것임을 전제로 하여 근저당권설정등기를 말소당한 피해자가 시장을 상대로 담보권상실로 인한 손해배상을 구하는 사안에 있어서 소멸시효의 기산점이 되는 불법행위를 한 날은 손해의 결과발생이 현실적인 것으로 되었다고 할 수 있는 때인, 근저당권설정등기말소판결이 확정된 때라고 볼 것이다.

② 위법한 부동산의 매각

• 판 례

◇ 대법원 1979. 12. 26. 선고 77다1894,1895 전원합의체 판결 : 국가의 위법한 부동산의 매각조치로 인한 손해배상청구권에 대한 소멸시효는 매수자 명의의 등기가 현실적으로 말소될 것이 확실시 되어, 이제까지는 그의 현실적인 행사를 기대할 수 없어서 단지 관념적이고 부동적인 상태에서 잠재적으로만 존재하고 있었다고 하여야 할 손해가 현실화 되었다고 볼 수 있는 때로부터 그 기간이 개시되는 것이라고 봄이 상당하다.

③ 부실시공

• 판 례

◇ 대법원 1998. 5. 8. 선고 97다36613 판결 : 부실시공으로 인하여 건물이 붕괴된 경우에 그로 인한 손해배상청구권에 대한 장기소멸시효의 기산점은 준공시가 아니라 건물의 붕괴 시이다.

④ 군복무

• 판 례

◇ 대법원 2005. 5. 13. 선고 2004다71881 판결 : 학도의용군으로 참전하였음에도 불구하고 재차 군복무를 한 사안에서 장기소멸시효의 기산점은 전역일이지 피고가 뒤늦게 참전사실확인서를 작성한 시점이 아니다. 피고가 상당한 기간 내

에 원고에 대한 전역조치를 취하지 아니한 채 만기까지 복무시킴으로써 손해가 현실적으로 발생하였다고 할 것이지, 피고가 뒤늦게 참전사실확인서를 작성해 준 때에 비로소 손해의 발생이 현실화되었다고 할 수는 없을 것이다.

제3절 관련 문제

1. 계속적 불법행위 및 후유증

(1) 계속적 불법행위

계속적인 가해행위로 손해가 계속하여 발생하는 경우에는 나날이 새로운 불법행위에 의해 계속적으로 손해가 발생하는 것이므로 각 손해에 대한 배상청구권의 소멸시효 역시 날마다 개별적으로 진행하는 것으로 보아야 한다. 그리고 이러한 손해배상청구권은 소송법적으로도 별개의 소송물을 구성한다.[132)]

이와 관련하여 위법한 건축행위로 일조방해가 계속하여 발생한 사안에서 2008년 대법원 전원합의체로 내려진 판결은 중요한 의미를 갖는다.[133)] 이 판결에서 법원은 주민들의 일조권을 침해하고 있는 건축물이 철거의무의 대상인지 아닌지 여부에 따라 소멸시효의 기산점을 달리 판단하였다. 즉, 철거의무를 부담하는 경우에는 철거의무를 계속적으로 불이행하여 불법행위가 계속하여 발생하는 것이고, 따라서 손해는 날마다 새로운 불법행위에 기하여 발생하는 것이므로 소멸시효는 피해자가 그 손해를 안 때로부터 각각 진행한다. 이에 반해 철거의무를 부담하지 않는 건축물의 경우에는 건물 등이 준공되거나 외부골조공사가 완료된 시점인 건축완료 시점부터 현재 또는 장래에 발생 가능한 재산상 손해나 정신적 손해에 대한 소멸시효가 진행한다.[134)]

132) 대법원 1999. 3. 23. 선고 98다30285 판결

133) 대법원 2008. 4. 17. 선고 2006다35865 전원합의체 판결

134) 이 판결에서 반대의견은 위법한 일조방해 행위로 인한 피해 부동산의 시세 하락 등 재산상의 손해는 특별한 사정이 없는 한 가해 건물이 완성될 때 일회적으로 발생한다고 볼 수 있으나, 위법한 일조방해로 직사광선이 차단되는 등 생활환경이 악화됨으로써 피해 건물의 거주자가 입게 되는 정신적 손해는 가해 건물이 존속하는 한 날마다 계속적으로 발생한다고 보아야 하므로, 그 위자료 청구권의 소멸시효는 가해 건물이 피해

• 판 례

◇ 대법원 2008. 4. 17. 선고 2006다35865 전원합의체 판결 : 일반적으로 위법한 건축행위에 의하여 건물 등이 준공되거나 외부골조공사가 완료되면 그 건축행위에 따른 일영의 증가는 더 이상 발생하지 않게 되고 해당 토지의 소유자는 그 시점에 이러한 일조방해행위로 인하여 현재 또는 장래에 발생 가능한 재산상 손해나 정신적 손해 등을 예견할 수 있다고 할 것이므로, 이러한 손해배상청구권에 관한 민법 제766조 제1항 소정의 소멸시효는 원칙적으로 그 때부터 진행한다. 다만, 위와 같은 일조방해로 인하여 건물 등의 소유자 내지 실질적 처분권자가 피해자에 대하여 건물 등의 전부 또는 일부에 대한 철거의무를 부담하는 경우가 있다면, 이러한 철거의무를 계속적으로 이행하지 않는 부작위는 새로운 불법행위가 되고 그 손해는 날마다 새로운 불법행위에 기하여 발생하는 것이므로 피해자가 그 각 손해를 안 때로부터 각 별로 소멸시효가 진행한다.

(2) 후유증

불법행위로 인해 상해를 입은 피해자는 일반적으로 상해를 입었을 때 그 손해를 알았다고 볼 수 있다. 다만, 불법행위 당시에는 전혀 예견할 수 없었던 새로운 손해가 발생하였다거나 예상외로 손해가 확대된 경우에 있어서는 그러한 사유가 판명된 때에 손해가 새롭게 발생하였거나 또는 확대된 손해를 알았다고 보아야 한다.[135)]

교통사고로 심한 뇌손상을 입고 식물인간 상태가 된 피해자가 가해자를 상대로 제기한 손해배상청구소송에서 그 후유증상이 호전가능성이 없는 지속적 식물인간 상태로서 여명이 사고 시로부터 약5년으로 단축되었다는 감정결과가 나와 피해자가 위 여명기간 이후로는 생존할 수 없음을 전제로 하여 판결 선고가 이루어지고 그 판결이 확정된 직후 피해자가 가해자 측으로부터 그 확정판결의 인용금액 중 일부를 감액한 금액을 지급받고 사고로 인한 일체의 청구권을 포기하기로 합의하였는데, 그 이후 피해자가 위 감정결과와는 달리 점차 의식을 회복하면서 위 여명기간이 지난 후에도 생존하게 되자 추가손해의 지급을 구하는 소송을 제기하여 감정을 시행한 결과, 피해

부동산의 일조를 방해하는 상태로 존속하는 한 날마다 개별적으로 진행한다고 한다.

135) 대법원 2001. 9. 14. 선고 99다42797 판결

자는 의식을 회복하고 식물인간 상태에서 벗어나 제한적이나마 자력에 의한 거동을 할 수 있는 등 증상이 상당히 호전된 채 고정되어 종전에 예측된 위 여명기간 이후로도 약 38년이나 더 생존할 수 있고 정신적 장해로 인한 개호가 필요한 상태임이 밝혀진 경우, 전소의 일실수입 청구에서 제외하였던 종전 예측의 여명기간 이후 가동연한까지의 생계비에 상당하는 일실수입 손해와 추가적으로 필요하게 된 개호비 손해가 위 합의에 이르기까지 예상할 수 없었던 중대한 손해로서 위 합의 효력이 미치지 않으며, 그 손배배상청구권의 소멸시효는 피해자가 점차 의식을 회복하는 등 피해자의 증상이 호전되기 시작한 시점부터 진행한다.[136)]

2. 소송법적 문제

(1) 근친자의 위자료청구권과 소멸시효 중단

불법행위로 피해자에게 발생한 피해자 본인의 손해배상청구권과 피해자가 입은 상해 내지 사망에 대한 근친자의 위자료청구권의 경우 그 발생원인이 같다 하더라도 이는 서로 독립된 별개의 청구권이다. 그러므로 가령, 피해자 본인의 손해배상청구권이 소멸시효의 완성으로 소멸하였다 하더라도 근친자의 위자료 청구권에는 영향이 없다.[137)] 아울러, 양자 중 어느 하나에 대한 재판상 청구가 다른 청구에 대하여 소멸시효의 중단사유가 되지 않는다.[138)]

(2) 일부 청구와 소멸시효 중단

불법행위로 인한 손해배상 채권 중 일부에 관하여만 판결을 구한다는 취지를 명백히 하여 소송을 제기한 경우에는 소제기에 의한 소멸시효 중단의 효력이 그 일부에 관하여만 발생하고, 나머지 부분에는 발생하지 않지만 비록 그중 일부만을 청구한 경우에도 그 취지로 보아 채권 전부에 관하여 판결을 구하는 것으로 해석된다면 그 청구액을 소송물인 채권의 전부로 보아

---

136) 대법원 2001. 9. 14. 선고 99다42797 판결
137) 대법원 1966. 12. 20. 선고 66다1667 판결
138) 대법원 1967. 1. 24. 선고 66다2280 판결

야 하고, 이러한 경우에는 그 채권의 동일성의 범위 내에서 그 전부에 관하여 시효중단의 효력이 발생한다.[139] 그러므로 가령, 신체의 훼손으로 인한 손해의 배상을 청구하는 경우, 그 손해액을 확정하기 위하여 일반적으로 법원의 신체감정을 필요로 하기 때문에 감정절차를 거친 후 그 결과에 따라 청구금액을 확장하겠다는 뜻을 소장에 객관적으로 명백히 표시한 경우에는 그 소제기에 따른 시효중단의 효력은 소장에 기재된 일부 청구액뿐만 아니라 그 손해배상청구권 전부에 대하여 미친다.

한편, 채무불이행으로 인한 손해배상청구권에 대한 소멸시효의 항변이 불법행위로 인한 손해배상청구권에 대한 소멸시효의 항변을 포함한 것으로 볼 수는 없다.[140]

---

139) 대법원 1992. 4. 10. 선고 91다43695 판결
140) 대법원 1998. 5. 29. 선고 96다51110 판결

제3편 불법행위법 각론

제1장 민법상의 특수 불법행위

민법 제755조에서부터 제760조는 제750조의 성립요건에 대한 증명책임이 가해자에게로 전환되었거나 인과관계의 증명책임의 정도가 완화되는 등 일반불법행위와는 다른 특수성이 인정된 불법행위이다. 이 점에서 제755조 책임무능력자의 감독자의 책임, 제756조 사용자배상책임, 제757조 도급인 책임, 제758조 공작물 등의 점유자 및 소유자 책임, 제759조 동물의 점유자의 책임, 제760조 공동불법행위자의 책임을 민법상의 특수 불법행위라고 한다.

제 1 절 책임무능력자의 감독자 책임

1. 의 의

(1) 책임무능력자와 감독자책임

제753조(미성년자의 책임능력) 미성년자가 타인에게 손해를 가한 경우에 그 행위의 책임을 변식할 지능이 없는 때에는 배상의 책임이 없다.

제754조(심신상실자의 책임능력) 심신상실 중에 타인에게 손해를 가한 자는 배상의 책임이 없다. 그러나 고의 또는 과실로 인하여 심신상실을 초래한 때에는 그러하지 아니하다.

제755조(감독자의 책임) ① 다른 자에게 손해를 가한 사람이 제753조 또는 제754조에 따라 책임이 없는 경우에는 그를 감독할 법정의무가 있는 자가 그 손해를 배상할 책임이 있다. 다만, 감독의무를 게을리 하지 아니한 경우에는 그러하지

아니하다.
② 감독의무자를 갈음하여 제753조 또는 제754조에 따라 책임이 없는 사람을 감독하는 자도 제1항의 책임이 있다.

책임을 변식할 지능이 없는 미성년자와 심신상실자는 타인에게 가해행위를 하여 손해를 발생시켰더라도 타인에 대해 불법행위책임을 부담하지 않는다(제753조 및 제754조). 다만 이들을 감독할 의무가 있는 법정의무자 내지 대리감독자가 그 손해에 대해 배상할 책임을 부담한다(제755조 1항 본문). 법정감독의무자나 대리감독자는 감독의무를 해태하지 않았음을 증명하면 면책된다(제755조 1항 단서). 이 점에서 책임무능력자의 감독자책임은 증명책임이 전환된 중간책임이라 할 수 있다.

미성년자 책임능력의 유무를 판단하는 기준에 대해 민법은 형법과 달리 별도의 규정을 두고 있지 않다. 판례는 대체로 14세 이상인 경우에는 책임능력을 인정하고, 13세와 14세의 경우에는 사안에 따라 구체적, 개별적으로 판단한다.[1] 책임무능력자의 감독자 책임은 미성년자에게 책임이 없음을 전제로 이를 보충하는 책임규정이다.[2] 심신상실자는 불법행위 당시를 기준으로 심신상실의 상태에 있으면 족하고 법원으로부터 제한능력자로 선고받았는지의 여부와는 무관하다.

이처럼 책임을 변식할 지능이 없는 미성년자와 심신상실자의 불법행위에 대해서는 이들을 감독할 의무가 있는 법정감독의무자 또는 대리감독자가 그

---

1) 대법원 1977. 5. 24. 선고 77다354 판결에서 법원은 불법행위로 인한 책임을 변식할 지능의 유무는 연령 교육기관의 학년도에 의하여 획일적으로 결정할 수 없고 각자의 지능 발육정도 환경 지위신분 평소 행동 등에 의하여 개별적으로 결정하여야 하는 바 만13년 5개월 된 성적이 우수한 중학생이 길이 70센티미터의 탄력이 강한 고무줄총을 원고 박명호의 뒤에서 겨누고는 "명호야"하고 불러 뒤를 돌아보는 순간 동인의 안면을 향하여 밤알만한 돌을 발사한 행위는 법률상 책임을 변식할 능력이 충분한 행위자의 행동이라고 도저히 볼 수 없다고 판시하는가 하면, 사고 당시 가해자가 14년 2개월 된 중학생이라고는 하나 사고당시가 야간에 레스링 놀이를 한 장소가 다치기 쉬운 콘크리트로 된 다리의 맨바닥이었으며 그러한 맨바닥 위에서 얼굴을 지면으로 향하여 엎드려 있는 피해자를 갑자기 아무런 예고 없이 발로 밀어버렸다면 다른 사정이 책임을 변식할 수 있는 지능을 가진 사람의 행위라고 볼 수 없다고 판시한 바 있다. 대법원 1978. 11. 28. 선고 78다1805 판결

2) 대법원 1994. 8. 23. 선고 93다60588 판결

에 대한 손해배상책임을 부담한다. 책임무능력자의 감독자책임을 자기책임 원칙의 예외로 보기도 하나 책임무능력자의 감독자책임은 타인행위에 대한 불법행위책임이 아니라 감독의무자 자신의 보호·교양의무위반에 따른 배상책임이라는 점에서 자기행위에 대한 책임이다.

(2) 책임능력 있는 미성년자의 감독자 책임

감독의무자의 감독을 받는 미성년자라 할지라도 책임능력이 있는 미성년자인 경우에는 제750조 일반불법행위책임을 부담한다. 그런데, 책임능력이 있는 미성년자의 불법행위의 경우 미성년자는 현실적으로 변제 자력이 없기 때문에 피해자가 배상을 받는데 어려움이 있다. 그러므로 책임능력 있는 미성년자의 불법행위에 대해서도 변제력이 있는 친권자에게 배상책임을 물을 수 있는지 문제된다.

이에 대해 판례는 초기의 입장을 변경하여, 미성년자가 책임능력이 있어 그 스스로 불법행위 책임을 지는 경우에도 그 손해가 당해 미성년자의 감독의무자의 의무위반과 상당인과관계가 있으면 감독의무자는 불법행위자로서 제750조상의 일반불법행위책임을 진다고 한다.[3] 그러므로 피해자는 감독의무자의 감독의무 위반사실 및 손해발생과의 상당인과관계의 존재를 주장하고 증명하여야 한다. 그러나 피해자의 증명부담으로 피해자 보호에 불충분하다는 비판이 제기됨에 따라 제755조의 내용에 책임능력 있는 미성년자의 감독자책임도 포함하는 개정안이 주목받고 있다.

• 판 례

◇ 대법원 1991. 4. 9. 선고 90다18500 판결 : 책임능력 있는 미성년자의 불법행위로 인하여 손해가 발생한 경우 그 손해가 미성년자의 감독의무자의 의무위반과 상당인과관계가 있는 경우 감독의무자는 일반불법행위자로서 손해배상의무가 있다.

---

3) 대법원 1994. 2. 8 선고 93다13605 판결

2. 성립요건 및 효과

(1) 성립요건

제755조가 성립되기 위해서는 그 전제로서 책임무능력자의 행위는 책임능력을 제외하고 제750조 소정의 불법행위의 일반요건을 모두 충족하여야 한다. 즉, 제755조 제1항 감독의무자의 책임이 성립하려면 감독의무자가 감독의무를 해태하고, 이 감독의무위반과 책임무능력자의 가해행위 상호간에 인과관계가 인정되어야 한다. 제1항이 적용되는 법정감독의무자로는 미성년자의 경우 친권자(제913조)가 되며, 친권자가 없거나 가령, 미성년자가 보호시설에 있는 경우라면 보호시설의 장이 후견인으로서 감독의무자가 된다(제928조, 제945조). 심신상실자의 경우 2013년 7월 1부터 시행된 성년후견제도에 따라 가정법원의 성년후견개시심판을 받아 성년후견인이 감독의무자가 된다. 이러한 법정감독자는 특별한 사정이 없는 한 무능력자의 생활전반에 걸쳐 감독의무를 부담한다.

제755조 제2항에 따라 감독의무자에 갈음하여 무능력자를 감독하는 대리감독자도 감독의무위반과 책임무능력자의 가해행위 상호간에 인과관계가 인정되면 배상책임을 진다. 대리감독자의 감독의무는 법률 내지 법정감독의무자와의 계약에 의해 발생하는데, 대리감독자의 예로, 유치원이나 초등학교의 원장, 교장, 교사, 탁아소의 보모, 정신병원의 의사 등이 있다. 대리감독자의 책임은 법정감독의무자와는 달리 무능력자의 생활전반에 대해 감독의무를 부담하는 것이 아니라 시간이나 공간적으로 밀접한 관련이 있는 범위 내에서만 감독의무를 부담한다. 가령, 교사의 경우에는 학교에서의 교육활동 및 이와 밀접하고 불가분의 관계에 있는 생활관계에 한해 책임이 있다. 이 경우 교육활동과 밀접한 생활관계에 있다 하더라도 교육활동의 때, 장소, 가해자의 분별능력, 가해자의 성행, 가해자와 피해자의 관계, 원아나 학생의 연령, 사회적 경험, 판단능력, 기타 여러 사정을 참작하여 사고가 학교생활에서 통상 발생할 수 있다고 하는 것이 예측되거나 또는 예측가능성이 있는 경우에 한해 대리감독자는 보호감독의무 위반에 대해 책임을 진다.[4]

---

4) 대법원 2002. 5. 10. 선고 2002다10585, 10592 판결

(2) 효 과

법정감독자 또는 대리감독자는 책임무능력자의 불법행위로 인한 손해를 배상할 책임이 있다. 대리감독자가 있다는 사실만으로 친권자의 법정감독책임이 면책되는 것은 아니다. 즉 피해자와의 관계에서 양자는 부진정연대채무의 관계에 있다.[5)]

3. 주요 판례

(1) 법정감독자와 대리감독자의 관계

• 판 례

◇ 대법원 2007. 4. 26. 선고 2005다24318 판결 : 민법 제755조에 의하여 책임능력 없는 미성년자를 감독할 친권자 등 법정감독의무자의 보호·감독책임은 미성년자의 생활 전반에 미치는 것이고, 법정감독의무자에 대신하여 보호·감독의무를 부담하는 교사 등의 보호·감독책임은 학교 내에서의 학생의 모든 생활관계에 미치는 것이 아니라 학교에서의 교육활동 및 이와 밀접 불가분의 관계에 있는 생활관계에 한하며, 이와 같은 대리감독자가 있다는 사실만 가지고 곧 친권자의 법정감독책임이 면탈된다고는 볼 수 없다.

(2) 학원의 설립·운영자 및 교습자의 보호·감독 의무

• 판 례

◇ 대법원 2008. 1. 17. 선고 2007다40437 판결 : 유치원이나 학교 교사 등의 보호·감독의무가 미치는 범위는 유치원생이나 학생의 생활관계 전반이 아니라 유치원과 학교에서의 교육활동 및 이와 밀접·불가분의 관계에 있는 생활관계로 한정되고, 또 보호·감독의무를 소홀히 하여 학생이 사고를 당한 경우에도 그 사고가 통상 발생할 수 있다고 예상할 수 있는 것에 한하여 교사 등의 책임을 인정할 수 있으며, 이때 그 예상가능성은 학생의 연령, 사회적 경험, 판단능력, 기타의 제반 사정을 고려하여 판단하여야 한다. 이러한 법리는 학원의 설립·운영자 및 교습자의 경우라고 하여 다르지 않을 것인바, 대체로 나이가 어려 책임능력과 의사능력이 없거나 부족한 유치원생 또는 초등학교 저학년생에

5) 대법원 1969. 1. 28. 선고 68다1804 판결

대하여는 보호·감독의무가 미치는 생활관계의 범위와 사고발생에 대한 예견 가능성이 더욱 넓게 인정되어야 한다. 특히 유치원생이나 그와 비슷한 연령, 사회적 경험 및 판단능력을 가진 초등학교 저학년생을 통학차량으로 운송하는 방식을 취하고 있는 경우에는 그 유치원·학교 또는 학원의 운영자나 교사 등으로서는 보호자로부터 학생을 맞아 통학차량에 태운 때로부터 학교 등에서의 교육활동이 끝난 후 다시 통학차량에 태워 보호자가 미리 지정한 장소에 안전하게 내려줄 때까지 학생을 보호·감독할 의무가 있는 것으로 보아야 한다.
〈초등학교 1학년인 학원 수강생이 쉬는 시간에 학원 밖으로 나갔다가 교통사고로 사망한 사안에서 학원 운영자의 보호·감독의무 위반을 인정한 사례〉

(3) 책임능력 있는 미성년자의 감독자 책임

• 판 례

◇ 대법원 1992. 5. 22. 선고 91다37690 판결 : 갑은 만 14세 8개월의 중학교 3학년으로서 주거지에서 부모와 함께 살고 있고 경제적인 면에서 전적으로 부모에게 의존하면서 부모의 전면적인 보호·감독 아래 있어 그 부모의 영향력은 책임무능력자에 가까우리만큼 크다 할 것인데 갑이 교실에서 동급생인 피해자의 배를 발로 걷어차는 등으로 상해를 입혔다면, 그 부모들로서는 갑에 대하여 타인에게 불법행위를 함이 없이 정상적으로 사회에 적응할 수 있도록 일반적·일상적인 지도·조언 등 감독교육의 의무를 부담하고 있다 할 것인데도, 이를 게을리 하여 결과적으로 위 사고를 일으켜 피해자에게 손해를 가하였다 할 것이고, 갑의 감독의무자로서 위와 같은 감독의무를 해태한 과실과 손해발생 간에는 상당인과관계가 있다고 할 것이므로, 갑의 부모들은 갑의 책임과는 관계없이 피해자에 대한 손해배상책임을 부담하여야 한다.

◇ 대법원 1999. 7. 13. 선고 99다19957 판결 : 만 16세 남짓한 고등학교 1학년 학생이 무면허로 오토바이를 운전하다 사고를 낸 경우, 사고 당시의 연령과 수학정도 등에 비추어 불법행위에 대한 책임을 변식할 능력은 있었으나, 경제적인 면에서 전적으로 그의 부모에게 의존하며 그들의 보호·감독을 받고 있었으므로, 부모로서는 그 자에 대하여 면허 없이 오토바이를 운전하지 못하도록 하는 등 보호·감독을 철저히 하여야 할 주의의무가 있는데도 이를 게을리한 잘못이 있다고 하여 그 부모에게도 교통사고에 대한 손해배상책임이 있다.

◇ 대법원 1998. 6. 9. 선고 97다49404 판결 : 책임능력 있는 미성년자의 불법행위로 인하여 손해가 발생한 경우 그 손해와 미성년자에 대한 감독의무자의 의무

위반과 사이에 상당인과관계가 있으면 감독의무자에게 민법 제750조에 의한 손해배상책임이 있고, 경제적인 면에서 전적으로 부모에게 의존하며 부모의 보호·감독을 받고 있었고 이미 두 차례에 걸친 범죄로 집행유예기간 중에 있던 만 19세 10개월 된 전문대학 1학년 재학중의 아들이 폭력행위로 타인에게 손해를 가한 경우, 부모로서는 아들이 다시 범죄를 저지르지 않고 정상적으로 사회에 적응할 수 있도록 일상적인 지도 및 조언을 계속하여야 할 보호·감독 의무가 있음에도 불구하고 이를 게을리 한 과실이 있다.

제 2 절 사용자배상책임

1. 의 의

(1) 사용자의 배상책임

제756조(사용자의 배상책임) ① 타인을 사용하여 어느 사무에 종사하게 한 자는 피용자가 그 사무집행에 관하여 제삼자에게 가한 손해를 배상할 책임이 있다. 그러나 사용자가 피용자의 선임 및 그 사무 감독에 상당한 주의를 한 때 또는 상당한 주의를 하여도 손해가 있을 경우에는 그러하지 아니하다.
② 사용자에 가름하여 그 사무를 감독하는 자도 전항의 책임이 있다.
③ 전2항의 경우에 사용자 또는 감독자는 피용자에 대하여 구상권을 행사할 수 있다.

사용자배상책임이란 피용자가 사무집행에 관하여 불법행위로 제3자에게 가한 손해에 대하여 사용자가 부담하는 손해배상책임을 말한다(제756조 1항). 또, 사용자에 갈음하여 그 사무를 감독하는 대리감독자의 경우도 사용자와 마찬가지로 배상책임을 진다(제756조 2항). 사용자배상책임은 피용자로 인하여 활동영역이 확장되고 또 그로 인하여 이익을 얻는 사용자에 대하여 그에 상응하는 불이익도 귀속시키는 것이 공평하다는 사상에 입각하여 인정된다. 사용자는 피용자의 선임 및 감독에 상당한 주의를 한 때 또는 상당한 주의를 하여도 손해가 발생한다는 사실을 주장·증명하면 면책될 수 있다. 다만, 실무상 면책사유를 거의 인정하지 않기 때문에 실제로 사용자배상책임은 무과실책임처럼 운용되고 있다. 피해자에게 손해배상을 한 사용자나 대리감독자는 피용자에 대하여 구상권을 행사할 수 있다(제756조 3항).

사용자배상책임의 본질에 대해서는, 사용자가 피용자의 선임 및 감독에 주의를 다하지 않은 사용자의 과실에 기인한 자기책임이라는 견해와 피용자의 불법행위에 대해 피용자를 대위하여 부담하는 대위책임이라는 견해가 대립한다. 전자의 견해에 따르면, 사용자배상책임은 자신의 과실에 기인한 자신 고유의 책임이므로 피용자의 행위가 일반불법행위책임의 성립요건을 충족했는지 여부와 무관하게 성립한다. 그러나 사용자배상책임을 대위책임으로 보는 후자의 견해에 따르면, 사용자는 피용자의 불법행위책임을 대신하여 책임지는 것이므로 적어도 피용자의 행위는 일반불법행위책임의 성립요건을 충족해야 한다. 판례는 대위책임설의 입장에서 피용자의 가해행위가 적어도 일반불법행위책임의 성립요건을 충족할 것을 요한다.

한편, 법인의 이사 기타 대표자의 직무상 불법행위로 인하여 타인에게 손해가 발생한 경우에는 법인 자신의 불법행위로서 법인이 불법행위책임을 진다(제35조 제1항). 또, 공무원의 불법행위로 인한 손해발생의 경우에는 국가 또는 지방자치단체가 사용자로서 국가배상법 제2조에 따른 책임을 진다. 그러므로 국가나 지방자치단체는 공무원의 선임·감독상의 과실이 없었음을 증명하더라도 면책되지 않는다.

(2) 도급인책임

제757조(도급인의 책임) 도급인은 수급인이 그 일에 관하여 제삼자에게 가한 손해를 배상할 책임이 없다. 그러나 도급 또는 지시에 관하여 도급인에게 중대한 과실이 있는 때에는 그러하지 아니하다.

수급인은 독립적인 지위에서 일의 완성의무를 부담하므로 도급인의 피용자라 할 수 없고, 마찬가지로 도급인은 수급인의 사용자로 볼 수 없으므로 원칙적으로 도급인은 수급인이 그 일에 관하여 제3자에게 끼친 손해를 배상할 책임이 없다. 그러므로 도급인의 책임에 관한 제757조 규정은 제756조 사용자배상책임이 적용되지 않는 경우에 보충적으로 적용되는 것으로서, 도급인은 도급 또는 지시에 관하여 중대한 과실이 있는 경우에 한해 배상책임을 진다. 가령, 사용관계에 있지 않은 도급인과 수급인 사이에, 도급인이 수급인에게 구체적으로 일의 운영 및 진행을 직접 지시, 지도하여 이로 인해 제3자에게 손해가 발생한 경우 도급인이 제757조 상의책임을 진다. 이 경우는 도급인과 수급인의 관계가 실질적으로 사용자와 피용자의 관계와 다르지 않기 때문이다. 따라서 도급인과 수급인 사이 또는 수급인과 하수급인 사이에 사용관계가 인정되는 경우에는 제756조 사용자배상책임이 적용된다.

도급인이 수급인의 일의 진행 및 방법에 관하여 구체적인 지휘감독권을 유보한 경우에도 마찬가지로 수급인이나 하수급인이 고용한 제3자의 불법행위로 인한 손해에 대하여 사용자배상책임을 면할 수 없다.[6] 그러나 도급인이 수급인의 일에 대해 단순히 공정을 조정하고 공사의 운영 및 일의 완성도가 계획대로 잘 진행되고 있는가를 점검하는 것에 불과한 경우 이는 공정을 감독하는 감리에 불과하므로 사용자배상책임을 지지 않는다.[7]

한편, 수급인이 일을 완성하거나 보수한 공작물로 인해 제3자가 손해를 입은 경우 도급인이 제3자에게 불법행위책임을 부담하는지 문제될 수 있다. 판례는 주택신축공사 중 슬래브와 처마의 형틀설치공사만을 수급한 자에게 추락방지 안전시설을 설치할 의무가 있고, 건축주에게는 그러한 의무가 없다고 한 원심판결에 안전시설 설치의무와 공작물의 설치보존상 하자로 인한 손해배상책임에 관한 법리오해 등의 위법이 있다 하여 이를 파기한 바 있다.[8] 그러므로 도급인의 경우 도급인 책임과는 별도로 공작물의 점유자 또는 소유자로서 책임을 부담할 수 있다.

---

6) 대법원 1983. 11. 22. 선고 83다카1153 판결
7) 대법원 1992. 6. 23. 선고 92다2615 판결
8) 대법원 1992. 10. 27. 선고 91다30866 판결

2. 성립요건 및 효과

(1) 성립요건

1) 사용관계

사용자배상책임이 성립하기 위해서는 사용자와 피용자간의 사용관계가 존재하여야 한다. 여기서 피용자란 사용자에 대칭되는 개념으로 사용자의 지휘·감독 하에 사용자가 영위하는 사업이나 사무에 종사하거나 종사하기 위해 타인에 의해 사용된 자를 말한다. 사용자와 피용자의 사용관계는 고용관계나 근로계약관계 보다 광범위한 개념으로 그러한 고용관계가 애초부터 없거나 고용계약이 무효이거나 취소되었다 하더라도 사용자가 피용자를 실질적으로 지휘·감독하는 관계에 있으면 사용관계가 인정된다.[9] 그러므로 동업관계의 경우라도 동업자 간에 실질적인 지휘·감독관계에 있다면 사용관계가 인정된다.[10]

그런데, 사용자가 실질적으로 피용자를 지휘 내지 감독하는 경우가 아니더라도 사용자가 피용자를 객관적으로 지휘감독 해야 할 의무가 있는 경우에는 사용관계가 인정될 수 있다.[11] 즉, 사업의 성질상 타인에게 위험을 미칠 염려가 있어 그 사업을 업무로 하려면 국가나 공공단체의 면허 또는 허가를 요하는 사업에 관하여 자기의 면허 또는 명의를 대여하여 타인으로 하여금 영업을 하게 한 자는 그 사업을 감독할 의무가 있으므로 명의차용자의 불법행위에 대하여 사용자배상책임을 진다.[12] 또한, 자동차지입의 경우 지입차주의 불법행위에 대하여 명의를 대여해 준 지입회사가 사용자로서 배상책임을

---

9) 가령, 오피스텔 건축 시행사와 분양업무를 대행하여 수행하는 분양대행사의 경우에도 사실상 시행사의 지휘·감독에 따라 분양업무를 수행하였다면 사용관계가 인정되며(대법원 2010. 10. 28. 선고 2010다48387 판결), 이삿짐센터에 고용되지는 않았으나 오랫동안 이삿짐센터의 이삿짐 운반에 종사해 온 경우 이삿짐센터의 피용자로서 사용관계가 인정된다(대법원 1996. 10. 11. 선고 96다30182 판결). 또, 다단계판매업자의 관리 아래 그 업무를 위탁받아 행하는 다단계판매원의 경우에도 다단계판매업자의 사용관계가 인정된다(대법원 2008. 11. 27. 선고 2008다56118 판결).

10) 대법원 2006. 3. 10. 2005다65562 판결

11) 대법원 1961. 11. 23. 선고 4293민상745 판결; 대법원 1994. 9. 30. 선고 94다14148 판결; 대법원 1994. 9. 30. 선고 14148. 판결 외 다수 판결

12) 대법원 1969. 1. 28. 선고 67다2522 판결

진다.[13)]

요컨대, 명의대여자의 사용자책임은 명의대여라는 사실만으로 바로 책임이 인정되는 것은 아니고 사용관계가 인정되어야 하나, 명의대여로 타인에게 위험을 줄 수 있는 경우 명의대여로 인한 사용관계 여부는 실제적으로 명의차용자를 지휘·감독하였느냐 여부와 관계없이 객관적, 규범적으로 보아 명의대여자가 그 불법행위를 지휘·감독할 지위에 있었느냐 여부를 기준으로 결정한다. 그러므로 명의대여자가 명의차용자나 그 피용자를 지휘·감독해야 할 지위에 있는 경우 명의대여자와 명의차용자의 사용관계가 인정된다.[14)]

같은 맥락에서, 명의잔존의 경우에도 명의대여와 마찬가지로 사용관계를 판단함에 있어서는 형식보다는 실질적으로 판단한다. 그러므로 자동차를 임대해 준 경우 임대인이 자신의 명의로 운행할 것을 허용했다면 임차인의 운행 중 사고에 대하여 임대인은 임차인을 지휘·감독할 지위에 있다.[15)] 그러나 자동차 매매의 경우 매도인이 등록명의이전에 필요한 서류를 매수인에게 넘겼음에도 불구하고 아직 매도인 명의로 남아 있는 상태에서 매수인이 운전하다 사고가 난 경우 매도인은 그러한 지위에 있다고 할 수 없다.[16)]

한편, 위임계약의 경우 수임인은 위임인과는 독립된 지위에서 자기 재량으로 위임업무를 수행하는 것이므로 원칙상 위임인은 사용자배상책임을 지지 않는다. 다만 위임인과 수임인 사이에 지휘·감독관계가 인정되는 경우 위임인이 사용자배상책임을 지는 경우가 있을 수 있다. 가령, 상속재산 분할 등의 사무를 수임한 변호사가 당해 부동산을 타인에게 처분하여 매각대금을 편취한 사건에서 법원은 상속재산분할을 위임한 상속인들의 사용자배상책임을 인정하였다.[17)] 아울러, 사용관계가 도급계약에 기초한 경우 수급인 역시

---

13) 대법원 1963. 10. 31. 선고 63다522; 대법원 1966. 6. 7. 선고 66다673 판결

14) 대법원 2007. 6. 28. 선고 2007다26929 판결. 다만 공중위생법상 숙박업의 허가는 시설물을 기준으로 하고 그에 따라 허가명의를 양도하는 경우에는 양수인이 별다른 제한 없이 양도인의 지위를 승계하므로 허가명의대여자에 대해 명의사용자에 대한 지휘·감독의무를 인정하기 어렵다. 또한 명의대여자에게 명의사용자에 대한 지휘, 감독할 객관적 의무가 있다고 보기 어려우므로 사용자배상책임이 부정된다. 대법원 1993. 3. 26. 선고 92다10081 판결 참조.

15) 대법원 1963. 9. 26. 선고 63다455 판결

16) 대법원 1984. 9. 25. 선고 84다333 판결

17) 대법원 1998. 4. 28. 선고 96다25500 판결

원칙적으로 자기 재량으로 도급 업무를 수행하는 것이어서 도급인은 원칙적으로 사용자배상책임을 지지 않는다. 다만, 노무도급과 같이 도급인이 수급인에 관하여 실질적인 지휘감독을 하는 경우에는 사용자배상책임을 지며 이러한 법리는 하도급의 경우에도 마찬가지로 적용된다.[18] 또, 만일 도급인이 도급 또는 지시에 관하여 중대한 과실이 있는 때에는 제757조에 따른 손해배상책임을 진다.

2) 사무집행 관련성

사무집행관련성이란 통상 피용자의 직무행위를 의미하지만 이에 국한되는 것은 아니고 피용자의 불법행위가 외형상 객관적으로 사용자의 사업 활동 내지 사무집행 행위 또는 그와 관련된 것으로 보이는 경우를 말한다. 사무집행 관련성을 피용자의 직무범위로 한정하면 사용자책임의 입법취지를 도외시하는 결과가 되므로 이를 보다 넓게 해석하여 외형적으로 보아 사무집행에 속하는 것과 같이 보이면 사무집행 관련성이 인정된다.[19] 이 때, 사무집행 관련성의 여부를 판단함에 있어서는 피용자의 본래 직무와 불법행위와의 관련 정도 및 사용자에게 손해발생에 대한 위험 창출과 방지조치에 대한 결여의 책임이 어느 정도 있는지를 고려하여 판단한다.[20] 그러므로 피용자의 가해행위가 피용자의 사무 그 자체는 아니더라도 사용자의 사업과 시간적, 장소적으로 근접하거나 피용자의 사무수행 과정에서 발생하는 경우, 나아가 피용자가 자신 또는 제3자의 이익을 도모하기 위해 권한을 남용하거나, 사용자의 명령이나 위임에 따르지 않고 한 행위라 하더라도 그 행위가 직무의 범위 내에 속하는 것과 같이 외형이 존재한다면 사무집행 관련성을 인정할 수 있다.[21] 다만, 피해자가 자신의 중대한 과실로 피용자의 가해행위가 사무집행행위에 해당하지 않음을 알지 못한 경우에는 사용자배상책임을 묻지 못한다.[22]

한편, 사용자배상책임이 피용자의 사무와 관련된 거래행위 뿐 아니라 제3

---

18) 대법원 1993. 5. 27. 선고 92다48109 판결
19) 대법원 1966. 9. 20. 선고 66다1166 판결
20) 대법원 2003. 1. 10. 선고 2000다3442 판결
21) 대법원 1992. 7. 27. 선고 92다10531 판결
22) 대법원 2007. 9. 20. 선고 2004다43886 판결

자에 대한 폭행, 절취, 손괴 등과 같이 사실적 불법행위의 경우에도 성립하는지 문제가 된다. 판례는 피용자가 고의로 제3자에게 가해행위를 한 경우, 그 행위가 피용자의 사무집행 그 자체는 아니라 하더라도 사용자의 사업과 시간적·장소적으로 근접하고, 피용자의 사무의 전부 또는 일부를 수행하는 과정에서 이루어지거나 가해행위의 동기가 업무처리와 관련된 것일 경우에는 외형적, 객관적으로 사용자의 사무집행행위와 관련된 것이라고 보아 사용자배상책임이 성립한다고 한다.[23] 예컨대, 피용자가 제3자 또는 다른 피용자를 성추행 한 경우, 그 가해행위가 외형상 객관적으로 업무의 수행에 수반되거나 업무수행과 시간적, 장소적인 근접성이 인정되는 등 밀접한 관련 아래 이루어지는 경우에는 사용자배상책임이 성립할 수 있다.

3) 일반불법행위 성립요건의 충족

사용자배상책임의 본질을 대위책임으로 보는 경우, 사용자배상책임이 인정되기 위해서는 피용자의 가해행위가 일반불법행위의 성립요건을 갖춰야 한다.[24] 그러므로 책임능력이 없는 피용자가 고의 또는 과실로 인한 위법행위로 제3자에게 손해를 발생시킨 경우에는 사용자책임이 성립하지 않는다. 아울러 여기서 제3자라 함은 사용자와 직접 가해행위를 한 피용자를 제외한 그 밖의 자를 의미하므로 같은 사용자에게 고용되어 있는 피용자가 다른 피용자의 위법행위로 손해를 입은 경우에도 사용자책임이 성립한다.[25]

4) 사용자가 면책사유를 증명하지 못할 것

사용관계 및 사무집행 관련성이 인정되더라도 사용자가 피용자의 선임 및 그 사무 감독에 상당한 주의를 한 때 또는 상당한 주의를 하여도 손해가 발생하였음을 증명하면 사용자는 면책된다(제756조 제1항 단서). 즉, 사용자는 선임·감독상에 과실 없음을 증명하여 사용자배상책임으로부터 벗어날 수 있고 이 점에서 사용자의 면책사유는 소극적 성립요건으로 사용자의 항변사유에 해당한다. 다만, 실무상 사용자의 면책사유는 거의 인정되지 않고 있다.

아울러, 피용자의 행위가 사용자나 사용자에 갈음하여 그 사무를 감독하는

---

23) 대법원 2009. 2. 26. 신거 2008다89712 판결
24) 대법원 1981. 8. 11. 선고 81다298 판결
25) 대법원 1964. 11. 30. 선고 64다1232 판결

자의 사무집행 행위에 해당하지 않음을 피해자 자신이 알았거나 또는 중대한 과실로 인하여 알지 못한 경우에도 사용자배상책임은 부정된다. 이 경우 피해자의 중대한 과실이란 상대방이 조금만 주의를 기울였더라면 피용자의 행위가 그 직무권한 내에서 적법하게 행하여진 것이 아니라는 사정을 알 수 있었음에도 만연히 이를 직무권한 내의 행위라고 믿음으로써 일반인에게 요구되는 주의의무에 현저히 위반하는 것으로 거의 고의에 가까운 정도의 주의를 결여하고, 공평의 관점에서 상대방을 구태여 보호할 필요가 없다고 봄이 상당하다고 인정되는 경우를 말한다.[26]

• 판 례

◇ **대법원 2005. 12. 23. 선고 2003다30159 판결** : 사용자로부터 위임을 받은 바 없이 행한 피용자의 금원차용행위 및 예금인출행위에 대하여 피해자인 은행의 지점장이 위 피용자의 행위가 사용자의 사무집행행위에 해당하지 않음을 알고도 이에 응한 경우, 위 은행은 그로 인한 손해에 대하여 사용자책임을 물을 수 없다.

(2) 효 과

1) 사용자의 배상책임

피용자가 사무집행에 관하여 제3자에게 손해를 가한 경우에 사용자는 제756조 사용자배상책임을 부담하며 피용자는 제750조 일반불법행위책임을 부담한다. 아울러 사용자에 갈음하여 그 사무를 감독하는 자(제756조 2항)도 사용자배상책임을 부담하는데, 사무감독자란 사용자에 갈음하여 현실적으로 구체적인 사업을 감독하는 지위에 있는 자를 말한다.[27] 한편, 피용자의 고의의 불법행위로 인하여 사용자배상책임을 부담하는 사용자는 자신의 고의의 불법행위가 아니라는 이유로 민법 제496조(불법행위채권을 수동채권으로 하는 상계의 금지)의 적용을 면할 수 없다.

---

26) 대법원 2003. 2. 11. 선고 2002다62029 판결
27) 대법원 1998. 5. 15. 선고 97다58538 판결

• 판 례

◇ 대법원 2006. 10. 26. 선고 2004다63019 판결 : 민법 제756조에 의한 사용자의 손해배상책임은 피용자의 배상책임에 대한 대체적 책임이고, 같은 조 제1항에서 사용자가 피용자의 선임 및 그 사무감독에 상당한 주의를 한 때 또는 상당한 주의를 하여도 손해가 있을 경우에는 책임을 면할 수 있도록 규정함으로써 사용자책임에서 사용자의 과실은 직접의 가해행위가 아닌 피용자의 선임·감독에 관련된 것으로 해석되는 점에 비추어 볼 때, 피용자의 고의의 불법행위로 인하여 사용자책임이 성립하는 경우에 민법 제496조(불법행위채권을 수동채권으로 하는 상계의 금지)의 적용을 배제하여야 할 이유가 없으므로 사용자책임이 성립하는 경우 사용자는 자신의 고의의 불법행위가 아니라는 이유로 민법 제496조의 적용을 면할 수는 없다.

2) 다액의 손해배상의무자가 일부 변제한 경우

사용자배상책임과 피용자의 불법행위책임은 부진정연대 관계에 있으나 각자가 부담하는 채무는 서로 별개의 채무로서 공동불법행위의 관계에 있지 않다.[28] 그러므로 피용자의 가해행위로 인한 손해의 발생 내지 확대에 피해자의 과실을 참작하여 과실상계를 한 결과 피용자와 사용자가 피해자에게 배상하여야 할 손해액의 범위가 각각 달라질 수 있다. 따라서 이와 같은 경우 누가 그 채무를 변제하느냐에 따라 소멸되는 채무의 범위가 달라진다. 즉, 이 경우 적은 손해액을 배상할 의무가 있는 자가 불법행위의 성립 이후에 손해액의 일부를 변제한 경우에는 많은 손해액을 배상할 의무가 있는 자의 채무가 그 변제금 전액에 해당하는 부분만큼 소멸하는 것은 당연하다. 그러나, 많은 손해액을 배상할 의무가 있는 자가 손해액의 일부를 변제한 경우 누구의 손해액이 어느 범위만큼 소멸하는가의 문제가 발생한다.

이에 대해 다액의 손해배상책임이 있는 피용자가 손해액의 일부를 피해자에게 배상한 경우 피용자와 사용자가 공통으로 부담하는 부분부터 소멸하는 것으로 보아야 한다는 견해(이른바 내측설), 피용자가 단독으로 부담하는 손해액부터 소멸하는 것으로 보아야 한다는 견해(이른바 외측설), 적은 범위의 손해배상책임만을 부담하는 사용자의 과실비율에 상응하는 부분만큼 소멸하는

28) 대법원 1969. 6. 24. 선고 69다441 판결

것으로 보아야 한다는 견해(이른바 안분설)가 있다. 판례는 사용자의 과실비율에 상응하는 만큼은 사용자가 배상하여야 할 손해액의 일부로 변제된 것으로 본 경우와 피용자의 단독부담 부분부터 소멸된다고 본 경우가 있다. 그러나 불법행위법의 목적이 피해자구제에 있음에 주목하면 이른바 외측설을 취하는 것이 타당하다.

한편, 피해자가 사용자 또는 피용자가 부담하는 부분을 넘어서 손해배상청구권 전부를 포기한다고 하였더라도 그 포기는 다른 채무자에게는 상대적 효력밖에 없다.[29)]

3) 사용자의 피용자에 대한 구상권 및 그 제한

사용자배상책임이 성립하여 피해자에게 손해배상을 한 사용자는 그 손해배상금에 대하여 피용자에게 구상할 수 있다(제756조 3항). 다만 사용자의 피용자에 대한 구상권은 손해의 공평한 분담을 위해 신의칙상 제한될 수 있다.[30)] 일반적으로 사용자가 피용자의 업무수행과 관련하여 행하여진 불법행위로 인하여 직접 손해를 입었거나, 피해자인 제3자에게 사용자로서의 손해배상책임을 부담한 결과로 손해를 입게 된 경우, 사용자는 그 사업의 성격과 규모, 가해행위의 예방이나 손실의 분산에 관한 배려의 정도, 기타 제반 사정에 비추어 손해의 공평한 분담이라는 견지에서 신의칙상 상당하다고 인정되는 한도 내에서 피용자에 대하여 손해배상을 청구하거나 그 구상권을 행사할 수 있다. 또한, 경우에 따라서는 사용자의 구상권 자체가 부정되기도 한다.[31)]

피용자와 제3자가 공동불법행위로 피해자에게 손해를 가하여 그 손해배상채무를 부담하는 경우에 피용자와 제3자는 공동불법행위자로서 서로 부진정연대관계에 있고, 이 경우 사용자의 손해배상책임은 피용자의 배상책임에 대한 대체적 책임이어서 사용자도 제3자와 부진정연대관계에 있다. 따라서 사용자가 피용자와 제3자의 책임비율에 의하여 정해진 피용자의 부담 부분을 초과하여 피해자에게 손해를 배상한 경우에는 사용자는 제3자에 대하여도

29) 대법원 1975. 10. 7. 선고 75다1513 판결
30) 대법원 1987. 9. 8. 선고 86다카1045 판결; 대법원 1992. 9. 25. 선고 92다25595 판결
31) 대법원 1994. 12. 13. 선고 94다17246 판결

구상권을 행사할 수 있다.[32] 이 경우 구상권의 범위는 제3자의 부담부분에 한정된다.[33]

만일, 피용자가 업무수행과 관련한 불법행위로 사용자가 입은 손해 전부를 변제하기로 하는 각서를 사용자에게 작성하여 제출한 사실이 있다고 하더라도 각서 때문에 사용자가 공평의 견지에서 신의칙상 상당하다고 인정되는 정도를 넘어서서 손해의 배상을 구할 수 있는 것은 아니다.[34]

3. 주요 판례

(1) 명의대여자의 책임

타인에게 어떤 사업에 관하여 자기의 명의를 사용할 것을 허용한 경우, 내부관계에 있어서 그 사업은 타인의 사업이다. 그러나 명의차용자가 명의대여자의 고용인이 아니라 하더라도 외부에 대한 관계에 있어서 그 사업은 명의대여자의 사업이고 또 그 타인은 명의대여자의 종업원임을 표명한 것과 다름이 없다. 그러므로 명의사용을 허가받은 사람이 업무수행을 함에 있어 고의 또는 과실로 다른 사람에게 손해를 끼쳤다면 명의대여자는 제756조에 의한 배상책임을 진다. 이 경우, 명의대여자와 명의차용자의 사용관계의 여부는 실질적으로 명의대여자가 지휘나 감독을 하였느냐의 여부에 관계없이 객관적, 규범적으로 보아 사용자가 그 불법행위자를 지휘·감독해야 할 지위에 있었느냐의 여부를 기준으로 결정한다.[35] 마찬가지로 소위 지입차량의 소유명의자는 그 지입차량의 운전자를 직접 고용하여 지휘감독을 한 적이 없었더라도 명의대여자로서 뿐만 아니라 객관적으로 지입 차량의 운전자를 지휘감독할 관계에 있는 사용자의 지위에 있다 할 것이므로 그 운전자의 과실로 타인에게 손해를 가한 경우에는 사용자로서 책임을 부담한다.[36]

---

32) 대법원 2006. 2. 9. 선고 2005다28425 판결
33) 대법원 1992. 6. 23. 선고 91다33070 판결
34) 대법원 1996. 4. 9. 선고 95다52611 판결
35) 대법원 2001. 8. 21. 선고 2001다3658 판결 이 사건은 민간보육시설 설치신고자 명의를 대여한 자에게 보육교사의 과실로 3세의 위탁아가 열차에 치어 사망한 사고에 대하여 사용자배상책임을 인정한 사례이다.
36) 대법원 1991. 8. 23. 선고 91다15409 판결

• 판 례

◇ 대법원 1995. 11. 10. 선고 95다34255 판결 : 지입차주가 그 지입된 차량을 직접 운행·관리하면서 화물운송 계약을 체결한 경우에 있어 지입차주가 대외적으로는 그 차량의 소유자인 회사의 위임을 받아 운행·관리를 대행하는 지위에 있는 것이므로, 그 운행·관리에 관한 행위의 법률상 효과는 지입회사에 귀속되는 것이고 운임 등 경제적 이익이 지입차주에게 귀속된다고 하여 법률행위의 효과까지도 그 귀속을 같이할 의도였다고 볼 수는 없을 뿐만 아니라, 지입회사는 그 지입차량의 운전자를 직접 고용하여 지휘·감독을 한 바가 없었더라도 객관적으로 지입차량의 운전자를 지휘·감독할 관계에 있는 사용자의 지위에 있다고 할 것이므로, 그 운전자의 과실로 타인에게 손해를 가한 경우에는 사용자책임을 부담한다.

(2) 파견사업주의 책임

「파견근로자 보호 등에 관한 법률」에 의한 근로자 파견은 파견사업주가 근로자를 고용한 후 그 고용관계를 유지하면서 사용사업주와 사이에 체결한 근로자 파견계약에 따라 사용사업주에게 근로자를 파견하여 근로를 제공하게 하는 것을 말한다. 이 때, 파견근로자는 사용사업주의 사업장에서 그의 지시·감독을 받아 근로를 제공하기는 하지만 사용사업주와의 사이에는 고용관계가 존재하지 아니하는 반면, 파견사업주는 파견근로자의 근로계약상의 사용자로서 파견근로자에게 임금지급의무를 부담할 뿐만 아니라, 파견근로자가 사용사업자에게 근로를 제공함에 있어서 사용사업자가 행사하는 구체적인 업무상의 지휘·명령권을 제외한 파견근로자에 대한 파견명령권과 징계권 등 근로계약에 기한 모든 권한을 행사할 수 있다. 그러므로 파견사업주는 파견근로자를 일반적으로 지휘·감독해야 할 지위에 있고, 따라서 파견사업주와 파견근로자 사이에는 민법 제756조의 사용관계가 인정되어 파견사업주는 파견근로자의 파견업무에 관련한 불법행위에 대하여 사용자로서 책임을 진다.[37] 다만, 파견근로자가 사용사업주의 구체적인 지시·감독을 받아 사용사업주의 업무를 행하던 중에 불법행위를 한 경우 파견사업주가 파견근로자의

37) 대법원 2003. 10. 9. 선고 2001다24655 판결

선발 및 일반적 지휘·감독권의 행사에 있어서 주의의무를 다하였다고 인정되는 때에는 면책된다.

(3) 동업자의 책임

동업관계에 있는 자들이 공동으로 처리하여야 할 업무를 동업자 중 1인에게 그 업무집행을 위임하여 그로 하여금 처리하도록 한 경우, 다른 동업자는 그 업무집행자의 동업자인 동시에 사용자의 지위에 있다고 할 수 있다. 따라서 업무집행 과정에서 발생한 사고에 대하여 사용자로서의 손해배상책임이 있다.[38] 가령, 합동법무사사무소의 구성원인 법무사들이 위촉된 등기사무를 처리함에 있어서 실제로 그 구성원 법무사 중 누가 사무를 처리하든 관계없이 한 달을 열흘 단위로 나누어 구성원 1인의 이름으로 처리하기로 내부방침을 정하고 있었고, 위 방침에 따라 구성원인 법무사 중 1인이 등기신청 대행 업무를 처리하면서 다른 법무사를 서류상 작성명의인으로 기재한 사건에서, 서류상 작성명의인인 법무사는 합동사무소에 위촉되어 동업관계에 있는 법무사와 공동으로 처리하여야 할 업무를 위임하여 처리하도록 한 셈이므로 그 업무처리에 있어 실제 업무를 처리한 법무사를 지휘·감독하여야 할 사용자관계에 있으므로 이로 인해 피해자에게 발생한 손해에 대해 사용자배상책임을 진다.[39]

---

38) 대법원 1998. 4. 28. 선고 97다55164 판결

39) 대법원 1999. 4. 27. 선고 98다36238 판결

【서식】 손해배상 청구 소장(장해, 기계오작동)

소 장

원 고 1. ○ ○ ○ (주민등록번호)
2. △ △ △ (주민등록번호)
3. □ □ □ (주민등록번호)
○○시 ○○구 ○○동 ○○(우편번호 ○○○-○○○)
소송대리인 변호사 ○ ○ ○
○○시 ○○구 ○○동 ○○(우편번호 ○○○-○○○)
전화 · 휴대폰번호 :
팩스번호, 전자우편(e-mail)주소 :

피 고 ○○ 주식회사
○○시 ○○구 ○○동 ○○
대표이사 ○ ○ ○

손해배상(산) 청구의 소

청 구 취 지

1. 피고는 원고 ○○○에게 금 ○○○원, 원고 ○○○, 같은 ○○○에게 각 금 ○○○원 및 각 이에 대한 20○○.○.○.부터 이 사건 소장부본 송달일까지는 연 5%의, 그 다음날부터 완제일까지는 연 20%의 각 비율에 의한 금원을 지급하라.
2. 소송비용은 피고의 부담으로 한다.
3. 위 제1항은 가집행할 수 있다.

라는 판결 및 가집행선고를 구합니다.

청 구 원 인

1. 원고들의 지위

원고 ○○○는 이 사건 피고회사의 근로자이고 원고 ○○○는 같은 ○○○의 처이며 같은 ○○○은 원고의 아들입니다.

2. 손해배상 책임의 발생

가. 원고 ○○○은 20○○.○.○. ○○:○○경 피고경영의 ○○주식회사 작업장

내에서 프레스 작업을 하던 중 기계의 작동고장으로 양팔목이 절단되는 등 상해를 입었습니다.

나. 피고 소유의 프레스기계도 오래된 구형으로 전자동작동스위치를 제거하고 작동스위치를 반자동으로 고정한 상태에서 작업을 하였는데, 반자동 상태에서 작업할 경우 발로 작동스위치를 밟아야 칼날이 내려오면서 절단되는 것인데 — 기계작동에 관한 설명 및 작동불량 등의 상태로 인하여 동 사고가 일어나게 되었습니다.

따라서 피고는 원고 ○○○의 사용자 내지 이 사건 기계의 소유자로서 위와 같은 경위로 입은 원고들의 손해를 배상할 책임이 있다고 하겠습니다.

3. 손해배상 범위

가. 일실수입

(1) 원고 ○○○은 19○○.○.○.생으로 이 사건 사고 당시 ○○세 ○월 남짓한 건강한 남자로써 그와 같은 나이의 한국인 남성평균여명은 ○○년으로 적어도 ○○세까지는 생존할 수 있을 것입니다.

(2) 한편, 위 원고는 20○○.○.○. 동회사에 프레스공으로 입사하여 ○년여 동안 근무하다가 20○○.○.○. 이 사건 사고를 당한 것인데 사고 당시 한 달에 ○○○원의 급료를 받고 있었습니다.

(3) 추후 신체감정결과에 따라 정산하기로 하고 우선 금 ○○○원만 청구합니다.

나. 향후치료비

신체감정결과에 따라 청구하겠습니다.

다. 위자료

원고 ○○○은 앞서 본 사고로 말미암아 평생불구의 몸이 되었는바, 그 본인은 물론 앞서 본 신분관계에 있는 원고들도 상당한 정신적 고통을 받았을 것임은 경험칙상 명백한 바, 피고는 앞서 본 이 사건 사고경위의 경우 과실정도, 원고들의 나이 및 그 신분관계 등을 종합하며 원고 ○○○에게 금 ○○○원, 원고 ○○○ 같은 ○○○에게 각 금 ○○○원을 각 지급하여 위로함이 상당하다고 하겠습니다.

4. 결 론

따라서 피고는 원고 ○○○에게 금 ○○○원(일실수입 ○○○+위자료 ○○○원), 원고 ○○○, 같은 ○○○에게 각 위자료로 금 ○○○원 및 각 이에 대한 이 사건 사고일인 20○○.○.○.부터 이 사건 소장부본 송달일까지는 민법 소정의 연 5%, 그 다음날부터 완제일까지는 소송촉진등에관한특례법 소정의 연 20%의 비율에 의한 지연손해금을 지급받고자 이 사건 소를 제기합니다.

입 증 방 법

1. 갑 제1호증	가족관계등록상황별 증명서
1. 갑 제2호증	진단서

1. 기타 변론시 수시 제출하겠습니다.

첨 부 서 류

1. 위 입증서류	각 1통
1. 소송위임장	1통
1. 소장부본	1통
1. 납부서	1통

20○○. ○. ○.

위 원고들 소송대리인
변호사 ○ ○ ○ (인)

○○지방법원 귀중

【서식】 손해배상청구 소장(공작물책임과 사용자책임의 선택적 청구)

소　　장

원　고　1. ○ ○ ○ (○○○○○○-○○○○○○○)　　(전화 :　　　)
2. ○ ○ ○ (○○○○○○-○○○○○○○)　　(전화 :　　　)
3. ○ ○ ○ (○○○○○○-○○○○○○○)　　(전화 :　　　)
4. ○ ○ ○ (○○○○○○-○○○○○○○)　　(전화 :　　　)
위 원고들의 주소 :
○○시 ○○구 ○○로 ○번지　　(우 :　　　)

피　고　△△주식회사 (○○○○○○-○○○○○○○)
○○시 ○○구 ○○로 ○번지　　(우 :　　　)
대표이사 ○ ○ ○

손해배상(산) 청구의 소

청 구 취 지

1. 피고는 원고 ○○○에게 17,276,255원, 원고 ○○○에게 5,000,000원, 원고 ○○○, 원고 ○○○에게 각 500,000원과 각 이에 대하여 2012. 7. 7.부터 이 사건 소장부본 송달일까지는 연 5%, 그 다음날부터 다 갚는 날까지는 연 20%의 각 비율로 계산한 돈을 각 지급하라.
2. 소송비용은 피고가 부담으로 한다.
3. 위 제1항은 가집행할 수 있다.

라는 판결을 구합니다.

청 구 원 인

1. 원고 ○○○는 2012. 7. 6. 07:10경 안산시 성곡동 소재 주식회사 남방의 공장 신축현장에서 꼬여 있는 물 호스를 곧게 펴려고 잡아당기다가 웅덩이에 떨어져 요추 압박 골절상을 입었습니다.

2. 당시 위 웅덩이는 뚜껑이 없는 등 통상의 안전성이 결여되어 공작물로서의 설치 보존상의 하자가 있었고, 그리고 위 웅덩이의 소유자는 피고 회사였습니다.

3. 한편 피고회사는 사고 전날 소외 000로 하여금 위 공장 신축현장에 하수구 설치를 위한 웅덩이를 파게 하였고, 그 때 소외 주대길은 파 놓은 웅덩이에 시멘트 뚜껑을 덮는 작업을 하다가 어두워지자 작업을 중단하고 파놓은 웅덩이 일부를 그대로 방치하여 안전표시등을 설치하는 등의 안전조치를 취하지 아니한 과실이 있습니다.

4. 원고 ○○○는 1960. 5. 22.생이고 기대여명은 20년 정도입니다. 그리고 소외 △△△실업주식회사의 경비요원으로 일하면서 월 1,200,000원의 소득을 얻고 있습니다. 원고 ○○○는 위 사고가 없었더라면 최소한 도시일용노동에 종사하면서 월 1,154,626원(=52,483원×22일)의 소득을 사고일로부터 55세까지 얻을 수 있었을 터였는데 위 사고로 말미암아 35%의 가동능력을 상실하였습니다.

5. 따라서 원고 ○○○의 일실수입은 다음과 같이 계산한 금 17,263,378원이 된다고 할 것입니다.

1,154,626원 × 5.9140 + 1,154,626원 × 0.35 × (31.7354 − 5.9140)
= 17,263,378원
사고일로부터 6개월 간 입원치료
6개월 해당 호프만지수 5.9140
사고일로부터 55세가 되는 2015. 5. 22.까지 34개월
34개월 해당 호프만지수 31.7354

한편 원고 ○○○는 향후수술이 필요하고 그 수술비의 사고 당시 현가는 최소한 금 1,000,000원이라고 할 것입니다(정확한 것은 신체감정 후 확정할 것입니다.).

7. 또한 원고 ○○○와 그의 아내인 원고 ○○○, 아들인 원고 ○○○, 원고 ○○○는 피고회사의 불법행위로 인하여 상당한 정신적 고통을 받았습니다.
그 위자료로는 원고 ○○○가 금 15.000,000원, 원고 ○○○가 금 5,000,000원, 원고 ○○○, 원고 ○○○가 각 금 500,000원씩이 상당할 것입니다.

8. 그러므로 피고회사는 공작물의 설치 보존상의 하자로 원고들에게 손해를 가하였거나, 소외 000을 사용하여 그의 사무에 종사하게 하고 소외 000이 그 사무에 관하여 원고들에게 손해를 가하였으므로, 그 손해액에서 중 원고 ○○○에게 미리 지급된 휴업급여금과 장해보상급 합계 금 15,987,123원을 공제한 금월을 원고들에게 지급하고, 또한 이에 대하여 법 소정의 지연손해금을 지급할 의무가 있다 할 것이므로 본 소 청구에 이르렀습니다.

입 증 방 법

1. 갑 제1호증의 1, 2	건설업임금실태조사보고서 표지 및 내용
1. 갑 제2호증	가족관계증명서
1. 갑 제3호증 1, 2	생명표 표지 및 내용
1. 갑 제4호증	향후수술비추정서
1. 갑 제5호증	진단서

1. 추후 신체감정, 형사사건기록(업무상과실치상)문서송부촉탁신청예정

첨 부 서 류

1. 위 입증서류 사본	각 1통
1. 주민등록초본	4통
1. 법인등기사항증명서	1통
1. 소장부본	1통
1. 납부서	1통

20○○. ○. .

위 원고 1. ○ ○ ○ (인)
2. ○ ○ ○ (인)
3. ○ ○ ○ (인)
4. ○ ○ ○ (인)

○○지방법원 귀중

제3절 공작물의 점유자 및 소유자책임

1. 의 의

(1) 공작물책임의 법적 성질

> **제758조(공작물 등의 점유자, 소유자의 책임)** ① 공작물의 설치 또는 보존의 하자로 인하여 타인에게 손해를 가한 때에는 공작물점유자가 손해를 배상할 책임이 있다. 그러나 점유자가 손해의 방지에 필요한 주의를 해태하지 아니한 때에는 그 소유자가 손해를 배상할 책임이 있다.
> ② 전항의 규정은 수목의 재식 또는 보존에 하자있는 경우에 준용한다.
> ③ 전2항의 경우에 점유자 또는 소유자는 그 손해의 원인에 대한 책임 있는 자에 대하여 구상권을 행사할 수 있다.

공작물의 설치 또는 보존의 하자로 인하여 타인에게 손해를 가한 때에는 그 공작물의 점유자 및 소유자는 손해를 배상할 책임이 있다(제758조 1항). 공작물책임은 공작물의 점유자가 1차적으로 배상책임을 부담하고 점유자가 손해의 방지에 필요한 주의를 다했음을 증명한 경우 점유자는 면책되고 공작물의 소유자가 2차적으로 배상책임을 진다. 이 경우 공작물의 소유자는 면책의 여지가 없어 무과실의 손해배상책임을 부담한다.

공작물책임은 책임주체의 직접적인 가해행위로 인해 손해가 발생하는 것이 아닌 위험성이 있는 공작물을 방치하였다는 점에서 즉, 위험방지에 충분한 주의를 하지 않아 그 위험이 현실화되어 손해가 생긴 경우에 그에 대해 배상책임을 부담한다는 점에서 특징이 있다.

(2) 다른 법률과의 관계

공작물이 사인의 소유인 경우에는 민법이 적용되나, 공작물의 설치 및 관리자가 국가 또는 지방자치단체인 경우에는 국가배상법 제5조 영조물책임이 적용된다. 또, 공작물 자체의 설치 내지 보존상의 하자로 인하여 공작물에 직접 발생한 화재로 공작물 자체 및 이와 동일시 할 수 있는 합리적인 범위 내의 손해에 대해서는 민법 제758조 제1항이 적용되고, 그 화재로부터 연소한 부분에 대해서는 실화책임에 관한 법률이 적용된다.

● 판 례

◇ 대법원 1996. 2. 23. 선고 95다22887 판결 : 공작물 자체의 설치보존상의 하자에 의하여 직접 발생한 화재로 인한 손해배상책임에 관하여는 민법 제758조 제1항을 적용하고, 그 화재로부터 연소한 부분에 대한 손해배상책임에 대하여는 실화책임에 관한 법률을 적용함이 상당하다.

2. 성립요건 및 효과

(1) 성립요건

1) 공작물

공작물이라 함은 인공적 작업에 의하여 만들어진 물건으로 건물뿐만 아니라 건물의 일부를 이루는 내부 설비, 계단, 승강기, 천장 등도 포함한다. 다만 자동차, 항공기와 같은 동적인 설비가 공작물에 해당하느냐에 대하여는 견해의 대립이 있다.

이와 관련하여, 국가배상법 제5조는 도로·하천, 그 밖의 공공의 영조물의 설치나 관리상 하자로 타인에게 손해를 발생하게 하였을 때에는 국가나 지방자치단체가 그 손해를 배상하여야 한다고 하여 영조물책임을 규정하고 있다. 여기서 영조물이란 공유, 사유를 불문하고 행정주체에 의하여 특정되고, 공공의 목적에 공여된 유체물 또는 물적 설비를 의미한다.[40] 그러므로 일반적인 공작물의 설치 또는 보존상의 하자로 인한 손해에 대해서는 민법 제758조 규정이 적용되나, 공공의 목적에 공여된 공작물의 설치 또는 관리상의 하자로 인한 손해에 대해서는 국가배상법 제5조가 적용된다.

2) 설치 내지 보존상의 하자

피해자에게 발생한 손해가 공작물의 설치 또는 보존상의 하자로 인한 것이어야 한다. 여기서 공작물 설치 또는 보존의 하자란 공작물이 그 용도에

---

40) 대법원 1981. 7. 7. 선고 80다2478 판결 이 사건은 사실상 군민의 통행에 제공되고 있던 도로 옆의 암벽으로부터 떨어진 낙석에 맞아 소외인이 사망하는 사고가 발생한 사안으로 동 사고지점의 도로가 피고 군에 의하여 노선인정 기타 공용개시가 없었으면 이를 영조물이라 할 수 없다고 한 사안이다.

따라 통상 갖추어야 할 안전성을 갖추지 못한 상태에 있음을 말한다. 하자란 물적 하자뿐 아니라 기능적 하자도 포함한다. 이러한 하자는 공작물 설치 당시부터 있었거나 설치 후에 발생되어야 한다. 특히 하자가 공작물 설치 이후에 발생한 경우를 관리상의 하자라 한다. 안전성의 구비 여부를 판단함에 있어서는 당해 공작물의 설치자 또는 보존자가 그 공작물의 위험성에 비례하여 사회통념상 일반적으로 요구되는 정도의 방호조치 의무를 다하였는지 여부를 기준으로 판단한다. 만일, 그 시설이 관계 법령이 정한 시설기준 등에 부적합한 것이라면 특별한 사정이 없는 한 이러한 사유는 공작물의 설치 또는 보존상의 하자에 해당한다.

하자의 존재에 관한 증명책임은 피해자에게 있으나 관계 법령의 기준 등을 위반한 이와 같은 경우에는 하자의 존재가 추정된다. 따라서 하자의 존부를 판단함에 있어 관련 법령의 검토가 매우 중요하다. 그 외에도 손해발생에 다른 원인이 개입하지 않았고 하자의 존재의 개연성이 큰 경우에는 하자의 존재가 추정되므로 사실상 증명책임이 전환되는 경우가 다수 있다.[41]

3) 공작물의 하자로 인한 손해발생

공작물의 하자와 손해 발생 사이에는 상당인과관계가 있어야 한다. 하자의 존재에 대한 증명책임은 피해자에게 있으나 만일 하자가 존재하는 것으로 증명된 경우에는 하자와 손해 발생 사이의 인과관계가 추정된다. 그러므로 이와 같은 경우에는 인과관계에 대한 증명책임이 사실상 공작물의 점유자 또는 소유자에게 전환된다. 다만, 불가항력으로 인하여 손해가 발생한 경우에는 공작물에 하자가 있더라도 그 하자와 손해의 발생 사이에 인과관계가 존재하지 않게 되어 공작물책임이 성립하지 않게 된다. 이러한 불가항력적인 사유로 인해 손해가 발생하였다는 점은 공작물의 점유자 또는 소유자가 증명해야 한다.[42]

4) 면책사유의 부존재

점유자는 손해의 방지에 필요한 주의를 해태하지 아니함을 증명하면 손해

---

41) 대법원 1974. 11. 26. 선고 74다246 판결; 대법원 1969. 12. 30. 선고 69다1604 판결
42) 대법원 1982. 8. 24. 선고 82다카348 판결; 대법원 2000. 5. 26. 선고 99다53247 판결

배상책임을 면한다(제758조 1항 단서). 면책여부는 공작물의 성질, 이용의 종류 등 개별 사건의 제반 사정 등을 고려하여 판단한다. 점유자가 면책되면 공작물의 소유자가 무과실의 책임을 부담한다.

(2) 효 과

1) 점유자 또는 소유자의 책임

공작물책임은 1차적으로 공작물의 점유자가 진다. 이 경우 점유자는 공작물을 사실상 지배하는 자를 말한다. 그러므로 점유보조자는 점유자가 아니므로 제758조상의 책임을 지지 않는다. 간접점유자와 직접점유자가 병존하는 경우에는 직접점유자가 1차적으로 책임을 부담하되 직접점유자에게 책임을 지울 수 없는 경우, 가령 임차인이 임차한 공작물에 원시적 하자가 있는 경우나 직접점유자가 손해방지에 필요한 주의를 해태하지 아니함을 증명한 때에는 간접점유자가 책임을 진다.[43] 만일, 공작물의 임차인이 공작물의 설치 또는 보존상의 하자로 손해를 입은 경우라면 소유자가 손해를 배상할 책임이 있으며 공작물의 보존에 관하여 피해자에게 과실이 있더라도 이는 과실상계의 사유가 될 뿐이다.[44]

점유자가 손해의 방지에 필요한 주의를 다하였음을 증명하여 책임을 면하면 소유자가 2차적으로 책임을 부담한다. 대법원은 종전 임차인의 시공하자로 말미암아 임차건물의 서까래 받침대가 부러져 천정이 무너진 사안에서 임차권을 양수한 현점유자들은 시공 사실조차 몰랐고 또 천정이 베니어판으로 덮여 있어 그 내부를 들여다 볼 수 없었다는 점을 감안하여 현점유자가 임차인으로서 상당한 주의를 다하였어도 위와 같이 천정내부의 숨은 하자로 인한 손해발생을 미리 예견하여 이를 방지하기는 불가능한 것이었다 할 것이니 주의의무를 해태하였다고 볼 수 없다고 판시한 바 있다.[45]

한편, 수목의 식재 또는 보존의 하자가 있는 경우에도 그 점유자와 소유자에 대해 공작물책임의 법리가 적용된다(제758조 제2항).

---

43) 대법원 1981. 7. 28. 선고 81다209 판결
44) 대법원 2008. 7. 24. 선고 2008다21082 판결
45) 대법원 1984. 3. 13. 선고 83다카2266판결.

2) 구상권

점유자 또는 소유자가 피해자에게 배상을 한 경우 배상자는 그 손해의 원인에 책임이 있는 자에 대하여 구상할 수 있다(제758조 제3항). 가령, 하자 있는 공작물을 만든 제작자나 수급인, 공작물의 종전 점유자 또는 소유자가 구상의무자가 될 수 있다.

(3) 주요 판례

1) 다른 법률과의 관계

① 사용자배상책임과의 관계

• 판 례

◇ 대법원 1999. 2. 23. 선고 97다12082 판결 : 공작물 자체의 설치·보존상의 하자에 의하여 직접 발생한 화재로 인한 손해배상책임에 관하여는 민법 제758조 제1항이 적용될 뿐 실화책임에 관한 법률은 적용되지 아니한다.

또, 인화성 물질 등이 산재한 밀폐된 신축 중인 건물 내부에서 용접작업 등 화재 발생 우려가 많은 작업을 하던 중 화재가 발생하여 피용자가 사망한 사고에서 공사수급인은 건물의 점유자로서 그 보존상의 하자에 따른 불법행위로 인한 손해배상책임을, 사용자는 피용자의 안전에 대한 보호의무를 다하지 아니한 채무불이행으로 인한 손해배상책임을 각 부담하며, 그 채무는 부진정연대채무의 관계에 있다.

② 실화책임법과의 관계

• 판 례

◇ 대법원 1998. 3. 13. 선고 97다34112 판결 : 민법 제758조 제1항은 일종의 무과실책임을 인정한 것이고, 실화책임에 관한 법률은 실화로 인하여 일단 화재가 발생한 경우는 부근 가옥 기타 물건에 연소하여 예상외의 피해가 확대되어 실화자의 책임이 과다하게 되는 점을 고려하여 그 책임을 중대한 과실로 인한 경우에 한정한 것이므로, 공작물 자체의 설치·보존상의 하자에 의하여 직접 발생한 화재로 인한 손해배상책임에 관하여는 민법 제758조 제1항이 적용될 뿐 실화책임에 관한 법률의 적용이 없으며, 그 화재로부터 연소한 부분에 대한 손해배상책임에 대하여는 실화책임에 관한 법률이 적용된다고 해석함이 상당하고, 여기에서 말하는 공작물의 설치·보존상의 하자에 의하여 직접 발생한 화

재라 함은 반드시 그 공작물 자체에 일어난 화재만을 가리키는 것은 아니다.
〈경사로에 주차중인 석유 배달 차량에서 원인 미상의 화재가 발생하여 보조잠금장치가 풀리면서 차량이 움직여 인근 건물을 들이받고 불이 옮겨 붙은 경우, 그 건물 화재는 공작물인 차량의 설치 · 보존상의 하자에 의하여 직접 발생한 것에 해당한다고 본 사례〉

• 판 례

◇ 대법원 2002. 12. 10. 선고 2001다9298 판결 : 실화책임에 관한 법률은 실화로 인하여 일단 화재가 발생한 경우에는 부근 가옥 기타 물건에 연소함으로써 그 피해가 예상 외로 확대되어 실화자의 책임이 과다하게 되는 점을 고려하여 그 책임을 제한함으로써 실화자를 지나치게 가혹한 부담으로부터 구제하고자 하는 데 그 입법 취지가 있고, 이러한 입법 취지에 비추어 이 법률은 발화점과 불가분의 일체를 이루는 물건의 소실, 즉 직접 화재에는 적용되지 아니하고, 그로부터 연소한 부분에만 적용되는 것으로 해석함이 상당하다. 그런데, 화재를 진압하기 위하여 화재현장에 출동하여 진화활동을 하는 소방공무원들의 경우, 일단 화재가 발생한 다음 그 현장에 임하게 되므로, 그 진화과정에서의 잘못으로 말미암아 다시 제2차적인 화재가 발생하게 되었다고 하더라도, 이는 통상의 실화와는 달리 이미 발생한 화재로 인한 피해를 막으려는 과정에서 발생한 것이고, 소방공무원들의 화재진압 활동은 국가나 지방자치단체의 공권력적 활동의 성격을 가지는 한편 화재를 당한 국민 개개인의 재산과 생명을 보호하기 위한 측면도 가지고 있으며, 또한 소방공무원들은 그 직책상 화재진압에 전문적인 식견과 기술을 지닌 사람들로서 고도의 주의의무를 과함이 상당한 반면에 자신의 신체적 위험을 무릅쓰고 화재진압에 임하게 된다는 점 등을 종합해 보면, 소방공무원들이 화재를 진압하는 과정에서의 행위에 대하여도 그 과실의 경중을 따지는 기준에 관하여 소방공무원의 특수성을 고려함은 별문제로 하고, 실화책임에 관한 법률이 적용된다고 보는 것이 타당하고, 따라서 화재진압 과정에서 소방공무원의 잘못으로 인하여 제2차적인 화재가 발생하여 손해가 발생하였다고 하더라도, 해당 소방공무원에게 중과실이 인정되지 않는다면, 소방공무원 자신이나 그 사용자인 지방자치단체는 그로 인한 민사상의 손해배상책임을 지지 않는다고 보아야 할 것이다.
〈소방공무원이 화재진압과정에서 미처 모든 불씨를 제거하지 못하여 3시간여 경과 후 1차 화재 발생지점과 칸막이로 분리된 다른 곳에서 2차 화재가 발생한 사안에서 소방공무원들에게 실화책임에 관한 법률을 적용하여 그 손해배상책임을 부정한 사례〉

2) 성립요건

① 하자의 개념 및 판단기준

• 판 례

◇ 대법원 1999. 12. 24. 선고 99다45413 판결 : 민법 제758조 제1항 소정의 공작물의 설치·보존상의 하자라 함은 공작물이 용도에 따라 통상 갖추어야 할 안전성을 갖추지 못한 상태에 있음을 말하는 것으로서, 이와 같은 안전성의 구비 여부를 판단함에 있어서는 당해 공작물의 설치·보존자가 그 공작물의 위험성에 비례하여 사회통념상 일반적으로 요구되는 정도의 방호조치의무를 다하였는지 여부를 기준으로 삼아야 한다.

또, 공작물인 도로의 설치·관리상의 하자는 도로의 위치 등 장소적인 조건, 도로의 구조, 교통량, 사고시에 있어서의 교통 사정 등 도로의 이용 상황과 그 본래의 이용 목적 등 제반 사정과 물적 결함의 위치, 형상 등을 종합적으로 고려하여 사회통념에 따라 구체적으로 판단하여야 한다.

〈편도 2차선 고속도로의 갓길과 2차선에 걸쳐 고여 있는 빗물에 차량이 미끄러져 180° 회전하면서 동일한 경위로 미끄러져 갓길에 정차하여 차량을 점검하고 있던 다른 운전자를 들이받은 사고가 발생한 경우, 고속도로의 설치·관리상의 하자가 있다고 본 사례〉

◇ 대법원 1999. 7. 9. 선고 99다12796 판결 : 도로의 설치 후 제3자의 행위에 의하여 그 본래의 목적인 통행상의 안전에 결함이 발생한 경우에는 도로에 그와 같은 결함이 있다는 것만 가지고 도로의 보존상의 하자를 인정할 수는 없고, 당해 도로의 구조, 장소적 환경과 이용상황 등 제반 사정을 종합하여 그와 같은 결함을 제거하여 원상으로 복구할 수 있는데도 이를 방치한 것인지의 여부를 개별적, 구체적으로 살펴서 하자의 유무를 판단하여야 할 것이고, 객관적으로 보아 도로의 안전상의 결함이 시간적, 장소적으로 그 점유·관리자의 관리행위가 미칠 수 없는 상황 아래에 있는 경우에는 관리상의 하자를 인정할 수 없다.

◇ 대법원 2010. 2. 11. 선고 2009다79316 판결 : 공중위생관리법 등 관계법령에서 찜질방 영업자에게 술을 마신 후 2시간 이내의 자에 대한 입욕주의문 및 발한실 이용에 따른 주의문의 게시의무만을 규정할 뿐, 그와 별도로 이용객에 대한 순찰의무를 규정하지 아니한 이상 출입금지에 대상에 해당하지 않는 통상적인 범주에 속하는 이용객의 찜질방 내 시설 이용에 따른 안전 내지 건강의 배려의무는 위 시설 자체에 안전상 하자가 있다거나 이용객이 시설 내에서 비정상적인 행태를 보임에도 장시간 이를 방치하였다는 등 특별한 사정이 없는 한 위 주의문의 게시로써 이용객의 안전에 대하 법령상 요구되는 일반적인 주의의무를 준수한 것으로 보아야 한다.

② 점유자

• 판 례

◇ 대법원 1994. 8. 23. 선고 94다16403 판결 : 도시가스 계량기의 부식으로 인한 가스누출 폭발사고에 관하여 가스 계량기의 관리에 관한 일차적인 책임은 도시가스 공급업자의 가스공급규정에 의거 특별히 도시가스 공급업자가 지도록 되어 있다고 보아야 하며, 더욱이 가스시설 등에 대하여는 일반 수요자는 전문가가 아니므로 취급하기 어려울 뿐 아니라 가스 누출시에 생겨날 고도의 위험성 등에 비추어 보아 가스 공급업자가 직접 책임 관리하도록 되어 있는 것이라고 해야 할 것이므로, 도시가스 공급업자는 가스 계량기의 간접 점유자가 아닌 직접적인 점유관리자이다.

◇ 대법원 1996. 10. 11. 선고 95다56552 판결 : 한국도로공사는 고속국도법 제6조 제1항의 규정에 의하여 건설부장관을 대행하여 경부고속도로를 관리하여 오고 있으므로 민법 제758조 제1항이 정하는 공작물의 점유자에 해당한다.
〈고속도로의 추월선에 각목이 방치되어 사고의 원인이 된 경우, 한국도로공사의 공작물 보존 하자로 인한 책임을 인정한 사례〉

3) 효 과

• 판 례

◇ 대법원 1981. 7. 28. 선고 81다209 판결 : 공작물의 설치 또는 보존의 하자로 인하여 타인에게 손해를 가한 경우에 그 공작물의 점유가 대리점유 관계에 있을 때에는 직접점유자가 1차적인 배상책임을 지고, 직접점유자가 손해방지에 필요한 주의를 해태하지 아니한 때에 비로소 간접점유자에게 그 배상책임을 물을 수 있다.

◇ 대법원 2008. 7. 24. 선고 2008다21082 판결 : 공작물의 임차인인 직접점유자나 그와 같은 지위에 있는 것으로 볼 수 있는 사람이 공작물의 설치 또는 보존의 하자로 손해를 입은 경우, 공작물의 소유자가 손해배상책임을 진다.

【서식】 준비서면 (손해배상(기) · 감전사고)

준 비 서 면

사　　건 : 20○○가합○○ 손해배상(기)

원　　고 : 김 민 환 외 1인
주소 / 송달장소 / 전화 / 휴대폰 / 팩스 / e-mail

피　　고 : 나인주식회사
대표이사 장 필 용
소송대리인 변호사 정 재 인
주소 / 송달장소 / 전화 / 휴대폰 / 팩스 / e-mail

위 사건에 관하여 귀원 20○○가합○○호 피고는 다음과 같이 변론을 준비합니다.

다 음

1. 원고들 주장 사실 중 소외 ○○○가 원고들이 주장하는 일시에 피고가 소유 보존해오던 강원도 홍천군 북방면 하화계리 새마을 창고 앞 전주의 지선을 붙잡음으로써 감전 사망은 인정하나 그 나머지 사실은 전부 부인합니다.
2. 이 전주의 지선에 전류가 통하게 된 까닭은 위면 하화계리 이장 소외 ○○○이가 피고 회사의 위탁 수금사원인 소외 ○○○에게 방범용 외등을 설치해불 것을 누누이 부탁하자, ○○○는 피고회사의 전기요금 수납업무에만 종사할 뿐, 전기기술 면허가 없으므로 전등가설 등 전기 공작물에 관하여서는 일체 취급할 수 없음에도 ○○○이가 준 돈으로 외등 시설자재를 구입하여 피고회사 모르게 역시 전기 기술 면허가 없는 소외 ○○○으로 하여금 조잡한 공사로 같은 마을 새마을 창고 옆 전주에 외등을 가설토록 했는데 같은 사람은 그 같은 가설을 잘못하여 원전선과 외등에 연결한 P.V.C선이 '마크'에 접촉되어 그 전주의 지선에 전류가 흐르게 된 것입니다.
3. 그러므로 소외 ○○○는 피고회사의 피용자이기는 하나 같은 소외인은 전등가설 등 전기 공작물에 관하여서는 일체 취급할 수 없는 자이므로 같은 소외인이 피고회사 모르게 함부로 전주에 외등을 가설하는 것은 그 사무집행이라고 할 수 없으니 피고에게 같은 소외인의 사용주로서의 책임을 물어 손해 배상을 구하는 것은 부당한 것이고,

4. 또한 피고는 위 전주의 소유 및 보존자이기는 하나 전시 외등 가설은 소외 ○○○, ○○○, ○○○ 등이 피고회사 모르게 함부로 한 것이니 만큼 그 가설의 잘못으로 전주의 지선에까지 전류가 통하여 ○○○이 감전 사망하였다 할지라도 피고회사로서는 그와 같은 외등가설을 전혀 몰랐을 뿐만 아니라 그와 같은 사실을 쉽사리 알아낼 수 없었던 것이니 피고에게 그 전주의 관리보존에 하자가 있다고 하여 손해배상의 책임을 묻는 것은 부당한 것이며,
5. 설사, 피고회사에게 위 전주의 관리보존의 하자가 있어 손해배상책임이 있다 할지라도 통상 사람이 전주부근에서 작업을 함에 있어서는 전주나 그 지선에는 전류가 통할 우려가 있으므로 함부로 이에 접촉하지 말아야 하고, 또 맨발로 땅위에 선 채 전류가 통하는 지선에 손을 대면 전류가 잘 통하여 감전율이 높음으로 전주 또는 지선 부근에서는 맨발로 작업을 하는 것은 삼가야 하여야 할 주의의무가 있음에도 불구하고 소외 ○○○은 위 주의의무를 태만히 하여 만연히 전주 부근에서 맨발로 작업을 하면서 전주의 지선을 잡았든 과실로 인하여 감전율이 놓아 감전 사망한 것이니 위와 같은 ○○○의 과실은 이건 손해배상의 책임 및 그 손해액을 산정함에 있어 충분히 참작되어야 할 것입니다.

20○○. ○○. ○○.

위 피고 소송대리인 변호사 ○ ○ ○ (인)

○○지방법원 귀중

제 4 절 동물점유자책임

1. 의 의

> **제759조(동물의 점유자의 책임)** ① 동물의 점유자는 그 동물이 타인에게 가한 손해를 배상할 책임이 있다. 그러나 동물의 종류와 성질에 따라 그 보관에 상당한 주의를 해태하지 아니한 때에는 그러하지 아니하다.
> ② 점유자에 가름하여 동물을 보관한 자도 전항의 책임이 있다.

동물의 점유자 내지 동물의 보관자의 지배하에 있는 동물이 제3자에게 손해를 입힌 경우 동물의 점유자 내지 동물의 보관자는 그 손해에 대해 배상책임을 진다(제759조). 이 책임은 동물의 점유자 내지 보관자가 위험성이 있는 동물을 보관함에 있어 주의의무를 다하지 못한 것에 대한 책임으로 과실책임이다. 다만, 이 규정은 동물의 보관에 상당한 주의를 다였음을 증명하면 배상책임을 면할 수 있다는 점에서 증명책임이 전환된 중간책임의 성격을 갖는다.

2. 성립요건 및 효과

(1) 성립요건

동물의 행위로 인하여 손해가 발생하여야 한다. 손해는 인적 손해 뿐 아니라 물적 손해도 포함한다. 그러나 동물의 점유자 및 보관자가 동물의 종류와 성질에 따른 상당한 주의를 다했음을 증명한 경우에는 면책된다. 동물의 보관에 관한 주의의무의 정도는 동물의 종류와 성질 등에 따라 달리 판단한다. 동물보호법이나 야생생물보호 및 관리에 관한 법률, 기타 지방자치단체의 동물보호·관리에 관한 조례 등이 주의의무의 정도를 판단하는데 고려될 수 있다.

(2) 효 과

1) 점유자 내지 보관자의 손해배상책임

손해배상책임자는 동물에 대한 점유자와 점유자에 갈음하여 보관하는 자이다. 동물에 대한 점유자란 동물을 사실상 지배하는 자를 말하며, 특별한 사정이 없는 한 동물을 보관하고 있는 자는 동물에 대한 점유자로 본다. 단순히 점유자를 보조하는 점유보조자는 독립된 점유자로 보기 어려우므로 동물이 가한 손해에 대하여 동조에 의한 책임을 지지 않는다.

2) 동물 소유자의 책임

제759조는 동물의 소유자의 책임에 대해서는 언급하고 있지 않다. 이 점에서 제759조상의 점유자는 동물을 직접 점유하고 있는 직접 점유자만을 의미하는 것이지 간접점유자인 소유자는 포함하지 않는 것으로 해석하는 견해가 있다. 그러나 판례는 동물의 소유자가 동물을 다른 사람에게 빌려주었는데 그 사이에 동물이 제3자를 가격하여 손해를 발생시킨 사안에서, 간접점유자인 동물의 소유자는 동물을 보관하려는 자가 동물을 안전하게 보관하고 관리할 수 있는 시설을 갖추고 있는가 여부를 확인하여 위 동물에 의한 사고를 미연에 방지하여야 할 주의의무가 있다고 하면서 이러한 주의의무를 해태한 사실이 인정되면 동물소유자도 제759조에 의한 책임을 부담한다고 하여 동물소유자의 책임을 인정한다.[46)]

제 5 절 공동불법행위 책임

1. 의 의

> **제760조(공동불법행위자의 책임)** ① 수인이 공동의 불법행위로 타인에게 손해를 가한 때에는 연대하여 그 손해를 배상할 책임이 있다.

---

46) 대법원 1981. 2. 10. 선고 80다2966 판결 이 사건은 도사견의 소유자가 도사견을 다른 사람에게 빌려주었는데 그 사이에 도사견이 제3자를 물어 손해를 준 사안이다. 이에 대해 대법원은 '도사견의 소유자인 피고로서는 위 도사견이 난폭한 성질을 지녀 사람을 물 위험성이 크므로 그 사람이 위 도사견을 안전하게 보관 관리할 수 있는 시설을 갖추고 있는가 여부를 확인하여 위 도사견에 의한 사고를 미연에 방지하여야 할 주의의무가 있다 할 것인 바, 위 인용증거들에 의하면 피고는 이를 태만히 하여 위 도사견을 보관할 별도의 개집도 갖추고 있지 아니한 위 사람에게 빌려주어 그로 하여금 오래전부터 사용하여 온 낡은 개끈만으로서 사람이 드나드는 그의 집마당에 그냥 매어 두게 한 과실로 말미암아 이건 사고를 일으키게 한 사실을 인정할 수 있으므로, 피고는 이건 사고로 말미암아 원고가 입은 손해를 배상할 의무가 있다'고 판시하였다.

> ② 공동 아닌 수인의 행위중 어느 자의 행위가 그 손해를 가한 것인지를 알 수 없는 때에도 전항과 같다.
> ③ 교사자나 방조자는 공동행위자로 본다.

다수의 사람이 공동으로 불법행위를 하여 타인에게 손해를 가하는 것을 공동불법행위라 한다. 공동불법행위의 유형은 ①협의의 공동불법행위(제760조 제1항), ②가해자 불명의 공동불법행위(제760조 제2항), ③교사, 방조에 의한 공동불법행위(제760조 제3항) 3가지로 나눌 수 있다. 공동불법행위가 성립하면 공동불법행위자들은 발생한 손해에 대해 연대하여 배상책임을 부담한다. 이러한 책임규정은 가해자의 무자력의 위험으로부터 피해자를 보호하기 위함에 있다. 또한, 공동불법행위는 가해자가 1인인 경우의 일반불법행위와는 달리 수인의 행위와 손해발생 사이의 인과관계에 대한 증명책임이 공동불법행위자에게 있다. 공동불법행위는 인과관계에 대한 증명책임이 공동불법행위자들에게 전환되었다는 점과 공동불법행위자들이 부담하는 연대책임에 그 특색이 있으며 이는 피해자를 보다 두텁게 보호하고자 하는 제760조의 입법목적에 부합한다.

2. 성립요건 및 효과

(1) 성립요건

1) 협의의 공동불법행위

협의의 공동불법행위는 수인이 공동의 불법행위로 타인에게 손해를 가한 경우를 말한다(제760조 1항). 가령, 수인이 공동으로 타인을 폭행하거나 공동으로 절취를 하는 것과 같이 복수의 사람이 타인에게 손해를 발생시키는데 서로 관련성(공동성)이 있는 행위를 하고 그러한 공동행위로 인해 손해를 발생시키는 경우가 이에 해당한다.

협의의 공동불법행위가 성립되기 위해서는 첫째, 각자의 행위가 각각 독립하여 일반불법행위의 성립요건을 갖추어야 하며, 둘째, 각자 행해진 행위의 관련공동성, 즉 공동불법행위자 각자의 행위가 서로 관련성이 있어야 한다.[47] 첫 번째 요건과 관련하여, 불법행위의 성립요건 중 인과관계의 요건에 대해서 판례는 각자의 행위와 손해발생 사이에 개별적인 인과관계가 인정될 것을 엄격히 요구하는 것이 아니라 가해자들의 공동행위와 손해 발생 사이의 인과관계가 인정되면 인과관계에 관한 성립요건을 충족한 것으로 본다. 예컨대, 갑회사의 차량이 횡단보도상의 피해자를 충격, 땅에 넘어뜨리자 뒤따라오던 을회사의 차량이 피해자의 부위를 역과하여 사망한 경우에 피해자를 넘어지게 한 사실은 이에 연하여 일어난 역과의 원인이 되는 것이므로 위 두 과실은 사망에 대한 공동원인이 된다.[48] 또, 1, 2차 추돌사고가 시간적으로나 장소적으로 매우 근접하여 발생한 하나의 연쇄추돌사고로서 그 사고로 인한 전체 손해 중 2차 사고로 인한 손해액을 구분하는 것이 불가능하고, 위 1, 2차 사고가 객관적으로 그 행위에 관련공동성이 있으므로, 가해자들은 공동불법행위자로서 피해자의 손해 전부에 대하여 연대배상책임을 부담한다. 수인이 폭행에 대한 공동결의를 하고 현장에 가서 난투를 한 끝에 그 중 한 사람이 피해자에게 폭행을 가하여 사망케 한 경우 역시 현장에 있던 가해자 모두 공동불법행위책임을 진다.[49]

따라서 피해자는 개별행위자의 개별적인 행위가 손해발생의 원인임을 증명할 필요 없이 공동불법행위자 전체의 행위가 손해발생의 원인임을 증명하면 된다. 반대로, 공동불법행위자들은 각자의 행위가 어떤 손해를 얼마만큼 발생시켰는지를 증명하지 못하고 행위의 관련공동성이 인정되는 한 공동불법행위책임을 면할 수 없다.

두 번째 요건인, 행위의 공동성 내지 관련성이란 행위자들 사이에 서로 주관적 의사의 공동을 말하는 것이 아니라, 객관적으로 보아 행위가 공동되어 있거나 관련성이 있는 경우를 말한다.[50] 그러므로 가해자들 사이에 공모 내지 공통의 인식이 없더라도 가해자들의 행위가 관련, 공동되어 있으면 족하다. 일반적으로 행위자 각자의 고의 또는 과실에 기한 행위가 공동으로 행하여져 단일한 손해의 공통원인이 된 경우에는 행위의 공동성 내지 관련성이 인정된다. 그러므로 고의로 불법행위를 한 자와 과실로 불법행위를 한 자의

47) 대법원 1998. 6. 12. 선고 96다55631 판결

48) 대법원 1968. 3. 26. 선고 68다91 판결

49) 대법원 1957. 3. 28. 선고 4289민상551 판결

50) 대법원 2001. 5. 8. 선고 2181판결.

행위가 결합하여 단일한 손해를 발생시킨 경우 공동불법행위가 성립하며, 과실로 불법행위를 한 자와 무과실의 불법행위가 경합하여 단일한 손해를 발생시킨 경우에도 공동불법행위가 성립한다.[51)]

그러나 에이즈 바이러스에 감염된 혈액을 환자가 수혈 받음으로써 에이즈에 감염될 위험을 배제할 의무 및 그와 같은 결과를 회피할 의무를 다하지 아니하여 감염된 혈액을 수혈 받은 환자로 하여금 에이즈 바이러스 감염이라는 치명적인 건강 침해를 입게 한 대한적십자사의 과실 및 위법행위는 신체상해 자체에 대한 것인 데 비하여, 수혈로 인한 에이즈 바이러스 감염 위험 등의 설명의무를 다하지 아니한 의사들의 과실 및 위법행위는 신체상해의 결과 발생 여부를 묻지 아니하는 수혈 여부와 수혈 혈액에 대한 환자의 자기결정권이라는 인격권의 침해에 대한 것이므로, 대한적십자사와 의사의 양 행위가 경합하여 단일한 결과를 발생시킨 것이 아니고 각 행위의 결과 발생을 구별할 수 있으니, 이와 같은 경우에는 공동불법행위가 성립하지 않는다.[52)]

2) 가해자 불명의 공동불법행위

가해자 불명의 공동불법행위는 공동 아닌 수인의 행위 중 어느 자의 행위가 그 손해를 가한 것인지 알 수 없는 때에 성립하는 불법행위이다(제760조 2항). 가령, 다수의 의사가 의료행위에 관여한 경우 그 중 누구의 과실에 의하여 의료사고가 발생한 것인지 불분명한 때에는 일련의 의료행위에 관여한 의사들 모두 제760조 제2항에 따라 공동불법행위책임을 진다.[53)] 이 유형의 불법행위는 공동불법행위자들의 행위가 서로 관련 공동성이 없다는 점에서 협의의 공동불법행위와 구별된다.

가해자 불명의 공동불법행위가 성립되기 위해서는 각자의 행위가 각각 독립하여 일반불법행위의 성립요건을 갖추되, 다만 어느 자의 행위가 손해발생

51) 대법원 1993. 6. 25. 선고 93다14424 판결 이 사건은 관광버스가 국도상에 생긴 웅덩이를 피하기 위하여 중앙선을 침범하여 운행한 과실로 마주오던 트럭과 충돌하여 발생한 교통사고에 대하여 과실로 운행한 운행자뿐 아니라 웅덩이 관리를 소홀히 한 국가 역시 공동불법행위자로서 국가배상법 제5조 영조물책임을 져야 한다고 판시한 사안이다.

52) 대법원 1998. 2. 13. 선고 96다7854 판결

53) 대법원 2005. 9. 30. 선고 2004다52576 판결

의 원인이 되었는지를 알 수 없어야 한다. 즉 수인의 행위가 객관적 관련 공동성이 없어 개별적인 행위로 판명되었으나 손해의 발생에 원인이 된 행위가 누구의 행위인지 인과관계가 불분명하여야 한다.[54)]

그러므로 공동불법행위 중 어느 가해자가 자신의 행위와 손해발생 사이의 인과관계가 없음을 증명 한 때에는 책임을 면한다.[55)] 즉, 공동 아닌 수인의 각각의 행위와 손해 발생 사이의 상당인과관계의 존재는 추정되므로 공동불법행위자가 자기의 행위와 손해발생 사이의 상당인과관계가 존재하지 아니함을 증명하면 연대책임을 면할 수 있다. 이 점에서 행위의 객관적 관련 공동성만 인정되면 면책가능성이 인정되지 않는 협의의 공동불법행위와 차이가 있다.

3) 교사 및 방조에 의한 공동불법행위

불법행위를 교사한 자 내지 방조한 자도 공동불법행위자로 간주된다(제760조 3항). 여기서 교사란 타인으로 하여금 불법행위의 의사결정을 하도록 하는 것을 의미하는 것으로 그 수단과 방법에는 아무런 제한이 없다. 또, 방조란 타인의 불법행위를 보조하는 것으로서 불법행위를 용이하게 하는 직·간접의 모든 행위를 말한다. 작위에 의한 방조뿐만 아니라 작위의무 있는 자가 그것을 방지하여야 할 제반 조치를 취하지 아니하는 부작위로 인한 방조도 가능하다. 또한, 민법상 불법행위의 방조는 형법과 달리 과실에 의한 방조도 가능하다.[56)] 다만, 과실에 의한 방조는 불법행위에 도움을 주지 않아야 할 주의 의무가 있음을 전제로 이 의무를 위반한 경우에 성립하는 것이므로, 행위자에게 그러한 주의의무가 없거나 기대할 수 없는 경우에는 과실에 의한 방조에 따른 공동불법행위도 성립할 수 없다. 아울러 방조자에게 불법행위자로서의 책임을 지우기 위해서는 방조행위와 피방조자의 불법행위 사이에 상당인과관계가 있어야 한다.[57)]

---

54) 대법원 2008. 4. 10. 선고 2007다76306 판결
55) 대법원 2008. 4. 10 선고 2007다76306 판결
56) 대법원 2000. 4. 11. 선고 99다41749 판결
57) 대법원 1998. 12. 23. 선고 98다31264 판결

(2) 효 과

1) 부진정연대채무

공동불법행위자는 발생한 손해 전부에 대하여 피해자에게 연대하여 배상할 책임이 있다. 피해자를 보다 두텁게 보호하기 위해 공동불법행위자가 부담하는 연대책임의 성질은 부진정연대채무이다.[58] 피해자가 공동불법행위자 1인으로부터 손해의 일부를 변제받을 때에는 그 금액만큼 다른 공동불법행위자의 손해액도 감소한다.[59] 그러나 피해자가 공동불법행위자 1인에 대해 손해배상채무를 면제하거나 손해배상채권을 포기한 경우는 상대적 효력만 인정된다.[60] 또, 연대채무의 경우에 적용되는 통지에 관한 제426조의 규정은 공동불법행위자 상호간에는 유추적용 될 수 없다.[61]

• 판 례

◇ 대법원 1976. 7. 13. 선고 74다746 판결 : 부진정연대채무라고 할 공동불법행위로 인한 손해배상채무에 있어서는 그 변제에 관해서 채무자 상호간에 통지의 무관계를 인정할 수 없고 변제로 인한 공동면책이 있는 경우에 있어서는 채무자 상호간에 어떤 대내적인 특별관계에서 또는 형평의 관점에서 손해를 분담하는 관계가 있는데 불과하므로 진정연대채무에 있어서 변제에 관하여 채무자 상호간에 통지의무를 인정하고 있는 민법 제426조의 규정을 유추적용할 수는 없다.

공동불법행위책임은 가해자 각 개인의 행위에 대하여 개별적인 손해를 배상하는 것이 아니라 가해자들이 공동으로 가한 불법행위 전체에 대해 책임을 지는 것이므로, 설사 가해자 중 1인이 다른 가해자에 비해 불법의 정도가 경미하거나 가담정도가 미미하다 하더라도 손해배상액이 감축되는 것은 아니다. 따라서 공동불법행위에 의해 발생한 손해 중 통상손해에 대해서는 공동불법행위자 모두 연대하여 배상할 책임이 있다.

---

58) 대법원 1969. 8. 26. 선고 69다962 판결
59) 대법원 1982. 4. 27. 선고 80다2555 판결
60) 대법원 1982. 4. 27. 선고 80다 2555 판결
61) 대법원 1976. 7. 13. 선고 74다 746 판결

2) 구상권

공동불법행위자 중 1인이 자기의 부담부분을 초과하여 배상한 때에는 다른 공동불법행위자에 대하여 그의 부담부분의 범위 내에서 구상할 수 있다. 공동불법행위자 사이에는 주관적인 공동관계가 없어 내부적인 부담부분이라는 것이 있을 수 없으므로 원칙적으로 구상권을 인정할 수 없다. 그러나 공동불법행위의 경우에도 각자의 과실의 정도에 따라 내부적인 부담부분을 결정할 수 있고,[62] 이는 각자의 고유한 채무인 반면에 이를 넘어서서 손해배상채무를 이행하는 것은 실질적으로 타인의 채무를 변제한 것에 다르지 않으므로 자기의 부담부분을 초과하여 배상함으로써 공동면책이 된 경우에는 다른 공동불법행위자에 대하여 그 부담부분의 비율에 따라 구상권을 행사할 수 있다.[63] 따라서 공동불법행위자가 다른 공동불법행위자를 상대로 구상권을 행사하기 위해서는 자기의 부담부분을 초과하여 손해배상을 해야 한다.

구상채무는 불법행위에 따른 손해배상채무와는 별개의 채무이다. 그리하여 구상권의 소멸시효는 일반채권과 같이 10년이며 구상권자가 공동면책행위를 한 때로부터 기산한다.[64] 또한, 공동불법행위자의 구상권은 피해자의 다른 공동불법행위자에 대한 손해배상채권과는 별개의 권리이다. 그러므로 연대채무에 있어 소멸시효완성의 절대적 효력에 관한 제421조의 규정은 공동불법행위자 사이에는 적용되지 않는다. 따라서 피해자의 공동불법행위자 중 1인에 대한 손해배상채무가 시효로 소멸한 후에 다른 공동불법행위자 1인이 피해자에게 손해를 배상하였을 경우 배상자는 손해배상채무가 시효로 소멸한 다른 공동불법행위자를 상대로 구상권을 행사 할 수 있다.[65] 그러나 공동불법행위자 중 1인이 보험에 가입하여 보험자가 피해자의 손해액을 초과하여 보험금으로 지급하였더라도 그 초과부분에 대해서는 다른 공동불법행위자에게 구상할 수 없다.[66]

---

62) 대법원 2000. 12. 26. 선고 2000다38275 판결. 다만, 기여의 정도가 불분명 할 때에는 부담부분은 균등한 것으로 본다.
63) 대법원 1971. 2. 9. 선고 70다2508 판결
64) 대법원 1996. 3. 26. 선고 96다3791 판결
65) 대법원 1997. 12. 23. 선고 97다42830 판결
66) 대법원 2004. 6. 25. 선고 2002다13584 판결

일정한 경우 제반 사정에 비추어 손해의 공평한 분담이라는 견지에서 신의칙상 상당하다고 인정되는 한도 내에서 구상권의 행사가 제한될 수 있다.[67]

3) 과실상계

공동불법행위에서 피해자에게 과실이 있는 경우 과실상계는 공동불법행위자 전원에 대한 관계에서 이루어진다. 피해자가 가해자 1인에 대해서만 과실이 있는 경우뿐 아니라 가해자에 대한 피해자의 과실 비율이 다르게 평가될 수 있는 경우에도 피해자의 과실을 공동불법행위자 각인에 대하여 개별적으로 평가해서는 안되고 공동불법행위자 전원에 대한 과실로 전체적으로 평가하여야 한다.[68]

피해자가 공동불법행위자 중의 일부만을 상대로 손해배상을 청구하는 경우에도 과실상계를 함에 있어 참작하여야 할 쌍방의 과실은 피해자에 대한 공동불법행위자 전원의 과실과 피해자의 공동불법행위자 전원에 대한 과실을 전체적으로 평가하여야 하고, 공동불법행위자 간의 과실의 경중이나 구상권 행사의 가능 여부 등은 고려하지 않는다.[69] 나아가, 피해자가 공동불법행위자들을 모두 피고로 삼아 한꺼번에 손해배상청구의 소를 제기한 경우와 달리 공동불법행위자 각 개인별로 별개의 소를 제기하여 소송을 진행하는 경우, 각 소송에서 제출된 증거가 서로 다르고 그에 따라 교통사고의 경위와 피해자의 손해액산정의 기초가 되는 사실이 달리 인정됨으로 인하여 과실상계비율과 손해액도 서로 달리 인정될 수 있는 것이므로, 피해자가 공동불법행위자들 중 일부를 상대로 한 전소에서 승소한 금액을 전부 지급받았다고 하더라도 그 금액이 나머지 공동불법행위자에 대한 후소에서 산정된 손해액에 미치지 못한다면 후소의 피고는 그 차액을 피해자에게 지급할 의무가 있다.[70]

한편, 피해자의 부주의를 이용하여 고의로 불법행위를 저지른 자가 바로 그 피해자의 부주의를 이유로 자신의 책임을 감하여 달라고 주장하는 것은

67) 대법원 2001. 1. 19. 선고 2000다33607 판결
68) 대법원 2000. 9. 8. 선고 99다48245 판결
69) 대법원 1991. 5. 10. 선고 90다14423 판결
70) 대법원 2001. 2. 9. 선고 2000다60227 판결

허용될 수 없다. 그러한 사유가 있는 자에게 과실상계의 주장을 허용하는 것은 신의칙에 반하기 때문이다. 그러나, 불법행위자 중의 일부에게 그러한 사유가 있다고 하여 그러한 사유가 없는 다른 불법행위자까지 과실상계의 주장을 할 수 없는 것은 아니다.[71)]

3. 주요 판례

(1) 유형별 공동불법행위

1) 방조에 의한 공동 불법행위

• 판 례

◇ 대법원 2009. 4. 23. 선고 2009다1313 판결 : 공동불법행위에 있어 방조라 함은 불법행위를 용이하게 하는 직접·간접의 모든 행위를 가리키는 것으로서 형법과 달리 손해의 전보를 목적으로 하여 과실을 원칙적으로 고의와 동일시하는 민법의 해석으로서는 과실에 의한 방조도 가능하다고 할 것이며, 이 경우의 과실의 내용은 불법행위에 도움을 주지 않아야 할 주의의무가 있음을 전제로 하여 이 의무에 위반하는 것을 말한다... 상품의 선전·광고에 있어 다소의 과장이나 허위가 수반되는 것은 그것이 일반 상거래의 관행과 신의칙에 비추어 시인될 수 있는 한 기망성이 결여된다고 하겠으나, 거래에 있어서 중요한 사항에 관하여 구체적 사실을 신의성실의 의무에 비추어 비난받을 정도의 방법으로 허위로 고지한 경우에는 기망행위에 해당한다.... (따라서) 아파트 최상층 분양에 있어 중요한 사항인 다락의 형상에 관하여 신의성실의 의무에 비추어 비난받을 정도로 허위·과장한 내용의 분양광고를 한 사안에서, 분양자(시행사) 뿐만 아니라 시공사도 공동불법행위로 인한 손해배상책임을 부담한다.

◇ 대법원 2007. 6. 14. 선고 2005다32999 판결 : 피고가 투자매개자로서의 주의의무를 위반하여 위와 같은 투자에 따른 문제점을 간과한 채 원고에게 투자를 적극 권유한 과실로 투자의 위험성을 올바르게 인식하지 못한 원고로 하여금 투자금 상당의 손해를 입게 하였다고 하더라도 그와 같은 투자유치행위가 소외 회사 경영진의 유사수신행위를 통한 투자금 편취행위와 객관적으로 관련공동성이 있는 방조행위로서 공동불법행위를 구성하는데 장애가 없다.

---

71) 대법원 2007. 6. 14. 선고 2005다32999 판결

◇ 대법원 2000. 4. 11. 선고 99다41749 판결 : 신용협동조합 실무책임자의 업무운용규칙을 위반한 당좌수표 및 약속어음 발행행위가 조합 이사장의 위 당좌수표 및 약속어음을 이용한 조합재산의 횡령행위와 사이에 객관적 관련 공동성이 있는 방조행위로서 위 실무책임자는 공동불법행위책임을 진다.

◇ 대법원 2001. 5. 8. 선고 2001다2181 판결 : 소외인은 원고가 경영하는 뿌리산업의 경리직원으로 근무하면서 1997. 10. 1.부터 1999. 3. 5.까지 사이에 44회에 걸쳐 회사공금 306,447,700원을 횡령하는 불법행위를 저질렀는데, 피고 2는 소외인과 사실혼관계에 있는 자이고, 피고 1은 소외인의 어머니로서, 소외인이 90만 원 정도의 월급을 받아 혼자 가족들과 떨어져 생활하기에도 어려운 형편에 있었고 그 밖에 수입을 올릴 수 있는 다른 직업이 없었던 점을 잘 알면서도 소외인으로부터 장기간에 걸쳐 자신의 월급의 몇 배나 되는 금원을 매월 1회 내지 4회에 걸쳐 계속하여 송금을 받아 그 금액이 피고 2의 경우 76,900,000원, 피고 1의 경우 21,000,000원에 이르는 점, 피고 2는 나아가 사업자금명목으로 소외인에게 수시로 송금을 요청하였고, 그와 같이 요청이 소외인의 횡령행위의 가장 큰 동기가 되었던 점, 피고 1은 소외인이 전에도 경리직원으로 근무하던 중 회사공금을 횡령하여 형사처분까지 받은 사실을 잘 알고 있었던 점 등을 알 수 있다.

사정이 이러하다면, 피고들이 소외인의 횡령행위에 대하여 구체적으로 공모를 하지는 않았다고 하더라도 소외인이 정상적인 방법이 아닌 부정한 방법으로 금원을 마련하여 피고들에게 송금하는 사정을 미필적으로나마 인식하고 있으면서도 이를 계속하여 묵인한 채 송금을 받은 것으로 보이고, 이는 소외인의 횡령행위에 대한 방조 또는 장물취득행위에 해당한다 할 것인바, 이와 같은 피고들의 행위와 소외인의 불법행위는 객관적으로 관련 공동되어 있고, 그 관련공동성 있는 행위에 의하여 원고에게 원심 판시와 같은 손해가 발생한 이상, 피고들은 공동불법행위자로서 원고에 대하여 손해배상책임을 지지 않을 수 없다.

◇ 대법원 1998. 12. 23. 선고 98다31264 판결 : 공유재산을 관리하는 지방자치단체나 그 재산관리 담당 공무원이 공유재산의 관리나 이를 보조하는 부하직원에 대한 감독을 철저히 하지 않고 직인관리를 소홀히 하였다는 이유만으로 이들이 위 직원의 공유재산 불법매각행위를 방조하였다고 할 수 없다.

(2) 공동불법행위의 효과

1) 구상권의 인정 및 그 제한

• 판 례

◇ 대법원 2000. 8. 22. 선고 2000다29028 판결 : 공동불법행위자는 채권자에 대한 관계에서 연대책임(부진정연대채무)을 지되 공동불법행위자들 내부관계에서는 일정한 부담 부분이 있고, 이 부담 부분은 공동불법행위자의 채권자에 대한 가해자로서의 과실 정도에 따라 정하여지는 것으로서 여기에서의 과실은 의무위반이라는 강력한 과실임에 반하여, 불법행위에 있어서 피해자의 과실을 따지는 과실상계에서의 과실은 가해자의 과실과 달리 사회통념이나 신의성실의 원칙에 따라 공동생활에 있어 요구되는 약한 의미의 부주의를 가리키는 것이다. 또한, 공동불법행위자 중의 1인이 다른 공동불법행위자와 공동불법행위자로서 제3자에게 손해배상책임을 짐과 동시에 피해자로서 다른 공동불법행위자에게 불법행위로 인한 손해배상을 구하는 경우에 피해자로서의 과실상계의 대상이 되는 과실 내용이나 비율은 공동불법행위자 사이에 제3자에 대한 가해자로서의 부담 부분을 정하기 위한 과실 내용이나 비율과 반드시 일치되어야 하는 것은 아니라고 할 것이다.

◇ 대법원 2001. 1. 19. 선고 2000다33607 판결 : 불법행위에 있어서 부진정연대채무의 관계에 있는 복수의 책임주체 중 1인이 자기 부담 부분 이상을 변제하여 공동의 면책을 얻게 하고 다른 부진정연대채무자에 대하여 그 부담 부분의 비율에 따라 구상권을 행사하는 경우 부담 부분의 비율을 판단함에 있어서는, 불법행위 및 손해와 관련하여 그 발생 내지 확대에 대한 각 부진정연대채무자의 주의의무의 정도에 상응한 과실의 정도를 비롯한 기여도 등 사고 내지 손해와 직접적으로 관련된 대외적 요소를 고려하여야 함은 물론, 나아가 부진정연대채무자 사이에 특별한 내부적 법률관계가 있어 그 실질적 관계를 기초로 한 요소를 참작하지 않으면 현저하게 형평에 어긋난다고 인정되는 경우에는 그 대내적 요소도 참작하여야 하며, 일정한 경우에는 그와 같은 제반 사정에 비추어 손해의 공평한 분담이라는 견지에서 신의칙상 상당하다고 인정되는 한도 내에서만 구상권을 행사하도록 제한할 수도 있다.

2) 과실상계

• 판 례

◇ **대법원 2007. 6. 14. 선고 2005다32999 판결** : 공동불법행위의 경우 법원이 피해자의 과실을 들어 과실상계를 함에 있어서는 피해자의 공동불법행위자 각인에 대한 과실비율이 서로 다르더라도 피해자의 과실을 공동불법행위자 각인에 대한 과실로 개별적으로 평가할 것이 아니고 그들 전원에 대한 과실로 전체적으로 평가하여야 한다.

◇ **대법원 2001. 2. 9. 선고 2000다60227 판결** : 피해자가 공동불법행위자들을 모두 피고로 삼아 한꺼번에 손해배상청구의 소를 제기한 경우와 달리 공동불법행위자별로 별개의 소를 제기하여 소송을 진행하는 경우에는 각 소송에서 제출된 증거가 서로 다르고 이에 따라 교통사고의 경위와 피해자의 손해액산정의 기초가 되는 사실이 달리 인정됨으로 인하여 과실상계비율과 손해액도 서로 달리 인정될 수 있는 것이므로, 피해자가 공동불법행위자들 중 일부를 상대로 한 전소에서 승소한 금액을 전부 지급받았다고 하더라도 그 금액이 나머지 공동불법행위자에 대한 후소에서 산정된 손해액에 미치지 못한다면 후소의 피고는 그 차액을 피해자에게 지급할 의무가 있다.

제2장 특별법상의 불법행위

산업사회를 넘어 과학기술사회로 대표되는 현대사회는 과실 없는 손해 및 위험손해의 발생, 정보화에 따른 손해의 급속성과 대규모화, 구조적인 불평등의 심화 및 인권침해 등의 특징을 갖는다. 전통적으로 불법행위법이 이미 발생한 위법행위의 결과처리에 초점을 맞추었다면, 현대사회에서의 불법행위법은 위험예방과 지속가능한 개발에 중점을 두었다는 점에서 보다 미래지향적이다.

그런데 이처럼 고도로 산업화, 전문화된 현대사회에서 종래 증명분배 원칙을 관철하면 피해자의 보호가 현저히 곤란해진다. 이러한 문제를 해결하기 위해 이른바 현대형 불법행위 영역에서는 각종 특별법을 제정·시행하면서 과실·위법성 개념의 확대 내지 배제, 인과관계의 완화 및 입증책임의 전환 등으로 피해자의 구제를 도모한다.

제 1 절 자동차손해배상책임

1. 의 의

(1) 자동차손해배상

「자동차손해배상보장법」

제3조(자동차손해배상책임) 자기를 위하여 자동차를 운행하는 자는 그 운행으로 다른 사람을 사망하게 하거나 부상하게 한 경우에는 그 손해를 배상할 책임을 진

다. 다만, 다음 각 호의 어느 하나에 해당하면 그러하지 아니하다.

1. 승객이 아닌 자가 사망하거나 부상한 경우에 자기와 운전자가 자동차의 운행에 주의를 게을리 하지 아니하였고, 피해자 또는 자기 및 운전자 외의 제3자에게 고의 또는 과실이 있으며 자동차의 구조상 결함이나 기능상의 장해가 없었다는 것을 증명한 경우
2. 승객이 고의나 자살행위로 사망하거나 부상한 경우

제4조(「민법」의 적용) 자기를 위하여 자동차를 운행하는 자의 손해배상책임에 대하여는 제3조에 따른 경우 외에는 「민법」에 따른다.

제5조(보험 등의 가입 의무) ① 자동차보유자는 자동차의 운행으로 다른 사람이 사망하거나 부상한 경우에 피해자(피해자가 사망한 경우에는 손해배상을 받을 권리를 가진 자를 말한다. 이하 같다)에게 대통령령으로 정하는 금액을 지급할 책임을 지는 책임보험이나 책임공제(이하 "책임보험 등"이라 한다)에 가입하여야 한다.

② 자동차보유자는 책임보험등에 가입하는 것 외에 자동차의 운행으로 다른 사람의 재물이 멸실되거나 훼손된 경우에 피해자에게 대통령령으로 정하는 금액을 지급할 책임을 지는 「보험업법」에 따른 보험이나 「여객자동차 운수사업법」, 「화물자동차 운수사업법」 및 「건설기계관리법」에 따른 공제에 가입하여야 한다.

『상법』

제719조(책임보험자의 책임) 책임보험계약의 보험자는 피보험자가 보험기간 중의 사고로 인하여 제3자에게 배상할 책임을 진 경우에 이를 보상할 책임이 있다.

제726조의2(자동차보험자의 책임) 자동차보험계약의 보험자는 피보험자가 자동차를 소유, 사용 또는 관리하는 동안에 발생한 사고로 인하여 생긴 손해를 보상할 책임이 있다.

자동차손해배상보장법(이하 자배법이라 함)은 자동차사고로 인한 개인의 생명과 신체 및 재산을 보호하기 위해 1963년 4월에 제정된 특별법이다. 자배법은 자동차의 운행으로 사람이 사망하거나 부상한 경우나 재물이 멸실 또는 훼손된 경우에 있어서의 손해배상을 보장하는 제도를 확립함으로써 피해자를 보호하고 자동차운송의 건전한 발전을 촉진함을 목적으로 한다(법 제1조). 자기를 위하여 자동차를 운행하는 자는 그 운행으로 인하여 다른 사람을 사망·부상하게 한 때에는 그 손해를 배상할 책임을 진다(법 제3조). 이를 위해 자동차를 운행하고자 하는 자는 손해배상책임에 대한 책임보험 또는

책임공제에 가입해야 하며(법 제5조), 이에 가입되어 있지 아니한 자동차는 도로에서 운행할 수 없다(법 제8조). 종래에는 인신손해에 대해서만 책임보험의 가입이 강제되었으나, 현재는 재산상 손해에도 일정금액의 지급이 보장된다. 현행 자배법 시행령 제3조에 의하면 사망의 경우에는 최고 1억 원을 한도로, 재산상 손해는 1천만 원의 한도에서 지급이 보장된다.[72)]

판례는 동 법의 가장 핵심적인 조문이라 할 수 있는 제3조의 자동차손해배상책임의 법적 근거에 대해 "자동차손해배상보장법 제3조는 위험책임과 보상책임원리를 바탕으로 하여 자동차에 대한 운행지배와 운행이익을 가지는 자에게 그 운행으로 인한 손해를 부담하게 하고자 함에 있(다)."고 하여 책임의 근거를 위험책임과 보상책임에서 찾고 있다.

(2) 다른 법률과의 관계

자배법 제3조는 자동차의 운행으로 인한 사고에 대해 운행자에게 손해배

---

72) 자배법 시행령 제3조(책임보험금 등) ① 법 제5조제1항에 따라 자동차보유자가 가입하여야 하는 책임보험 또는 책임공제(이하 "책임보험등"이라 한다)의 보험금 또는 공제금(이하 "책임보험금"이라 한다)은 피해자 1명당 다음 각 호의 금액과 같다.

1. 사망한 경우에는 1억원의 범위에서 피해자에게 발생한 손해액. 다만, 그 손해액이 2천만원 미만인 경우에는 2천만원으로 한다.
2. 부상한 경우에는 별표 1에서 정하는 금액의 범위에서 피해자에게 발생한 손해액. 다만, 그 손해액이 법 제15조제1항에 따른 자동차보험 진료수가에 관한 기준에 따라 산출한 진료비 해당액에 미달하는 경우에는 별표 1에서 정하는 금액의 범위에서 그 진료비 해당액으로 한다.
3. 부상에 대한 치료를 마친 후 더 이상의 치료효과를 기대할 수 없고 그 증상이 고정된 상태에서 그 부상이 원인이 되어 신체의 장애(이하 "후유장애"라 한다)가 생긴 경우에는 별표 2에서 정하는 금액의 범위에서 피해자에게 발생한 손해액

② 동일한 사고로 제1항 각 호의 금액을 지급할 둘 이상의 사유가 생긴 경우에는 다음 각 호의 방법에 따라 책임보험금을 지급한다.

1. 부상한 자가 치료 중 그 부상이 원인이 되어 사망한 경우에는 제1항제1호와 같은 항 제2호에 따른 한도금액의 합산액 범위에서 피해자에게 발생한 손해액
2. 부상한 자에게 후유장애가 생긴 경우에는 제1항제2호와 같은 항 제3호에 따른 금액의 합산액
3. 제1항제3호에 따른 금액을 지급한 후 그 부상이 원인이 되어 사망한 경우에는 제1항제1호에 따른 금액에서 같은 항 제3호에 따른 금액 중 사망한 날 이후에 해당하는 손해액을 뺀 금액

③ 법 제5조제2항에서 "대통령령으로 정하는 금액"이란 사고 1건당 1천만원의 범위에서 사고로 인하여 피해자에게 발생한 손해액을 말한다.

상책임을 지우는 무과실 책임 규정이다. 손해배상책임에 관하여 특별한 규정이 있는 경우 이외에는 민법의 규정에 의한다(법 제4조). 만일 피용자의 운행으로 제3자에게 손해가 발생했다면 특별한 사정이 없는 한 그 사용자가 운행자가 되어 운행자책임을 진다.

자배법의 시행 전에는 민법 제750조 내지 제756조에 근거하여 교통사고의 피해자가 가해자인 운전자나 그 사용자의 귀책사유를 주장·증명하여야 했기 때문에 피해자 보호에 미흡하였다. 그러나 자배법 제3조가 시행됨에 따라 피해자는 자동차의 운행으로 인해 손해를 입었다는 점만 주장·증명하면, 일단 운행자에게 배상책임이 인정되고 따라서 운행자가 면책요건을 증명하지 못하는 한 배상책임을 면치 못한다. 이 점에서 자배법 제3조는 민법 제750조 일반불법행위책임의 특별규정이자 제756조 사용자배상책임의 특별규정이다. 그러므로 자동차 사고로 인하여 손해를 입은 피해자가 자배법에 의한 손해배상을 주장하지 않았더라도 법원은 민법에 우선하여 자배법을 적용하여야 한다.[73] 다만, 그렇다고 하여 피해자가 민법상의 손해배상을 청구하지 못하는 것은 아니다. 따라서 자배법상의 손해배상책임이 인정되지 않는 경우나 자배법상의 적용대상에서 제외되는 경우 피해자는 민법상의 불법행위 책임을 청구할 수 있다.[74]

또한, 자배법 제3조는 국가배상법 제2조 국가배상책임의 특별규정이기도 하다. 따라서 공무원이 공무수행 중 자동차사고를 낸 경우에도 자배법이 우선하여 적용된다.[75] 국가배상책임의 경우에는 공무원 개인의 책임이 고의 또

73) 대법원 1997. 11. 28. 선고 95다29390 판결 이 사례는 회사의 현장소장이 자동차 보유자와의 사이에 자동차 임대차 및 운전용역제공계약을 체결하고, 자동차 보유자를 자신의 공사 현장에 배치하여 자신의 지시·감독하에 자동차를 이용하여 자재운반 등의 업무에 종사하게 하고, 자동차 보유자는 자동차를 회사의 공사 현장에만 전속적으로 사용하면서 회사로부터 연료비, 엔진오일, 소모품비 등 관리비를 지급받고 있었는데, 사고 당일, 현장소장이 공사 현장에서 가스관을 매설하는 철야 작업을 끝내고 다른 작업 인부들과 함께 간단한 회식을 마친 뒤 회사의 화물을 위 화물차의 적재함에 싣고 작업 인부를 조수석에 동승시킨 채 집으로 귀가하던 중 졸음운전을 하다가 교통사고를 일으켜 위 인부를 사망케 한 사안이다. 이 사건에서 법원은 회사는 당해 사고 당시에도 자동차의 운행이익을 향수하고 그 운행을 지배하는 자의 지위에 있었다고 하여 회사의 자동차손해배상책임을 인정하였다.

74) 대법원 2001. 6. 29. 선고 2001다23201, 23218 판결

75) 대법원 1996. 3. 8. 선고 94다23876 판결

는 중과실의 경우로 한정되나, 자동차사고로 인한 경우에는 공무원이 운행자에 해당하는 한 자배법이 적용되므로 공무원은 경과실의 경우에도 개인책임을 질뿐 아니라 나아가 무과실의 배상책임을 진다.[76)]

2. 성립요건 및 효과

(1) 성립요건

1) 자동차, 운행, 운행기인성

자배법 제3조 운행자책임이 성립하기 위해서는 자기를 위하여 자동차를 운행하는 자의 운행으로 다른 사람을 사망하게 하거나 부상하게 한 경우여야 한다. 여기서 자동차는 자동차관리법의 적용을 받는 자동차(승용차, 승합차, 화물차, 이륜자동차 중 50cc미만의 오토바이는 제외)와 건설기계관리법의 적용을 받는 건설기계 중 덤프트럭, 타이어식 기중기 등을 말한다(법 제2조 1호). 군용차량은 자배법 소정의 자동차가 아니므로(법 제2조 1호 단서), 군용차량의 운행으로 인신사고가 발생한 경우에는 국가배상법이 적용된다.

운행이란 사람 또는 물건의 운송 여부와 관계없이 자동차를 당해 장치의 용법에 따라 사용 또는 관리하는 것을 말한다(법 제2조 제2호). 이 때, 당해 장치란 통상 자동차의 구조상 설비되어 있는 당해 자동차 고유의 장치를 말하는 것으로, 주행 중 차량에 부착된 물건이 떨어지거나 승객이 차량 바닥에 미끄러져 부상당한 경우, 지게차가 지게발을 이용하여 화물을 적재하다고 일어난 사고 등도 모두 차량 운행중의 사고에 해당한다. 또, 자동차 주행의 전후단계로서 주·정차 상태에서 문을 열고 닫는 등 각종 부수적인 장치를 사용하는 것도 운행 중 사고로 본다.[77)] 그러므로 안전하게 정차하기 어려운 곳에 자동차를 정차하거나 정차함에 있어 도로상태에 맞추어 변속기나 브레이크를 조작하지 아니함으로써 자동차가 추락하여 인신사고가 발생한 경우는 자동차의 운행으로 인한 사고에 해당한다.[78)]

---

76) 대법원 1996. 5. 31. 선고 94다15271 판결

77) 대법원 2004. 7. 9. 선고 2004다20340,20357 판결

78) 대법원 2004. 3. 12. 선고 2004다445, 452 판결; 대법원 2003. 9. 23. 선고 2002다65936, 65943 판결

끝으로, 운행기인성이란 자동차의 운행으로 말미암아 손해가 발생할 것, 즉 운행과 손해발생 사이의 상당인과관계가 있을 것을 말한다.[79] 그러므로 가령, 버스가 정류소에 완전히 정차한 상태에서 승객이 열린 출입문을 통하여 하차하다가 넘어져 부상한 경우는 운행으로 인해 발생한 사고로 볼 수 없다.[80]

2) 운행자

운행자란 사회통념상 당해 자동차에 대한 운행을 지배하여 그 이익을 향수하는 자를 말한다. 그러므로 운행자가 되기 위해서는 운행지배와 운행이익 두 가지 모두 갖춰야 한다.

운행지배란 자동차를 현실적으로 관리, 운영하는 상태를 말한다. 다만, 현실적인 지배에 한하지 않고 사회통념상 간접지배 내지는 지배가능성이 있다고 볼 수 있는 경우를 포함한다.[81] 이 경우 운행지배가능성은 일반적으로 지배를 해야 할 지위에 있거나 그러한 의무를 부담하는지 등을 고려하여 규범적으로 판단한다. 그러므로 자동차보유자와 운전자가 다를 경우, 자동차보유자에게 운행지배성이 인정되기 위해서는 명의대여나 운행의 허용 등과 같이 보유자에게 책임을 부담시킬 수 있는 일정한 외형이 존재하여야 한다. 그러므로 자동차보유자가 타인에게 자동차 등록명의를 빌려주거나 차량을 임대하여 사용을 허락한 경우, 타인이 자동차를 운전하다 사고가 났다면 명의대여자나 자동차 임대업자가 현실적으로 자동차를 지배, 관리하지 않아도 운행지배성이 인정된다. 이 경우 명의대여료나 임대료는 운행이익으로 인정되며, 운행이익은 경제적 이익만을 의미하지 않으므로 무상대여의 경우에도 그에 상응하는 만족감 등이 있다면 운행이익이 있는 것으로 다뤄진다.[82]

차량의 실질적인 소유권이 제3자에게 양도되었음에도 불구하고 등록명의의 이전절차가 종료되지 않아 소유 명의가 양도인에게 남아 있는 명의잔존의 경우도 운행지배의 유무는 양도인과 양수인 사이의 실질적 관계를 살펴서 사회통념상 양도인이 양수인의 차량운행에 간섭하거나 관리할 책무가 있

79) 대법원 1980. 10. 14. 선고 80다1213 판결
80) 대법원 1994. 8. 23. 선고 93다59595 판결
81) 대법원 2009. 10. 15. 선고 2009다42703,42710 판결
82) 대법원 1987. 11. 10. 선고 87다카376 판결

는 것으로 평가할 수 있다면 명의잔존자의 운행자성이 인정될 수 있다.[83)]

사고차량에 대하여 2인 이상의 운행자가 있는 경우, 가령 수인이 차량을 공유하거나 여행 등의 공동목적을 위해 차량을 운행하는 경우, 자동차임대업자와 임차인, 차량의 대주와 차주 사이는 공동운행자성이 인정되어 중복적 운행지배가 성립된다. 그러나 의뢰자인 고객과 세차업자, 수리업자, 자동차부품교환업자 등의 관계에서는 고객의 운행자성이 부정되고 원칙적으로 의뢰를 받은 자만이 운행자가 된다. 또, 차량보유자가 전혀 예상할 수 없는 제3자가 차량을 절취하여 운전하다 사고를 낸 경우 차량보유자는 원칙적으로 차량을 절취 당하였을 때 운행지배와 운행이익을 상실하므로 운행자 책임을 지지 않지만, 자동차보유자가 차량에 열쇠를 꽂아 둔 채 자리를 비운 사이 제3자가 이를 절취하여 사고를 낸 경우 등 차량보유자의 차량 관리상의 과실이 중대한 경우는 예외적으로 차량보유자의 공동운행자성이 인정된다.[84)]

그리고, 차량보유자의 피용자나 친척이 보유자의 승낙 없이 무단운전을 하다 사고가 난 경우에는 차량보유자의 평소 차량과 열쇠의 관리상태, 무단운전이 가능하게 된 경위, 보유자와 운전자와의 관계, 무단운전 후의 보유자의 승낙가능성 등을 고려하여 판단하되, 이러한 사정들이 제3자의 무단운전을 용이하도록 한 경우에는 차량보유자의 공동운행자성을 인정할 수 있다.[85)]

운행이익이란 자동차의 사용에 따른 이익의 귀속을 의미한다. 그러므로 가령, 자동차 임대업자나 명의대여자의 경우에도 운행이익이 인정될 수 있다. 반면, 대리운전기사나 고용운전기사와 같이 타인을 위하여 자동차를 운전하는 경우에는 운행이익이 부정된다. 다만 이 경우 운전자에게 과실이 인정되면 민법 제750조 일반불법행위책임이 인정될 수 있다. 최근에는 운행이익을 운행지배를 찾아내는 하나의 징표로서 파악하려는 견해가 유력하다.

운행자의 인정기준은 차량의 임대차나 명의대여, 무단운전 등과 같이 운행자의 인정여부가 불분명한 때에 운행자성을 확정하기 위해 필요하다. 이와 같은 경우 판례는 운행지배 내지 지배가능성, 운행이익의 내용, 보유자와 운

83) 대법원 1992. 4. 14. 선고 91다4102 판결
84) 대법원 1997. 7. 8. 선고 97다15685 판결
85) 대법원 1997. 7. 8. 선고 97다15685 판결

전자의 인적 관계, 운행시간–거리–장소, 평소 자동차나 그 열쇠의 보관 및 관리상태, 운전자의 차량의 반환의사 유무 등 객관적이고 외형적인 여러 제반사정을 고려하여 운행자성을 규범적으로 판단한다.[86]

3) 타 인

자배법 제3조 운행자책임의 보호를 받는 피해자는 운행자 및 당해 자동차의 운전자, 운전보조자 이외의 자, 즉 타인에 해당하여야 한다. 자배법상 타인성은 권리장애 사실로서 운행자책임을 지는 피고측에서 원고가 운행자, 운전자, 운전보조자에 해당한다는 사실을 주장·증명해야 한다. 타인의 해당성 여부가 주로 문제된 경우는 공동운행자 중 1인이 피해자인 경우, 공동운전자의 경우, 운행자의 친족 또는 무상이나 호의 동승자가 피해자인 경우이다.

먼저, 공동운행의 경우 운행자들 사이에 있어 운행지배와 운행이익의 정도가 동등한 경우에는 타인성이 조각된다. 다만, 공동운행자 중 1인이 피해자인 경우 다른 공동운행자와의 관계에서는 구체적으로 운행의 태양을 살펴 운행자성의 정도에 따라 타인성을 판단한다.[87] 일반적으로 타인으로부터 자동차를 무상으로 빌려 제3자로 하여금 운전하게 하고 그 자동차에 동승하였다가 사고를 당한 사용대차나 운전사를 포함하여 차량을 임대한 경우에 있어서는 대주와 임대인의 타인성이 부정되는 반면 오히려 운행자성이 인정될 수 있다.[88] 공동운행자의 타인성이 인정되더라도 운행지배의 정도 및 태양에 따라 공평칙상 다른 공동운행자의 책임이 제한될 수 있다.[89]

다음으로, 공동운전자와 관련하여 사고발생시 실제 운전을 하지 않고 또한 운전해야 할 의무가 없는 자는 원칙적으로 타인에 해당한다. 가령, 장거리를 운전자 2인이 교대로 운전하여 가는 교대운전의 경우 비번인 교대운전자는 담당운전자로부터 요청이 있는 등 특단의 사정이 없는 한 당번에 대비하여 휴식함이 허용되므로 사고 당시 조수석에 앉아 수면휴식 중이던 교대운전자는 타인에 해당한다.[90] 다만, 공동운전자 중 1인이 차량을 후진하고 다른 1

86) 대법원 1987. 7. 21. 선고 87다카51 판결
87) 대법원 1993. 4. 23. 선고 93다1879 판결; 대법원 2000. 10. 6. 선고 2000다32840 판결
88) 대법원 1991. 7. 9. 선고 91다5358 판결; 대법원 1992. 2. 11. 선고 91다42388 판결
89) 대법원 1991. 5. 10. 선고 91다3918 판결
90) 대법원 1983. 2. 22. 선고 82다128 판결

인이 그 후진을 유도하다가 사고를 당하게 된 경우에 있어서는 타인성이 부정된다.[91] 또, 업무로서 운전자의 운전행위에 참여하여 운전에 도움을 주는 운전보조자는 타인에 해당하지 않으나, 운전행위의 일부를 분담하는 등 직접 운전자와 동일시되지 않는 운전보조자의 경우는 타인에 해당한다.[92] 그러므로 운전교습생을 지도하는 운전지도원이 교습생의 운전사고로 피해를 입은 경우 지도원은 타인에 해당하지 않는다.[93]

끝으로, 호의동승 내지 무상동승의 경우 단순히 호의로 동승하였다는 사실만 가지고 타인성이 부정되거나 배상액 감경사유로 삼을 수 있는 것은 아니다. 따라서 호의동승자는 원칙적으로 타인으로서 보호받으며, 다만 일반적으로 신의칙 내지 형평칙상 운행자의 책임이 제한된다.

4) 면책사유의 부존재

자배법 제3조 단서에 따라 피해자가 승객 또는 승객 이외의 자인 경우 다음과 같은 면책사유가 존재하면 운행자는 자배법상의 책임을 지지 않는다. 먼저, 승객이 고의 또는 자살행위로 사망하거나 부상한 경우에는 승객의 과실 여부와 관계 없이 운행자는 책임을 지지 않는다. 승객이란 운행자의 명시적·묵시적 동의하에 승차한 사람을 의미하므로 통상 차량에 승차하려고 발을 올려놓은 순간부터 지면에 착지하기까지 사이에 있는 자를 말한다. 다만, 반드시 차량에 탑승하여 그 내부에 있는 자만이 승객은 아니고, 운행 중인 자동차의 직접적인 위험 범위에서 벗어나지 않는 자도 승객에 해당한다. 승객의 고의 또는 자살행위는 승객의 자유로운 의사결정에 기인한 의식적인 행위에 한정한다.

승객 이외의 자가 사상한 경우에는 자기 및 운전자의 무과실 및 피해자 또는 자기 및 운전자 이외의 제3자의 고의 또는 과실, 그리고 자동차의 구조상의 결함 또는 기능장해의 부존재를 주장·증명해야 면책된다. 면책 사유로서 운전자의 무과실은 교통사고의 발생에 피해자의 이상행동이 개입되었을 때 통상 운행자는 그와 같은 이상행동이 없을 것이라고 신뢰하기 때문에 그

91) 대법원 1987. 10. 28. 선고 87다카1388 판결
92) 대법원 1999. 9. 17. 선고 99다22328 판결
93) 대법원 2000. 3. 28. 선고 99다53827 판결

신뢰가 상당한 경우에는 운행자의 책임을 부정하는 것이 타당하다는 점에 기인한다. 그러므로, 가령, 상대방 차량이 중앙선을 넘어 들어와 사고가 야기된 경우 운전자는 상대방의 비정상적인 운행을 예견할 수 없었으므로 과실이 있다고 할 수 없다.[94] 다만, 운행자나 그 피용운전자에게 과실이 없더라도 피해자나 제3자의 고의나 과실을 주장·증명하지 못하는 한 운행자는 면책될 수 없다.

이외에 운행자는 자배법 제4조에 의하여 준용되는 민법의 일반원칙에 따라 불가항력 또는 정당방위, 긴급피난 등을 증명하면 면책될 수 있다. 또한 과실상계의 법리가 준용되므로 피해자의 과실이 중대하면 가해자의 과실이 있다고 하더라도 배상책임이 면책될 수 있다.[95]

(2) 효 과

1) 피해자의 손해배상청구 및 보험금 직접청구

『자동차손해배상보장법』

제10조(보험금 등의 청구) ① 보험가입자등에게 제3조에 따른 손해배상책임이 발생하면 그 피해자는 대통령령으로 정하는 바에 따라 보험회사 등에게 「상법」 제724조 제2항에 따라 보험금등을 자기에게 직접 지급할 것을 청구할 수 있다. 이 경우 피해자는 자동차보험진료수가에 해당하는 금액은 진료한 의료기관에 직접 지급하여 줄 것을 청구할 수 있다.

② 보험가입자 등은 보험회사 등이 보험금등을 지급하기 전에 피해자에게 손해에 대한 배상금을 지급한 경우에는 보험회사 등에게 보험금 등의 보상한도에서 그가 피해자에게 지급한 금액의 지급을 청구할 수 있다.

제41조(시효) 제10조, 제11조 제1항, 제29조 제1항 또는 제30조 제1항에 따른 청구권은 3년간 행사하지 아니하면 시효로 소멸한다.

『상법』

제724조(보험자와 제3자와의 관계) ②제3자는 피보험자가 책임을 질 사고로 입은 손해에 대하여 보험금액의 한도 내에서 보험자에게 직접 보상을 청구할 수 있

94) 대법원 1988. 3. 8. 선고 87다카607 판결
95) 대법원 1991. 4. 26. 선고 90다14539 판결

다. 그러나 보험자는 피보험자가 그 사고에 관하여 가지는 항변으로써 제3자에게 대항할 수 있다.

자동차사고를 당한 피해자는 가해자에 대해 민법 제750조, 제756조 및 자배법 제3조에 근거하여 손해배상을 청구할 수 있고, 보험회사에 대하여는 자배법 제10조 제1항, 상법 제724조 제2항에 의하여 직접 보험금을 청구할 수도 있다. 이 경우 양 청구권은 각각 발생의 법적 근거가 다르므로 별개의 독립한 것으로 병존하고 양 청구권은 부진정연대채무의 관계에 있다.[96]

그런데 피해자의 직접청구권은 보험자가 피보험자의 피해자에 대한 손해배상채무를 병존적으로 인수한 것으로서 피보험자의 보험자에 대한 보험금청구권의 변형이 아니다. 따라서 그 성질은 민법상의 손해배상청구권이며, 피해자의 직접청구에 있어서의 지연손해금은 민법 소정의 연 5%의 비율에 의한다. 또한, 가해자의 보험자에 대한 보험금청구권이 존재하지 아니한다는 판결이 선고되어 확정되었더라도 그 사유만으로 당연히 피해자가 직접청구권을 행사할 수 없는 것은 아니다.[97] 다만, 양 청구권이 별개의 독립한 것으로 병존하므로 피해자의 가해자에 대한 청구권의 포기약정은 보험자에게 아무런 영향을 미치지 않으나, 상법 제724조 2항 단서에 따라 보험자는 가해자의 제3자에 대한 항변으로 대항할 수 있으므로 피해자의 가해자에 대한 청구권포기를 항변으로 원용할 수 있다.[98] 피해자의 직접청구권은 압류하거나 양도할 수 없다(제40조).

피해자의 보험자에 대한 직접청구권은 3년간 행사하지 아니하면 시효로 소멸한다(자배법 제41조). 다만, 책임보험금의 범위를 초과한 부분에 대한 피해자의 보험금 직접청구권의 근거는 상법 제662조이며, 그 소멸시효는 직접청구권의 법적 성질이 손해배상청구권이므로 일반 불법행위의 소멸시효가 적용되어 손해 및 가해자를 안 날로부터 3년, 불법행위시로부터 10년이 적용된다(민법 제766조).[99]

96) 대법원 2000. 6. 9. 선고 98다54397 판결
97) 대법원 1995. 2. 10. 선고 94다4424 판결
98) 대법원 1993. 12. 10. 선고 93다42979 판결
99) 대법원 2005. 10. 7. 선고 2003다6774 판결

2) 면책약관의 효력

『상법』

제659조(보험자의 면책사유) ① 보험사고가 보험계약자 또는 피보험자나 보험수익자의 고의 또는 중대한 과실로 인하여 생긴 때에는 보험자는 보험금액을 지급할 책임이 없다.

제732조의2(중과실로 인한 보험사고) 사망을 보험사고로 한 보험계약에는 사고가 보험계약자 또는 피보험자나 보험수익자의 중대한 과실로 인하여 생긴 경우에도 보험자는 보험금액을 지급할 책임을 면하지 못한다.

보험자와 보험계약자 내지 피보험자 사이에 피보험자동차의 운전자가 무면허운전이나 음주운전을 하였을 때 생긴 사고로 인한 손해에 대하여는 보상하지 않는다는 취지의 무면허나 음주운전면책약관은 유효하다(상법 제659조). 다만, 이러한 면책약관이 중과실을 포함하여 과실로 인한 무면허 내지 음주운전행위에까지 적용되는 것으로 볼 수는 없으며(상법 제732조의2), 이에 반한 면책약관은 무효이다.

• 판 례

◇ 대법원 2000. 10. 6. 선고 2000다32130 판결 : 보험계약자나 피보험자가 입은 자기차량 손해가 자동차종합보험의 음주면책약관 조항과 같이 보험계약자 등이 음주운전을 하였을 때에 생긴 손해에 해당하는 경우에는 그 면책조항의 문언 그대로 아무런 제한 없이 면책되는 것으로 해석하여야 하고, 이러한 법리는 자동차종합보험의 무면허 면책약관 조항의 경우에도 마찬가지로 적용된다.

◇ 대법원 1999. 2. 12. 선고 98다26910 판결 : 상법 제732조의2는 "사망을 보험사고로 한 보험계약에는 사고가 보험계약자 또는 피보험자나 보험수익자의 중대한 과실로 인하여 생긴 경우에도 보험자는 보험금액을 지급할 책임을 면치 못한다."라고 규정하고 있고, 위 규정은 상법 제739조에 의해 상해보험계약에도 준용되며, 한편 상법 제663조는 당사자 간의 특약으로 보험계약자 또는 피보험자나 보험수익자에게 불이익하게 위 각 규정을 변경하지 못하도록 규정하고 있는바, 상해 또는 사망을 보험사고로 하는 보험계약상의 무면허·음주 등 면책약관이 만일 보험사고가 전체적으로 보아 고의로 평가되는 행위로 인한 경우뿐만 아니라 과실(중과실 포함)로 평가되는 행위로 인한 경우까지 보상하지

아니한다는 취지라면 과실로 평가되는 행위로 인한 사고에 관한 한 위 각 규정들에 위배되어 무효라고 봄이 상당하다(한정무효).

〈피보험자가 운전면허 없이 주취상태에서 타인의 차량을 훔쳐 무단운행을 하던 중 교통사고로 사망한 사안에서, 위 사고는 피보험자의 과실로 평가되는 행위로 인하여 발생하였다고 보는 것이 타당하다는 이유로, 이와 달리 피보험자의 미필적 고의에 의한 사고이므로 보험자에게 보험금 지급의무가 없다고 본 원심판결을 파기한 사례〉

무면허면책약관 내지 음주운전의 면책약관이 유효한 경우에도 이들 약관은 무면허운전 내지 음주운전이 보험계약자나 피보험자의 지배 또는 관리 가능한 상황에서 이루어진 경우에 한하여 적용된다. 이 때, 무면허운전 내지 음주운전이 보험계약자나 피보험자의 지배 또는 관리 가능한 상황에서 이루어진 경우라 함은 보험계약자 또는 피보험자의 명시적 또는 묵시적인 승인 아래 이루어진 경우를 말한다. 특히, 보험계약자의 묵시적인 승인이란 무면허운전에 대한 승인 의도가 명시적으로 표현되는 경우와 동시할 수 있는 정도로 그 승인 의도를 추단할 만한 사정이 있는 경우를 말한다. 그러므로 보험계약자나 피보험자의 운행성이 인정되지 않는 무단운전이나 절취운전의 경우에는 면책약관의 효력이 미치지 않는다.

• 판 례

◇ 대법원 2000. 10. 13. 선고 2000다2542 판결 : 자동차보험에 있어서 피보험자의 명시적·묵시적 승인하에서 피보험자동차의 운전자가 무면허운전을 하였을 때 생긴 사고로 인한 손해에 대하여는 보상하지 않는다는 취지의 무면허운전 면책약관은 무면허운전이 보험계약자나 피보험자의 지배 또는 관리 가능한 상황에서 이루어진 경우에 한하여 적용되는 것으로서, 이 경우에 있어서 묵시적 승인은 명시적 승인의 경우와 동일하게 면책약관이 적용되므로 무면허운전에 대한 승인 의도가 명시적으로 표현되는 경우와 동일시 할 수 있는 정도로 그 승인 의도를 추단할 만한 사정이 있는 경우에 한정되어야 하고, 무면허운전이 보험계약자나 피보험자의 묵시적 승인하에 이루어졌는지 여부는 보험계약자나 피보험자와 무면허운전자의 관계, 평소 차량의 운전 및 관리 상황, 당해 무면허운전이 가능하게 된 경위와 그 운행 목적, 평소 무면허운전자의 운전에 관하여 보험계약자나 피보험자가 취해 온 태도 등의 여러 사정을 함께 참작하여 인정하여야 하며, 보험계약자나 피보험자가 과실로 운전자가 무면허임을 알지

못하였다거나 무면허운전이 가능하게 된 데에 과실이 있었다거나 하는 점은 무면허운전 면책약관의 적용에서 고려할 사항이 아니다.
〈구 도로교통법시행규칙 [별표 14]의 개정에 의하여 운전면허를 받은 사람이 운전할 수 있는 자동차 등의 종류가 달라짐으로써 종전에 제1종 보통면허만으로 운전할 수 있던 차량이 제1종 대형면허가 있어야만 운전할 수 있는 것으로 변경되었음에도 피보험자나 그 종업원이 이를 모른 채 그 차량을 그 종업원이 운전하여 무면허운전이 된 경우, 피보험자가 그 종업원이 무면허 운전을 하는데 묵시적 승인을 하였다고 볼 수 없다고 한 사례〉

아울러, 무면허나 음주운전차량에 동승한 자나 상대 차량의 탑승자 등은 여전히 보험금을 지급 받을 수 있다. 물론, 무면허나 음주운전을 하였더라도 사고에 책임이 없는 경우에는 상대 가해 차량의 운전자가 가입한 보험사로부터 보험금을 지급 받을 수 있다.

3) 보험자대위 및 구상권

『상법』

제681조(보험목적에 관한 보험대위) 보험의 목적의 전부가 멸실한 경우에 보험금액의 전부를 지급한 보험자는 그 목적에 대한 피보험자의 권리를 취득한다. 그러나 보험가액의 일부를 보험에 붙인 경우에는 보험자가 취득할 권리는 보험금액의 보험가액에 대한 비율에 따라 이를 정한다.

제682조(제삼자에 대한 보험대위) 손해가 제삼자의 행위로 인하여 생긴 경우에 보험금액을 지급한 보험자는 그 지급한 금액의 한도에서 그 제삼자에 대한 보험계약자 또는 피보험자의 권리를 취득한다. 그러나 보험자가 보상할 보험금액의 일부를 지급한 때에는 피보험자의 권리를 해하지 아니하는 범위 내에서 그 권리를 행사할 수 있다.

제724조(보험자와 제3자와의 관계) ① 보험자는 피보험자가 책임을 질 사고로 인하여 생긴 손해에 대하여 제3자가 그 배상을 받기 전에는 보험금액의 전부 또는 일부를 피보험자에게 지급하지 못한다.

② 제3자는 피보험자가 책임을 질 사고로 입은 손해에 대하여 보험금액의 한도 내에서 보험자에게 직접 보상을 청구할 수 있다. 그러나 보험자는 피보험자가 그 사고에 관하여 가지는 항변으로써 제3자에게 대항할 수 있다.

자동차보험의 피보험자가 타인과 공동하여 교통사고를 일으켜 제3자에게 손해가 발생한 경우, 피해자인 제3자가 보험자에게 직접청구권을 행사하여 보험금을 지급 받았다면 피보험자는 공동불법행위자에 대하여 구상권을 행사할 수 있다. 아울러, 보험자는 그 구상권을 대위행사 할 수 있다(상법 제682조).[100] 가해자들이 가입한 보험자들 상호간에도 직접 구상권을 행사할 수 있다. 이 경우, 출재보험자가 면책보험자에게 구상권을 행사하는 경우 그 청구권원이 보험자대위에 의한 경우에는 그 성질을 민사채권으로 보아 10년의 소멸시효가 적용된다. 그런데 청구권원이 직접 구상권의 행사인 경우에는 그 성질은 상사채권이 되며 따라서 5년의 소멸시효가 적용된다.

• 판 례

◇ 대법원 1999 6. 11. 선고 99다3143 판결 : 보험금을 지급한 보험자가 보험자대위에 의하여 다른 공동불법행위자 및 그의 보험자에 대하여 가지는 구상권의 소멸시효 기간은 일반채권과 같이 10년이고, 그 기산점은 구상권이 발생한 시점, 즉 구상권자가 현실로 피해자에게 손해배상금을 지급한 때이다.

◇ 1998. 7. 10. 선고 97다17544 판결 : 공동불법행위자들과 각각 상행위인 보험계약을 체결한 보험자들 상호간에 있어서 공동불법행위자 중의 1인과 사이에 보험계약을 체결한 보험자가 피해자에게 손해배상금을 보험금액의 범위 내에서 지급하고 다른 공동불법행위자의 보험자가 부담하여야 할 부분에 대하여 직접 구상권을 행사하는 경우 그 손해배상금 지급행위는 상인이 영업을 위하여 하는 행위라고 할 것이므로, 그 구상금채권은 보조적 상행위로 인한 채권으로서 그 권리를 행사할 수 있는 때로부터 5년간 행사하지 아니하면 소멸시효가 완성한다.

한편, 피용자인 운전자가 일으킨 교통사고에 대해 운행자인 차주가 피해자에게 손해배상을 한 경우 차주인 사용자는 피용자에게 구상권을 행사할 수 있다. 이 경우 사용자의 감독 및 지도여부, 자동차의 하자여부, 근로시간 등 근로규정의 위반여부 및 보험가입 여부 등 신의칙상 제반요소를 고려하여 구상권의 범위를 제한할 수 있다.

---

100) 대법원 1999. 6. 11. 선고 99다3143 판결

4) 형사합의금과의 관계

자동차사고가 발생한 경우 일반적으로 가해자는 형사처벌을 피하기 위해 피해자와 합의를 시도한다. 이 경우 가해자가 피해자에게 지급한 금원은 특별한 의사표시가 없는 한 원칙적으로 손해배상의 일부로 본다. 그러므로 보험회사는 가해자가 지급한 금원을 제외한 나머지에 대해서만 보험금으로 지급할 의무가 있다. 특히 무보험차 상해특약의 약관에는 피보험자가 배상의무자로부터 이미 지급받은 손해배상액을 제외한 나머지를 보험금으로 지급한다고 명시되어 있다. 그런데 합의금이 민사상 손해배상과는 별도로 지급되거나 순순한 위로금 내지 형사합의금의 성질을 갖는 경우에는 이를 공제하지 않고, 위자료의 산정시 참작사유로 삼을 수 있을 뿐이다. 합의금의 성질이 불분명한 경우, 판례는 대체로 형사합의금이 소액이어서 호의적·동정·의례적인 것으로 볼 수 있는 경우에는 위로금으로 보아 공제를 하지 않으나, 고액인 경우에는 원칙적으로 손해배상으로 보아 전액 공제를 인정한다.

● 판 례

◇ 대법원 1996. 9. 20. 선고 95다53942 판결 : 불법행위의 가해자에 대한 수사나 형사재판 과정에서 피해자가 가해자로부터 합의금 명목의 금원을 지급받고 가해자에 대한 처벌을 원치 않는다는 내용의 합의를 한 경우에, 그 합의 당시 지급받은 금원을 특히 위자료 명목으로 지급받는 것임을 명시하였다는 등의 사정이 없는 한 그 금원은 손해배상금(재산상 손해금)의 일부로 지급되었다고 봄이 상당하다.

〈재산상 손해금의 성격을 띤 형사합의금은 자동차종합보험약관에서 정한 '사고차의 운행으로 남을 죽게 하거나 다치게 하여 법률상 손해배상책임을 짐으로써 입은 손해'에 대한 배상으로 지급된 것이고, 그 지급 목적이 형사상 처벌을 원하지 아니한다는 의사표시를 얻어내기 위한 형사상 합의에 있었다 하더라도 사정이 달라진다고 할 수 없으므로, 보험자는 그 보험계약에 따라 보험금으로 형사합의금으로 지급한 금액 상당을 피보험자에게 지급할 의무가 있다고 본 사례〉

한편, 피해자가 미성년자인 경우 미성년자의 합의는 법정대리인이 취소할 수 있으므로 가해자 또는 보험회사가 형사합의를 하는 경우에는 피해자의 법정대리인을 상대로 해야 한다. 반대로, 가해자가 미성년자인 경우에는 합의는 가해자의 책임을 덜어주는 행위이므로 가해자는 법정대리인의 동의 없이도 피해자와 합의를 할 수 있다.

5) 증명책임

자배법상 배상책임은 자동차의 운행으로 인한 사상에 대한 책임이다. 따라서 피해자인 원고가 자동차의 운행 및 사상 그리고 인과관계를 증명해야 한다. 그런데, 통상 자동차보유자 내지 보유자는 운행자의 지위에 있으므로 자동차의 운행에 있어 보유자의 운행지배와 운행이익이 완전히 상실되었다고 볼 특별한 사정이 없는 한 보유자는 당해 사고에 대하여 자배법상의 운행자로서 책임을 부담한다.[101] 따라서 원고는 피고가 자동차보유자라는 사실을 주장, 증명하면 피고가 운행자라는 사실상의 추정이 이루어지므로, 피고가 책임을 면하기 위해서는 운행 당시 구체적으로 피고가 운행자로서의 지위를 상실하였다는 특별한 사정을 주장, 증명해야 한다.

6) 책임보험의 승계

『자동차손해배상보장법』

제26조(의무보험 계약의 승계) ① 의무보험에 가입된 자동차가 양도된 경우에 그 자동차의 양도일(양수인이 매매대금을 지급하고 현실적으로 자동차의 점유를 이전받은 날을 말한다)부터 「자동차관리법」 제12조에 따른 자동차소유권 이전등록 신청기간이 끝나는 날(자동차소유권 이전등록 신청기간이 끝나기 전에 양수인이 새로운 책임보험등의 계약을 체결한 경우에는 그 계약 체결일)까지의 기간은 「상법」 제726조의4에도 불구하고 자동차의 양수인이 의무보험의 계약에 관한 양도인의 권리의무를 승계한다.

② 제1항의 경우 양도인은 양수인에게 그 승계기간에 해당하는 의무보험의 보험료(공제계약의 경우에는 공제분담금을 말한다. 이하 같다)의 반환을 청구할 수 있다.

③ 제2항에 따라 양수인이 의무보험의 승계기간에 해당하는 보험료를 양도인에게 반환한 경우에는 그 금액의 범위에서 양수인은 보험회사 등에게 보험료의 지급의무를 지지 아니한다.

『상법』

제726조의4(자동차의 양도) ① 피보험자가 보험기간 중에 자동차를 양도한 때에는 양수인은 보험자의 승낙을 얻은 경우에 한하여 보험계약으로 인하여 생긴 권리와 의무를 승계한다.

---

101) 대법원 2009. 11. 12. 선고 2009다63106 판결

의무보험에 가입된 자동차가 양도된 경우에 양수인이 매매대금을 지급하고 현실적으로 자동차의 점유를 이전받는 날로부터 자동차관리법 제12조에 따른 자동차소유권 이전등록의 신청기간이 끝나는 날까지의 기간은 자동차의 양수인이 의무보험의 계약에 관한 양도인의 권리와 의무를 승계한다(법 26조 1항). 이 경우 양수인은 보험자의 승낙을 얻어야 한다(상법 제726조의4).

양도인은 양수인에게 승계기간에 해당하는 의무보험의 보험료의 반환을 청구할 수 있고(법 26조 2항), 그에 따라 양수인이 의무보험의 승계기간에 해당하는 보험료를 양도인에게 반환한 경우에는 그 금액의 범위에서 양수인은 보험회사 등에게 보험료의 지급의무를 지지 않는다(법 제26조 3항).

3. 주요 판례

(1) 성립요건

1) 운행 및 운행기인성

① 운행의 의미 및 운행의미의 확대

• 판 례

◇ 대법원 1997. 1. 21. 선고 96다42314 판결 : 자동차손해배상보장법 제2조 제2호에 의하면 운행이란 사람 또는 물건의 운송 여부와 관계없이 자동차를 당해 장치의 용법에 따라 사용하는 것을 말한다고 규정되어 있는바, 당해 장치란 운전자나 동승자 및 화물과 구별되는 당해 자동차에 계속적으로 고정되어 있는 장치로서 자동차의 구조상 설비되어 있는 당해 자동차 고유의 장치를 말하는 것이고, 그와 같은 각종 장치의 전부 또는 일부를 각각의 사용목적에 따라 사용하는 경우에는 운행 중에 있다고 할 수 있으나, 자동차를 운행하는 자는 그와 같은 운행 중에 일어난 모든 사고에 대하여 자동차 손해배상법에 의한 손해배상책임을 지는 것이 아니라 그 중에서 운행으로 말미암아 일어난 사고에 대하여서만 그 책임을 지는 것이다.

◇ 대법원 2004. 7. 9. 선고 2004다20340,20357 판결 : 자동차를 그 용법에 따라 사용한다는 것은 자동차의 용도에 따라 그 구조상 설비되어 있는 각종의 장치를 각각의 장치목적에 따라 사용하는 것을 말하는 것으로서, 자동차가 반드시 주행 상태에 있지 않더라도 주행의 전후단계로서 주·정차 상태에서 문을 열고 닫는 등 각종 부수적인 장치를 사용하는 것도 포함하는 것이고, 한편 자동

차의 용도에 따라 그 구조상 설비되어 있는 각종의 장치는 원칙적으로 당해 자동차에 계속적으로 고정되어 사용되는 것이지만 당해 자동차에서 분리하여야만 그 장치의 사용목적에 따른 사용이 가능한 경우에는, 그 장치가 평상시 당해 자동차에 고정되어 있는 것으로서 그 사용이 장치목적에 따른 것이고 당해 자동차의 운행목적을 달성하기 위한 필수적인 요소이며 시간적·공간적으로 당해 자동차의 사용에 밀접하게 관련된 것이라면 그 장치를 자동차에서 분리하여 사용하더라도 자동차를 그 용법에 따라 사용하는 것으로 볼 수 있다.

◇ 대법원 1997. 1. 21. 선고 96다42314 판결 : 사고가 트럭이 미등 및 차폭등을 켜지 않은 채 주차하여둠으로써 발생하였다면, 이는 트럭 운전사의 트럭운행과 관련하여 발생한 것이어서 트럭보유자는 자동차손해배상보장법 소정의 자기를 위하여 자동차를 운행하는 자로서 위 사고로 피해자가 입은 손해를 배상할 의무가 있다.

◇ 대법원 2003. 9. 23. 선고 2002다65936, 65943 판결 : 골목길에 주차시킨 오토바이가 앞·뒤 바퀴에 바람이 빠져서 쓰러질 위험성이 높았음에도 오토바이 보유자가 그대로 방치하면서 매일 시동만 걸어준 경우, 위 오토바이 위에서 어린 아이가 놀다가 깔려 사망하였다면 자동차손해배상보장법 제3조 소정의 운행으로 인한 사고에 해당한다.

◇ 대법원 1993. 4. 27. 선고 92다8101 판결 : 인부가 통나무를 화물차량에 내려놓는 충격으로 지면과 적재함 후미 사이에 걸쳐 설치된 발판이 떨어지는 바람에 발판을 딛고 적재함으로 올라가던 다른 인부가 땅에 떨어져 입은 상해는 자동차의 운행으로 말미암아 일어난 사고가 아니다.

◇ 대법원 1996. 5. 28. 선고 96다7359 판결 : 사고가 트레일러로 견인되는 적재함에 부착되어 있는 쇠파이프를 그 사용목적에 따라 사용하다가 발생한 것이 아니고 그 철구조물을 철거하는 수리작업 과정에서 발생한 경우, 자동차의 운행 중 일어난 사고로 볼 수 없다.

◇ 대법원 1996. 9. 20. 선고 96다24675 판결 : 가해자가 화물차량의 적재함에 철근을 싣고 목적지인 공사장으로 운전하여 가서 골목길 도로 상에 차량을 정차시키고 적재함에 올라가 철근다발을 화물차량 우측편 도로 상으로 밀어 떨어뜨리는 방법으로 하역작업을 하던 중 그 철근다발을 화물차량의 뒤편에서 다가오던 피해자의 등 위로 떨어지게 함으로써 그를 사망에 이르게 한 경우, 그 사고는 가해자가 주위를 잘 살피지 아니하고 철근다발을 밀어 떨어뜨린 행위로 인하여 일어난 것이고 차량의 적재함이나 기타 차량의 고유장치의 사용으로 인하여 일어난 것이 아니므로, 차량의 운행으로 말미암아 일어난 것으로 볼 수 없다.

② 운행기인성

• 판 례

◇ 대법원 2006. 4. 13. 선고 2005다73280 판결 : 속칭 날치기 범행을 하기로 마음먹고 승용차를 정상적인 용법에 따라 운행하여 가면서, 같은 방향 왼쪽 앞을 걸어가고 있던 피해자의 핸드백을 잡아채고는 피해자가 핸드백을 빼앗기지 않으려고 아직 잡고 있는 상태에서 위 승용차를 가속하여 도주함으로써, 피해자가 그 힘을 이기지 못하여 차에 끌려오다가 핸드백을 놓치면서 뒹굴면서 넘어졌고 그로 인하여 상해를 입은 사안에서, 승용차의 운행과 사고 사이에 상당인과관계가 있다.

◇ 대법원 1995. 7. 28. 선고 95다1187 판결 : 교통사고로 왼쪽 다리뼈가 부서지고 골수염이 생기는 상해를 입은 피해자가 병원에서 입원치료를 받던 중 다리가 약해지는 현상이 생겨 담당의사의 지시에 따라 목발보행을 하다가 넘어지면서 추가상해를 입게 된 경우, 그 추가상해는 교통사고로 입은 상해가 완치되지 않은 상태에서 치료의 한 방법으로 다리의 근육을 튼튼히 하기 위하여 담당의사의 지시에 따라 목발보행을 하다가 넘어져 입은 것이라면 교통사고와의 사이에 상당인과관계가 인정된다.

◇ 대법원 1994. 10. 25. 선고 94다20655,94다20662 판결 : 트럭과 버스가 충돌하고 이로 인하여 그 버스가 고압선 전신주를 들이받아 넘어뜨리는 사고가 발생한 직후, 그 사고장소를 지나가던 자가 부서져 찌그러진 버스 안에서 구호요청을 하는 승객들을 구조하려고 버스에 접근하다 넘어진 전신주의 고압선 전류에 감전되어 사망한 것이라면, 사고운전자로서는 위와 같은 시내에서의 교통사고로 많은 사상자가 발생하고 차량과 고압선 전신주 등이 크게 부서진 경우에 있어서 사상자들을 구조하려고 하는 주위 사람들이 있을 것인데다가, 이들이 그 교통사고로 발생한 고압전선 등 주위의 위험요소에 의하여 사고를 당할 수도 있음을 충분히 예견할 수 있었다 할 것이어서, 그 교통사고와 구조자의 감전사고와의 사이에는 상당인과관계가 인정된다.

◇ 대법원 1997. 3. 11. 선고 96다33808 판결 : 고속도로를 진행중이던 자동차가 앞에서 일어난 돌발사태를 피하여 갓길 쪽으로 급우회전을 하다가 갓길에 주차중인 자동차와 충돌한 경우, 그 갓길에 주차된 자동차가 없었더라면 충돌사고가 발생하지 아니하였을 상황이라면, 특별한 사정이 없는 한 갓길에서의 불법주차와 충돌사고 사이에 상당인과관계가 있다.

◇ 대법원 1998. 9. 4. 선고 98다22604,22611 판결 : 동승자가 주차한 자동차에서 하차하다가 차량 밖의 터널바닥으로 떨어져 다친 사고는 자동차의 운행으로 인한 사고에 해당한다.

2) 운행자

① 명의대여자 내지 명의잔존자

• 판 례

◇ 대법원 1992. 4. 14. 선고 91다4102 판결 : 자동차손해배상보장법상 자동차 보유자의 운행지배는 현실적으로 보유자와 운전자 사이에 사실상의 지배관계가 존재하는 경우만이 아니라 간접적이거나 제3자의 관리를 통한 관념상의 지배관계가 존재하는 경우도 포함하는 것이므로, 자동차를 매도하고도 자동차 등록명의를 그대로 남겨 둔 경우에 매도인의 운행지배 유무는 매도인과 매수인 사이의 실질적 관계를 살펴서 사회통념상 매도인이 매수인의 차량운행에 간섭을 하거나 지배관리할 책무가 있는 것으로 평가할 수 있는지의 여부를 가려 결정하여야 한다.

〈대리점 경영자가 구입하여 할부상환중인 자동차를 그에게 고용되어 판매실적에 따른 급여를 받고 있는 자에게 매도하면서 매도인 명의로 할부계약상 명의와 그 계약상 의무를 그대로 보유하고 이전등록하지 않은 채 자동차종합보험까지도 매도인 명의로 가입케 하면서 매도인 자신의 사업과 관련된 매수인의 외판업무에 사용케 하여 왔다면, 매도인은 위 자동차의 운행지배에 대한 책무를 벗어난 것으로 보기 어려우므로 자동차손해배상보장법 제3조 소정의 자기를 위하여 자동차를 운행하는 자에 해당한다고 한 사례〉

◇ 대법원 1980. 6. 10. 선고 80다591 판결 : 피고가 이 사건 사고 당시에 이 사건 자동차를 소외인에게 매도하고 계약금 수령과 동시에 자동차 및 검사증을 인도하였다고 하더라도 아직 잔대금을 받지 못하고 자동차등록명의 이전서류도 교부하지 아니한 이상 이 사건 자동차가 피고의 지배를 완전히 벗어났다고는 할 수 없으므로 피고는 자동차손해배상보장법 제3조의 손해배상책임이 있다.

◇ 대법원 1995. 1. 12. 선고 94다38212 판결 : 매도인이 자동차를 매도하여 인도하고 잔대금까지 완제되었다하더라도, 매수인이 그 자동차를 타인에게 전매할 때까지 자동차등록원부상의 소유명의를 매도인이 그대로 보유하기로 특약하였을 뿐 아니라 그 자동차에 대한 할부계약상 채무자의 명의도 매도인이 그대로 보유하며, 자동차보험까지도 매도인의 명의로 가입하도록 한 채 매수인으로 하여금 자동차를 사용하도록 하여 왔다면, 매도인은 매수인이 그 자동차를 전매하여 명의변경등록을 마치기까지 매도인의 명의로 자동차를 운행할 것을 허용한 것으로서 위 자동차의 운행에 대한 책무를 벗어났다고 보기는 어려우므로 자동차손해배상보장법 제3조 소정의 자기를 위하여 자동차를 운행하는 자에 해당한다고 봄이 상당하다.

◇ 대법원 2002. 11. 26. 선고 2000다7301 판결 : 건설기계관리법 및 같은법 시행령

에 의하여 2인 이상의 법인 또는 개인이 종합건설기계대여업 혹은 단종건설기계 대여업을 공동으로 운영할 경우에는 대표자의 명의로 신고서를 제출하고 이에 각 구성원이 연명하여 신고하도록 규정하고 있는바, 이 경우 대표자가 그 건설기계에 대한 운행을 지배하여 그 이익을 향수하는 책임주체로서의 지위를 가지고 있는지 또 그 건설기계의 조종사에 대하여 객관적으로 지휘·감독할 관계에 있는지 여부는 건설기계관리법 및 같은 법 시행령이 공동운영을 허용한 취지 및 같은 법 시행령에 따라 대표자와 연명신고자 사이에 체결된 관리계약상의 사업협동관계 내지 지휘·감독관계 등 실질관계를 따져 결정되어야 할 것이다.

〈건설기계의 조종사를 지휘·감독할 사용자의 지위에 있다고 인정되는 경우 사업신고대표자는 그 조종사에 대하여도 직접 근로계약상의 책임을 지는 사용자로서 그 조종사가 근로를 제공하는 과정에서 생명·신체·건강을 해치는 일이 없도록 물적 환경을 정비하고 필요한 조치를 강구할 보호의무 내지는 산업안전보건법 제23조 소정의 안전상의 조치의무를 부담하고, 이러한 보호의무를 위반함으로써 피용자가 손해를 입은 경우 이를 배상할 책임이 있다고 판결한 사례〉

◇ 대법원 1988. 3. 22. 선고 87다카1096 판결 : 차량의 소유자 겸 운전사인 갑과 운수회사인 을회사가 차량 위. 수탁관리 운영계약(소위 지입계약)을 체결하고 위 차량을 을회사 명의로 등록하고 화물운송행위를 하여 오다가 을회사는 갑으로 하여금 개별면허를 취득하게 하기 위하여 위 차량의 양도계약을 체결하고 그 양도증명서를 갑에게 교부하는 한편 갑으로부터 종래의 관리비를 정산하여 교부받고 갑과의 사이에 앞으로 발생하는 위 차량의 운행으로 인한 모든 책임을 갑이 지기로 약정하는 한편 갑이 개별면허를 취득하여 자기 앞으로 등록명의를 이전할 때까지 을회사 명의로 위 차량을 운행하여 운송사업을 하도록 허용하였는데 갑이 개별면허를 취득하여 차량등록명의를 이전하기 전에 위 차량의 운행 중 교통사고가 발생하였다면 을 회사로서는 자기명의로 운송사업을 하도록 허용함으로써 여전히 위 차량운행에 관하여 갑을 지휘·감독할 지위에 있었다고 보아야 할 것이다.

◇ 대법원 1980. 4. 8. 선고 79다302 판결 : 채권담보의 목적으로 자동차등록원부상 자동차의 소유자로 등록된 자는 자동차의 운전수의 선임, 지휘 감독이나 기타의 운행에 관한 지배 및 운행이익에 전연 관여한 바 없었다면 특별한 사정이 없는 한 자동차손해배상보장법 제3조에서 말하는 자기를 위하여 자동차를 운행하는 자라고는 볼 수 없다.

② 소유권유보부 할부매매

• 판 례

◇ 대법원 1994. 9. 23. 선고 94다21672 판결 : 자동차손해배상보장법상 자동차 보유자의 운행지배는 현실적으로 보유자와 운전자 사이에 사실상의 지배관계가 존재하는 경우뿐만 아니라 간접적이거나 제3자의 관리를 통한 관념상의 지배관계가 존재하는 경우도 포함하므로, 자동차를 할부로 매도한 자가 그 자동차에 대한 운행지배를 하고 있는가 여부는 매도인과 매수인 사이의 실질적인 관계를 살펴서 사회통념상 매도인이 매수인의 차량운행에 간섭을 하거나 지배관리할 책무가 있는 것으로 평가할 수 있는지의 여부를 가려 결정하여야 한다.

◇ 대법원 1990. 11. 13. 선고 90다카25413 판결 : 자동차회사가 화물차를 할부로 판매하여 매수인으로 하여금 운행케 하고도 다만 그 할부대금채권의 확보를 위하여 그 소유명의만을 유보한 경우 자동차회사로서는 그 자동차의 운행에 대하여 지배권을 갖는다거나 그 운행으로 인한 이익이 귀속된다 할 수 없으므로 손해배상책임이 없다.

〈할부판매시 매도인이 자동차의 보관 장소를 지정하거나 수시점검 또는 특별한 사용상의 지시등을 할 수 있다는 특약을 하기도 하는데 이러한 특약은 할부금의 지급을 확보하기 위한 수단으로 심리적 강제를 하거나 미지급할부금의 담보로서 자동차의 경제적 가치를 유지하기 위한 것이지 이 특약의 존재가 매도인의 운행지배를 인정하는 근거가 되는 것은 아니다.〉

③ 임대차 내지 사용대차

• 판 례

◇ 대법원 1988. 9. 13. 선고 88다카80 판결 : 자동차손해배상보장법 제3조에서 말하는 자기를 위하여 자동차를 운행하는 자라 함은 일반적. 추상적으로 자동차의 운행을 지배하여 그 이익을 향수하는 책임주체로서의 지위에 있는 자를 말하는 것으로서 자동차를 소유하거나 사용할 권리가 있는 자가 그 친구, 가족등 밀접한 인적관계에 있는 자에게 자동차를 무상으로 대여한 경우에도 특별한 사정이 없는 한 그 차량에 대한 운행지배나 운행이익을 상실하는 것은 아니다. 따라서 차량의 운행자가 아무 대가를 받음이 없이 동승자의 편의와 이익을 위해서 동승을 제공하고 동승자로서도 그 자신의 편의와 이익을 위해서 이를 제공받은 경우라 하더라도 동승자에게 바로 위 법 제3조에서 말하는 자동차의 보유자성을 인정하기 어렵다 할 것이며, 동승자가 운행자와 친척이라거나 운행도중 일시 교대로 운전을 하였다 하여 그 사실만으로 사정이 달라진다 할 수 없다.

◇ 대법원 1989. 6. 27. 선고 88다카12599 판결 : 갑이 사촌형인 을에게 자기 소유의 자동차를 무상으로 빌려주고 을은 병, 정에게 무상으로 빌려주어 갑, 을과는 아무런 관계없이 정과의 친분관계로 동승한 무가 병과 교대로 그 차를 운전하다가 사고를 일으켰다면 정은 사고당시 그 자동차의 운행을 지배하고 그 운행이익도 가지고 있어서 자동차손해배상보장법 제3조 소정의 자기를 위하여 자동차를 운행하는 자의 지위에 있었다 할 것이고 그 구체적 운행에 대한 지배의 정도, 상태에 있어서 갑의 운행지배보다 구체적이고 직접적으로 나타나 있어 용이하게 사고의 발생을 방지할 수 있었다고 보여지므로 정은 갑에 대하여 같은 법조 소정의 타인임을 주장할 수 없어 갑에게 같은 법에 따른 손해배상책임이 있다 할 수 없다.

◇ 대법원 1991. 4. 12. 선고 91다3932 판결 : 자동차대여업체의 손수자동차대여약정에 임차인이 자동차 운전면허증소지자라야 하고 사용기간과 목적지를 밝혀서 임료를 선불시키고 임대인은 자동차대여 전에 정비를 해두고 인도해야하고 임차인은 사용기간중 불량연료를 사용하지 말아야 함은 물론 계약기간을 엄수해야 하고 자동차를 양도하거나 질권, 저당권을 설정할 수 없을 뿐 아니라 유상으로 운송에 사용하거나 전대할 수 없고 제3자에게 운전시킬 수도 없게끔 되어 있다면 대여업자는 임차인에 대한 인적관리와 임대목적차량에 대한 물적관리를 하고 있음을 부정할 수 없어 대여업자와 임차인간에는 임대목적차량에 대하여 대여업자의 운행지배관계가 직접적이고 현재적으로 존재한다.

또, 위의 경우 임차인이 제3자인 운전무면허자에게 운전시켜 제3자에게 운전시킬 수 없다는 약정을 위반하였다 하여도 그 사람에 대한 임차인의 사용대차 때문에 자동차보유자인 대여업자와 임차인간에 존재하는 운행차량에 대한 대여업자의 직접적이고 현재적인 운행지배관계가 단절된다고는 볼 수 없고 다만 대여업자는 제3자를 통하여 자동차의 운행에 대하여 간접적이고 잠재적으로 그 지배작용을 미치고 있다고 보는 것이 옳다.

◇ 대법원 2001. 1. 19. 선고 2000다12532 판결 : 자동차운전학원에서 연습중인 피교습자에게 학원 소유의 교습용 자동차를 이용하여 운전연습을 하게 하는 경우, 학원과 피교습자 사이에는 교습용 자동차에 관하여 임대차 또는 사용대차의 관계가 성립된다고 할 것이고, 이와 같이 임대차 또는 사용대차의 관계에 의하여 자동차를 빌린 차주(차주)는 자동차를 사용할 권리가 있는 자로서 자기를 위하여 자동차를 운행하는 자에 해당하므로, 피교습자가 교습용 자동차를 이용하여 운전연습을 하던 중 제3자에게 손해를 가한 경우에는 제3자에 대한 관계에서 자동차손해배상보장법 제3조 소정의 운행자책임을 면할 수 없다.

◇ 대법원 1987. 1. 20. 선고 86다카1807 판결 : 결혼축의금 대신에 자기가 보유하는 자동차를 혼주에게 스스로 내어주면서 결혼식장까지 혼주와 그의 가족 및 하례객을 운송하도록 운전수까지 딸려 주어서 그 운전수가 그 자동차로 이들을 태우고 운행하다가 사고를 냈다면 특별한 사정이 없는 한 그 자동차의 운행지배와 운행이익은 여전히 위 자동차의 보유자에게만 있다 할 것이므로 혼주가 위 자동차를 이용하였다는 사정만으로 그를 자동차손해배상보장법 제3조가 말하는 자기를 위하여 자동차를 운행하는 자라고 볼 수 없을 뿐만 아니라, 자동차종합보험보통약관 소정의 기명 피보험자의 승낙을 얻어 자동차를 사용 또는 관리중인 자에 해당한다고도 할 수 없다.

④ 대리운전, 보관 및 수리업자

• 판 례

◇ 대법원 1994. 4. 15. 선고 94다5502 판결 : 자동차의 소유자 또는 보유자가 주점에서의 음주 기타 운전장애 사유 등으로 인하여 일시적으로 타인에게 자동차의 열쇠를 맡겨 대리운전을 시킨 경우, 위 대리운전자의 과실로 인하여 발생한 차량사고의 피해자에 대한 관계에서는 자동차의 소유자 또는 보유자가 객관적, 외형적으로 위 자동차의 운행지배와 운행이익을 가지고 있다고 보는 것이 상당하고, 대리운전자가 그 주점의 지배인 기타 종업원이라 하여 달리 볼 것은 아니다.

◇ 대법원 2005. 9. 29. 선고 2005다25755 판결 : 원고들이 대리운전 회사인 베스트카코리아와 사이에 위 회사 소속 대리운전자의 대리운전 중 발생한 사고로 생긴 손해에 대한 손해배상책임을 인수하기로 하는 내용의 자동차종합보험계약을 체결한 피고를 상대로 위 사고로 인한 손해배상을 구하는 이 사건에서, 원고 조병철이 베스트카코리아와의 관계에서 운행지배와 운행이익을 어느 정도 공유하고 있음을 전제로 손해부담의 공평성 및 형평과 신의칙의 견지에서 그 배상액을 감경할 수는 없고, 또한 원고 조병철은 위 차량에 대한 운행지배와 운행이익을 공유하고 있다고 할 수 없는 이상 위 차량의 단순한 동승자에 불과하다고 할 것이다.

◇ 대법원 1993. 2. 9. 선고 92다40167 판결 : 자동차의 수리를 위하여 차를 수리업자에게 인도한 경우에 수리하는 동안의 자동차에 대한 운행지배권은 특단의 사정이 없는 한 자동차보유자(수리의뢰자)에게 있는 것이 아니라 수리업자에게 있다 할 것이나, 보유자의 의뢰를 받고 수리를 위하여 수리업자측에서 의뢰자로부터 차를 인도받아 수리장소까지 운행하는 도중이나 수리를 마친 후 의뢰

자에게 돌려주기 위하여 운행하는 도중에 있어서의 운행지배권이 누구에게 있는지에 관하여는 이를 일률적으로 단정할 수 없고 구체적인 경우에 따라 당해 수리의뢰계약의 내용, 특히 의뢰자가 자동차의 운반까지도 의뢰하였는지 여부, 의뢰자와 수리업소와의 종래부터의 거래관계 및 관행 등을 종합하여 결정하여야 한다.

〈자동차정비업체의 직원이 자동차보유자로부터 차를 인도받아 직접 운전하여 가져가 수리를 마친 다음 이를 반환하기 위하여 운반하는 도중에 일어난 사고에 대하여 자동차보유자에게 운행지배권이 있다고 보아 운행공용자로서의 책임을 인정한 사례〉

◇ 대법원 1988. 10. 25. 선고 86다카2516 판결 : 갑이 병 소유의 승용차를 운전하고 와서 호텔나이트클럽에 들어가면서 위 업소의 주차안내를 맡고 있던 을에게 위 자동차와 시동열쇠를 맡기고 나이트클럽에 들어가 있는 사이에 을이 갑의 승낙없이 위 자동차를 운전하여 위 업소에 온 다른 손님을 목적지까지 태워다주고 돌라오던 중 인명사고를 일으킨 경우라면 그 차량은 위 호텔나이트클럽이 보관한 것으로 보아야 하며 갑의 위 차량에 대한 운행지배는 떠난 것으로 보아야 하고 따라서 을의 위 차량운전은 병을 위하여 운행한 것으로 볼 수 없다.

⑤ 공동운행

• 판 례

◇ 대법원 1997. 8. 26. 선고 94다37844 판결 : 자동차가 충돌하여 승객이 피해를 입은 경우 각 가해 차량의 운행자들은 피해자에 대하여 부진정연대채무를 부담하나, 그 내부관계에 있어서는 각 운전자의 과실의 정도에 따라 부담 부분이 정하여지고, 운행자 중 일방이 자기의 부담 부분을 초과하여 변제함으로써 공동의 면책을 얻게 하였을 때에는 다른 운행자에 대하여 상대방의 부담 부분에 상당하는 금액을 구상할 수 있지만 이 경우 채권의 목적을 달성시키는 변제와 같은 사유는 채무자 전원에 대하여 절대적 효력이 발생하지만 그 밖의 사유는 상대적 효력을 발생하는 데 그치므로, 어느 가해 운행자 중 일방이 피해자와 운행지배와 운행이익을 어느 정도 공유하여 그와의 관계에서 손해배상액이 감액되었다고 하더라도 이와 같은 사정은 운행자성을 가지는 피해자에 대한 관계에서만 주장할 수 있는 것으로서, 자신과 부진정연대의 관계에 있는 다른 채무자와의 구상관계에서 감액된 금액을 기준으로 면책 범위를 정하거나 자기의 부담 부분을 산정하여야 한다고 주장할 수는 없다.

〈친구끼리 함께 승용차를 이용하여 여행을 다니기로 한 후 그 중 1인이 그 명의로 렌터카 회사로부터 승용차를 임차하여 자신이 운전하다가 트럭과 충돌하여 모두 사망한 경우, 위와 같은 승용차의 운행 경위, 동승자와 운전자와의 인적관계, 운행 목적 등에 비추어 피해자인 동승자들은 운전자와는 물론 렌터카 회사와의 관계에서도 자동차의 운행지배 및 운행이익을 어느 정도 공유한다고 본 사례〉

⑥ 무단운전

• 판 례

◇ **대법원 1998. 7. 10. 선고 98다1072 판결** : 피해자가 무단운전자의 차량에 동승한 자인 경우에는 그가 무단운행의 정을 알았는지의 여부가 자동차 보유자의 운행지배 내지 운행이익의 상실 여부를 판단하는 중요한 요소가 되는 것이지만, 피해자인 동승자가 무단운행에 가담하였다거나 무단운행의 정을 알고 있었다고 하더라도 그 운행 경위나 운행 목적에 비추어 당해 무단운행이 사회통념상 있을 수 있는 일이라고 선해할 만한 사정이 있거나, 그 무단운행이 운전자의 평소 업무와 사실상 밀접하게 관련된 것이어서 보유자의 사후승낙 가능성을 전적으로 배제할 수 없는 사정이 있는 경우에는 보유자가 운행지배와 운행이익을 완전히 상실하였다고 볼 수 없다.

〈무면허인 미성년자가 부(父)가 출타한 사이에 바지 호주머니에 넣어 둔 열쇠를 꺼내어 그 무단운행 사실을 알고 있는 친구를 태우고 운전하다가 사고를 낸 경우, 부의 자동차 운행자로서의 책임을 인정한 사례〉

◇ **대법원 1997. 12. 26. 선고 97다35115 판결** : 손님으로부터 주점 주차장에 주차시킨 승용차 열쇠의 보관을 의뢰받은 주점경영주가 그 승용차 열쇠를 주점 안에 있는 열쇠함에 넣어두고 퇴근하면서 주점의 도급마담의 종업원으로 일하며 주점기숙사에서 숙식하던 자에게 다음날 아침손님이 승용차를 찾으러 오면 열쇠를 돌려주라고 말하고 그대로 퇴근하였는데, 그 종업원이 친구를 만나러 가기 위하여 함부로 열쇠함에서 그 승용차 열쇠를 꺼내어 승용차를 운전하다가 사고를 낸 사안에서, 주점의 경영주는 손님으로부터 승용차와 승용차 열쇠를 맡아 보관하게 됨으로써 그 승용차에 대한 관리권을 가지고 운행지배와 운행이익을 향유하게 되었으며, 비록 사고가 도급 마담의 종업원이 그의 승낙 없이 무단으로 승용차를 운행하다가 발생했다고 하더라도 위와 같은 위 승용차 열쇠의 보관 및 관리 상태, 종업원이 승용차를 운행하게 된 경위, 주점 경영주와 종업원과의 관계 등에 비추어 볼 때 위 사고에 있어서 주점 경영주의 위 승용차에 대한 운행지배와 운행이익이 완전히 상실되었다고 볼 수 없다.

◇ **대법원 1994 .9. 23. 선고 94다9085 판결** : 자동차보유자인 회사의 피용자가 회사의 승낙을 받지 않고 자동차를 개인용무에 무단으로 사용하였고 피해자 역시 그러한 사정을 알면서 자동차에 무상동승한 경우, 그 무단운행이 회사의 업

무와는 전혀 관련이 없이 순전히 심야에 장시간의 음주행락을 목적으로 하여 이루어졌고 더구나 사고 당시에는 위 피용자는 주취로 안전운전이 불가능한 상태에 빠져 회사의 피용자도 아닌 제3자가 역시 주취상태에서 회사소재지에서 상당히 거리가 떨어진 목적지를 향하여 자동차를 운전해가다가 사고를 야기하게 되는 등 그 일련의 운행경위도 상식적으로 이해하기 어려운 무모한 것인 점을 아울러 고려해보면, 자동차의 평소의 관리 및 이용상태를 감안한다 하더라도, 적어도 사고 당시에는 무상동승자인 피해자에 대한 관계에 있어서 위 자동차의 운행은 그 보유자인 회사의 운행지배와 운행이익의 범위를 완전히 벗어난 상태에 있었다고 보는 것이 합당하다.

⑦ 절취운전

• 판 례

◇ 대법원 2001. 4. 24. 선고 2001다3788 판결 : 자동차 보유자와 아무런 인적 관계도 없는 사람이 자동차를 보유자에게 되돌려 줄 생각 없이 자동차를 절취하여 운전하는 이른바 절취운전의 경우에는 자동차 보유자는 원칙적으로 자동차를 절취당하였을 때에 운행지배와 운행이익을 잃어버렸다고 보아야 할 것이고, 다만 예외적으로 자동차 보유자의 차량이나 시동열쇠 관리상의 과실이 중대하여 객관적으로 볼 때에 자동차 보유자가 절취운전을 용인하였다고 평가할 수 있을 정도가 되고, 또한 절취운전 중 사고가 일어난 시간과 장소 등에 비추어 볼 때에 자동차 보유자의 운행지배와 운행이익이 잔존한다고 평가할 수 있는 경우에 한하여 자동차를 절취당한 자동차보유자에게 운행자성을 인정할 수 있다.

3) 타인성

① 공동운행자

• 판 례

◇ 대법원 1991. 5. 10. 선고 91다3918 판결 : 자동차의 소유자가 그 친구 등 밀접한 인적관계에 있는 자에게 자동차를 무상으로 대여한 경우에도 특별한 사정이 없는 한 그 자동차에 대한 운행지배나 운행이익은 여전히 자동차 소유자에게 있고, 자동차를 빌린 자가 이를 이용했다는 사정만으로 그를 위 법조 소정의 자기를 위하여 자동차를 운행하는 자라고 볼 수는 없다.

◇ 대법원 1993. 4. 23. 선고 93다1879 판결 : 지입차주로부터 운전수가 딸린 차를 임차하여 동승운행 중 야기된 교통사고로 임차인이 상해를 입은 경우 지입회사는 직접적 운행지배가 인정되므로 손해배상을 해야 한다.

② 교대운전자

• 판 례

◇ 대법원 1993. 9. 14. 선고 93다15946 판결 : 신조차탁송업자가 운전자 을에게 지시하여 자동차를 현대자동차주식회사의 울산공장에서 인수하여 광주영업소까지 운송하도록 지시하였는데 을은 운전자 갑과 함께 운전함에 있어 도중에 갑이 운전하여 오던 중 교통사고를 일으켜 조수석에 타고 있던 을을 사망하게 하였다면 탁송업자는 사고자동차의 운행을 지배하면서 그 운행이익을 얻고 있는 자라고 볼 것이므로 위 사고에 관하여 자동차손해배상보장법 제3조 소정의 자기를 위하여 자동차를 운행하는 자에 해당한다.

또한, 을은 탁송업자의 지시에 의하여 2대의 차량을 인수하기 위하여 갑과 함께 광주에서 울산까지 갔으나 자동차 1대만을 인수하여 갑과 함께 울산에서 경산까지는 을이, 그 다음에는 갑이 각 운전하여 오다가 88고속도로 상에서 갑의 잘못으로 사고가 발생하여 조수석에 타고 있던 을이 사망하였고, 을이나 갑은 모두 탁송업자에게 피용된 운전사라면, 을은 이 사고에 있어서 자동차손해배상보장법 제3조 소정의 다른 사람으로 보는 것이 상당하다.

③ 무상동승자

• 판 례

◇ 대법원 1990. 4. 25. 선고 90다카3062 판결 : 피해자가 사고차량에 무상으로 동승하다가 사고를 당한 경우 운행의 목적, 호의동승자와 운행자와의 인적관계, 피해자가 차량에 동승한 경위 등 제반사정을 비추어 사고차량의 운전자에게 일반의 교통사고와 같은 책임을 지우는 것이 신의칙이나 형평의 원칙에 비추어 매우 불합리한 것으로 인정되는 경우에는 그 배상액을 감경할 사유로 삼을 수 있다.

4) 운전자의 무과실

• 판 례

◇ 대법원 1994. 9. 9. 선고 94다18003 판결 : 일반적으로 중앙선이 설치된 도로를 자기 차선을 따라 운행하는 자동차운전자로서는 마주 오는 자동차도 제 차선을 지켜 운행하리라고 신뢰하는 것이 보통이므로, 상대방 자동차가 도로의 중앙선을 침범하여 들어 올 것까지 예상하여 특별한 조치를 강구하여야 할 주의의무는 없는 것이나, 다만 마주 오는 차가 이미 비정상적으로 중앙선을 침범하

여 진행하여 오는 것을 미리 목격한 경우라면, 그 차가 그대로 비정상적으로 운행을 계속함으로써 진로를 방해할 것에 대비하여 경음기나 전조등을 이용하여 경고신호를 보내거나 감속하면서 도로 우측단으로 피행하는 등으로 그 차와 자기 차와의 접촉 충돌에 의한 위험의 발생을 방지하기 위한 적절한 방어 운전조치를 취하여 이에 충분히 대처할 수 있는 상황이었음에도 불구하고 그러한 제반 조치를 게을리한 경우에 한하여 그에게 상대방 자동차와 자기 차의 충돌에 의한 사고의 발생에 대하여 과실이 있다고 인정할 수 있다.

(2) 효 과

1) 직접청구권의 성질 및 소멸시효

• 판 례

◇ 대법원 2005. 10. 7. 선고 2003다6774 판결 : 상법 제724조 제2항에 의하여 피해자가 보험자에게 갖는 직접청구권은 보험자가 피보험자의 피해자에 대한 손해배상채무를 병존적으로 인수한 것으로서 피해자가 보험자에 대하여 가지는 손해배상청구권이므로 민법 제766조 제1항에 따라 피해자 또는 그 법정대리인이 그 손해 및 가해자를 안 날로부터 3년간 이를 행사하지 아니하면 시효로 인하여 소멸한다.

2) 보험자 대위 및 구상권

① 보험자대위와 공동불법행위

• 판 례

◇ 대법원 2000. 8. 22. 선고 2000다29028 판결 : 공동불법행위자는 채권자(피해자)에 대한 관계에서 연대책임을 지되, 공동불법행위자들 내부관계에서는 일정한 부담부분이 있고, 이 부담부분은 공동불법행위자의 채권자(피해자)에 대한 가해자로서의 과실정도에 따라 정하여진다. 그리고 「상법」 제682조는 "손해가 제3자의 행위로 인하여 생긴 경우에 보험금액을 지급한 보험자는 그 지급한 금액의 한도에서 그 제3자에 대한 보험계약자 또는 피보험자의 권리를 취득한다. 그러나 보험자가 보상할 보험금액의 일부를 지급한 때에는 피보험자의 권리를 해하지 아니하는 범위 내에서 그 권리를 행사할 수 있다.

◇ 대법원 1998. 12. 22. 선고 98다40466 판결 : 승용차운전자인 甲과 乙회사 소유 화물차 운전자의 과실이 경합하여 丙회사의 버스승객들이 상해를 입은 사고에

서, 丙회사는 그 운전자의 과실이 없다고 하더라도 위 버스의 운행자로서 위 피해자들에 대하여 자동차 손해배상보장법상의 배상책임을부담하고, 한편 乙회사와 甲역시 위 화물차 및 승용차의 운행자 또는 공동불법행위자로서 위 피해자들에 대하여 손해배상책임을 부담하며, 丙회사와 乙회사 및 甲의 위 각 책임은 부진정연대채무의 관계에 있다.

② 구상권과 소멸시효

• 판 례

◇ 대법원 1994. 1. 11. 선고 93다32958 판결 : 공동불법행위로 피해자에게 가한 손해를 연대하여 배상할 책임이 있는 공동불법행위자 중의 1인과 체결한 보험계약에 따라 보험자가 피해자에게 그 손해배상금을 보험금액으로 모두 지급함으로써 공동불법행위자들이 공동면책 된 경우에, 보험금액을 지급한 보험자는 상법 제682조 소정의 '보험자대위'에 의하여 그 공동불법행위자가 공동면책 됨으로써 다른 공동불법행위자의 부담부분에 대하여 행사할 수 있는 구상권을 취득하며, 그러한 구상권의 소멸시효의 기산점과 그 기간은 대위에 의하여 이전되는 권리 자체를 기준으로 판단하여야 하며, 그 소멸시효에 관하여 법률에 따로 정한 바가 없으므로 일반원칙으로 돌아가 일반채권과 같이 그 소멸시효는 10년으로 완성된다고 해석함이 상당하고 그 기산점은 구상권이 발생한 시점, 즉 구상권자가 현실로 피해자에게 지급한 때이다.

3) 무면허 내지 음주운전 면책약관의 효력

• 판 례

▎무면허운전 면책약관▎

◇ 대법원 2003. 11. 13. 선고 2002다31391 판결 : 무보험자동차에 의한 상해담보특약과 같이 자동차보험 대인배상 Ⅱ에 가입된 자동차에 의하여 사고를 당한 피해자가 그 자동차보험계약의 무면허운전 면책약관이나 21세 한정운전특약에 의하여 대인배상 Ⅱ에서 정한 손해보상을 받지 못하는 경우에 그 손해를 보전하기 위하여 상해담보특약에서 정한 보험금을 지급하는 것을 내용으로 하는 보험계약에 있어서 무면허운전 면책약관에 해당되어 대인배상 Ⅱ에서 정한 손해배상을 받지 못하는지는 무면허운전 면책약관은 무면허운전이 보험계약자나 피보험자의 지배 또는 관리가능한 상황에서 이루어진 경우에 한하여 적용되므로 그 자동차보험의 보험계약자나 피보험자와 무면허운전자의 관계, 평소

차량의 운전 및 관리 상황, 당해 무면허운전이 가능하게 된 경위와 그 운행 목적, 평소 무면허운전자의 운전에 관하여 보험계약자 또는 피보험자가 취해 온 태도 등의 제반 사정을 함께 참작하여, 그와 같은 무면허운전에 대하여 보험계약자 또는 피보험자의 승인 의도를 추단할 만한 사정이 있는지에 따라 판단하여야 한다.

◇ 대법원 1998. 10. 20. 선고 98다34997 판결 : 피보험자가 운전면허 없이 혈중알콜농도 0.13%의 주취상태에서 시동열쇠가 꽂혀 있는 채로 골목길에 주차되어 있던 타인의 차량을 훔쳐 무단운행을 하던 중 신호대기로 정차중이던 차량을 추돌하여 사망한 사안에서, 위 사고가 비록 피보험자가 타인의 차량을 절취하여 무면허, 음주 상태로 운전을 하던 중에 발생한 것이라고 하더라도 그 고의는 특별한 사정이 없는 한 차량의 절취와 무면허, 음주운전 자체에 관한 것이고 직접적으로 사망이나 상해에 관한 것으로 볼 것은 아니며, 피보험자가 무면허라고 하여도 그가 차량을 절취한 장소로부터 사고 지점까지 약 10㎞를 운전한 점에 비추어 운전기능이 없었다고 추정할 수는 없을 뿐만 아니라 술김에 열쇠가 꽂혀 있는 차량을 절취하여 운행하게 된 점 등에 비추어 보더라도, 다른 특별한 사정이 없는 한, 위 사고는 피보험자가 사고발생 가능성을 인식하면서도 이를 용인하고 감행한 미필적 고의에 의한 사고라기보다 피보험자의 과실로 평가되는 행위로 인하여 발생하였다고 보는 것이 타당하다는 이유로, 이와 달리 피보험자의 미필적 고의에 의한 사고이므로 면책약관에 따라 보험자에게 보험금 지급의무가 없다고 본 원심판결을 파기한다.

◇ 대법원 1998. 7. 10. 선고 98다1072 판결 : 피해자가 무단운전자의 차량에 동승한 자인 경우에는 그가 무단운행의 정을 알았는지의 여부가 자동차 소유자의 운행지배 내지 운행이익의 상실 여부를 판단하는 중요한 요소가 되는 것이지만, 피해자인 동승자가 무단운행에 가담하였다거나 무단운행의 정을 알고 있었다고 하더라도 그 운행 경위나 운행 목적에 비추어 당해 무단운행이 사회통념상 있을 수 있는 일이라고 선해할 만한 사정이 있거나, 그 무단운행이 운전자의 평소 업무와 사실상 밀접하게 관련된 것이어서 소유자의 사후승낙 가능성을 전적으로 배제할 수 없는 사정이 있는 경우에는 소유자가 운행지배와 운행이익을 완전히 상실하였다고 볼 수 없다.

〈무면허인 미성년자가 부(父)가 출타한 사이에 바지 호주머니에 넣어 둔 열쇠를 꺼내어 그 무단운행 사실을 알고 있는 친구를 태우고 운전하다가 사고를 낸 경우, 부의 자동차 운행자로서의 책임을 인정한 사례〉

◇ 대법원 1998. 10. 13. 선고 97다3163 판결 : 보험회사가 보험계약자와 사이에 1종 특수면허가 있어야 운전할 수 있는 차량에 대하여 1종 대형면허 소지자를

주운전자로 한 보험계약을 체결하였다면 보험회사는 주운전자가 소지한 1종 대형면허로 위 차량을 운전하더라도 그 운전이 운전면허가 취소, 정지된 상태에서 이루어진 것이 아닌 한 그 운전으로 인한 사고로 인한 손해를 보상하여 주기로 하는 약정을 한 것으로 인정함이 상당하다.

◇ 대법원 1997. 10. 10. 선고 96다19079 판결 : 12인승 승합차는 주운전자가 소지한 2종보통운전면허로는 이를 운전할 수 없고, 따라서 주운전자가 그 자동차를 운전한 것은 업무용자동차종합보험보통약관 제10조 제1항 제6호에 정한 무면허운전에 해당한다.

〈보험계약 업무를 담당했던 보험회사 영업소 직원이 2종보통운전면허로는 도로교통법상 12인승 승합차는 운전할 수 없다는 사실을 잘 알고 있으면서도, 보험계약자로부터 제출받은 피보험자동차의 검사증 사본의 '승차정원'란의 승차 인원 수가 '12명'임을 알 수 있었음에도 불구하고, 그 차량을 운전하게 되면 무면허운전으로 처벌받는 보험계약자와 사이에 보험계약자를 주운전자로 하여 보험계약을 체결하고, 그 보험계약 체결 후 보험계약자가 그 자동차를 운전하다가 사고를 일으켰는데도 보험회사가 아무런 이의 없이 이에 대한 손해의 보상금을 지급한 사실까지 있었던 경우, 보험회사는 보험계약자 겸 주운전자가 자신이 소지한 2종보통운전면허로 그 차량을 운전하더라도 그 운전이 2종보통운전면허가 취소 · 정지된 상태에서 이루어진 것이 아닌 한 그 운전으로 인한 사고로 인한 손해를 보상하여 주기로 하는 약정을 한 것으로 봄이 상당하다고 한 사례〉

◇ 대법원 1993. 3. 9. 선고 92다38928 판결 : 운전면허의 효력정지기간 중의 운전도 위 면책규정상의 무면허운전에 해당된다.

◇ 대법원 1998. 3. 27. 선고 97다6308 판결 : 자동차종합보험 보통약관상의 무면허면책조항은 무면허운전의 주체가 누구이든 제한이 없으나, 그 무면허운전에 대한 보험계약자나 피보험자의 지배 또는 관리가능성이 없는 경우까지 위 규정이 적용된다고 보는 경우에는 위 규정은 신의성실의 원칙에 반하여 공정을 잃은 조항으로서 약관의 규제에 관한 법률 제6조 제1항, 제2항, 제7조 제2호, 제3호의 각 규정에 비추어 무효라고 볼 수밖에 없고, 다만 무면허운전이 보험계약자나 피보험자 등의 명시적 또는 묵시적 승인하에 이루어진 경우에 한하여 보험자의 면책을 정한 규정이라고 해석하는 한도 내에서는 유효하다.

〈운전자가 소정의 기간 내에 적성검사를 받지 아니하여 이를 이유로 지방경찰청장이 운전자에 대한 운전면허를 취소하는 처분을 하고 그의 면허증상 주소지에 위 처분 내용을 통지하였으나 소재불명으로 통지서가 반송되자 관할 경찰서에 그 처분 내용을 공고한 경우, 위 취소처분은 관계 법령에 따른 것으로 적법하게 그 효력이 발생하였고, 그 취소처분의 효력 발생 후에 발생한 사고는 피보험자동차의 운전자가 무면허운전을 하였을 때에 발생한 사고에 해당한다고 본 사례〉

▌음주운전 면책약관▐

◇ 대법원 1998. 4. 28. 선고 98다4330 판결 : 상법 제732조의2, 제739조가 사망이나 상해를 보험사고로 하는 인보험에 관하여는 보험자의 면책사유를 제한하여

보험사고가 비록 중대한 과실로 인하여 생긴 것이라 하더라도 보험금을 지급하도록 규정하고 있는 점이나 인보험이 책임보험과 달리 정액보험으로 되어 있는 점에 비추어 볼 때, 인보험에 있어서의 무면허운전이나 음주운전 면책약관의 해석이 책임보험에 있어서의 그것과 반드시 같아야 할 이유가 없으며, 음주운전의 경우에는 보험사고 발생의 가능성이 많을 수도 있으나 그 정도의 사고 발생 가능성에 관한 개인차는 보험에 있어서 구성원 간의 위험의 동질성을 해칠 정도는 아니라고 할 것이고, 또한 음주운전이 고의적인 범죄행위기는 하나 그 고의는 특별한 사정이 없는 한 음주운전 자체에 관한 것이고 직접적으로 사망이나 상해에 관한 것이 아니어서 그로 인한 손해보상을 해준다고 하여 그 정도가 보험계약에 있어서의 당사자의 선의성·윤리성에 반한다고는 할 수 없으므로, 자기신체사고 자동차보험(자손사고보험)과 같은 인보험에 있어서의 음주운전 면책약관이 보험사고가 전체적으로 보아 고의로 평가되는 행위로 인한 경우뿐만 아니라 과실(중과실 포함)로 평가되는 행위로 인한 경우까지 포함하는 취지라면 과실로 평가되는 행위로 인한 사고에 관한 한 무효라고 보아야 한다.

* 교통사고 과실비율[102)]

1. 안전띠 · 안전모 미착용

<table>
<tr><th>구 분</th><th>세 부 내 역</th><th colspan="2">피해자 과실(%)</th></tr>
<tr><td rowspan="3">안전띠 미착용</td><td>자동차전용도로 · 고속도로의 앞 · 뒷좌석 탑승자</td><td>15</td><td rowspan="3">상황에 따라 5~10% 가산</td></tr>
<tr><td>일반시내 도로의 앞좌석 탑승자</td><td>5</td></tr>
<tr><td>일반시내 도로의 뒷좌석 탑승자</td><td>10</td></tr>
<tr><td>안전모 미착용</td><td>오토바이</td><td>10~15%</td><td>상황에 따라 5~10% 가산</td></tr>
</table>

2. 동승자의 과실

<table>
<tr><th>구 분</th><th>세 부 내 역</th><th colspan="2">피해자 과실(%)</th></tr>
<tr><td rowspan="2">화물차 적재함에 탑승</td><td>자동차</td><td>20</td><td rowspan="2">상황에 따라 5~10% 가산</td></tr>
<tr><td>경운기</td><td>10</td></tr>
<tr><td>정원초과</td><td colspan="3">안전띠 미착용으로 인한 과실 +5% 가산</td></tr>
<tr><td rowspan="2">음주운전 사실을 알면서 동승</td><td>자동차</td><td>20</td><td rowspan="2">운전자와 함께 음주시 5% 가산</td></tr>
<tr><td>경운기</td><td>25</td></tr>
<tr><td>무면허운전 사실을 알면서 동승</td><td></td><td>10</td><td rowspan="2">상황에 따라 가산</td></tr>
<tr><td>졸음운전 사실을 알면서 동승</td><td></td><td>30</td></tr>
</table>

102) 법원행정처, 「재판실무편람 Ⅴ- 과실상계」24-63면 참조.

3. 보행자의 도로횡단 중 사고

구분		세 부 내 역	과 실 비 율(%)	
			보행자	자동차
횡단보도상의 사고	신호등 설치장소	청색등	0	100
		적색등(편도 2차로 기준)	50	50
		횡단중 적색등으로 변경	20	80
	신호등이 없는 곳	좌우안전을 살피고 횡단 시	0	100
		좌우안전을 살피지 않은 경우	10	90
	자전거 · 오토바이 탄 채 횡단 시		보행자의 경우 +10~20%가산	
횡단보도 아닌 곳의 사고	횡단보도부근	신호등 있는 횡단보도 부근 (10m 내외)	15	85
		신호등 없는 횡단보도 부근 (10m 내외)	20~25	75~80
		신호등 있는 횡단보도와 상당한 거리(20~50m)	무단횡단의 경우 +5~10% 가산	
	횡단보도 미설치 · 멀리 떨어진 곳 (무단횡단)	일반도로	20	8
		간선도로(왕복 4차로 이상)	25	75
		횡단금지 표지 있는 곳	50	50
	고속도로 · 자동차전용도로	운전자의 과실이 없는 경우	100	0
		운전자의 과실이 있는 경우	50~80%	20~50%
	정체된 차량사이를 무단횡단 한 경우	신호대기 · 정체차량 사이 횡단	90~100	0~10
		기타의 경우 상태에서 횡단	무단횡단의 경우 +10% 가산	

4. 보행자의 도로횡단 이외의 사고

구분	세부내역		과실비율	
			보행자	자동차
도로보행 중의 사고	차도와 보도의 구분이 있는 도로	인도보행	0	100
		차도보행	10~15	85~90
	차도와 보도의 구분이 없는 도로	차량마주보고 보행	0	100
		차량등지고 보행	5~10	95~100
		도로안쪽으로 보행	15	85
	고속도로 · 자동차전용도로에서의 보행 중 사고	운전자의 과실이 없는 경우	100	0
		운전자의 과실이 있는 경우	50~80%	20~50%
차도에서 택시 잡다가 사고	인도 옆 차로 기준 (중앙선 쪽으로 1차로 추가시마다 5% 가산)		15	85
도로에 누워 있었던 경우	주 · 정차 후 출발하는 차에 충격된 경우	주간	30	70
		야간	50	50
	주행 중인 차에 충격된 경우	주간	30~40	60~70
		야간	60~70	30~40
후진차에 의한 사고	골목길 · 아파트단지 내의 사고		10~20	80~90
	식당 · 건물주차장 내의 사고		15~20	80~85
	공사장 · 창고 앞에서의 사고		20	80
	보행자가 차로에 내려 서 있다가 사고		10	90

5. 차량과 차량 간의 사고

구분	세부내역			과 실 비 율(%)	
				"갑" 차	"을" 차
교차로 사고	신호가 있는 곳	"갑" 차 위반		100	0
	신호가 없는 곳	회전금지	"갑" 차 위반	85	15
		일단정지	"갑" 차 위반	80	20
		일방통행	"갑" 차 위반	80	20
		양보의무	"갑" 차 "을" 차 동순위	50	50
			"갑" 차 후순위	60	40
끼어들기 사고	끼어들기 금지구역		"갑" 차 끼어듦	100	0
	끼어들기 금지구역 외 장소		"갑" 차 끼어듦	70	30

【서식】 교통사고 형사사건 합의서

합 의 서

2013. 3. 15. 가해자 ○○○이 일으킨 교통사고로 인하여 사망한 피해자 ○○○ 사건에 대하여 가해자(○○○)와 피해자의 유족(○○○, ○○○ 등 2인의 대표자 ○○○)은 아래와 같이 합의한다.

1. 합의금액은 금 30,000,000원으로 한다
2. 가해자는 손해배상금의 일부로서 피해자의 유족대표에게 위 금원을 지급한다.
3. 피해자의 유족들은 위 금원을 지급받고 피해자의 처벌을 원하지 아니한다.
4. 채권양도
   ① 위 합의금은 손해배상의 일부이기에 이 합의금의 지급으로 인하여 가해자가 ○○화재보험회사에 대하여 위 합의금 상당의 보험금청구권을 취득하게 되었던바, 이 보험금청구권은 피해자의 유족대표에게 양도하며, 가해자는 금일 중으로 ○○화재보험회사에 대하여 내용증명으로 채권양도통지를 하기로 한다.
   ② 가해자는 ○○화재보험회사에 대하여 가지는 위 보험금청구권을 포기할 수 없으며, 만약 가해자가 이를 포기한 경우에는 위 보험금 상당의 금원을 피해자의 유족대표에게 지급하기로 한다.
   ③ 가해자는 위 채권양도통지의 내용증명 원본을 피해자의 유족대표에게 교부하여야 하고, 피해자의 유족대표는 위 내용증명을 교부받은 즉시 피해자 ○○○의 유족 전부의 인감증명서를 가해자에게 교부하여 주기로 한다.

5. 위와 같은 합의내용을 확실하게 하기 위하여 이 합의서를 3부 작성하고, 이 중 1부는 수사기관에 제출하며, 나머지는 가해자 측과 피해자 측에서 각 1부씩 보관한다.

2013. 5. 13

위 가해자 ○○○ (XXXXXX-XXXXXXX) (인)
○○시 ○○구 ○○동 ○번지
피해자 ○○○의 유족대표 ○○○ (XXXXXX-XXXXXXX) (인)
○○시 ○○구 ○○동 ○번지

첨부서류 : 인감증명 (○○○, ○○○) 2통

【서식】 교통사고 손해배상청구 소장(상해, 무직)

소 장

원 고 1. ○ ○ ○ (○○○○○○-○○○○○○○)
2. ○ ○ ○ (○○○○○○-○○○○○○○)
원고들의 주소 :
○○ ○○시 ○○읍 ○○로 ○번지 (우 :)
원고 ○○○은 미성년자이므로 법정대리인 친권자 모 ○○○

피 고 1. 대한주식회사 (○○○○○○-○○○○○○○)
○○시 ○○로 ○번지 (우 :)
대표이사 ○ ○ ○
2. ○ ○ ○ (○○○○○○-○○○○○○○)
○○시 ○○로 ○번지 (우 :)

손해배상(자) 청구의 소

청 구 취 지

1. 피고들은 각자 원고 ○○○에게 56,123,783원, 원고 ○○○에게 500,000원과 각 이에 대하여 2012. 4. 16.부터 이 사건 소장부본 송달일까지는 연 5%, 그 다음날부터 다 갚는 날까지는 연 20%의 각 비율로 계산한 돈을 지급하라.
2. 소송비용은 피고들의 부담으로 한다.
3. 위 제1항은 가집행할 수 있다.

라는 판결을 구합니다.

청 구 원 인

1. 피고 대한주식회사를 위하여 운행되던 서울 50모1111호 택시가 2012. 4. 15. 22:40경 남성로타리 방면에서 신제주 방면으로 진행하다가 신제주 방면으로 진행하다가 제주시 용담 2동에 있는 우리식품 앞길에서 신호대기를 위하여 정지하고 있던 중 마침 그 뒤에서 진행하여 오던 피고 ○○○을 위하여 운행되던 서울 45라6666호 봉고 승합차가 그 앞 범퍼로 위 택시의 뒷범퍼를 들이받아 그 충격으로 위 택시의 뒷자석에 타고 있던 원고 ○○○에게 구순부 열창상 등의 상해를 가하였습니다.

2. 원고 ○○○는 1985. 3. 1.생이고 기대여명은 약 49년이다. 원고 ○○○는 적어도 일반농촌일용 노동에 종사할 수 있고 일반농촌일용노동에 종사하는 경우 그 가동기간은 사고시부터 60세가 되는 날까지라고 할 것입니다.
원고 ○○○의 가동능력상실율은 입원기간 중은 100%이고 그 이후는 15%입니다. 그리고 사고 당시의 여자일반농촌일용노동의 노임은 1일 금 38,250원이고 2012. 10. 현재의 여자일반농촌일용노동의 노임은 1일 금 38,583원입니다.

3. 따라서 원고 ○○○의 일실수입은 사고 이후 입원치료 중인 2012. 11. 9일까지 6개월 간은 1일 금 38,250원에 25일을 곱한 금 956,250원에 호프만지수 5.9140을 곱한 금 5,655,262원이고, 퇴원한 이후 가동연한인 60세가 되는 날까지 388개월간은 1일 금 38,583원에 25일을 곱하고 0.15를 곱한 후 호프만지수 226.9139(=232.8279-5.9140)를 곱한 금 32,831,321원으로 합계 금 38,486,583원이 됩니다.

4. 그리고 원고 ○○○는 위 상해의 치료비로 금 12,637,200원을 지출하였다. 또한 원고 ○○○와 그의 아들인 원고 ○○○은 피고들의 공동불법행위로 상당한 정신적 고통을 받았습니다. 그 위자료로는 원고 ○○○에게 금 5,000,000원, 원고 ○○○에게 금 500,000원이 상당할 것입니다.

5. 그러므로 피고들은 각자 자기를 위하여 자동차를 운행하는 자들로서 그들의 공동불법행위를 원인으로 하여 원고 ○○○에게 금 56,123,783원(=38,486,583원+12,637,200원+5,000,000원), 원고 ○○○에게 금 500,000원과 각 이에 대하여 이 사건 불법행위일 다음날인 2012. 4. 16.부터 이 사건 소장부본 송달일까지는 민법 소정의, 그 다음날부터 다 갚는 날까지는 소송촉진등에 관한 특례법 소정의 각 비율로 계산한 지연손해금을 지급할 의무가 있다 할 것이므로 본 소 청구에 이르렀습니다.

입 증 방 법

변론시 수시 제출하겠습니다.

첨 부 서 류

1. 주민등록초본 3통
1. 법인등기사항증명서 1통
1. 소장 부본 1통
1. 납부서 1통

20○○. ○. .

위 원고 1. ○ ○ ○ (인)
2. ○ ○ ○ (인)
원고 ○○○은 미성년자이므로
법정대리인 친권자 모 ○○○ (인)

○○지방법원 귀중

【서식】 교통사고 손해배상청구 소장(장해)

소　　장

원　　고 1. ○ ○ ○ (주민등록번호)
2. △ △ △ (주민등록번호)
3. □ □ □ (주민등록번호)
4. ♧ ♧ ♧ (주민등록번호)
원고 3, 4는 미성년자이므로 법정대리인
친권자 부 ○ ○ ○, 모 ○ ○ ○
○○시 ○○구 ○○동 ○○(우편번호 ○○○-○○○)
소송대리인 변호사 ○ ○ ○
○○시 ○○구 ○○동 ○○(우편번호 ○○○-○○○)
전화 · 휴대폰번호 :
팩스번호, 전자우편(e-mail)주소 :

피　　고 ◇ ◇ ◇ (주민등록번호 또는 한자)
○○시 ○○구 ○○동 ○○(우편번호 ○○○-○○○)
전화 · 휴대폰번호 :
팩스번호, 전자우편(e-mail)주소 :

손해배상(자) 청구의 소

청 구 취 지

1. 피고는 원고 ○○○에게 금 ○○○원, 원고 ○○○에게 금 ○○○, 원고 ○○○, 같은 ○○○에게 각 금 ○○○원 및 각 이에 대한 20○○.○.○.부터 판결선고일까지는 연 5%, 그 다음날부터 완제일까지 연 20%의 비율에 의한 금원을 지급하라.
2. 소송비용은 피고의 부담으로 한다.
3. 위 제1항은 가집행할 수 있다.

라는 판결 및 가집행선고를 구합니다.

청 구 원 인

1. 당사자들의 신분관계

원고 ○○○는 이 사건 사고로 인해 상해를 입은 피해자 본인이고, 동 원고와 관계에 있어서, 원고 ○○○는 그의 처, 원고 ○○○, 같은 ○○○는 그의 자식들이며, 피고는 이 사건 사고차량의 소유자 겸 운전자인 소외 ○○○의 사용자입니다.

2. 손해배상 책임의 발생

가. 소외 ○○○은 20○○.○.○. ○○:○○경 피고 ○○1자1234호 택시를 운전하여 ○○시 ○○구 ○○동 ○도로에서 ○○에서 ○○방향으로 시속 약 ○○km로 횡단보도상의 보행자 신호를 무시한 채 직진하다가 행인이 횡단하기 위해 횡단보도를 건너자 급정거하여 핸들을 심하게 꺾는 바람에 길가의 가로수를 들이받고 동 택시에 승차한 승객인 원고 ○○○으로 하여금 제 6, 7 흉추압박골절 및 하반신마비 등 상해를 입혔습니다.

나. 따라서 피고는 위 차량의 소유자로서 그 운행으로 일으킨 사로로 원고들이 입은 모든 손해를 배상할 책임이 있다고 할 것입니다.

3. 손해배상 범위

가. 소극적 손해

(1) 원고 ○○○은 19○○.○.○.생으로서 위 사고 당시 만 ○○세 ○개월 남짓한 신체건강한 남자이고, 그 평균여명은 ○○년입니다.

(2) 원고는 ○○회사의 ○○으로 근무하며 월 ○○○원의 수익을 올리며 가족의 생계를 책임지고 있는 가장입니다. 추후 신체감정 결과에 따라 일실수입을 정산하기로 하고 우선 금 ○○○원만 청구합니다.

나. 향후치료비 및 개호비 등

이 역시 신체감정결과에 따라 청구하겠습니다.

다. 위자료

원고 ○○○은 이 사건 사고로 인하여 위에서 본 상해를 입어 위 원고는 물론 앞서 본 바와 같은 신분관계에 있는 나머지 원고들도 정신적 고통을 받았을 것임은 경험칙상 명백하므로 피고는 이를 금전으로 위자할 의무가 있다할 것인데 이 사건 변론에 나타난 원고들의 나이, 가족관계, 재산 및 교육정도, 사고경위 및 결과 등 여러사정을 참작하면 그 위자료로서 원고 ○○○에게 금 ○○○원, 원고 ○○○에게 금 ○○○원, 원고 ○○○, ○○○에게 각 금 ○○○원을 지급함이 상당하다 할 것입니다.

4. 결　　론

그렇다면 피고는 원고 ○○○에게 손해배상 일부로 금 ○○○원, 원고 ○○○에게 금 ○○○원, 원고 ○○○, ○○○에게 각 금 ○○○원 및 이에 대하여 이 사건 사고일인 20○○.○.○.부터 이 사건 판결선고일까지는 민법 소정의 연 5%의, 그 다음날부터 다 갚을때까지는 소송촉진등에관한특례법 소정의 연 20%의 각 비율에 의한 지연 손해금을 지급할 의무가 있다할 것이므로 원고들은 이 사건 소를 제기합니다.

입 증 방 법

1. 갑 제1호증	가족관계등록상황별 증명서
1. 갑 제2호증	진단서
1. 갑 제3호증 1, 2	간이생명표 표지 및 내용
1. 갑 제4호증	자동차등록원부

첨 부 서 류

1. 위 입증서류	각 1통
1. 위임장	1통
1. 법인등기부등본	1통
1. 소장부본	1통
1. 납부서	1통

20○○. ○. ○.

위 원고들 소송대리인
변호사 ○ ○ ○ (인)

○○지방법원 귀중

【서식】 교통사고 손해배상청구 소장(수리비, 교환가격)

소 장

원 고 △△△운수주식회사 (○○○○○○-○○○○○○○) (전화 :)
○○시 ○○구 ○○로 ○번지 (우 :)
대표이사 ○ ○ ○

피 고 ○ ○ ○ (○○○○○○-○○○○○○○)
○○시 ○○구 ○○로 ○번지 (우 :)

손해배상(자) 청구의 소

청 구 취 지

1. 피고는 원고에게 ○○○○○원과 이에 대하여 2012. 5. 15.부터 이 사건 소장 부본 송달일까지 연 5%, 그 다음날부터 다 갚는 날까지는 연 20%의 각 비율로 계산한 돈을 지급하라.
2. 소송비용은 피고의 부담으로 한다.
3. 위 제1항은 가집행할 수 있다.

라는 판결을 구합니다.

청 구 원 인

1. 피고는 2012. 5. 14. 06 : 30경 서울1고5555 00△△승용차의 소유자로서 동 차를 운전하고 서울 강서구 개화동 425 노상을 행주대교방면에서 김포공항방면을 향하여 남쪽으로 시속 약 70㎞로 1차선상을 따라 진행하다가 졸음음전을 한 과실로 중앙분리대를 넘어 반대차선으로 달려들면서 마침 그 반대차선을 공항방면에서 행주대교방면으로 북진하던 원고 소유의 인천 7아8686 사료운반 탱크차를 들이받아 원고 소유의 위 차를 손괴하고 적재되어 있던 사료 5톤을 유실케 한 사실이 있습니다. 따라서 피고는 불법행위에 의하여 원고가 입은 손해를 배상할 의무가 있습니다.

2. 원고는 위 사고로 인하여 차체수리비 금 ○○○○○원, 사료탱크수리비 금 ○○○○○원이 소요되었으며, 하주(荷主)인 소외 주식회사 000코리아에 유실사료대금 ○○○○○원을 변상하였으며, 차량운휴비 금 ○○○○○원 [차량수리기간은 7일이 소요되었고 1일 운휴(運休)로 인한 일실이득은 금 ○○○○원이므로 이를 서로 곱하면 금 ○○○○○원이 됨] 상당의 손해를 입었습니다.

3. 따라서 원고는 피고로부터 불법행위에 대한 손해배상으로 ○○○○○원과 이에 대하여 2012. 5. 15.부터 이 사건 소장부본 송달일까지 연 5%, 그 다음날부터 다 갚는 날까지는 소송촉진등에관한특례법에서 정한 연 20%의 각 비율로 계산한 지연손해금을 지급받고자 본 소 청구에 이른 것입니다.

입 증 방 법

1. 갑 제1호증의 1	교통사고사실확인원
1. 갑 제1호증의 2	진술서
1. 갑 제2호증의 1	충도사고정비견적서
1. 갑 제2호증의 2	견적서
1. 갑 제3호증	확인서
1. 갑 제4호증 1	자동차등록원부등본
1. 갑 제4호증 2	말소사실증명원

그 밖의 입증서류는 변론시 수시 제출하겠습니다.

첨 부 서 류

1. 위 입증서류	1통
1. 법인등기사항증명서	1통
1. 주민등록초본	2통
1. 소장 부본	1통
1. 납부서	1통
1. 위임장	1통

20○○. ○. .

위 원고 △△△운수주식회사
대표이사 ○ ○ ○ (인)

○○지방법원 귀중

【서식】 구상금청구의 소장 (보험자의 구상금 청구)

소 장

원 고 (주)○○ 화재보험
○○시 ○○구 ○○동 ○
대표이사 ○ ○ ○
지 점 장 ○ ○ ○
지 배 인 ○ ○ ○
소송대리인 변호사 ○ ○ ○

피 고 ◇ ◇ ◇ (주민등록번호 또는 한자)
○○시 ○○구 ○○동 ○○(우편번호 ○○○-○○○)
전화 · 휴대폰번호 :
팩스번호, 전자우편(e-mail)주소 :

구상금 청구의 소

청 구 취 지

1. 피고는 원고에게 금 ○○○○원 및 이에 대하여 20○○.○.○.부터 이 사건 소장 송달일까지는 연 5%, 소장송달 익일부터 완제일까지는 연 20%의 비율에 의한 금원을 지급하라.
2. 소송비용은 피고의 부담으로 한다.

라는 판결 및 가집행 선고를 구합니다.

청 구 원 인

1. 20○○.○.○. ○○시 ○○구 ○○동 사거리에서 정지신호를 무시한 피고가 소유 운전하던 2.5톤 타이탄트럭이 직진신호를 받고 직진하던 소외 ○○○이 소유 운전하던 소나타Ⅲ 승용차를 충격하여 소외 ○○○에게 좌골절 등의 상해를 가하였고 피고는 책임보험만 가입하였습니다.
2. 이에 원고는 소외 ○○○이 가입한 자동차종합보험 보험자로써 금 ○○○○원의 치료비를 ○○시 ○○구 ○○동 ○번지 소재 소외 ○○병원에 지급하였습니다.

3. 그러므로 원고는 피고의 불법행위로 인하여 피고를 대위하여 소외 ○○○에게 지급한 금 ○○○○원 및 이에 대한 지연이자 상당의 손해배상을 청구하기 위하여 본소 청구에 이른 것입니다.

입 증 방 법

1. 갑 제1호증　　　　교통사고 관련 경찰조서
1. 갑 제2호증　　　　치료비 지급내역서
1. 기타 변론시 수시 제출하겠습니다.

첨 부 서 류

1. 위 입증서류　　　　각 1통
1. 소장부본　　　　3통
1. 소송위임장　　　　1통
1. 납부서　　　　1통

20○○. ○. ○.

위 원고 소송대리인
변호사 ○ ○ ○ (인)

○○지방법원 귀중

제 2 절 생활방해 등 환경침해책임

1. 의 의

(1) 환경 및 환경권

『헌 법』

제35조 ① 모든 국민은 건강하고 쾌적한 환경에서 생활할 권리를 가지며, 국가와 국민은 환경보전을 위하여 노력하여야 한다.

② 환경권의 내용과 행사에 관하여는 법률로 정한다.

③ 국가는 주택개발정책등을 통하여 모든 국민이 쾌적한 주거생활을 할 수 있도록 노력하여야 한다.

『환경정책기본법』

제1조(목적) 이 법은 환경보전에 관한 국민의 권리·의무와 국가의 책무를 명확히 하고 환경정책의 기본 사항을 정하여 환경오염과 환경훼손을 예방하고 환경을 적정하고 지속가능하게 관리·보전함으로써 모든 국민이 건강하고 쾌적한 삶을 누릴 수 있도록 함을 목적으로 한다.

『환경분쟁 조정법』

제1조(목적) 이 법은 환경분쟁의 알선(斡旋)·조정(調停) 및 재정(裁定)의 절차 등을 규정함으로써 환경분쟁을 신속·공정하고 효율적으로 해결하여 환경을 보전하고 국민의 건강과 재산상의 피해를 구제함을 목적으로 한다.

제16조(조정의 신청 등) ① 조정을 신청하려는 자는 제6조에 따른 관할 위원회에 알선·조정 또는 재정 신청서를 제출하여야 한다.

헌법 제35조는 건강하고 쾌적한 환경에서 생활할 수 있는 권리인 환경권을 기본권으로 보장하고 있다. 환경이 무엇인가에 대한 개념정의는 다양하나 일반적으로 환경은 자연환경과 생활환경 모두를 포함한다(환경정책기본법 제3조 제1호). 자연환경이란 지하·지표(해양을 포함한다) 및 지상의 모든 생물과 이들을 둘러싸고 있는 비생물적인 것을 포함한 자연의 상태(생태계 및 자연경관을 포함한다)를 말하며(법 제 3조 제2호), 생활환경이란 대기, 물, 토양, 폐기물, 소음·진동, 악취, 일조 등 사람의 일상생활과 관계되는 환경을 말한다(법 제3조 제3호).

또, 환경오염 내지 환경침해란 사업 활동 및 그 밖의 사람의 활동에 의하여 발생하는 대기오염, 수질오염, 토양오염, 해양오염, 방사능오염, 소음·진동, 악취, 일조 방해 등으로서 사람의 건강이나 환경에 피해를 주는 상태를 말한다(법 제3조 제4호). 그러므로 환경오염은 환경 그 자체를 오염, 침해하는 행위 뿐 아니라 그 오염으로 인해 발생되는 사람의 생명, 신체, 재산에 대한 침해행위를 포괄하는 개념이다. 환경오염에 대해서는 각국마다 쓰이는 용어가 다른데 가령, 일본에서는 '공해' 내지 '환경침해'라는 표현을 쓰는가 하면 영미국가에서는 '생활방해(Nuisance)'로, 독일에서는 '임밋시온'이라는 용어가 보편적으로 쓰이고 있다.

이렇듯 각국마다 환경오염을 표현하는 용어는 다르지만, 지속가능한 개발로 미래세대를 위한 환경보존이라는 공감대는 공통적이다. 환경 내지 환경침해에 관한 관련 법규로는 기본법인 「환경정책기본법」을 비롯하여, 「소음진동규제법」, 「대기환경보전법」, 「수질환경보전법」, 「해양오염방지법」, 「환경영향평가법」, 「환경분쟁조정법」, 「환경범죄 등의 단속 및 가중처벌에 관한 법률」 등이 있다.

(2) 환경침해와 환경정책기본법

환경침해는 인간의 산업활동 등에 의해 발생된다는 인위성과 물, 공기 등의 중간매체를 통해 인체 등에 영향을 미치게 되는 간접성 등의 특성이 있다. 간접적인 침해의 경우에도 오염이 장기간 누적된 후에나 그 피해가 현실화된다는 점에서 환경침해는 시간적 장기성을 갖는다. 무엇보다 환경침해는 그 원인이 복합적이고 간접적이어서 명확하게 드러나지 않아 원인규명을 하기가 어렵다는 문제가 있다. 또, 환경침해로 인한 피해 역시 빠른 시간 내 매우 광범위하게 많은 사람에게 확산되며 원상회복이 거의 불가능하다. 이러한 환경침해에 대해서는 행정소송, 민사소송, 헌법소원 등의 절차이용이 가능하며, 복잡한 소송절차를 거치지 않고 환경분쟁조정제도를 이용할 수 있다. 실무상 일반적으로는 민사소송에 의한 구제수단이 주로 활용되고 있다.

그런데 이러한 환경침해의 특성으로 환경침해소송은 막대한 비용과 시간이 소요됨은 물론 다수 당사자에 의한 소제기 등으로 심리가 장기화됨에도 불구하고 인과관계 등 요건사실을 피해자측에서 증명해야 하는 부담이 있다. 이러한 부담에도 불구하고 사후적 손해배상배상만으로는 환경침해로 인한 피해의 원상복구가 어렵다. 그에 따라 환경정책기본법 제44조 및 환경범죄 등의 단속 및 가중처벌에 관한 법률 제11조는 무과실책임 및 인과관계의 사실상 추정 등을 통해 피해자구제를 도모한다. 해석론으로도 환경침해에 대한 법적 구제수단으로 유지청구를 인정하거나 불법행위에 기한 손해배상 청구 시 요건사실에 대한 입증부담을 경감시키고 있다. 다만, 헌법 제35조상의 환경권은 그 내용과 범위 등이 불명확하여 구체적인 사법상의 권리로 인정하기는 어려우며, 환경권에 기한 방해배제청구권은 인정되지 않는다.[103)]

• 판 례

◇ 대법원 1995. 5. 23. 자 94마2218 결정 : 헌법 제35조 제1항은 환경권을 기본권의 하나로 승인하고 있으므로, 사법의 해석과 적용에 있어서도 이러한 기본권이 충분히 보장되도록 배려하여야 하나, 헌법상의 기본권으로서의 환경권에 관한 위 규정만으로서는 그 보호대상인 환경의 내용과 범위, 권리의 주체가 되는 권리자의 범위 등이 명확하지 못하여 이 규정이 개개의 국민에게 직접으로 구체적인 사법상의 권리를 부여한 것이라고 보기는 어렵고, 사법적 권리인 환경권을 인정하면 그 상대방의 활동의 자유와 권리를 불가피하게 제약할 수밖에 없으므로, 사법상의 권리로서의 환경권이 인정되려면 그에 관한 명문의 법률규정이 있거나 관계 법령의 규정취지나 조리에 비추어 권리의 주체, 대상, 내용, 행사방법 등이 구체적으로 정립될 수 있어야 한다.

(3) 생활방해

사람의 일상생활과 관계되는 생활환경 역시 환경의 한 유형이다. 여기서 생활환경 내지 생활이익은 쾌적하고 건강한 생활 및 생활의 평온을 그 내용으로 한다. 그러므로 수인한도를 넘어선 소음, 악취, 진동, 불빛 등 생활이익의 침해는 그 곳에서 삶을 영위하는 사람에게 정신적 고통 등 인격적 이익의 침해를 필연적으로 수반한다는 점에서 인격권의 침해 문제이기도 하다.

그런데 이러한 생활이익을 침해받는 경우 가령, 일조가 차단된다든지, 소

103) 대법원 1997. 7. 22. 선고 96다56153 판결

음 내지 악취 등으로 일상적인 생활이 어려워지는 등 다양한 방식으로 생활이익이 침해되는 경우 법적으로 어디까지 생활이익을 보호해야 하는지 그리고 그 구제수단은 무엇인지 등이 문제가 된다. 특히 아파트와 같은 집합건물이 많아지고 주거지역이 밀집되는 현상이 강화되면서 층간소음을 이유로 한 분쟁이나 쓰레기소각장과 같은 기피시설의 설치를 둘러싼 분쟁이 잦아지게 되어 주거환경이 심각한 사회문제로 대두되고 있다.

생활방해를 포함하여 환경침해는 수많은 사람들이 각자의 생활을 다양하게 살아가기 때문에 일괄적이고 획일적으로 그에 대한 침해여부를 평가할 수 없다. 인접한 타인의 정당한 소유권 행사를 막아서는 안되며 환경기초시설과 같은 사회적으로 필요한 시설의 설치에 대해 지역이기주의만 내세워서도 안된다. 더불어 살아가는 사회 속에서 사람들의 삶을 구성하는 생활환경이익은 결국 타인과의 조화로운 관계 속에서 그 범위와 기준을 설정할 수밖에 없다.

2. 성립요건 및 효과

(1) 성립요건

1) 일조권 침해

태양의 직사광선의 양이 감소하거나 없어짐으로써 생기는 일조권 침해는 산업화, 도시화와 더불어 심각한 사회문제로 대두되었다. 일조권침해는 일반적으로 인접토지의 상린관계에서 분쟁이 발생하며 침해건축물이 철거되지 않는 한 그 침해가 영구적으로 지속된다는 점 및 피해의 정도가 직접적이지 않다는 특징이 있다. 특히 일조권의 침해는 불빛, 소음 등과 같이 피해자의 생활에 직접적이고 적극적으로 침해하는 생활방해와 달리 방해자가 자신의 토지에 대한 적법한 재산권행사의 일환으로 건물을 신축함으로써 발생하는 소극적 침해의 형태로 발생한다는 특성이 있다.

일조이익의 내용과 그 침해 정도는 주변 토지 또는 건물과의 상대적인 위치에 따라 정해지기 때문에 가해건물의 신축으로 피해건물의 일조량이 감소하였다는 사실만으로 곧바로 위법성이 인정되지는 않는다. 그에 따라 일조권의 침해의 경우 다음과 같은 요건을 고려하여 수인한도를 초과한 위법행위인지 그 여부를 판단해야 한다.[104]

먼저, 피해건물은 원칙적으로 주거지역에 위치해야 하며, 주거용으로 건축되고 실제로도 주거용으로 사용하고 있어야 한다. 또, 가해건물의 골조가 완성되기 전에 보호받을 만한 충분한 생활이익이 형성되어 있어야 한다. 그리고 피해건물 및 가해건물의 인접지역의 상황에 비추어 가해건물에 건물의 형상과 이용방식 등 여러 면에서 상당한 정도의 이례성이 있어야 하며, 가해건물이 피해건물의 거주자에게 직접적인 압박감을 느낄 수 있을 정도로 상당한 거리 이내에 위치하고 있어야 한다. 그리고 무엇보다, 일조량감소로 인한 피해의 정도가 상당한 것이어야 하는데, 피해건물의 거실의 주요 개구부를 기준으로 '연속일조시간'(동지일을 기준으로 9시부터 15시까지 사이의 6시간 중 연속된 일조시간)이 2시간 이상 확보되지 않거나, '총 일조시간'(8시에서 16시까지 사이의 8시간 중 일조시간의 총합)이 4시간 정도 확보되지 않아야 한다.

마지막으로, 위와 같은 요건을 갖춘 경우라 하더라도 일조권침해 여부를 판단할 때에는 피해이익의 성질 및 그에 대한 사회적 평가, 토지이용의 선후관계, 가해 방지 및 피해 회피의 가능성, 공법적 규제의 위반 여부, 교섭 경과 등 모든 사정이 종합적으로 고려되어야 한다.

2) 조망이익 침해

조망이익은 외부를 조망함에 있어 특정한 지리적 장소가 갖는 특별한 가치를 말한다. 이러한 조망이익이 법적으로 보호받기 위해서는 당해 건물로부터 향유하는 조망이익이 사회통념상 독자적인 이익으로 승인되어야 할 정도로 중요성을 가져야 한다.[105] 조망이익의 침해행위는 통상 토지소유자의 적법한 소유권 행사임에도 불구하고 발생하는 경우가 많고, 조망이익의 보호가 오히려 토지소유권 행사의 제한을 가져오기도 하기 때문이다. 그러므로 미적 감각 또는 만족감과 관련된 조망이익은 권리로 승인되어 법적으로 보호받는 일조권과 달리 그 침해여부를 판단함에 있어서도 일조권보다 엄격할 수밖에 없다.

---

104) 대법원 2007. 6. 28. 선고 2004다54282 판결
105) 대법원 2004. 9. 13. 선고 2003다64602 판결

조망이익이 법적인 보호의 대상이 되는 경우에 이를 침해하는 행위가 사법상 위법한 가해행위로 평가되기 위해서는 그 침해의 정도가 사회통념상 일반적으로 인용되는 수인한도를 넘어야 한다. 수인한도의 초과여부는 조망의 대상이 되는 경관의 내용과 피해건물이 입지하고 있는 지역에 있어서 건조물의 전체적 상황 등의 사정을 포함한 넓은 의미에서의 지역성, 피해건물의 위치 및 구조와 조망상황, 특히 조망과의 관계에서의 건물의 건축·사용목적 등 피해건물의 상황, 주관적 성격이 강한 것인지 여부와 여관·식당 등의 영업과 같이 경제적 이익과 밀접하게 결부되어 있는지 여부 등 당해 조망이익의 내용, 가해건물의 위치 및 구조와 조망방해의 상황 및 건축·사용목적 등 가해건물의 상황, 가해건물 건축의 경위, 조망방해를 회피할 수 있는 가능성의 유무, 조망방해에 관하여 가해자측이 해의를 가졌는지의 유무, 조망이익이 피해이익으로서 보호가 필요한 정도 등 모든 사정을 종합적으로 고려하여 판단하여야 한다.[106)]

조망이익이 법적인 보호를 받을 정도에 이르기 위해서는 일반 통념상 조망가치가 있는 경관이 존재해야 한다. 그러므로 주관적으로만 경관이 만족스럽거나 객관적으로 좋은 경관이라고 할 수 없는 경관에 대한 조망이익은 법적으로 보호받지 못한다. 특히 당해 장소의 가치가 해당 경관의 조망에 의존하고 있어야 한다. 즉, 특정의 장소가 그 장소로부터 외부를 조망함에 있어 특별한 가치를 가지고 있어야 한다.[107)] 그러므로 일반적인 거주지역에 인공적으로 특별한 시설을 갖춤으로써, 예컨대 경관이 조망되지 않는 평지에 고층건물을 축조하여 너른 지역을 조망할 수 있게 된 경우 다른 고층건물의 건축으로 조망방해를 받아도 조망이익을 주장할 수 없다.

아울러, 조망이익은 조망의 보존과 유지가 주위 토지의 이용 상황과 조화를 이룰 수 있어야 비로소 법적 보호의 대상이 된다. 가령, 조망의 대상과 그에 대한 조망의 이익을 누리는 건물 사이에 타인 소유의 토지가 있지만, 그 토지위에 건물이 건축되어 있지 않거나 저층의 건물만이 건축되어 있어 그 결과 타인의 토지를 통한 조망의 향수가 가능하였던 경우, 그 타인은 자

106) 대법원 2007. 6. 28. 선고 2004다54282 판결
107) 대법원 2004. 9. 13. 선고 2003다64602 판결

신의 토지에 대한 소유권을 자유롭게 행사하여 그 토지 위에 건물을 건축할 수 있고, 그 건물신축이 국토의 계획 및 이용에 관한 법률에 의하여 정해진 지역의 용도에 부합하고 건물의 높이나 이격거리에 관한 건축관계법규에 어긋나지 않으며 조망 향수자가 누리던 조망의 이익을 부당하게 침해하려는 해의에 의한 것으로서 권리의 남용에 이를 정도가 아닌 한 인접한 토지에서 조망의 이익을 누리던 자라도 이를 함부로 막을 수는 없으며, 따라서 조망의 이익은 주변에 있는 객관적 상황의 변화에 의하여 저절로 변용 내지 제약을 받을 수밖에 없고 그 이익의 향수자가 이러한 변화를 당연히 제약할 수 있는 것도 아니다.[108)]

• 판 례

◇ 대법원 2004. 9. 13. 선고 2003다64602 판결 : 어느 토지나 건물의 소유자가 종전부터 향유하고 있던 경관이나 조망이 그에게 하나의 생활이익으로서의 가치를 가지고 있다고 객관적으로 인정된다면 법적인 보호의 대상이 될 수 있는 것인바, 이와 같은 조망이익은 원칙적으로 특정의 장소가 그 장소로부터 외부를 조망함에 있어 특별한 가치를 가지고 있고, 그와 같은 조망이익의 향유를 하나의 중요한 목적으로 하여 그 장소에 건물이 건축된 경우와 같이 당해 건물의 소유자나 점유자가 그 건물로부터 향유하는 조망이익이 사회통념상 독자의 이익으로 승인되어야 할 정도로 중요성을 갖는다고 인정되는 경우에 비로소 법적인 보호의 대상이 되는 것이라고 할 것이고, 그와 같은 정도에 이르지 못하는 조망이익의 경우에는 특별한 사정이 없는 한 법적 보호의 대상이 될 수 없다.

(2) 효 과

1) 유지청구

① 의 의

제214조(소유물방해제거, 방해예방청구권) 소유자는 소유권을 방해하는 자에 대하여 방해의 제거를 청구할 수 있고 소유권을 방해할 염려있는 행위를 하는 자에 대하여 그 예방이나 손해배상의 담보를 청구할 수 있다.

108) 대법원 2007. 6. 28. 선고 2004다54282 판결

제217조(매연 등에 의한 인지에 대한 방해금지) ① 토지소유자는 매연, 열기체, 액체, 음향, 진동 기타 이에 유사한 것으로 이웃 토지의 사용을 방해하거나 이웃 거주자의 생활에 고통을 주지 아니하도록 적당한 조처를 할 의무가 있다.

② 이웃 거주자는 전항의 사태가 이웃 토지의 통상의 용도에 적당한 것인 때에는 이를 인용할 의무가 있다.

환경침해는 오랜 시간에 걸쳐 계속적으로 침해를 야기한다. 그리하여 환경침해로 인해 이미 발생한 손해에 대해 배상하는 것 이외에도 현재의 침해 및 장래에 발생할 수 있는 침해가능성을 제거하는 것 역시 매우 중요하다. 이처럼 침해상태가 현재에도 지속되고 있거나 장래 계속하여 발생할 염려가 있을 경우 그에 대하여 침해의 제거 및 예방을 구하는 피해자의 청구를 유지청구라 한다. 유지청구는 피해자가 가해자를 상대로 피해자에게 손해를 주는 행위를 중지할 것을 법원에 청구하는 것으로서 방지설비의 설치나 오염시설의 철거를 구하는 것과 같은 일정한 작위를 청구하거나 오염시설의 설치를 금하는 것과 같은 부작위를 청구하는 것을 그 내용으로 한다. 그런데, 환경침해로 인한 피해는 대체로 원상회복이 어려우며 가능하다 하더라도 그에 대한 시간과 비용이 막대하다. 이 점에서 예방적 차원에서 이뤄지는 유지청구는 실무상 가처분제도를 이용하여 현 상태를 동결시켜놓고 이후 소송 등을 통해 실체법적인 권리행사의 방법으로 진행된다.

유지청구를 인정하는 법적 근거에 대해서는 환경침해를 인격권 또는 환경권에 대한 침해로 보아 인격권 또는 환경권에서 그 근거를 찾는 견해, 환경침해를 물권 및 상린권에 대한 침해로 보아 물권적 청구권 내지 상린권에서 그 근거를 찾는 견해, 그리고 불법행위의 효과인 원상회복의 한 방법으로서 유지청구권이 인정될 수 있다는 견해 등이 있다.

판례는 사법상의 권리로서 환경권을 인정하는 명문의 규정이 없음을 이유로 환경권에 기한 유지청구권 행사를 인정하지 않고 있으며,[109] 환경침해가 인격권의 침해나 불법행위임을 인정하기는 하나 유지청구권의 근거를 인격권 내지 불법행위에서 찾지는 않는다.[110] 다수의 판례는 유지청구권의 법적

109) 대법원 1999. 7. 27. 선고 98다47528 판결

근거를 물권적 청구권 내지 상린권에서 찾는다.

• 판 례

◇ 대법원 2007. 6. 15. 선고 2004다37904 판결 : 건물의 소유자 또는 점유자가 인근의 소음으로 인하여 정온하고 쾌적한 일상생활을 영유할 수 있는 생활이익이 침해되고 그 침해가 사회통념상 수인한도를 넘어서는 경우에 건물의 소유자 또는 점유자는 그 소유권 또는 점유권에 기하여 소음피해의 제거나 예방을 위한 유지청구를 할 수 있다.

② 성립요건 및 효과

유지청구의 법적 근거를 물권적 청구권 내지 상린권설에 의할 경우 소유권자나 점유권자, 지상권자, 전세권자 등 물권자는 가해자를 상대로 환경침해 대해 유지청구권을 행사할 수 있다.[111] 환경권은 건강하고 쾌적한 생활을 할 생활이익에 해당하므로 피해대상 건물의 소유자뿐 아니라 대상건물을 사용할 수 있는 정당한 권원이 있는 자, 예컨대, 임차인도 상린권에 근거하여 일정한 경우 유지청구를 할 수 있다. 다만, 이들은 대상건물을 일시적으로 사용하는 자에 불과해서는 안되고 장기적이고 꾸준히 사용하는 자이어야 한다.[112] 그러므로, 가령 초등학교시설을 이용하는 초등학생은 학교시설을 방학기간이나 휴일을 제외한 개학기간 중, 그것도 학교에 머무르는 시간 동안에만 일시적으로 이용하는 지위에 있을 뿐이고 학교를 점유하면서 지속적으로 거주하고 있다고 할 수 없으므로 생활이익으로서의 일조권을 법적으로 보호받을 수 있는 지위에 있지 않다.[113]

또, 일반적으로 신축건물이 완공되지 않아 현재 일조권침해가 발생하지 않았어도 계획대로 공사가 진행되면 향후 일조권의 침해가 명백할 경우 기존건물의 소유자 내지 거주자는 신축건물공사에 대해 공사금지가처분을 신청하여 향후 발생할 일조권의 침해에 미리 대비할 수 있다. 물론 공사금지가처분을 신청하기 위해서는 그 침해가 사회통념상 일반적으로 수인할 정도를

110) 대법원 1995. 9. 15. 선고 95다23378 판결
111) 대법원 1995. 9. 15. 선고 95다23378 판결
112) 대법원 2008. 12. 24. 선고 2008다41499 판결
113) 대법원 2008. 12. 24. 선고 2008다41499 판결

넘어서야 하며,[114] 건설의 인가처분에 하자가 있다는 이유만으로 피해건물의 소유자 내지 거주자들에게 공사의 금지를 구할 사법상의 권리가 생기는 것은 아니다.[115]

유지청구권의 상대방은 현재 위법한 환경침해를 한 자이며 침해행위를 직접 하지 않았더라도 그러한 사정을 지배하는 지위나 위치에 있는 자도 유지청구권의 상대방이 될 수 있다. 가령, 환경침해의 우려가 있는 건축공사를 행하는 경우 그 건축주와 시공자 모두 피청구인이 될 수 있다. 그러나 환경침해행위가 과거에 있었고 현재는 그러한 행위가 종료된 경우라면 피청구인이 될 수 없으며, 이 경우에는 사후적으로 손해배상만을 청구할 수 있다.

한편, 매연, 소음, 빛반사 등과 같은 불가량의 유입에 따른 생활방해 형태의 적극적인 환경침해는 물론 인접토지에 건물을 신축하여 일조 및 통풍 등의 유입을 방해하거나 경관 내지 조망을 해하는 소극적 침해행위에 대해서도 유지청구권을 행사할 수 있다.[116] 이러한 침해행위는 행위자의 고의나 과실에 기인해 발생할 필요는 없으나 그 침해행위는 위법해야 한다. 신축건물이 기존건물 거주자의 일조나 조망 등을 방해한다 하더라도 그 방해가 위법하지 않을 정도라면 유지청구는 인정되지 않는다.

침해행위에 대한 위법성의 판단기준으로 수인한도가 적용된다.[117] 침해행위의 공공성이 크면 피해자의 인용의무가 커지므로 위법성의 인정이 어려워질 수밖에 없다. 이 점에서 공공성 내지 공공의 이익은 침해행위의 반사회성을 경감시킨다. 건축허가 등 공법상의 기준에 대한 준수여부가 수인한도를 결정함에 있어 하나의 기준이 될 수는 있으나 이것이 절대적인 기준은 아니다. 위법한 침해행위에 대한 주장과 증명책임은 원고인 피해자에게 있다.

---

114) 대법원 1999. 7. 27. 선고 98다47528 판결

115) 대법원 1995. 5. 23. 자 94마2218 결정. 이 사례는 도시공원법상의 근린공원 내의 개인 소유 토지상에 골프연습장을 설치할 수 있다는 법령에 근거하여 토지소유자가 관할 관청으로부터 골프연습장의 인가처분을 받았는데 그 인가처분에 하자가 있음을 근거로 공원의 인근 주민들이 골프연습장 건설금지를 구한 사안으로 법원은 인가처분의 하자로 공사금지를 구할 사법상의 권리가 생기는 것이라고 할 수 없다고 판시하였다.

116) 대법원 1995. 9. 15. 선고 95다23378 판결

117) 대법원 2008. 4. 17. 선고 2006다35865 전원합의체 판결

2) 비용청구 및 손해배상

① 의 의

『환경정책기본법』

제7조(오염원인자 책임원칙) 자기의 행위 또는 사업활동으로 환경오염 또는 환경훼손의 원인을 발생시킨 자는 그 오염·훼손을 방지하고 오염·훼손된 환경을 회복·복원할 책임을 지며, 환경오염 또는 환경훼손으로 인한 피해의 구제에 드는 비용을 부담함을 원칙으로 한다.

제44조(환경오염의 피해에 대한 무과실책임) ① 환경오염 또는 환경훼손으로 피해가 발생한 경우에는 해당 환경오염 또는 환경훼손의 원인자가 그 피해를 배상하여야 한다.

② 환경오염 또는 환경훼손의 원인자가 둘 이상인 경우에 어느 원인자에 의하여 제1항에 따른 피해가 발생한 것인지를 알 수 없을 때에는 각 원인자가 연대하여 배상하여야 한다.

『환경범죄 등의 단속 및 가중처벌에 관한 법률』

제11조(추정) 사람의 생명·신체, 상수원 또는 자연생태계 등(이하 "생명·신체등"이라 한다)에 위해(제3조제3항 각 호의 어느 하나에 해당하는 경우를 포함한다. 이하 이 조에서 같다)를 끼칠 정도로 오염물질을 불법배출한 사업자가 있는 경우 그 오염물질의 불법배출에 의하여 위해가 발생할 수 있는 지역에서 같은 종류의 오염물질로 인하여 생명·신체 등에 위해가 발생하고 그 불법배출과 발생한 위해 사이에 상당한 개연성이 있는 때에는 그 위해는 그 사업자가 불법배출한 물질로 인하여 발생한 것으로 추정한다.

환경정책기본법 제7조는 환경오염의 원인을 발생시킨 자가 원칙적으로 피해의 구제에 드는 비용을 부담해야 한다고 규정하고 있다. 또, 동법 제44조는 환경침해 원인제공자에게 무과실의 손해배상책임 및 연대책임을 규정하고 있다. 환경침해 행위에 대한 가중처벌을 규정하고 있는 환경범죄 등의 단속 및 가중처벌에 관한 법률 제11조 역시 오염물질의 불법배출과 위해 사이에 상당한 개연성만 입증되면 인과관계가 추정된다고 규정하고 있다.

그에 따라 환경침해로 손해를 입은 피해자는 침해자의 귀책사유를 증명하지 않아도 본법의 규정에 따른 손해배상을 청구할 수 있다. 이 외에도, 토양환경보전법, 유류오염손해배상보장법, 수산업법, 광업법, 원자력손해배상법 등 각 특별법에서 손해에 대한 배상책임을 규정하고 있다. 이러한 특별법 이외에도 피해자는 민법 제750조에 따른 손해배상청구 내지 제758조의 공작물책임에 기한 손해배상 및 국가배상법 제5조의 영조물책임에 기한 손해배상을 청구할 수 있다. 그런데, 피해자가 민법 제750조 불법행위에 기한 손해배상을 청구할 경우 환경침해의 특성을 고려하여 불법행위책임의 성립요건인 고의 또는 과실, 위법성, 인과관계에 대한 수정이 이뤄진다.

먼저, 고의 또는 과실의 귀책사유와 관련하여, 과실로 환경침해를 야기한 경우 과실의 판단기준인 주의의무의 내용을 어떻게 볼 것인지에 대해 논란이 있다. 가령, 결과발생을 막기 위하여 일정한 방지시설을 한 경우와 같이 최선 내지 상당한 정도의 방치조치의무를 다했음에 환경침해가 발생한 경우에는 주의의무를 위반한 것으로 볼 수 없다는 입장이 있다. 반면에 최선의 방지조치를 다하였다고 하더라도 손해발생의 예견가능성이 인정되면 주의의무를 위반한 것으로 볼 수 있다는 입장도 있다. 환경침해의 특성상 피해자의 증명부담을 경감시켜줘야 할 필요성이 있기 때문에 근래에는 예견가능성의 범위를 확대해석하여 후자의 견해를 취하는 것이 지배적이다. 판례도 대법원 1973. 10. 10 선고 73다1253 판결[118] 이후로 계속하여 예견가능성을 과실의 중심내용으로 보고 전개하고 있다. 이러한 견해에 따르면 모든 방호조치를 다한 경우 또, 방지가 불가능한 경우에도 유해한 결과에 대한 사실을 인식하였다면 과실이 인정된다. 물론, 예견가능성의 유무는 동종의 사업을 하는 자가 통상 갖추고 있는 전문적 지식을 표준으로 하여 판단한다.

다음으로, 위법성의 요건과 관련하여, 유지청구와 마찬가지로 위법성의 판단기준으로 수인한도론이 적용된다. 이 경우 환경침해행위의 위법성에 대한 판단은 피해의 정도, 피해이익의 성질 및 그에 대한 사회적 평가, 가해 건물의 용도, 지역성, 토지이용의 선후관계, 가해방지 및 피해회피의 가능성, 공법적 규제의 위반 여부, 교섭 경과 등 모든 사정을 종합적으로 고려하여 판단하게 된다.[119] 이처럼 수인한도의 정도와 내용은 침해이익과 피침해이익의

---

118) 이 사안에서 대법원은 공장설립 당시나 그 가동에 있어서 현대과학이 가능한 모든 방법을 취하여 손해를 방지하는 시설을 갖추고 있다 하여 피고가 원고에게 가한 불법행위에 과실이 없다고 말할 수는 없다고 판시하였다.

119) 대법원 1999. 1. 26. 선고 98다23850 판결

형량을 통해 개별적으로 그리고 규범적으로 판단된다. 그에 따라 위법성의 인정여부는 수인한도의 정도와 내용에 따라 달라질 수 있다.

끝으로, 인과관계와 관련하여, 일반 불법행위와 달리 환경침해의 경우는 공기, 물 등 매개체를 통해 간접적인 경우가 많아 그 증명이 쉽지 않으며 매우 전문적이다. 또, 적법한 기업활동에 수반하여 배출되는 유해물질이나 대기 오염 등의 경우 기업가의 정보에 접근하는 것 자체가 어려운 경우가 많다. 이러한 증명책임의 어려움 때문에 이를 완화시키고자 개연성설, 신개연성설과 같은 이론이 주장되었다. 어느 견해에 따르든 피해자는 어떤 원인행위가 있었고 그 원인물질이 피해물건에 도달하였으며, 그 이후에 손해가 발생하였다는 사실을 증명하면 가해자 측에서 원인물질의 부존재 또는 원인물질의 무해성을 증명하지 못하는 한 책임을 면할 수 없다.[120] 즉, 인과관계가 사실상 추정되어 증명책임이 피고측에 있으며 피고가 인과관계의 부존재를 증명하지 못하는 한 책임으로부터 자유로울 수 없다.

② 효 과

일조권 침해를 입은 피해자는 유지청구와 함께 또는 별도로 손해배상을 청구할 수 있다. 광열비나 세탁비 증가 등 재산상의 손해배상액은 특별한 사정이 없는 한 같은 건물에 거주하는 사람의 수에 따라 그 손해액에 달라진다고 보기 어려우므로 그 손해액은 일반적으로 건물단위로 산정된다. 다만, 일조침해에 따른 위자료는 다양한 요소들을 참작하여 실거주자별로 산정된다. 또, 실제 거주자가 일조 침해로 인한 손해배상을 청구하였다 하더라도 손해배상액은 소유자와 거주자 사이에서 적절한 방법과 비율로 배분된다.

통상 일조침해는 피해건물의 가치 하락을 동반한다. 이 경우 대상건물의 가치하락은 다양한 요인에 의해 발생하는 것이므로 이 중 어느 손해가 일조침해와 상당인과관계가 있는지는 가치하락에 영향을 미친 다른 요인과의 관계를 종합적으로 고려하여 배상가능한 손해의 범위를 산정해야 한다. 만일, 일조방해로 인해 피해물건을 더 이상 본래의 용법대로 사용할 수 없게 되었다면, 물건의 소유자는 수목이나 건물 등의 이전이 불가능하거나, 이전하더라도 이전비용이 물건의 교환가치를 넘는 등 특별한 사정이 없는 한, 이전비

120) 대법원 1984. 6. 12. 선고 81다558 판결

용 상당액을 통상의 손해로서 청구할 수 있다. 또, 이전 과정에서 불가피하게 발생한 손해 역시 통상의 손해에 해당하며, 위와 같은 특별한 사정이 있는 경우에는 물건 등의 교환가치 상당액이 통상의 손해이므로 이에 대해 손해배상청구를 할 수 있다.[121]

한편, 복수의 건물로 인해 피해건물에 일조방해를 일으키는 복합일영의 경우, 가령, 기존의 가해건물로 인해 수인한도내의 일조방해를 받고 있는 상황에서 새로운 건물의 신축으로 기존 일조방해에 새로운 건물로 일조방해가 증가하여 수인한도를 넘는 일조방해가 생긴 경우에는 새로운 가해건물 소유자만이 배상책임을 부담하되, 신축건물에 의해 발생하는 일조방해가 전체방해에서 차지하는 비율 등을 고려하여 기존의 일조침해 부분 등은 손해배상액에서 차감되어야 한다.[122] 다만, 복수의 건물이 동시에 또는 비슷한 시기에 건축되어 전체적으로 수인한도를 초과하여 일조침해를 야기한 경우에는 각 가해 건물의 건축자 등은 일조 침해로 피해 건물의 소유자 등이 입은 손해 전부에 대하여 공동불법행위자로서의 책임을 부담한다.[123]

3. 주요 판례

(1) 성립요건

1) 위법성과 수인한도

• 판 례

◇ 대법원 2010. 7. 15. 선고 2006다84126 판결 : 불법행위 성립요건으로서의 위법성은 관련 행위 전체를 일체로만 판단하여 결정하여야 하는 것은 아니고, 문제가 되는 행위마다 개별적·상대적으로 판단하여야 할 것이므로 어느 시설을 적법하게 가동하거나 공용에 제공하는 경우에도 그로부터 발생하는 유해배출물로 인하여 제3자가 손해를 입은 경우에는 그 위법성을 별도로 판단하여야 하며, 이러한 경우의 판단 기준은 그 유해의 정도가 사회생활상 통상의 수인한도를 넘는 것인지 여부인데, 그 수인한도의 기준을 결정함에 있어서는 일반적으

121) 대법원 2011. 4. 28. 선고 2009다98652 판결
122) 대법원 2010. 6. 24. 선고 2008다23729 판결
123) 대법원 2006. 1. 26. 선고 2005다47014 판결

로 침해되는 권리나 이익의 성질과 침해의 정도뿐만 아니라 침해행위가 갖는 공공성의 내용과 정도, 그 지역 환경의 특수성, 공법적인 규제에 의하여 확보하려는 환경기준, 침해를 방지 또는 경감시키거나 손해를 회피할 방안의 유무 및 그 난이 정도 등 여러 사정을 종합적으로 고려하여 구체적 사건에 따라 개별적으로 결정하여야 한다.

〈국가가 공군 전투기 비행훈련장으로 설치·사용하고 있는 공군기지의 활주로 북쪽 끝으로부터 4.5km 떨어진 곳에 위치한 양돈장에서 모돈(모돈)이 유산하는 손해가 발생한 사안에서, 위 공군기지에서 발생하는 소음의 순간 최대치가 양돈장 근처에서 모돈에 20~30% 정도의 유산을 일으킬 가능성이 있는 수치인 84 내지 94db로 측정된 점, 역학조사 결과 모돈의 유산원인은 질병이 아닌 환경요인에서 오는 스트레스로 추정되는데 위 소음 외에 양돈장에서 모돈에 스트레스를 줄만한 다른 요인이 확인되지 않는 점 등에 비추어 위 손해는 공군기지에서 발생한 소음으로 인한 것으로, 당시의 소음배출행위와 그 결과가 양돈업자의 수인한도를 넘는 위법행위라고 판단한 원심판결을 수긍한 사례〉

◇ 대법원 2012. 1. 12. 선고 2009다84608 판결 : 불법행위 성립요건으로서 위법성의 판단 기준은 유해 정도가 사회생활상 통상의 수인한도를 넘는 것인지인데, 수인한도 기준을 결정할 때는 일반적으로 침해되는 권리나 이익의 성질과 침해 정도뿐만 아니라 침해행위가 갖는 공공성의 내용과 정도, 지역환경의 특수성, 공법적인 규제에 의하여 확보하려는 환경기준, 침해를 방지 또는 경감시키거나 손해를 회피할 방안의 유무 및 난이 정도 등 여러 사정을 종합적으로 고려하여 구체적 사건에 따라 개별적으로 결정하여야 한다.

〈김포시 및 강화군 부근 해역에서 조업하던 어민 갑 등이 수도권매립지관리공사를 상대로 수질오염으로 인한 손해배상을 구한 사안에서, 감정인의 감정 결과 등에 의하면 공사가 운영하는 수도권매립지로부터 해양생물에 악영향을 미칠 수 있는 유해한 오염물질이 포함된 침출처리수가 배출되었고, 오염물질 중 일정 비율이 갑 등이 조업하는 어장 중 일부 해역에 도달하였으며, 그 후 어장 수질이 악화되고 해양생태계가 파괴되어 어획량이 감소하는 등의 피해가 발생한 사실이 증명되었다고 보이므로, 갑 등이 조업하는 어장에 발생한 피해는 공사가 배출한 침출처리수에 포함된 오염물질이 해양생물에 작용함으로써 발생하였다는 상당한 개연성이 있다고 할 것이어서 공사의 오염물질 배출과 어장에 발생한 해양생태계 악화 및 어획량 감소의 피해 사이에 인과관계가 일응 증명되었고, 공사가 인과관계를 부정하기 위해서는 반증으로 공사가 배출한 침출처리수에 어장 피해를 발생시킨 원인물질이 들어있지 않거나 원인물질이 들어있더라도 안전농도 범위 내에 속한다는 사실을 증명하거나 간접반증으로 어장에 발생한 피해는 공사가 배출한 침출처리수가 아닌 다른 원인이 전적으로 작용하여 발생한 것을 증명하여야 할 것인데 원심이 인정한 사정만으로는 인과관계를 부정할 수 없고, 나아가 공사가 배출한 오염물질로 인하여 갑 등이 입은 손해는 수인한도를 넘는 것이어서 위법성이 인정된다고 한 사례〉

2) 인과관계 및 인과관계의 수정

• 판 례

◇ 대법원 1973. 11. 27. 선고 73다919 판결 : 원심은 소위 공해사건에 있어서 인과관계의 인정은 일반불법행위와는 달리 인과관계를 추정할 수 있는 개연성만 있으면 일응 증명이 있는 것으로 소송상 추정되어서 가해자는 피해자의 손해를 배상할 책임이 있게 되고 피고(가해자)가 그 불법행위의 책임을 면하려면 인과관계가 없다는 적극적 증명(반증)을 할 책임이 있다는 전제하에 판결하였으나 소위 공해사건에 있어서의 이와 같은 증명에 관한 특별취급에 관한 위 전제는 본원이 인정할 수 없다.

◇ 대법원 1974. 12. 10. 선고 74다1774 판결〈인과관계의 수정〉: 발전소의 아황산가스 배출에 의한 침해사고의 경우 그 침해행위와 손해와의 사이에 인과관계가 존재하는 상당정도의 가능성이 있다는 증명을 함으로써 족하고, 가해자는 이에 대한 반증을 한 경우에만 인과관계를 부정할 수 있다.

◇ 대법원 1991. 7. 23. 선고 89다카1275 판결 : 일반적으로 불법행위로 인한 손해배상청구사건에 있어서 가해행위와 손해발생 간의 인과관계의 증명책임은 청구자인 피해자가 부담하나, 대기오염에 의한 공해를 원인으로 하는 손해배상청구소송에 있어서는 기업이 배출한 원인물질이 대기를 매개로 간접적으로 손해를 끼치는 경우가 많고 공해문제에 관하여는 현재의 과학수준으로 해명할 수 없는 분야가 있기 때문에 가해행위와 손해발생 간의 인과관계의 과정을 모두 자연과학적으로 증명하는 것은 극난 내지 불가능한 경우가 대부분인 점 등에 비추어 가해기업이 배출한 어떤 유해한 원인물질이 피해물건에 도달하여 손해가 발생하였다면 가해자 측에서 그 무해함을 증명하지 못하는 한 책임을 면할 수 없다고 봄이 사회형평의 관념에 적합하다.
〈농장의 관상수들이 고사하게 된 직접원인은 한파로 인한 동해이지만 인근 공장에서 배출된 아황산가스의 일부가 대기를 통하여 위 농장에 도달됨으로 인하여 유황이 잎 내에 축적되어 수목의 성장에 장해가 됨으로써 동해에 상조작용을 한 경우에 있어 공장주의 손해배상책임을 인정한 사례〉

◇ 대법원 1997. 6. 27. 선고 95다2692 판결 : 오염물질인 폐수를 배출하는 등의 공해로 인한 손해배상을 청구하는 소송에 있어서는 기업이 배출한 원인물질이 물을 매체로 하여 간접적으로 손해를 끼치는 수가 많고 공해문제에 관하여는 현재의 과학수준으로도 해명할 수 없는 분야가 있기 때문에 가해행위와 손해의 발생 사이의 인과관계를 구성하는 하나하나의 고리를 자연과학적으로 증명한다는 것은 극히 곤란하거나 불가능한 경우가 대부분이므로, 이러한 공해소

송에 있어서 피해자에게 사실적인 인과관계의 존재에 관하여 과학적으로 엄밀한 증명을 요구한다는 것은 공해로 인한 사법적 구제를 사실상 거부하는 결과가 될 우려가 있는 반면에 가해기업은 기술적, 경제적으로 피해자보다 훨씬 원인조사가 용이한 경우가 많을 뿐만 아니라 그 원인을 은폐할 염려가 있고 가해기업이 어떠한 유해한 원인물질을 배출하고 그것이 피해물건에 도달하여 손해가 발생하였다면 가해자 측에서 그것이 무해하다는 것을 증명하지 못하는 한 책임을 면할 수 없다고 보는 것이 사회형평의 관념에 적합하다고 할 것이다. 〈공사장에서 배출되는 황토 등이 양식어장에 유입되어 농어가 폐사한 경우, 폐수가 배출되어 유입된 경로와 그 후 농어가 폐사하였다는 사실이 증명되었다면 개연성이론에 의하여 인과관계가 증명되었다고 본 원심판결을 수긍한 사례〉

◇ 대법원 2004. 11. 26. 선고 2003다2123 판결 : 여천공단 내 공장들의 폐수배출과 재첩양식장에 발생한 손해사이에 인과관계가 일응 증명되었으므로, 위 공장들이 반증으로 그 폐수 중에 재첩 양식장에 피해를 발생시킨 원인물질이 들어있지 않거나 원인물질이 들어있다고 하더라도 재첩 양식에 피해를 일으킬 정도의 농도가 아니라는 사실을 증명하거나, 또는 재첩 양식장의 피해가 전적으로 다른 원인에 의한 것임을 증명하지 못하는 한 그 책임을 면할 수 없다.

(2) 효 과

1) 법적 근거와 구제수단

● 판 례

◇ 대법원 1997. 7. 22. 선고 96다56153 판결 : 환경권은 명문의 법률규정이나 관계 법령의 규정 취지 및 조리에 비추어 권리의 주체, 대상, 내용, 행사 방법 등이 구체적으로 정립될 수 있어야만 인정되는 것이므로, 사법상의 권리로서의 환경권을 인정하는 명문의 규정이 없는데도 환경권에 기하여 직접 방해배제청구권을 인정할 수 없다.

◇ 대법원 1997. 7. 22. 선고 96다56153 판결 : 어느 토지나 건물의 소유자가 종전부터 향유하고 있던 경관이나 조망, 조용하고 쾌적한 종교적 환경 등이 그에게 하나의 생활이익으로서의 가치를 가지고 있다고 객관적으로 인정된다면 법적인 보호의 대상이 될 수 있는 것이라 할 것이므로, 인접 대지에 건물을 신축함으로써 그와 같은 생활이익이 침해되고 그 침해가 사회통념상 일반적으로 수인할 정도를 넘어선다고 인정되는 경우에는 토지 등의 소유자는 소유권에 기하여 방해의 제거나 예방을 위하여 필요한 청구를 할 수 있고, 이와 같은 청구

를 하기 위한 요건으로서 반드시 건물이 문화재보호법이나 건축법 등의 관계 규정에 위반하여 건축되거나 또는 그 건축으로 인하여 소유자의 토지 안에 있는 문화재 등에 대하여 직접적인 침해가 있거나 그 우려가 있을 것을 요하는 것은 아니다.

〈사찰로부터 6m의 이격거리를 둔 채 높이 87.5m의 19층 고층빌딩을 건축 중인 자에 대하여 사찰의 환경이익 침해를 이유로 전체 건물 중 16층부터 19층까지의 공사를 금지시킨 사례〉

2) 환경침해 분쟁의 당사자

• 판 례

◇ 서울지방법원 2002. 5. 14. 선고 2000가합6945 판결 : 일부 원고들은 소음피해지역 또는 소음피해예상지역 지정·고시일인 1993. 6. 21. 이후 자신들의 주거지에 전입한 경우 위 원고들은 항공기의 소음으로 인한 피해를 인식하거나 과실로 위 사실을 인식하지 못하고 입주하였다고 봄이 상당하다. 그러나 위 원고들이 위 소음으로 인한 위해로 인하여 정신적 고통을 당하는 경우, 이러한 소음으로 인한 위해 상태를 이용하기 위하여 이주하였다는 등 특히 비난할 사유가 없는 한, 자신들의 거주지가 소음피해지역 또는 소음피해예상지역 내에 있음을 인식하였거나 과실로 인식하지 못한 것만 가지고 소음으로 인한 피해를 용인하였다고 보기는 어렵고, 또한 그것만으로 피고들의 위법한 침해 행위가 위법하지 않게 된다거나, 책임이 소멸한다고는 볼 수 없다. 다만, 손해배상액의 산정에 있어서, 형평의 원칙상 과실상계에 준하여 위자료의 감액 사유로 고려함이 상당하다.

◇ 대법원 2008. 8. 21. 선고 2008다9358, 9365 판결 : 도로에서 유입되는 소음으로 인하여 인근 공동주택의 거주자에게 사회통념상 수인한도를 넘는 생활이익의 침해가 발생하였다고 하더라도, 그 공동주택을 건축하여 분양한 분양회사는 도로의 설치·관리자가 아니고 위 공동주택의 건축으로 인하여 소음이 발생하였다고 볼 수도 없으므로, 공동주택의 거주자들이 분양회사를 상대로 소음으로 인하여 발생한 생활이익의 침해를 원인으로 하는 불법행위책임을 물을 수는 없는 것이고, 다만 분양회사는 공동주택의 공급 당시에 주택법상의 주택건설기준 등 그 공동주택이 거래상 통상 소음 방지를 위하여 갖추어야 할 시설이나 품질을 갖추지 못한 경우에 집합건물의 소유 및 관리에 관한 법률 제9조 또는 민법 제580조의 규정에 의한 담보책임을 부담하거나, 수분양자와의 분양계약에서 소음 방지 시설이나 조치에 관하여 특약이 있는 경우에 그에 따른 책임을 부담하거나, 또는 분양회사가 수분양자에게 분양하는 공동주택의

소음상황 등에 관한 정보를 은폐하거나 부정확한 정보를 제공하는 등 신의칙상의 부수 의무를 게을리 한 경우에 그 책임을 부담할 뿐이다.

3) 손해배상의 범위

• 판 례

◇ 대법원 2007. 6. 28. 선고 2004다54282 판결 : 일조방해, 사생활 침해, 조망 침해, 시야 차단으로 인한 압박감, 소음, 분진, 진동 등과 같은 생활이익에 대한 침해가 사회통념상의 수인한도를 초과하여 위법한지를 판단하고 그에 따른 재산상 손해를 산정함에 있어서는, 생활이익을 구성하는 요소들을 종합적으로 참작하여 수인한도를 판단하여야만 형평을 기할 수 있는 특별한 사정이 없다면, 원칙적으로 개별적인 생활이익별로 침해의 정도를 고려하여 수인한도 초과 여부를 판단한 후 수인한도를 초과하는 생활이익들에 기초하여 손해배상액을 산정하여야 하며, 수인한도를 초과하지 아니하는 생활이익에 대한 침해를 다른 생활이익 침해로 인한 수인한도 초과 여부 판단이나 손해배상액 산정에 있어서 직접적인 근거 사유로 삼을 수는 없다.

4) 복합일영

• 판 례

◇ 대법원 2010. 6. 24. 선고 2008다23729 판결 : [1] 기존 건물의 건립으로 인하여 피해건물에 발생한 일조방해의 정도가 수인한도를 넘지 않고 있었는데 그로부터 상당한 기간이 경과한 후 타인 소유의 인접건물이 신축되고 그 기존 건물과 인접건물로 인하여 생긴 일영이 결합하여 피해건물에 수인한도를 넘는 일조방해가 발생한 때에는, 피해건물의 소유자 등은 인접건물의 신축 전에 기존 건물로 인하여 발생한 일조방해의 정도가 수인한도를 넘지 아니하여 기존 건물로 인한 일조방해를 수인할 의무가 있었으므로, 특별한 사정이 없는 한 기존 건물 소유자와 무관하게 신축된 인접건물로 인하여 수인한도를 넘게 된 일조방해의 결과에 대하여는 인접건물의 소유자를 상대로 불법행위책임을 물을 수 있는지는 별론으로 하고 기존 건물의 소유자를 상대로 불법행위책임을 물을 수 없다. 그리고 이와 같은 상황에서 기존 건물의 소유자가 낙후된 기존 건물을 철거하고 그 지상에 가해건물을 신축함으로써 이미 기존 건물과 인접건물로 인하여 생긴 일조방해의 정도가 더욱 심화되는 결과가 발생하였다 하더라도, 위와 같이 당초 기존 건물로 인하여 생긴 일조방해에 대하여는 피해건물의

소유자 등이 수인할 의무가 있었던 이상, 신축 가해건물로 생긴 일조방해 중 기존 건물로 인하여 당초 발생하였던 일조방해의 범위 내에서는 불법행위책임을 물을 수 없다.

[2] 피해건물이 이미 타인 소유의 다른 기존 건물에 의하여 일조방해를 받고 있는 상황에서 가해건물이 신축됨으로써 일조방해의 정도가 심화되어 피해건물에 수인한도를 넘는 일조방해의 피해가 발생하고 그로 인하여 피해건물의 재산적 가치가 하락된 경우 신축건물 소유자의 손해배상범위는 상린관계에 있는 이웃 간의 토지이용의 합리적인 조정이라는 요청과 손해부담의 공평이라는 손해배상제도의 이념에 비추어, 특별한 사정이 없는 한 기존 건물의 일조방해가 수인한도를 넘는 데 기여함으로써 피해건물의 소유자가 입게 된 재산적 손해가 신축건물의 소유자와 피해 건물의 소유자 사이에서 합리적이고 공평하게 분담될 수 있도록 정하여야 하고, 이를 위해서는 특히 가해건물이 신축되기 전부터 있었던 기존 건물로 인한 일조방해의 정도, 신축건물에 의하여 발생하는 일조방해의 정도, 가해건물 신축 후 위 두 개의 원인이 결합하여 피해건물에 끼치는 전체 일조방해의 정도, 기존 건물로 인한 일조방해와 신축건물에 의한 일조방해가 겹치는 정도, 신축건물에 의하여 발생하는 일조방해시간이 전체 일조방해시간 중 차지하는 비율 등을 고려하여야 한다.

◇ 대법원 2006. 1. 26. 선고 2005다47014 판결 : 동시에 또는 거의 같은 시기에 건축된 가해 건물들이 피해 건물에 대하여 전체적으로 수인한도를 초과하는 일조 침해의 결과를 야기한 경우, 각 가해 건물들이 함께 피해 건물의 소유자 등이 종래 향유하던 일조를 침해하게 된다는 점을 예견할 수 있었다면 특별한 사정이 없는 한 각 가해 건물의 건축자 등은 일조 침해로 피해 건물의 소유자 등이 입은 손해 전부에 대하여 공동불법행위자로서의 책임을 부담한다.

【서식】 손해배상청구 소장(건축공사로 인한 인접건물의 균열)

소 장

원 고 ○ ○ ○ (○○○○○○-○○○○○○○) (전화 :)
○○ ○○군 ○○면 ○번지 (우 :)

피 고 ○ ○ ○ (○○○○○○-○○○○○○○) (전화 :)
○○ ○○군 ○○면 ○번지 (우 :)
대표이사 ○ ○ ○

손해배상(기) 청구의 소

청 구 취 지

1. 피고는 원고에게 150,000,000원과 이에 대하여 2011. 12. 1.부터 이 사건 소장 부본 송달일까지는 연 5%, 그 다음날부터 다 갚는 날가지는 연 20%의 각 비율로 계산한 돈을 지급하라.
2. 소송비용은 피고의 부담으로 한다.
3. 위 제1항은 가집행할 수 있다.

라는 판결을 구합니다.

청 구 원 인

1. 원고는 ○○ ○○군 ○번지 및 같은 리 ○○○ 지상 시멘트 벽 돌조 슬래브 지붕 2층 점포, 소매점, 주택 354.81㎡의 소유자입니다.

2. 피고는 소외 ○○○, 소외 ○○○, 소외 ○○○로부터 건물건축공사를 도급받아 2010. 3. 20.부터 2011. 11.경까지 사이에 ○○ ○○군 ○번지 지상에 건물시공을 하였습니다.

3. 그런데 피고는 지하굴착작업을 함에 있어서 건설장비의 사용 등으로 인한 소음과 진동, 인접토지의 지하수 유출 등으로 인한 영향으로 원고의 소유의 위 건물에 균열이 발생하지 않도록 안전조치를 취하여야 함에도 불구하고 이를 소홀히 하여 굴토작업 및 암반굴착작업, 자재 수송 등을 시행한 과실로 원고의 소유의 위 건물에 조적 벽체 균열, 변형, 지붕 균열, 바닥 균열 등의 하자를 발생시켰습니다.

4. 이로 말미암은 수리비로 일단 금 140,000,000원을 청구하고 추후 수리비 감정 결과에 따라 확정 청구하기로 합니다.

5. 원고는 피고의 위와 같은 과실 있는 불법행위로 인하여 소유권을 침해당하는 손해를 입었을 뿐만 아니라, 위 건물이 균형을 잃어 출입문이 닫히지 않고 비가 새며 갑자기 각목이 주방 싱크대 창문을 내리치기도 하고 일광이 차단되어 낮에도 내부에 전등을 켜야만 생활이 가능한 정도이고 시멘트 가루가 집안으로 날아드는 등 심한 정신적 고통을 받고 있습니다.

6. 따라서 이로 인한 위자료로 피고는 원고에게 금 10,000,000원을 지급하여야 할 것입니다.

7. 이에 원고는 피고로부터 하자보수비 금 140,000,000원, 위자료 금 10,000,000원 합계 금 150,000,000원의 손해배상금을 불법행위를 원인으로 하여 청구하고, 동시에 그 지연손해금으로 불법행위일 다음날 인 2011. 12. 1.부터 이 사건 소장부본 송달일까지 연 5%, 그 다음날부터 다 갚는 날까지는 소송촉진등에관한특례법에서 정한 연 20%의 각 비율로 계산한 지연손해금을 지급받고자 본 소 청구에 이른 것입니다.

입 증 방 법

1. 갑 제1호증	건축물대장 등본
1. 갑 제2호증	진정서 회신
1. 갑 제3호증	건물등기사항증명서
1. 갑 제4호증	지적도 등본
1. 갑 제5호증 1내지 13	각 사진

그 밖의 입증서류는 변론시 수시 제출하겠습니다.

첨 부 서 류

1. 주민등록초본	1통
1. 법인등기사항증명서	1통
1. 소장부본	1통
1. 납부서	1통

20○○. ○. .

위 원고 ○ ○ ○ (인)

○○지방법원 귀중

【서식】 손해배상청구 소장(수분양자들의 조망이익 향수 불이익에 따른 손해배상)

소 장

원 고 ○ ○ ○ 외 24인 (○○○○○○-○○○○○○○)
○○시 ○○구 ○○동 ○○
소송대리인 법무법인 ○○ 담당변호사 ○○○ 외 1인
○○시 ○○구 ○○동 ○○
전화번호 : 566-5555, 팩스 : 566-5556, 전자우편 ○○@hotmail.com

피 고 ○○산업 주식회사 외 1인
○○시 ○○구 ○○동 ○○
소송대리인 법무법인 ○ ○ ○

청 구 취 지

1. 주위적 예비적으로, 피고들은 연대하여 각 원고들에게 별지 원고별 청구내역의 해당 청구금액란 기재 각 돈 및 이에 대하여 이 사건 소장 부본 최종송달 다음날부터 다 갚는 날까지 연 20%의 비율로 계산한 돈을 지급하라.
2. 소송비용은 피고의 부담으로 한다.

라는 판결 및 가집행선고를 구합니다.

청 구 원 인

1. 기초사실

가. 피고 동림산업 주식회사(이하 '피고 동림산업'이라 한다)은 피고 나눔건설 주식회사 (이하 '피고 나눔건설'이라 한다.)로부터 인천 서구 (이하 생략) 소재 인천 원당 △△△아파트 (이하 '이 사건 아파트'라 한다)의 신축공사를 수급하여 시공하였다.

나. 피고 나눔건설은 2002. 5. 18.경 이 사건 아파트의 모델하우스를 개관하고, 같은 해 6. 19.경부터 청약을 접수하여 사전 분양을 시작하는 한편, 그 무렵부터 이 사건 아파트의 신축공사에 착수하였다.

다. 피고 나눔건설은 이 사건 아파트를 분양할 당시 카탈로그, 팸플릿, 안내문 등을 통해 아파트 주변에 푸른 숲이 있다는 광고와 함께 아래 〈표〉 기재와 같이 향(향)이나 조망을 이유로 가격을 차별화하여 책정하였음을 홍보하였다.

㎡	동별 / 층별 구분		분양금액 (원)
85.853	서향 / 비조망 (106동)	1층	99,100,000
		2층	101,200,000
		기준층	106,500,000
	동향 / 조망 (107동)	1층	106,400,000
		2층	108,700,000
		기준층	114,400,000
113.213	남향 / 비조망 (101동 3, 4라인, 102동)	1층	131,500,000
		2층	134,400,000
		기준층	141,400,000
	남향 / 사선조망 (101동 1, 2라인)	1층	135,200,000
		2층	138,200,000
		기준층	145,400,000
	남향 / 조망 (104동, 105동)	1층	141,200,000
		2층	144,200,000
		기준층	151,800,000
	동향 / 조망 (103동)	1층	131,500,000
		2층	134,400,000
		기준층	141,400,000

라. 이에 원고들은 위와 같이 차별화된 가격에 따라 2002. 6.경부터 2004.10.경 사이에 피고 나눔건설로부터 이 사건 아파트 중 별지 원고별 청구내역의 해당 '동 및 호수'란 기재 각 세대를 분양받거나 수분양자로부터 분양권을 양수하여 분약계약상의 수분양자 지위를 승계하여 입주하였다.

마. 인천광역시는 1999. 6. 23.자 및 2001. 8. 25.자 도시계획결정에 따라 이 사건 아파트의 동쪽에 인접하여 (명칭 생략)중 · 고등학교(이하 '이 사건 학교'라 한다)를 신축하였는데, (명칭 생략)중학교의 경우 2003. 12. 29. 경 설계를 확정하고, 2004. 4. 26.경 착공하여, 2005. 2.경 완공하였으며, (명칭 생략)고등학교의 경우 2004. 2. 4.경 설계를 확정하고, 2004. 5. 13.경 착공하여, 2005. 12.경 완공하였다.

바. (명칭 생략)중학교 교사(교사)는 5층 높이에 불과하지만, 이 사건 아파트보다 학교의 부자가 높고(이 사건 아파트와 (명칭 생략)중학교 부지 사이에 약 5m 높이의 축대가 설치되어 있다), 이 사건 아파트보다 학교 교사의 층간 높이가 높아서, 결국 (명칭 생략) 중학교 교사는 이 사건 아파트의 10층 정도의 높이에 이르게 되어, 원고 21을 제외한 나머지 원고들이 분양 받은 101동 및 103동의 1층 내지 9층에서는 이 사건 학교의 교사로 인해 인접한 산을 조망할 수 없게 되었다.

사. 소외 1은 이 사건 소가 제기된 후인 2007. 2. 20. 사망하였는데, 그 자녀들 중 원고 18이 망인의 피고들에 대한 손해배상청구권을 단독으로 상속하였다.

2. 원고들의 피고 나눔건설에 대한 청구

가. 원고 21을 제외한 나머지 원고들

(1) 주위적 청구원인 : 채무불이행에 따른 손해배상

(가) 조망 미확보

살피건대, 아파트를 사전 분양받는 사람들은 아파트의 시설, 환경 등에 관한 분양자의 광고 및 설명을 신뢰하여 분양계약 체결 여부를 결정할 수 밖에 없는 점, 일반적으로 조망 여부에 따라 분양 가격을 달리하는 경우가 드문데도 불구하고, 피고 나눔건실이 향 및 조망을 이유로 분양가격을 차별화하여 가격을 책정하고 카탈로그, 팸플릿, 안내 문 등을 통해 이러한 취지로 광고 및 설명을 한 점, 이에 따라 이 사건 아파트 중 101동 1, 2호 라인 및 103동의 경우 기타의 환경이나 시설이 동일한 다른 라인 또는 동에 비하여 분양가격이 높게 책정되었음에도 불구하고, 원고들은 이를 감수한 채 분양계약을 체결한 점 등을 종합하여 보면, 비록 피고 나눔건설이 카탈로그 등에 "본 배치도 및 조경도는 소비자의 이해를 돕기 위한 것으로 실제와 차이가 있을 수 있습니다."라는 문구를 삽입하여 두었다 하더라도, 위 피고가 분양 당시 광고 및 설명한 조망에 관한 사항은 분양계약의 내용을 이루고 있는 것으로 봄이 상당하고, 이에 따라 피고 나눔건설은 101동 1, 2호 라인을 분양받은 원고들에게는 사선조망을, 103동을 분양받은 원고들에게는 완전조망을 각 확보하여 주어야 할 분양계약상의 의무가 있다고 보아야 할 것인데, 앞서 본 바와 같이 이 사건 학교의 신축으로 인해 원고 21을 제외한 나머지 원고들에게 사선조망 또는 완전조망을 확보하여 주지 못하였으므로, 위 원고들에게 이로 인한 손해를 배상할 의무가 있다.

우선 101동 1, 2호 라인을 분양받은 원고들은 위 〈표〉에서 본 바와 같이 같은 동 3, 4호 라인과 다른 조건에서는 동일한데도 사선조망을 이유로 그 분양가격에서 비조망인 3, 4호 라인보다 1층의 경우 3,700,000원(= 135,200,000원 - 131,500,000원), 2층의 경우 3,800,000원(= 138,200,000원 - 134,400,000원), 나머지 층의 경우 4,000,000원(= 145,400,000원 - 141,400,000원)을 더 많이 지급하였으므로, 위 차액 상당의 손해를 입었다고 봄이 상당하다.

다음으로 103동을 분양받은 원고들에 관하여 보건대, 위 〈표〉에서 본 바와 같이, 남향이고 비조망인 101동 3 4,호 라인 및 102동과 동향이고 조망인 103동의 분양가격이 같으므로, 분양 당시 조망과 비조망의 가격 차이는 남향과 동향의 가격 차이와 같았던 것으로 봄이 상당한데, 남향과 동향의 분양가격 차이는, 남향이고 조망인 104동 및 105동의 분양가격과 동향이고 조망ㅇ니 103동의 분양가격을 비교하여 봄으로써 알 수 있다고 보이는바, 그 차이는 1층의 경우 9,70,000원(= 141,200,000원 - 131,500,000원), 2층의 경우 9,800,000원(= 144,200,000원 - 134,400,000원), 나머지 층의 경우 10,400,000원(= 151,800,000원 - 141,400,000원)이므로, 결국 103동을 분양받은 원고들은 조망을 이유로 위 피고에게 위 차액 상당을 더 지급함으로써 그 금액만큼 손해를 입었다고 할 것이다.

따라서 피고 나눔건설은 원고 21을 제외한 나머지 원고들에게 별지 원고별 청구내역의 해당 '인용금액'란 기재와 같이 채무불이행에 따른 손해배상으로 이 사건 아파트 중 101동 1, 2호 라인의 1층을 분양받은 원고 22에게 손해금 3,700,000원, 2층을 분양받은 원고 1, 원고 2에게 각 3,800,000원, 나머지 층을 분양받은 원고 3, 4, 5, 6, 7, 8, 9, 10, 11, 12, 23에게 각 4,000,000원, 103동의 1층을 분양받은 원고 13에게 9,700,000원, 2층을 분양받은 원고 14에게 9,800,000원, 나머지 층을 분양받은 원고 15, 16, 17, 18, 19, 20, 24, 25에게 각 10,400,000원 및 이에 대하여 위 원고들에 대한 조망 확보 의무가 이행불능 된 이후로서 위 원고들이 구하는 바에 따라 이 사건 소장 부본 최종 송달 다음날임이 기록상 분명한 2005. 5. 13.부터 위 피고가 이행의무의 존재와 범위에 관하여 항쟁함이 상당한 이 판결 선고일인 2007. 11. 22.까지는 민법에 정해진 연 5%의, 그 다음날부터 다 갚는 날까지는 소송촉진 등에 관한 특례법에 정해진 연 20%의 각 비율로 계산한 지연손해금을 지급할 의무가 있다.

(나) 기타 손해

원고 21을 제외한 나머지 원고들은, 피고 나눔건설이 이 사건 학교의 신축공사로 인한 분진, 소음, 일조 방해, 이 사건 학교 개교 이후 학생들의 소음, 체육활동으로 인한 먼지, 사생활 침해 등의 손해를 배상할 의무가 있다고 주장한다.

(2) 예비적 청구원인 : 하자담보책임 또는 불법행위책임

원고 21을 제외한 나머지 원고들은, 위 원고들이 분양받은 아파트에는 이 사건 학교의 신축공사로 인한 분진, 소음, 일조 방해, 이 사건 학교 개교 이후 학생들의 소음, 체육활동으로 인한 먼지, 사생활 침해 등의 하자가 존재한다고 주장하면서, 피고 나눔건설에 대하여 하자담보책임에 따른 손해배상을 구한다.

나. 원고 21

(1) 주위적 청구원인 : 채무불이행에 따른 손해배상

원고 21은, 피고 나눔건설이 위 원고에게 분양계약상의 조망 확보 의무 불이행, 이 사건 학교의 신축공사로 인한 분진, 소음, 일조 방해, 이 사건

학교 개교 이후 학생들의 소음, 체육활동으로 인한 먼지, 사생활 침해 등에 따른 손해를 배상할 의무가 있다고 주장한다.

(2) 예비적 청구원인 : 하자담보책임 또는 불법행위책임

원고 21은, 피고 나눔건설로부터 분양받은 아파트에는 조망이 확보되지 않는 하자와 이 사건 학교의 신축공사로 인한 분진, 소음, 일조방해, 이 사건 학교 개교 이후 학생들의 소음, 체육활동으로 인한 먼지, 사생활 침해 등의 하자가 존재한다고 주장한다.

3. 원고들의 피고 동림산업에 대한 청구

가. 주위적 청구원인 : 채무불이행에 따른 손해배상

원고들은 피고 동림산업도 피고 나눔건설과 연대하여 채무불이행에 따른 손해배상의무가 있다고 주장한다.

나. 예비적 청구원인 : 하자담보책임 또는 불법행위책임

원고들은, 피고 동림산업이 단순한 수급인이 아니라 피고 나눔건설과 함께 사실상의 공동사업주체이므로, 원고들이 분양받은 아파트에 존재하는 다음과 같은 하자들, 즉 조망이 확보되지 않은 하자와 이 사건 학교의 신축공사로 인한 분진, 소음, 일조 방해, 이 사건 학교 개교 이후 학생들의 소음, 체육활동으로 인한 먼지, 사생활 침해 등의 하자에 대한 담보책임을 부담한다고 주장한다.

4. 결 론

그렇다면 이 사건의 피고는 원고에게 채무불이행에 따른 손해배상 및 하자담보책임 또는 불법행위책임으로, 각 원고들에게 별지 원고별 청구내역의 해당청구금액란 기재 각 돈 및 이에 대하여 이 사건 소장 부본 최종 송달 다음날부터 다 갚는 날까지 연 20%의 비율로 계산한 돈을 지급할 의무가 있다 할 것이므로, 이 사건 손해배상을 구하기 위하여 이건 소를 제기하게 되었습니다.

입 증 방 법

〈 생 략 〉

첨 부 서 류

〈 생 략 〉

2007. ○○. ○○.

원고 ○ ○ ○ 외 24인(인)

서울중앙지방법원 귀중

제 3 절 사생활 침해 및 명예훼손책임

1. 의 의

(1) 사생활의 침해

헌법 제10조는 "모든 국민은 인간으로서의 존엄과 가치를 가지며, 행복을 추구할 권리를 가진다. 국가는 개인이 가지는 불가침의 기본적 인권을 확인하고 이를 보장할 의무를 진다."고 규정하고 있으며, 제17조는 "모든 국민은 사생활의 비밀과 자유를 침해받지 아니한다."고 규정하고 있다. 또한, 동법 제21조 제1항에서는 언론출판의 자유를 명시하고 있고 제4항에서는 이러한 언론·출판의 자유가 타인의 명예나 권리 또는 공중도덕이나 사회윤리를 침해하여서는 아니 되며 이를 침해한 때에는 피해자는 그에 대해 배상을 청구할 수 있다고 규정하고 있다. 형법 제316조, 제317조 역시 개인의 사생활의 비밀과 평온을 보호하기 위해 개인의 비밀을 침해하거나 누설하는 행위를 처벌하는 규정을 두고 있다.

이처럼 민주주의가 실현됨에 있어 필수불가결한 언론, 출판에 의한 표현의 자유는 개인의 사생활의 자유와 비밀을 침해해서는 안 될 한계가 있다. 개인의 사생활에 관한 인격권은 헌법에서 보장되는 권리로 원칙적으로 보호되어야 하고 이를 부당하게 침해 내지 공개하는 것은 불법행위에 해당한다.[124)]

• 판 례

◇ **대법원 2013. 6. 27. 선고 2012다31628 판결** : 헌법 제10조 제1문, 제17조, 제21조 제4항, 형법 제316조, 제317조 등 여러 규정을 종합하여 보면, 사람은 자신의 사생활의 비밀에 관한 사항을 함부로 타인에게 공개당하지 아니할 법적 이익을 가진다고 할 것이므로, 개인의 사생활의 비밀에 관한 사항은 그것이 공공의 이해와 관련되어 공중의 정당한 관심의 대상이 되는 사항이 아닌 한, 비밀로서 보호되어야 한다. 또한 사람은 누구나 자신의 얼굴 기타 사회통념상 특정인임을 식별할 수 있는 신체적 특징에 관하여 함부로 촬영 또는 그림묘사 되거나 공표되지 아니하며 영리적으로 이용당하지 아니할 권리를 가지는데, 이러한 초상권도 헌법 제10조 제1문에 의하여 헌법적으로 보장되는 권리이다.

---

124) 대법원 1998. 9. 4. 선고 96다11327 판결

사생활의 비밀과 자유는 일반적으로 프라이버시(Privacy)라는 용어로 표현되고 있다. 종래에는 사생활에 대한 간섭 내지 개입을 거절하거나 사적 사항의 공개를 거부할 수 있는 소극적 권리로 인식되었으나 정보화 사회에 이르러서는 점차 자신에 관한 정보를 자율적으로 통제할 수 있는 적극적 권리로서 부각되고 있다.[125]

개인이 원치 않는 사생활을 노출하거나 공개하는 사생활침해행위는 일반적으로 명예훼손으로 이어질 수 있다. 다만, 사생활침해와 명예훼손이 동일한 개념은 아니고, 명예훼손이 개인에 대한 사회적 평가를 중심으로 그 침해여부를 판단함에 반해 사생활의 비밀과 자유는 자신만의 영역을 보장한다는 점에서 침해여부 역시 침해를 받는 자를 중심으로 판단한다는 점에서 차이가 있다. 또, 명예훼손의 경우 적시된 표현이 사실이냐 거짓이냐에 따라서 그에 대한 손해배상 및 처벌의 수준이 달라지지만 사생활침해의 경우는 사실여부 등에 영향을 받지 않는다.

사생활의 침해 내지 명예를 훼손하는 행위에 대해서는 민법과 형법 이외에도 「공공기관의 정보공개에 관한 법률」, 「정보통신망 이용촉진 및 정보보호 등에 관한 법률」, 「통신비밀보호법」, 「금융실명거래 및 비밀보장에 관한 법률」, 「신용정보의 이용 및 보호에 관한 법률」 등에서 규율하고 있다.

(2) 명예훼손

명예는 개인의 인격적 가치에 대한 사회적 평가를 말하는 것으로 그 사람이 사회에서 가지는 품위·명성·신용 등을 의미한다.[126] 명예훼손이란 개인의 인격적 가치에 대한 사회적 평가의 침해를 말한다. 그러므로 단순히 주관적인 명예감정을 침해하는 것만으로는 명예훼손이 되지 않는다.

• 판 례

◇ 대법원 1999. 7. 13. 선고 98다43632 판결 : 명예훼손이란 단순히 주관적인 명예감정을 침해하는 것만으로는 부족하고 그 사회적 평가를 저하시키는 행위를 뜻한다 할 것인바, 피고 종중의 가승보나 파세보에 원고 종중원들 선대의 대수

125) 대법원 1998. 7. 24. 선고 96다42789 판결

126) 대법원 1992. 9. 27. 선고 92다756 판결

> 를 낮추어 피고 종중원들 선대의 후손으로 각 등재하고 그와 같은 내용의 세계도를 실은 영명재지를 발행 배포하였다 하더라도 그로 인하여 원고 종중이 근본적으로 조상을 부정당하게 되어 종중으로서의 존립기반이 부인되거나 혈연관계 없는 남의 조상을 자기의 조상으로 모시는 종중이라는 비난을 받는 등으로 사회적 평가가 저하된다고 볼 수 없으므로, 그로 인하여 원고 종중의 명예감정이 침해받는 것은 별론으로 하고 원고 종중의 명예가 훼손되었다고 할 수 없다.

형법은 명예에 관한 죄(제307조 내지 제312조)와 신용훼손죄(제313조)를 규정하고, 명예에 관한 죄는 다시 명예훼손죄와 모욕죄로 구분한다. 이 중 명예훼손죄는 사실에 의한 명예훼손(제307조 1항)과 허위사실에 의한 명예훼손(제307조 2항)으로 구성된 일반 명예훼손과 사자에 대한 명예훼손(제308조), 출판물 등에 의한 명예훼손(제309조)으로 각각 나누어 규정하고 있다. 어떠한 형태의 명예훼손이든 형사상 명예훼손죄가 성립하기 위해서는 모두 고의와 공연성을 갖춰야 한다.

이에 반해 민법은 제764조에서 명예훼손의 특칙 단 한 개의 규정만이 존재하나, 해석론으로 형법의 그것과 크게 다르지 않게 해결되고 있다. 다만, 형법과 달리 민사상 명예훼손은 과실에 의해서도 성립할 수 있다. 또, 공연성이 인정되지 않아도 불법행위가 성립할 수 있다. 이러한 경우는 주로 당사자의 명예감정에 대한 침해가 문제되는데 위법성이 인정되면 형법상 모욕과 같은 불법행위가 성립한다.

2. 성립요건 및 효과

(1) 성립요건

1) 사생활침해

① 사적 영역의 침입 및 그 공개

사생활의 비밀과 자유의 침해는 사적 영역의 침입 그 자체와 그로 인해 취득한 정보가 공개됨으로써 침해되는 경우가 있다. 사생활의 비밀과 자유가 보장되는 사적 영역이란 자택, 호텔, 탈의실과 같이 일정한 장소에 한정되는 것은 아니다. 사생활에 대한 부당한 침해가 공개된 장소에서 이루어졌다는 사유만으로 정당화되지 않으며 일정한 경우 공개된 장소의 생활을 공개하는 것도 사생활의 침해가 될 수 있다. 다만, 공공장소에서의 사생활보호는 독자적인 의미를 갖는다고 보기 어려우므로 공개된 장소에서의 개인의 자유로운 활동에 대한 침해는 초상권을 비롯하여 인격권의 일반적인 내용에 의하여 보호된다.[127] 또, 사생활에 대한 부당한 침해가 민사소송의 증거를 수집할 목적으로 이루어졌다는 사유만으로 정당화되지 않는다. 가령, 교통사고를 당한 보험회사 고객이 보험회사를 상대로 보험금지급을 청구하는 경우, 보험회사가 고객의 장해 정도에 관한 증거자료를 수집할 목적으로 공개된 장소에서 고객의 일상생활을 촬영한 행위는 피해자의 초상권 및 사생활의 비밀과 자유를 침해하는 행위로서 불법행위에 해당한다. 판례는 명예권과 달리 일반적으로 사생활의 비밀과 자유에 대해 초상권, 성명권 등과 마찬가지로 인격권의 한 내용으로 다룬다.

• 판 례

◇ 대법원 2013. 6. 27. 선고 2012다31628 판결 : 사생활의 비밀과 자유 또는 초상권에 대한 부당한 침해는 불법행위를 구성하고, 그 침해는 그것이 공개된 장소에서 이루어졌다거나 민사소송의 증거를 수집할 목적으로 이루어졌다는 사유만으로는 정당화되지 아니한다.

◇ 대법원 2006. 10. 13. 선고 2004다16280 판결 : 보험회사 직원이 보험회사를 상대로 손해배상청구소송을 제기한 교통사고 피해자들의 장해 정도에 관한 민사 증거자료를 수집할 목적으로 피해자들의 일상생활을 촬영한 행위는 초상권 및 사생활의 비밀과 자유를 침해하는 불법행위 해당한다.

사생활을 침해하는 수단 역시 도청장치나 망원경, 영상촬영 등에 제한되지 않는다. 정당한 이유 없이 타인의 기록물이나 물건을 몰래 보거나 뒤지는 행위, 미행을 하거나 지속적으로 원치 않는 전화를 하는 행위, 성명이나 초상을 무단으로 게재하거나 방송한 행위 등 모두 사생활침해가 될 수 있다. 또한, 사생활을 침해하는 자도 사인이나 언론매체 등에 국한되지 않는다. 정당한 이유 없이 국가기관에 의해 이뤄진 민간사찰도 사생활의 비밀과 자유를 침해하는 행위로서 위법하다.[128]

127) 대법원 1974. 6. 11. 선고 73다1691 판결

② 위법성

사생활과 관련된 사항의 공개가 사생활의 비밀을 침해하는 것으로서 위법해야 한다. 위법성이 인정되기 위해서는 공개된 사항이 개인의 남녀관계, 가족관계 등 공공의 이익과 관계없는 사생활에 관련된 것이어야 한다. 그리고 일반인의 감수성을 기준으로 하여 그 개인의 입장에 섰을 때 공개되기를 바라지 않을 것에 해당하여야 한다.[129] 이처럼 개인이 원치 않는 사생활에 대한 개입이나 공개는 위법한 행위로서 불법행위를 구성한다.

그런데 공개된 내용이 공공의 이해와 관련된 사항으로 사생활의 비밀이 유지되는 것보다 공개됨으로써 얻어지는 이익이 더 크거나 당사자에게 허용되는 정당한 범위내의 것이라면 위법성이 조각된다. 가령, 영장에 의한 수색이나 도청과 같이 정당한 행정업무의 수행과정에서 필요한 최소한의 사생활침해는 위법하지 않다. 또, 범죄사실에 관한 보도 과정에서 대상자의 실명공개에 대한 공공의 이익이 대상자의 명예나 사생활의 비밀에 관한 이익보다 우월한 경우 대상자의 성명권 및 사생활이 위법하게 침해되었다고 할 수 없다.[130] 민사소송에서 당사자가 상대방의 사생활에 관한 사항을 주장하고 이에 관한 증거자료를 제출함으로써 상대방의 사생활이 노출되거나 침해된 경우에도, 그것이 당사자에게 허용되는 정당한 변론활동의 범위를 일탈한 것이 아니라면 위법성이 없다.[131]

이처럼 공공정보에 관한 이익과 피의자의 사생활보호 이익을 비교형량 하여 전자의 이익이 우월할 경우 공공성이 인정되므로 위법성이 조각된다. 특히 공적 인물의 경우에는 일반인보다 공공의 이익 내지 공공성의 인정이 더 용이하다. 이 점에서 국민의 알 권리의 대상이 되는 공적 인물의 사생활은 그 비밀과 자유의 보장이 약화될 수 밖에 없다.

---

128) 대법원 1998. 7. 24. 선고 96다42789 판결
129) 대법원 2006. 12. 22. 선고 2006다15922 판결
130) 대법원 2009. 9. 10. 선고 2007다71 판결
131) 대법원 2008. 2. 15. 선고 2006다26243 판결

• 판 례

◇ 대법원 2008. 11. 13. 선고 2008다53805 판결 : 언론·출판의 자유와 명예보호 사이의 한계를 설정함에 있어서 표현된 내용이 공공적·사회적인 의미를 가진 사안에 관한 것인 경우에는 사적인 영역에 속하는 사안에 관한 것인 경우와는 평가를 달리 하여야 하고 언론의 자유에 대한 제한이 완화되어야 하며, 특히 공직자의 도덕성·청렴성이나 그 업무처리가 정당하게 이루어지고 있는지 여부는 항상 국민의 감시와 비판의 대상이 되어야 한다는 점을 감안하면, 이러한 감시와 비판 기능은 그것이 악의적이거나 현저히 상당성을 잃은 공격이 아닌 한 쉽게 제한되어서는 아니 된다.

2) 명예훼손

① 피해자의 특정

명예훼손이 성립하려면 적어도 명예를 훼손당한 자가 특정되어 있어야 한다. 개인의 특정여부는 성명·주민등록번호 이외에도 특정한 개인을 알아볼 수 있는 부호·문자·음성·음향 및 영상 등의 정보나 해당 정보만으로는 특정 개인을 알아볼 수 없어도 다른 정보와 쉽게 결합하여 알아볼 수 있는 경우에는 피해자가 특정된 것으로 볼 수 있다.[132] 또, 표현의 내용을 주위사정과 종합해 볼 때 그 표현이 누구를 지칭하는가를 알아차릴 수 있을 정도면 피해자가 특정되었다고 할 수 있다.[133]

명예훼손의 피해자는 내국인과 외국인, 행위능력의 유무, 생존여부 등과 상관없이 인격권을 갖는 자연인이면 누구나 가능하다. 그러므로 유아나 행위무능력자도 그 대상이 될 수 있으며, 사망한 자의 명예도 보호 대상이 되므로 망인 역시 명예훼손의 피해자가 될 수 있다. 다만, 사자는 명예훼손에 대한 손해배상청구의 주체가 될 수 없고, 이 경우 유족의 고인에 대한 추모의 정을 침해한 것으로 유족은 자신고유의 불법행위에 기한 손해배상청구권을

132) 개인정보보호법 제2조 1호는 "개인정보란 살아 있는 개인에 관한 정보로서 성명, 주민등록번호 및 영상 등을 통하여 개인을 알아볼 수 있는 정보(해당 정보만으로는 특정 개인을 알아볼 수 없더라도 다른 정보와 쉽게 결합하여 알아볼 수 있는 것을 포함한다)를 말한다."고 규정하고 있다.

133) 대법원 2009. 2. 26. 선고 2008다27769 판결에서 법원은 두문자(頭文字)나 이니셜만 사용한 경우라도 그 표시가 누구를 지목하는가를 알아차릴 수 있을 정도면 피해자가 특정되었다고 한다.

행사할 수 있다. 또한, 법인이나 종중과 같은 권리능력 없는 단체도 사회적 평가를 가지므로 그 평가가 침해된 경우에는 명예훼손의 피해자가 될 수 있다.[134] 개개인을 구체적으로 지칭하지 않고 그 개인들이 속한 집단에 대해 명예를 훼손한 경우 이 경우에는 집단의 개별 구성원에 대해서는 사회적 평가가 저하되었다고 보기 어렵기 때문에 원칙적으로 명예훼손이 인정되지 않으나, 다만 예외적으로 집단의 개별 구성원에 대한 사회적 평가까지 아울러 저하되었다고 볼 수 있는 특별한 사정이 있는 경우에는 개별 구성원에 대한 명예훼손이 인정될 수 있다.[135]

② 공연성

명예훼손으로 인한 불법행위책임이 성립하기 위해서는 공연성이 인정되어야 한다. 명예훼손은 사람에 대한 사회적 평가의 저하를 본질적 요소로 하므로 사회적 평가의 저하여부를 판단하기 위해서는 공연성이 전제되어야 한다. 명예를 훼손하려는 자가 단순히 상대방의 자존심에 상처를 주었을 뿐 그것만으로 사회적 평가가 저하되었다고 보기 어려운 경우에는 모욕에 해당하고 이 경우는 전반적인 사정 등을 평가하여 모욕에 의한 불법행위가 성립하는지 그 여부를 따져봐야 한다.

③ 명예훼손행위

명예훼손은 사람의 사회적 평가를 저하시키는 것이므로 명예훼손이 되기 위해서는 구체적인 사실의 적시가 있어야 한다. 사실의 적시란 반드시 사실

134) 대법원 1997. 10. 24. 선고 96다17851 판결
135) 대법원 2003. 9. 2. 선고 2002다63558 판결에서 법원은 '이른바 집단표시에 의한 명예훼손은 그러한 방송 등이 그 집단에 속한 특정인에 대한 것이라고는 해석되기 힘들고 집단표시에 의한 비난이 개별구성원에 이르러서는 비난의 정도가 희석되어 구성원의 사회적 평가에 영향을 미칠 정도에 이르지 않으므로 구성원 개개인에 대한 명예훼손은 성립되지 않는다고 봄이 원칙이지만, 다만 예외적으로 구성원 개개인에 대하여 방송하는 것으로 여겨질 정도로 구성원 수가 적거나 방송 등 당시의 주위 정황 등으로 보아 집단 내 개별구성원을 지칭하는 것으로 여겨질 수 있는 때에는 집단 내 개별구성원이 피해자로서 특정된다고 보아야 하고, 그 구체적 기준으로는 집단의 크기, 집단의 성격과 집단 내에서의 피해자의 지위 등을 들 수 있다.'고 판시하였다. 이 사례는 일부 언론매체가 특정사건을 보도하면서 '대전 지역 검사들'이라는 표시를 사용하였는데 법원은 그 구성원 개개인에 대하여 방송하는 것으로 여겨질 정도로 구성원의 수가 적고, 한 달여에 걸친 집중적인 관련 방송 보도 등 당시의 주위 정황 등으로 보아 집단 내 개별구성원을 지칭하는 것으로 여겨질 수 있다고 보아 명예훼손을 인정한 사례이다.

을 직접적으로 표현한 경우에 한정하지 않고, 간접적·우회적 표현에 의하더라도 사회적 가치 내지 평가의 침해가능성이 있다면 적시된 것으로 본다. 그러므로 의견이나 논평의 방식을 빌어도 상관없다. 다만 순수한 의견표현이나 논평의 경우는 불법행위가 성립하지 않는데 이 경우 사실적 주장과 단순한 의견의 표명을 구별하기 위해서는 표현을 하게 된 행위자의 동기 내지 목적 등을 고려하여 판단한다.[136] 표현한 사람이 타인에 대하여 비판적인 의견을 표명한 것만으로 이를 위법하다고 볼 수 없으나, 표현행위의 형식 및 내용이 모욕적이고 경멸적인 인신공격에 해당하거나 혹은 타인의 신상에 관하여 사실을 왜곡하는 공표행위를 함으로써 인격권을 침해한다면 이는 명예훼손과는 별개로 일반불법행위를 구성할 수 있다.[137]

한편, 주지한 바와 같이 공직자 등 공인에 관한 명예훼손의 판단은 공직사회에 대한 감시·비판·견제가 필요하다는 점에서 표현의 자유가 한층 더 보호된다. 이 점에서 사인의 명예훼손과는 달리 판단된다.[138] 이 경우 표현자의 표현행위가 공직자의 도덕성이나 그 업무처리와 같은 공적인 사항인지 아니면 그와 무관한 사적 사항인지 여부를 나누어 판단해야 한다. 만일, 전자의 경우라면 표현의 자유에 대한 제한이 완화되어야 하고 특히 감시와 비판이 악의적이거나 현저히 상당성을 잃은 공격이 아닌 한 명예훼손이 쉽게 인정되어서는 안 된다. 반면에 공인의 사적 사항과 관련된 표현의 경우에는

---

136) 대법원 2006. 2. 10. 선고 2002다49040 판결 그러나 이러한 추상적 판단 기준 자체도 언제나 명확한 것은 아니며, 사실적 주장과 논평 등이 혼재하는 형식으로 보도되는 것이 보통이므로, 그 판단 기준 자체도 일의적이라고 할 수 없고, 당해 원보도의 객관적인 내용과 아울러 일반의 독자가 보통의 주의로 원보도를 접하는 방법을 전제로 사용된 어휘의 통상적인 의미, 전체적인 흐름, 문구의 연결 방법뿐만 아니라, 당해 원보도가 게재한 보다 넓은 문맥이나 배경이 되는 사회적 흐름 및 독자에게 주는 전체적인 인상도 함께 고려하여야 할 것이다.

137) 대법원 2009. 4. 9. 선고 2005다65494판결에서 법원은 신문사가 대기업 노동조합의 노동쟁의 및 단체협약 등과 관련하여 보도한 수개의 기사 중 일부가 일반 독자의 기준에서 전체적인 인상과 맥락으로 보아 구체적인 사실전달보다는 의견표명 내지 논평을 주된 목적으로 하는 보도로서, 노동조합의 사회적 평가를 저하시키는 사실을 적시한 명예훼손에 해당한다고 보기 어렵지만, 그 의견표명의 전제로 적시한 사실관계 중 일부 보도 내용이 그 표현의 형식 등 제반 사정에 비추어 의도적으로 사실을 왜곡함으로써 노동조합 또는 그 조합원의 인격권을 침해하였으므로, 노동조합에 대한 불법행위를 구성한다고 판시하였다.

138) 대법원 2007. 12. 27. 선고 2007다29379 판결

그것이 공적 사항과 필요불가분적인 관계가 아닌 단순한 호기심을 충족시키기 위한 것이라면 일반 사인과 마찬가지로 그 침해여부를 판단해야 한다.

명예훼손 역시 표현자의 고의나 과실에 의해 행해져야 함은 물론 위법성 및 명예훼손행위와 피해자의 손해 사이에 인과관계가 있어야 한다. 다만 이러한 요건들은 표현의 자유와의 조화 속에서 판단되어야 하므로 보다 신중히 접근할 필요가 있다.

④ 위법성 조각사유의 부존재

표현을 통해 사실을 적시함으로써 타인의 명예를 훼손한 경우에도 그것이 공공의 이해에 관한 사항으로서 그 목적이 주로 공공의 이익을 위한 것인 때에는 진실한 사실이라는 것이 증명되면 그 행위에 위법성이 조각되어 명예훼손에 의한 불법행위책임이 성립하지 않는다. 또한 설령, 그 진실성이 증명되지 않더라도 표현자가 그것이 진실이라고 믿을 만한 상당한 이유가 있는 경우에는 위법성이 조각된다. 이 경우 표현된 내용이 진실이라고 믿을 만한 상당한 이유가 있는지 여부는 적시된 사실의 내용, 진실이라고 믿게 된 근거나 자료의 확실성과 신빙성, 사실 확인의 용이성, 피해자의 피해 정도 등 여러 사정을 종합하여 행위자가 적시 내용의 진위 여부를 확인하기 위하여 적절하고도 충분한 조사를 다하였는지 및 그 진실성이 객관적이고도 합리적인 자료나 근거에 의하여 뒷받침되는가에 비추어 판단하여야 한다.[139] 이 경우 표현행위가 공직자에 대한 고발, 고소 등 공공의 이익과 관련하여 수사진행절차와 경과만을 객관적으로 보도하는 것이라면 표현기사의 제목, 보도의 방식이나 표현 등을 종합적으로 고려하여 그 내용 자체가 진실이라는 인상을 통상의 독자들에게 준다거나 기사자체를 저급한 흥미에 영합하는 방식으로 취급하여 상대방의 인격적 이익을 도외시하거나 표현의 내용이 합리적인 사람이 볼 때 진실인지를 쉽사리 의심하게 하는 것인지 등의 특별한 사정이 없는 한, 보도를 하는 측에서 고발의 구체적인 내용에까지 들어가 그것이 진실인지 여부를 확인할 의무가 있다고 할 수 없으므로 명예훼손이 성립하지 않는다. 그러나 그러한 보도가 공직자 또는 공직 사회에 대한 감시·비판·견제라는 정당한 언론활동의 범위를 벗어나 악의적이거나 심히 경솔한

139) 대법원 2009. 2. 26 선고 2008다27769 판결

공격으로서 현저히 상당성을 잃은 것으로 평가되는 경우에는, 비록 공직자 또는 공직 사회에 대한 감시·비판·견제의 의도에서 비롯된 것이라고 하더라도 명예훼손이 된다.[140)]

(2) 효 과

1) 금지청구 및 손해배상

사생활 내지 명예는 생명, 신체와 함께 매우 중대한 보호법익이다. 특히 인격권으로서의 사생활보호권(프라이버시권) 내지 명예권은 물권의 경우와 마찬가지로 배타성을 가지는 권리이다. 따라서 사생활을 침해받았거나, 사회로부터 받는 객관적인 평가인 명예를 위법하게 침해당한 자는 손해배상 또는 명예회복을 위한 처분을 구할 수 있는 이외에 인격권에 기초하여 가해자에 대하여 현재 이루어지고 있는 침해행위를 배제하거나 장래에 생길 침해를 예방하기 위하여 침해행위의 금지를 구할 수 있다.[141)] 무엇보다 인격권은 그 성질상 일단 침해된 후의 구제수단인 금전배상이나 명예회복 처분만으로는 그 피해의 완전한 회복이 어렵고 손해전보의 실효성을 기대하기 어렵기 때문에 명예훼손의 경우도 인격권 침해에 따른 사전 내지 예방적 구제수단으로 침해행위 정지·방지 등의 금지청구권이 인정된다.[142)]

또한, 피해자는 가해자를 상대로 민법 제750조 내지 제751조 제1항에 근거하여 불법행위에 기한 손해배상청구를 할 수 있다. 이 때, 사생활이 침해되었거나 명예가 훼손됨으로써 발생하는 손해는 일반적으로 정신적 고통이므로 그에 대한 위자료로 손해가 전보되었다고 할 수 있다. 다만, 재산상 손해가 구체적으로 발생한 경우에는 재산상 손해배상 청구도 가능하다.

• 판 례

◇ 대법원 1996. 4. 12. 선고 93다40614 판결 : 비방광고들로 인한 피해를 최소한으로 줄이기 위하여 광고들이 실렸던 일간지마다 동일한 크기의 대응광고를 게재할 필요가 있었다면, 그 비용도 비방광고들로 인하여 입은 손해이다.

140) 대법원 2007. 12. 27. 선고 2007다29379 판결
141) 대법원 2005. 1. 17. 자 2003마1477 결정.
142) 대법원 1996. 4. 12. 선고 93다40614 판결

이 경우 비방광고들로 인하여 인격과 명예, 신용 등이 훼손됨으로써 피해자가 입은 손해액은 손해의 종류와 성격, 피해 회사의 지명도와 영업의 신용도, 피해 회사의 규모 및 영업실적, 비방광고들의 허위성의 정도와 비방성의 강도, 비방광고 행태 전반에서 드러나는 악의성의 정도, 제품을 선택하는 소비자들의 보수성, 부정적 광고가 미치는 영향의 즉각성과 지속성, 부정적 영향으로부터 회복함이 곤란한 점, 부정적 광고에 대하여 효율적인 구제수단인 사죄광고가 허용되지 아니하는 점, 비방광고 회사의 규모와 재산 정도 등 여러 사정을 참작하여 결정된다.[143)]

2) 명예회복에 적당한 처분

제764조(명예훼손의 경우의 특칙) 타인의 명예를 훼손한 자에 대하여는 법원은 피해자의 청구에 의하여 손해배상에 가름하거나 손해배상과 함께 명예회복에 적당한 처분을 명할 수 있다.

『정보통신망 이용촉진 및 정보보호 등에 관한 법률』

제44조의2(정보의 삭제요청 등) ① 정보통신망을 통하여 일반에게 공개를 목적으로 제공된 정보로 사생활 침해나 명예훼손 등 타인의 권리가 침해된 경우 그 침해를 받은 자는 해당 정보를 취급한 정보통신서비스 제공자에게 침해사실을 소명하여 그 정보의 삭제 또는 반박내용의 게재(이하 "삭제등"이라 한다)를 요청할 수 있다.

② 정보통신서비스 제공자는 제1항에 따른 해당 정보의 삭제등을 요청받으면 지체 없이 삭제·임시조치 등의 필요한 조치를 하고 즉시 신청인 및 정보게재자에게 알려야 한다. 이 경우 정보통신서비스 제공자는 필요한 조치를 한 사실을 해당 게시판에 공시하는 등의 방법으로 이용자가 알 수 있도록 하여야 한다.

제44조의3(임의의 임시조치) ① 정보통신서비스 제공자는 자신이 운영·관리하는 정보통신망에 유통되는 정보가 사생활 침해 또는 명예훼손 등 타인의 권리를 침해한다고 인정되면 임의로 임시조치를 할 수 있다.

민법 제764조에 따라 명예를 훼손당한 피해자는 법원에 손해배상에 갈음하거나 손해배상과 함께 정정보도의 공표 등 명예회복에 적당한 처분을 해

143) 대법원 1996. 4. 12. 선고 93다40614 판결

줄 것을 청구할 수 있다. 이는 명예훼손의 경우에는 그로 인한 피해자의 재산적·정신적 손해의 범위 및 그 금전적 평가를 구체적으로 증명하는 것이 곤란하고 또 금전배상만으로는 피해자의 구제가 실질적으로 불충분·불완전한 경우가 많으므로, 이러한 결함을 보완하여 피해자를 효과적으로 구제하기 위한 것이다.[144] 명예회복에 적당한 처분으로는 정정보도, 반론보도, 사실해명광고 등이 있으며 사죄광고는 행위자의 인격권을 침해할 소지가 있어 적당한 처분에 해당하지 않는다.[145]

한편, 사생활침해나 명예훼손이 전자매체 등 정보통신망을 통해 이뤄진 경우 침해받은 자는 정보통신망 이용촉진 및 정보보호 등에 관한 법률 제44조의2 내지 제44조의 3에 근거하여 해당정보의 삭제 및 임시조치를 요청할 수 있다. 피해자의 삭제요청이 없더라도 정보통신서비스 제공자는 동법 제44조의3에 근거하여 해당 사이트의 접속을 차단하거나 폐쇄하는 등의 임시조치를 임의로 할 수 있다. 명예훼손의 글을 적시한 자는 동법 제70조에 따라 3년 이하의 징역이나 금고 또는 2천만 원 이하의 벌금 내지 7년 이하의 징역, 10년 이하의 자격정지 또는 5천만 원 이하의 벌칙을 받는다.

3. 주요 판례

(1) 성립요건

1) 사생활침해의 판단기준

• 판 례

◇ 대법원 2006. 12. 22. 선고 2006다15922 판결 : 사생활과 관련된 사항의 공개가 사생활의 비밀을 침해하는 것으로서 위법하다고 하기 위하여는 적어도 공표된 사항이 일반인의 감수성을 기준으로 하여 그 개인의 입장에 섰을 때 공개되기를 바라지 않을 것에 해당하고 아울러 일반인에게 아직 알려지지 않은 것으로서 그것이 공개됨으로써 그 개인이 불쾌감이나 불안감을 가질 사항 등에 해당하여야 한다.

144) 대법원 2007. 12. 27. 선고 2007다29379 판결
145) 헌법재판소 1991. 4. 1. 89헌마160 결정.

2) 명예훼손의 판단기준

• 판 례

◇ 대법원 1997. 10. 28. 선고 96다38032 판결 : 명예훼손이란 명예주체에 대한 사회적 평가를 저하시키는 일체의 행위를 의미하고, 신문이나 잡지 등 언론매체가 특정인에 관한 기사를 게재한 경우 그 기사가 특정인의 명예를 훼손하는 내용인지의 여부는 기사의 객관적인 내용과 아울러 일반 독자가 기사를 접하는 통상의 방법을 전제로 기사의 전체적인 흐름, 사용된 어휘의 통상적인 의미, 문구의 연결 방법 등을 종합적으로 고려하여 그 기사가 독자에게 주는 전체적인 인상도 그 판단 기준으로 삼아야 한다.

◇ 대법원 1996. 6. 28. 선고 96다12696 판결 : 법인의 목적사업 수행에 영향을 미칠 정도로 법인의 사회적 명성, 신용을 훼손하여 법인의 사회적 평가가 침해된 경우에는 그 법인에 대하여 불법행위를 구성한다.

◇ 대법원 2002. 1. 22. 선고 2000다37524,37531 판결 : 타인에 대한 명예훼손은 사실을 적시하는 방법으로 행해질 수도 있고, 의견을 표명하는 방법으로 행해질 수도 있는바, 어떤 의견의 표현이 그 전제로서 사실을 직접적으로 표현한 경우는 물론 간접적이고 우회적인 방법에 의하더라도 그 표현의 전 취지에 비추어 어떤 사실의 존재를 암시하고 또 이로써 특정인의 사회적 가치 내지 평가를 침해할 가능성이 있으면 명예훼손으로 되는 것이다.

◇ 대법원 2002. 1. 22. 선고 2000다37524,37531 판결 : 언론 · 출판의 자유와 명예보호 사이의 한계를 설정함에 있어서 표현된 내용이 사적관계에 관한 것인가 공적관계에 관한 것인가에 따라 차이가 있는바, 즉 당해 표현으로 인한 피해자가 공적인 존재인지 사적인 존재인지, 그 표현이 공적인 관심사안에 관한 것인지 순수한 사적인 영역에 속하는 사안에 관한 것인지, 그 표현이 객관적으로 국민이 알아야 할 공공성, 사회성을 갖춘 사안에 관한 것으로 여론형성이나 공개토론에 기여하는 것인지 아닌지 등을 따져보아 공적 존재에 대한 공적 관심사안과 사적인 영역에 속하는 사안 간에는 심사기준에 차이를 두어야 하며, 당해 표현이 사적인 영역에 속하는 사안에 관한 것인 경우에는 언론의 자유보다 명예의 보호라는 인격권이 우선할 수 있으나, 공공적 · 사회적인 의미를 가진 사안에 관한 것인 경우에는 그 평가를 달리하여야 하고 언론의 자유에 대한 제한이 완화되어야 하며, 피해자가 당해 명예 훼손적 표현의 위험을 자초한 것인지의 여부도 또한 고려되어야 한다.

3) 위법성 조각사유

• 판 례

◇ 대법원 2000. 2. 25. 선고 98도2188 판결 : 공공의 이익에는 널리 국가 · 사회 기타 일반 다수인의 이익에 관한 것뿐만 아니라 특정한 사회집단이나 그 구성원 전체의 관심과 이익에 관한 것도 포함되는 것으로서, 적시된 사실이 공공의 이익에 관한 것인지 여부는 당해 적시 사실의 내용과 성질, 당해 사실의 공표가 이루어진 상대방의 범위, 그 표현의 방법 등 그 표현 자체에 관한 제반 사정을 감안함과 동시에 그 표현에 의하여 훼손되거나 훼손될 수 있는 명예의 침해 정도 등을 비교 · 고려하여 결정하여야 하고, 행위자의 주요한 동기 내지 목적이 공공의 이익을 위한 것이라면 부수적으로 다른 사익적 목적이나 동기가 내포되어 있더라도 위법성이 조각될 수 있다.

◇ 대법원 2002. 1. 22. 선고 2000다37524,37531 판결 : 어떤 표현이 타인의 명예를 훼손하더라도 그 표현이 공공의 이해에 관한 사항으로서 그 목적이 오로지 공공의 이익을 위한 것일 때에는 진실한 사실이거나 행위자가 그것을 진실이라고 믿을 상당한 이유가 있는 경우에는 위법성이 없다고 할 것인바, 여기서 '그 목적이 오로지 공공의 이익을 위한 것일 때'라 함은 적시된 사실이 객관적으로 볼 때 공공의 이익에 관한 것으로서 행위자도 공공의 이익을 위하여 그 사실을 적시한 것을 의미하는데, 행위자의 주요한 목적이나 동기가 공공의 이익을 위한 것이라면 부수적으로 다른 사익적 목적이나 동기가 내포되어 있더라도 무방하고, 여기서 '진실한 사실'이라고 함은 그 내용 전체의 취지를 살펴볼 때 중요한 부분이 객관적 사실과 합치되는 사실이라는 의미로서 세부에 있어 진실과 약간 차이가 나거나 다소 과장된 표현이 있더라도 무방하다.

◇ 대법원 1998. 5. 8. 선고 97다34563 판결 : 방송 등 언론매체가 사실을 적시하여 개인의 명예를 훼손하는 행위를 한 경우에도 그 목적이 오로지 공공의 이익을 위한 것일 때에는 적시된 사실이 진실이라는 증명이 있거나 그 증명이 없다 하더라도 행위자가 그것을 진실이라고 믿었고 또 그렇게 믿을 상당한 이유가 있으면 위법성이 없다고 보아야 할 것이나, 그에 대한 증명책임은 어디까지나 명예훼손 행위를 한 방송 등 언론매체에 있고 피해자가 공적인 인물이라 하여 방송 등 언론매체의 명예훼손 행위가 현실적인 악의에 기한 것임을 그 피해자 측에서 증명하여야 하는 것은 아니다.

◇ 대법원 2007. 12. 27. 선고 2007다29379 판결 : 보도 내용이 진실이라고 믿을 만한 상당한 이유가 있는가의 여부는 기사의 성격, 정보원의 신빙성, 사실 확인의 용이성, 보도로 인한 피해자의 피해 정도 등 여러 사정을 종합하여 보도 내

용의 진위 여부를 확인하기 위한 적절하고도 충분한 조사를 다하였는가, 그 진실성이 객관적이고도 합리적인 자료나 근거에 의하여 뒷받침되는가 하는 점에 비추어 판단하여야 한다.

(2) 유형별 검토

1) 인터넷사업자

• 판 례

◇ 대법원 2009. 4. 16. 선고 2008다53812 전원합의체 판결 : [Ⅰ] 인터넷 종합 정보제공 사업자가 보도매체가 작성·보관하는 기사에 대한 인터넷 이용자의 검색·접근에 관한 창구 역할을 넘어서서, 보도매체로부터 기사를 전송받아 자신의 자료저장컴퓨터설비에 보관하면서 스스로 그 기사 가운데 일부를 선별하여 자신이 직접 관리하는 뉴스게시공간에 게재하였고 그 게재된 기사가 타인의 명예를 훼손하는 내용을 담고 있다면, 이는 단순히 보도매체의 기사에 대한 검색·접근 기능을 제공하는 경우와는 달리 인터넷 종합 정보제공 사업자가 보도매체의 특정한 명예 훼손적 기사 내용을 인식하고 이를 적극적으로 선택하여 전파한 행위에 해당하므로, 달리 특별한 사정이 없는 이상 위 사업자는 명예 훼손적 기사를 보도한 보도매체와 마찬가지로 그로 인하여 명예가 훼손된 피해자에 대하여 불법행위로 인한 손해배상책임을 진다.

[Ⅱ] [다수의견] 명예훼손적 게시물이 게시된 목적, 내용, 게시 기관과 방법, 그로 인한 피해의 정도, 게시자와 피해자의 관계, 반론 또는 삭제 요구의 유무 등 게시에 관련한 쌍방의 대응태도 등에 비추어, 인터넷 종합 정보제공 사업자가 제공하는 인터넷 게시공간에 게시된 명예훼손적 게시물의 불법성이 명백하고, 위 사업자가 위와 같은 게시물로 인하여 명예를 훼손당한 피해자로부터 구체적·개별적인 게시물의 삭제 및 차단 요구를 받은 경우는 물론, 피해자로부터 직접적인 요구를 받지 않은 경우라 하더라도 그 게시물이 게시된 사정을 구체적으로 인식하고 있었거나 그 게시물의 존재를 인식할 수 있었음이 외관상 명백히 드러나며, 또한 기술적, 경제적으로 그 게시물에 대한 관리·통제가 가능한 경우에는, 위 사업자에게 그 게시물을 삭제하고 향후 같은 인터넷 게시공간에 유하산 내용의 게시물이 게시되지 않도록 차단할 주의의무가 있고, 그 게시물 삭제 등의 처리를 위하여 필요한 상당한 기간이 지나도록 그 처리를 하지 아니함으로써 타인에게 손해가 발생한 경우에는 부작위에 의한 불법행위책임이 성립한다.

2) 언론매체

• 판 례

◇ 대법원 2007. 12. 27. 선고 2007다29379 판결 : 언론보도에 의한 명예훼손이 성립하려면 피해자의 사회적 평가를 저하시킬 만한 구체적인 사실의 적시가 있어야 하는데, 여기에서 말하는 사실의 적시란 사실을 직접적으로 표현한 경우는 물론이고 간접적이고 우회적인 방법에 의하더라도 그 표현의 전체 취지에 비추어 어떤 사실의 존재를 암시하고 또 이로써 특정인의 사회적 가치 내지 평가가 침해될 가능성이 있을 정도의 구체성이 있으면 된다. 그리고 신문의 어떤 기사가 타인의 명예를 훼손하여 불법행위가 되는지의 여부는 일반 독자가 기사를 접하는 통상의 방법을 전제로 그 기사의 전체적인 취지와의 연관하에서 기사의 객관적 내용, 사용된 어휘의 통상적인 의미, 문구의 연결방법 등을 종합적으로 고려하여 그 기사가 독자에게 주는 전체적인 인상을 기준으로 판단하여야 하고, 여기에다가 당해 기사의 배경이 된 사회적 흐름 속에서 당해 표현이 가지는 의미를 함께 고려하여야 한다.

◇ 대법원 1998. 2. 27. 선고 97다19038 판결 : 언론 매체의 명예훼손행위와 관련하여 적시된 사실이 진실이라고 믿을 상당한 이유가 있는지의 여부를 판단함에 있어서는 적시된 사실의 내용, 진실이라고 믿게 된 근거나 자료의 확실성, 표현 방법 등 여러 사정을 종합하여 판단하여야 하고, 특히 적시된 사실이 역사적 사실인 경우 시간이 경과함에 따라 점차 망인이나 그 유족의 명예보다는 역사적 사실에 대한 탐구 또는 표현의 자유가 보호되어야 하고 또 진실 여부를 확인할 수 있는 객관적 자료에도 한계가 있어 진실 여부를 확인하는 것이 용이하지 아니한 점도 고려되어야 한다.

〈백범 김구 선생 암살사건의 논픽션드라마에서 배후로 묘사된 자의 명예훼손에 대하여, 방송사가 그 방송 내용이 진실하다고 믿었고 또 그렇게 믿을 상당한 이유가 있어 고의·과실이 없다는 이유로 불법행위책임이 성립되지 않는다고 한 사례〉

◇ 대법원 2009. 9. 10. 선고 2007다71 판결 : 어떠한 경우에 피의자의 실명보도를 허용할 수 있을 정도로 공공의 정보에 관한 이익이 더 우월하다고 보아야 할 것인지는 일률적으로 정할 수는 없고, 범죄사실의 내용 및 태양, 범죄 발생 당시의 정치·사회·경제·문화적 배경과 그 범죄가 정치·사회·경제·문화에 미치는 영향력, 피의자의 직업, 사회적 지위·활동 내지 공적 인물로서의 성격 여부, 범죄사건 보도에 피의자의 특정이 필요한 정도, 개별 법률에 피의자의 실명 공개를 금지하는 규정이 있는지 여부, 피의자의 실명을 공개함으로써 침해되는 이익 및 당해 사실의 공표가 이루어진 상대방의 범위의 광협 등을 종합·참작하여 정하여야 한다. 사회적으로 고도의 해악성을 가진 중대한 범죄

에 관한 것이거나 사안의 중대성이 그보다 다소 떨어지더라도 정치 · 사회 · 경제 · 문화적 측면에서 비범성을 갖고 있어 공공에게 중요성을 가지거나 공공의 이익과 연관성을 갖는 경우 또는 피의자가 갖는 공적 인물로서의 특성과 그 업무 내지 활동과의 연관성 때문에 일반 범죄로서의 평범한 수준을 넘어서서 공공에 중요성을 갖게 되는 등 시사성이 인정되는 경우 등에는, 개별 법률에 달리 정함이 있다거나 그 밖에 다른 특별한 사정이 없는 한 공공의 정보에 관한 이익이 더 우월하다고 보아 피의자의 실명을 공개하여 보도하는 것도 허용될 수 있다.

〈범죄사실에 관한 보도 과정에서 대상자의 실명 공개에 대한 공공의 이익이 대상자의 명예나 사생활의 비밀에 관한 이익보다 우월하다고 인정되어 실명에 의한 보도가 허용되는 경우, 비록 대상자의 의사에 반하여 그의 실명이 공개되었다고 하더라도 그의 성명권이 위법하게 침해되었다고 할 수 없다고 본 사례〉

3) 집단표시

• 판 례

◇ 대법원 2003. 9. 2. 선고 2002다63558 판결 : 이른바 집단표시에 의한 명예훼손은 그러한 방송 등이 그 집단에 속한 특정인에 대한 것이라고는 해석되기 힘들고 집단표시에 의한 비난이 개별구성원에 이르러서는 비난의 정도가 희석되어 구성원의 사회적 평가에 영향을 미칠 정도에 이르지 않으므로 구성원 개개인에 대한 명예훼손은 성립되지 않는다고 봄이 원칙이지만, 다만 예외적으로 구성원 개개인에 대하여 방송하는 것으로 여겨질 정도로 구성원 수가 적거나 방송 등 당시의 주위 정황 등으로 보아 집단 내 개별구성원을 지칭하는 것으로 여겨질 수 있는 때에는 집단 내 개별구성원이 피해자로서 특정된다고 보아야 하고, 그 구체적 기준으로는 집단의 크기, 집단의 성격과 집단 내에서의 피해자의 지위 등을 들 수 있다.

【서식】 답변서(손해배상(기)) · 명예훼손

답 변 서

사 건 : 20○○가단 ○○ 손해배상(기)

원 고 : 000 외 3인 (소송대리인 변호사 000)
주소 / 송달장소 / 전화 / 휴대폰 / 팩스 / e-mail

피 고 : 주식회사 00방송 외 1인
(소송대리인 법무법인 알파 담당변호사 000 외 4인)
주소 / 송달장소 / 전화 / 휴대폰 / 팩스 / e-mail

원고들은 아래와 같이 답변 합니다.

아 래

청구취지에 대한 답변

1. 피고의 청구를 기각한다.
2. 소송비용은 피고의 부담으로 한다.

라는 판결을 구함.

청구원인에 대한 답변

1. 피고들의 상고이유 요지

피고들은, 첫째로, 공적 인물의 공적 활동에 관한 언론보도로 인한 명예훼손 소송에서는 입증책임이 언론기관에 있지 않고 명예훼손을 주장하는 공인에게 있음에도 불구하고 원심은 보도내용이 진실이고 오로지 공공의 이익을 위한 것이라는 점을 언론기관이 입증하여야 한다고 판단함으로써 공인에 입증책임의 법리를 오해하였고,

둘째로, 원심이 방송 당시 지방검찰청에 근무하고 있던 사람들과 000 변호사가 변호사 업무를 수행하면서 문제된 수임장부를 작성한 시기로서 변호사가 변호사 업무를 수행하면서 문제된 수임장부를 작성한 시기로서 방송 당시로부터 10여 개월 전까지 서울지방검찰청에 근무하였던 사람들을 지역검사들 표시에 의한 명예훼손으로 피해를 입은 피해자들로 인정한 것 역시 집단구성원에 대한 명예훼손의 법리오해에서 비롯된 것이며, 셋째로, 이 사건 제9방송은 자신의 직무와 관련이 있는 사건을 소개한 경우가 2명 (감사장 1명, 고검검사 1명)이 있다는 내용의 대검의 수사결과 발표를 토대로 한 것으로 중요한 부분이 합치

되었으므로 허위사실이라고 할 수 없음에도 원심은 이에 관한 법리오해를 하였다는 취지로 상고이유를 들고 있습니다.

2. **그러나** 대법원은 1988. 10. 11. 선고 85다카29 판결 이래 명예훼손에 있어 위법성조 각사유에 관한 법리를 확립하였다고 할 것인바, 형사상이나 민사상으로 타인의 명예훼손하는 행위를 한 경우도 그것이 공공의 이해에 관한 사항으로서 그 목적이 오로지 공공의 이익을 위한 것인 때에는 진실한 사실이라는 증명이 있으면 위 행위에 위법성이 없으며 또한 증명이 없더라도 행위자가 그것을 진실이라고 믿을 상당성에 대한 입증책임을 명예훼손을 한 행위자에게 두고 있으므로 이에 관한 원심의 판단은 정당하고 거기에 입증책임의 법리오해가 있었다고 할 수 없으며, 그리고 원심이 인정된 바와 같이 이 사건 방송에서 서울 지역 검사들 표시에 의한 명예훼손은 구성원 개개인에 대하여 방송하는 것으로 여겨질 정도로 구성원수가 적고, 한 달 여에 걸친 집중적인 관련 방송보도 등 당시의 주위 정황 등으로 보아 집단 내 개별 구성원을 지칭하는 것으로 여겨질 수 있으므로, 집단 내개별 구성원인 서울 지역 검사 개개인이 피해자로 특정될 수 있고, 이 사건 방송 당시 서울지방검찰청에 근무하고 있던 원고 000, 0000 및 000 변호사가 변호사 업무를 수행하면서 문제된 수임장부를 작성한 시기로서 이 사건 방송 당시로부터 10여 개월 전까지 서울지방검찰청에 근무하였던 원고 000, 0000은 서울 지역 검사들 표시에 의한 명예훼손에 대하여 각각 피해자로 특정되었다고 할 것이므로 원심의 판단 또한 정당하여 거기에 집단구성원에 대한 명예훼손에 관한 법리오해가 있었다고 할 수 없고, 또, 원심이 이 사건 제9방송에 대하여 방송의 주요 내용은 서울 지역 검사들이 사건을 소개하였다는 사실을 전제로 하여 그 중 일부 검사들이 자신을 직접 담당하고 있는 사건을 000 변호사에게 소개하여 준 후 사건을 부당하게 처리하였다는 취지라고 인정한 다음, 일반적으로 검사장이나 고검검사가 사건 수사를 직접 담당하는 경우가 거의 없는 사정과 피고 측이 제출한 을 제3호증의 기재만으로는 위와 같은 보도 내용이 진실임을 인정하기에 부족하고 달리 이를 인정할 증거가 없다고 한 판단 또한 정당하고 거기에 어떤 법리오해가 있다고 할 수 없습니다.

3. **따라서 피고들이 지적하는 상고 이유들은 모두 이유 없다고 할 것입니다.**

20○○. ○○. ○○.

원고 소송 대리인
법무법인 ○ ○ ○ (인)
담당변호사 ○ ○ ○ (인)

○○지방법원 민사○단독 귀중

제 4 절 의료과오책임

1. 의 의

(1) 의료행위와 의료과오

의료인은 의사, 한의사, 조산사 및 간호원을 말하며(의료법 제2조 1항), 의료기관은 의료인이 공중 또는 특정 다수인을 위하여 의료·조산의 업을 하는 곳을 말한다(동법 제3조). 또, 의료행위는 질병의 예방 또는 치료행위 및 그 밖에 의료인이 행하지 아니하면 사람의 생명, 신체나 공중위생에 위해를 발생시킬 우려가 있는 행위를 말한다.[146] 그러므로 미용성형술과 같은 행위도 생명이나 신체 또는 공중위생에 위해를 발생시킬 우려가 있는 행위로 인정되면 의료행위에 해당한다. 그리고, 의료사고는 의료행위로부터 발생하는 사고뿐 아니라 병실에서 미끄러져 다친 경우와 같이 병원 관리차원에서 발생하는 의료에 관련된 사고 일체를 말한다(의료분쟁조정법 제2조 1호).[147] 이러한 의료사고 중 의사를 포함하여 의료인의 업무상 필요로 하는 주의의무를 해태하여 환자에게 사상을 발생케 하는 것을 의료과오라 한다. 의료과오는 주사, 투약, 수술, 수혈, 마취, 요양 내지 간호 등 의료행위의 전 과정에서 나타날 수 있다.

의료행위는 통상적으로 인체의 침습을 전제하므로 의료인의 고도의 의학적 지식 내지 의료기술에 관한 전문성을 필요로 한다. 이러한 전문성에 기초하여 의료행위를 함에 있어 의료인의 광범위한 재량이 인정된다. 아울러 의료과정은 대체로 의료인들만 참여하므로 밀실성이 보장되며 이로 인해 의료과오시 피해자가 사실규명에 필요한 자료 등을 제출하는 데에 어려움을 겪는다. 그에 따라 근래에 들어서는 과실 및 인과관계의 증명책임을 사실상 의료인 측에 전가함으로써 피해자의 구제를 도모한다.

의료행위 내지 의료사고에 관한 법률로는, 민법과 형법 그리고 기본법인 의

---

146) 대법원 2002. 10. 25 선고 2002다48443 판결

147) 2013. 9. 26. 최근 서울고등법원은 환자가 대장수면내시경 회복 중 병원화장실을 가다가 발생한 낙상사고에 대해 해당 병원의 과실을 인정하여 손해배상책임이 있다고 판결하였다.

료법과 약사법, 보건의료기본법 이외에도, 「모자보건법」, 「정신보건법」, 「응급의료에 관한 법률」, 「공공보건의료에 관한 법률」, 「인체조직안전 및 관리 등에 관한 법률」, 「장기 등 이식에 관한 법률」, 「암관리법」, 「제대혈 관리 및 연구에 관한 법률」 등이 있다. 또, 보건의료재원 조달을 규율하는 「국민건강보험법」 및 의료사고 피해자의 구제와 관련하여 2012년 4월부터 「의료사고 피해구제 및 의료분쟁 조정 등에 관한 법률」이 시행되고 있다.

한편, 2013년 10월 29일 보건복지부가 원격진료를 허용하는 의료법 개정안을 입법예고하면서 원격진료 시대의 도래가 본격화되고 있다.

(2) 설명의무

의사는 질병의 증상 및 치료방법의 내용과 필요성, 예상되는 위험 등에 관하여 당시의 의료수준에 비추어 상당한 정도의 사항을 설명하여 환자가 그러한 의료행위를 받을 것인가를 선택할 수 있도록 할 의무가 있다. 이 점에서 의사의 설명의무(Informed consent)는 진료의무 내지 치료의무와 함께 의료의 내용이 되며, 설명의무위반은 주로 환자의 자기결정권의 침해 문제로 귀결된다.

의사의 설명의무는 의료행위에 따르는 후유증이나 부작용 등의 발생 가능성이 희박하다는 사정만으로 면제될 수 없다.[148] 또, 설명의무는 수술의 경우에만 한정되지 않고 검사, 진단, 치료 등 의료의 모든 단계에서 각각 행해져야 한다. 다만, 설명의무는 모든 의료과정 전반을 대상으로 하는 것이 아니라 수술 등 침습을 과하는 과정 및 그 후에 악결과 발생의 개연성이 있는 의료행위를 하는 경우 또는 사망 등의 중대한 결과발생이 예측되는 의료행위를 하는 경우 등과 같이 환자에게 자기결정에 의한 선택이 요구되는 경우를 대상으로 한다.

따라서 환자에게 발생한 중대한 결과가 의사의 침습행위로 인한 것이 아니거나 환자의 자기결정권이 문제되지 아니하는 경우,[149] 설명의무가 이뤄질 수 없을 정도의 긴급의료의 경우에는 설명의무 위반이 문제되지 않는다. 아

148) 대법원 2004. 10. 28. 선고 2002다45185 판결
149) 대법원 2002. 1. 11. 선고 2001다27449 판결

울러, 실제로 환자가 의사로부터 설명을 듣지 않았으나 그러한 설명을 들었더라도 의료행위에 동의하였을 것이라는 이른바 가정적 승낙에 의해 의사의 설명의무가 면제될 수 있다. 이러한 가정적 승낙은 의사 측의 항변사항으로 환자의 승낙이 명백히 예상되는 경우에 한해 예외적으로 허용되어야 한다. 한편, 설명의 방식에는 제한이 없으나 환자로부터 단순히 의료양식서에 서명날인을 받았다는 것만으로 의사가 설명의무를 다한 것으로 볼 수는 없다.

• 판 례

◇ 대법원 1995. 4. 25. 선고 94다27151 판결 : 의사의 환자에 대한 설명의무가 수술시에만 한하지 않고, 검사, 진단, 치료 등 진료의 모든 단계에서 각각 발생한다 하더라도 설명의무 위반에 대하여 의사에게 위자료 등의 지급의무를 부담시키는 것은 의사가 환자에게 제대로 설명하지 아니한 채 수술 등을 시행하여 환자에게 예기치 못한 중대한 결과가 발생하였을 경우에 의사가 그 행위에 앞서 환자에게 질병의 증상, 치료나 진단방법의 내용 및 필요성과 그로 인하여 발생이 예상되는 위험성 등을 설명하여 주었더라면 환자가 스스로 자기결정권을 행사하여 그 의료행위를 받을 것인지 여부를 선택함으로써 중대한 결과의 발생을 회피할 수 있었음에도 불구하고, 의사가 설명을 하지 아니하여 그 기회를 상실하게 된 데에 따른 정신적 고통을 위자하는 것이므로, 이러한 의미에서의 의사의 설명은 모든 의료과정 전반을 대상으로 하는 것이 아니라 수술 등 침습을 과하는 과정 및 그 후에 나쁜 결과 발생의 개연성이 있는 의료행위를 하는 경우 또는 사망 등의 중대한 결과발생이 예측되는 의료행위를 하는 경우 등과 같이 환자에게 자기결정에 의한 선택이 요구되는 경우만을 대상으로 하여야 하고, 따라서 환자에게 발생한 중대한 결과가 의사의 침습행위로 인한 것이 아니거나 또는 환자의 자기결정권이 문제되지 아니하는 사항에 관한 것은 위자료 지급대상으로서 설명의무 위반이 문제될 여지는 없다.

2. 성립요건 및 효과

(1) 성립요건

1) 의료인의 의료상 과실

의료과오가 인정되기 위한 요건 중 가장 중요한 것은 의료인의 의료상의 과실이라 할 수 있다. 의료행위가 사람의 생명 내지 신체를 다룬다는 점에서 의료인에게는 위험방지에 필요한 최선의 주의의무가 요구된다. 의료상의 주의의무의 기준은 당해 의사와 같은 업무와 직무에 종사하는 보통인을 기준으로 판단한다. 의사로서의 주의의무 기준은 전문의나 수련의 혹은 전공의 모두 동일하게 적용해야 하는 것이고 수련의나 전공의라고 하여 주의의무가 낮아지거나 혹은 높아지지 않는다.[150] 그러므로, 의사가 해당 의료행위의 전문의가 아님에도 전문과목에 해당하는 진료나 수술을 담당하게 되었다면 그 의사에게는 전문의에게 요구되는 정도의 주의의무 수준이 요구된다.[151] 다만, 응급상황 등 여건상 불가피하게 다른 전문과목에 해당하는 의료행위를 하게 된 경우에는 그러한 특수한 사정을 고려하여 주의의무 수준이 일반의의 수준정도로 경감된다.[152]

의사의 주의의무의 수준은 진료 당시 임상의학 분야에서 실천되고 있는 의료수준 및 진료환경, 의료의 특수성 및 긴급성, 의료관행 그리고 환자의 특이체질 등을 고려하여 결정된다.[153] 그러므로 당해 의료수준에 비추어 예견할 수 없는 위험이라면 예견가능성이 부정되어 의사에게 의료과오 책임을 물을 수 없다. 만일, 환자에게 취할 수 있는 의료조치가 여러 가지가 있는 경우 의사가 어떤 방법을 선택할 것이냐는 당해 의사의 재량의 범위 내에 속하므로 반드시 그 중 어느 하나만이 정당하고 이와 다른 조치를 취한 것은 모두 과실이 있다고 단정 지을 수 없다.[154] 의료상의 주의의무에는 전원의무, 즉 전원받을 의사의 인수승낙을 얻고, 전원할 의사에게 환자의 상태를 설명할 의무 등이 포함된다. 또한, 의료상의 주의의무와 마찬가지로 의사가 환자나 그의 보호자에게 자기결정권의 보장을 위한 설명의무를 다하지 아니한 경우 역시 의사의 과실이 인정된다.

2) 과실과 손해 사이의 인과관계

의료과오의 경우에도 증명책임의 일반원칙에 따라 피해자가 가해자의 귀

---

150) 대법원 1997. 2. 11. 선고 96다5933 판결
151) 대법원 1974. 5. 14. 선고 73다2027 판결
152) 대법원 1999. 11. 23. 선고 98다21403 판결
153) 대법원 1997. 2. 11. 선고 96다5933 판결
154) 대법원 1999. 3. 26. 선고 98다45379,45386 판결

책사유와 인과관계 그리고 손해를 증명하여야 한다. 다만, 의사가 진료기록부 등을 훼손하거나 변조하는 증명방해의 경우 법원은 이를 하나의 자료로 하여 자유로운 심증에 따라 의사에게 불리한 평가를 할 수 있다. 이 경우, 당사자 일방이 증명을 방해하는 행위를 하였더라도 법원은 이에 기초하여 방해자 측에게 불리한 평가를 할 수 있을 뿐 증명책임이 전환되거나 곧바로 상대방의 주장사실이 증명되었다고 보는 것은 아니다.[155]

그런데 의료행위는 진료행위의 밀행성과 의사의 재량이 넓다는 점에서 피해자가 의료인의 의료과오를 증명하는 것이 매우 어렵다. 그에 따라 피해자가 의사의 의료행위 외에 달리 악결과를 가져올 만한 사정이 없다는 점을 증명하면, 의료상의 과실과 악결과 사이의 인과관계가 추정된다.[156] 따라서 인과관계를 부정하는 의사가 의료행위 이외에 다른 사유로 악결과가 발생하였다는 사실을 증명해야 한다.

이는 의료과오책임을 채무불이행책임으로 구성하는 경우에도 마찬가지이다. 의료계약은 의사의 진료채무가 결과채무가 아닌 수단채무이고, 환자의 치유를 위해 선량한 관리자의 주의의무를 다해야 한다는 점에서 민법상 위임계약에 가깝다.[157] 특히 특별한 경우를 제외하고 일반적으로 의료계약상 의료과오는 채무불이행의 유형 중 불완전이행의 경우에 해당하는데 이 경우 환자가 의료행위의 불완전성을 증명하면 채무자인 의사가 불완전이행이 자기의 귀책사유에 기인한 것임이 아님을 주장·증명하지 못하는 한 책임을 면할 수 없다.

환자가 이러한 불완전성을 증명해야 한다는 점에서 실제 의료과오가 발생하였을 때 피해자 측은 오히려 불법행위책임으로 청구원인을 구성하는 경우가 많다. 해석상 환자가 부담하는 증명책임이 개연성설 내지 인과관계의 사실상의 추정을 통해 완화되고 있어 실질적으로 차이가 없기 때문이다. 오히려, 채무불이행책임의 경우 피해자의 위자료가 특별손해에 해당하고 근친자의 위자료 역시 인정되지 않는 반면 불법행위책임의 경우는 그러하지 않다

155) 대법원 2010. 5. 27. 선고 2007다25971 판결
156) 대법원 2010. 5. 27. 선고 2007다25971 판결
157) 대법원 1988. 12. 13. 선고 85다카1491 판결

는 점에서 피해자에게 유리하다. 지연손해금 또한 불법행위책임의 경우 불법행위시부터 가산되나 채무불이행의 경우 이행최고를 한 익일부터 가산된다는 점에서도 그러하다.

그러나 여전히 환자는 의료과오에 대해 채무불이행책임 또는 불법행위책임을 경합하여 손해배상을 청구할 수 있다. 또한, 이러한 청구원인을 주위적 또는 예비적 또는 선택적으로 병합하여 청구하는 것도 가능하다.

(2) 효 과

1) 책임주체

의료과오로 책임을 지는 자는 진단, 수술 등 의료행위를 행한 담당의사이다. 이 때, 과실로 의료행위를 한 자가 고용의사라면 의사를 고용한 병원(사립병원의 경우라면 원장, 국공립병원의 경우라면 국가 내지 지방자치단체)이 채무불이행책임의 당사자가 되며 의사는 이행보조자에 불과하다. 환자가 불법행위책임을 묻는 경우라면 고용의사는 피용자의 지위에서 제750조상의 일반불법행위책임을 지고 의사를 고용한 병원이 사용자의 지위에서 제756조상의 사용자배상책임을 지게 된다.

또한, 간호사나 간호보조사 등 의료보조인의 과실로 인해 의료과오가 발생한 경우에는 의료보조인을 지휘·감독하는 의사가 사용자책임 내지 채무자로서 채무불이행책임을 지게 된다. 환자가 불법행위책임을 묻는 경우 의료보조인은 일반불법행위책임을 지고 담당의사는 대리감독자로서, 또, 의료기관은 사용자로서 각각 배상책임을 진다. 그리고 의료행위에 관여한 의사가 다수이고 그 중 누구의 의료행위에 의해 의료과오가 발생한 것인지 불분명한 때에는 참여한 다수의 의사 모두 공동불법행위책임을 진다(제760조 2항). 의사가 지시하거나 사용한 약품이나 의료기구 등의 하자로 의료과오가 발생한 경우 그 제조물 등의 결함이 당시 전혀 예견할 수 없는 것이라면 당해 의사는 면책되지만, 그 이외에는 제조자와 함께 공동불법행위책임을 진다.

2) 내 용

의료인의 과실로 환자에게 손해가 발생하면 환자 내지 피해자측은 의료인을 상대로 의료계약상의 채무불이행책임 내지 불법행위책임을 물을 수 있다.

수술 등 의료행위를 하기 전에 의사의 요청으로 환자가 의사의 의료과오에 대한 손해배상청구권을 사전에 포기할 것을 내용으로 작성한 서약서나 동의서 등은 그 명칭여하 불문하고 효력이 없다.[158]

의료행위 자체의 과실이 인정되지 않더라도 환자는 의사의 설명의무위반이 인정되면 인격권침해에 따른 위자료를 청구할 수 있다. 다만 환자가 설명의무위반을 이유로 발생한 모든 손해에 대해 배상청구를 하는 경우에는 의사의 설명의무위반이 구체적 치료과정에서 요구되는 의사의 주의의무 위반과 동일시할 수 있는 정도이어야 한다.[159] 그러므로 설명의무위반과 결과 발생 사이에는 상당인과관계가 인정되어야 한다. 설명의무위반에 따른 위자료 배상은 환자 본인 뿐 아니라 근친자들에게도 인정될 수 있다(민법 제751조 내지 제752조). 의료상의 민사책임이 성립할 때 일반적으로 법원은 의료행위의 잠재적 위험성 및 예견할 수 없는 사정, 의료행위의 불가피성 및 난이도 등을 참작하여 손해의 공평한 분담 내지 형평칙에 근거하여 책임제한을 행한다.

한편, 대부분의 국민이 의무적으로 가입되어 있는 국민건강보험(의료보험)을 통해 상해를 입은 피해자는 국민건강보험으로 의료비 등에 대해 보험처리를 할 수 있게 되었다. 그에 따라 피해자가 국민건강보험법 제53조의 제한사유에 해당하지 않는 한, 본인 부담금을 제외한 나머지 의료비에 대해서는 보험자인 국민건강보험공단이 부담하게 된다. 보험료를 지급한 공단은 보험자대위를 통해 가해자인 제3자를 상대로 손해배상청구권을 행사할 수 있으며, 피해자가 제3자로부터 이미 손해배상을 받았다면 그 한도 내에서 공단의 보험급여 지급의무는 소멸한다(법 58조). 보험자가 피해자에게 보험급여를 한 후 피해자의 손해배상채권을 대위하는 경우 그 대위의 범위는 손해배상채권의 범위 내에서 보험급여를 한 전액이다.[160] 이 경우 대위의 대상이 되는 제3자는 피해자에 대한 직접적인 가해자뿐만 아니라 법률의 규정 또는 계약에 의해 가해자의 행위에 대해 손해배상채무를 지는 자도 포함된다.

158) 대법원 1979. 8. 14. 선고 78다488 판결
159) 대법원 1995. 2. 10. 선고 93다52402 판결
160) 대법원 2002. 12. 26. 선고 2002다50149 판결.

• 판 례

◇ 대법원 2004. 8. 20. 선고 2003다1878 판결 : 국민건강보험법 제53조 제1항의 제3자는 당해 사고로 인하여 보험급여를 한 공단과 현실로 보험급여를 받는 피해자인 가입자 및 그 피해자와 건강보험관계가 있는 자 이외의 자로서 피해자에 대하여 손해배상책임 등을 지는 모든 사람을 말하고, 그 제3자에는 피해자에 대한 직접의 가해자뿐만 아니라 법률의 규정 또는 계약에 의해 당해 가해자의 행위에 대하여 손해배상책임 등을 지는 자도 포함된다.

다만, 공단의 보험자대위에 의한 구상권 행사는 일정한 경우, 예컨대, 피해자가 피보험자의 동거친족이거나 피부양자의 관계에 있는 가해자에 대해 손해배상청구권을 가지는 경우 공단의 구상권을 인정하면 사실상 피해자의 보험혜택을 박탈하는 결과에 이르므로 이러한 경우는 공단의 구상권이 제한된다. 이처럼 법률상 당연히 이전되는 대위 이외에 수급권은 이를 양도하거나 압류할 수 없다(법 제59조).

3) 국민건강보험공단과 보험자대위

『국민건강보험법』

제41조(요양급여) ① 가입자와 피부양자의 질병, 부상, 출산 등에 대하여 다음 각 호의 요양급여를 실시한다.

1. 진찰 · 검사 2. 약제(藥劑) · 치료재료의 지급 3. 처치 · 수술 및 그 밖의 치료 4. 예방 · 재활 5. 입원 6. 간호 7. 이송(移送)

제53조(급여의 제한) ① 공단은 보험급여를 받을 수 있는 사람이 다음 각 호의 어느 하나에 해당하면 보험급여를 하지 아니한다.

1. 고의 또는 중대한 과실로 인한 범죄행위에 그 원인이 있거나 고의로 사고를 일으킨 경우
2. 고의 또는 중대한 과실로 공단이나 요양기관의 요양에 관한 지시에 따르지 아니한 경우
3. 고의 또는 중대한 과실로 제55조에 따른 문서와 그 밖의 물건의 제출을 거부하거나 질문 또는 진단을 기피한 경우
4. 업무 또는 공무로 생긴 질병 · 부상 · 재해로 다른 법령에 따른 보험급여나 보상(報償) 또는 보상(補償)을 받게 되는 경우

② 공단은 보험급여를 받을 수 있는 사람이 다른 법령에 따라 국가나 지방자치단체로부터 보험급여에 상당하는 급여를 받거나 보험급여에 상당하는 비용을 지급받게 되는 경우에는 그 한도에서 보험급여를 하지 아니한다.

③ 공단은 가입자가 대통령령으로 정하는 기간 이상 다음 각 호의 보험료를 체납한 경우 그 체납한 보험료를 완납할 때까지 그 가입자 및 피부양자에 대하여 보험급여를 실시하지 아니할 수 있다. 다만, 보험료의 체납기간에 관계없이 월별 보험료의 총 체납횟수(이미 납부된 체납보험료는 총 체납횟수에서 제외한다)가 대통령령으로 정하는 횟수 미만인 경우에는 그러하지 아니하다.

1. 제69조 제4항제2호에 따른 소득월액보험료
2. 제69조 제5항에 따른 세대단위의 보험료

제57조(부당이득의 징수) ① 공단은 속임수나 그 밖의 부당한 방법으로 보험급여를 받은 사람이나 보험급여 비용을 받은 요양기관에 대하여 그 보험급여나 보험급여 비용에 상당하는 금액의 전부 또는 일부를 징수한다.

제58조(구상권) ① 공단은 제3자의 행위로 보험급여사유가 생겨 가입자 또는 피부양자에게 보험급여를 한 경우에는 그 급여에 들어간 비용 한도에서 그 제3자에게 손해배상을 청구할 권리를 얻는다.

② 제1항에 따라 보험급여를 받은 사람이 제3자로부터 이미 손해배상을 받은 경우에는 공단은 그 배상액 한도에서 보험급여를 하지 아니한다.

제59조(수급권 보호) 보험급여를 받을 권리는 양도하거나 압류할 수 없다.

대부분의 국민이 의무적으로 가입되어 있는 국민건강보험(의료보험)을 통해 상해를 입은 피해자는 의료비 등에 대해 국민건강보험으로 보험처리를 할 수 있게 되었다. 그에 따라 피해자가 국민건강보험법 제53조의 제한사유에 해당하지 않는 한, 본인 부담금을 제외한 나머지 의료비에 대해서는 보험자인 국민건강보험공단이 이를 부담하게 된다. 보험료를 지급한 공단은 보험자대위를 통해 가해자인 제3자를 상대로 손해배상청구권을 행사할 수 있으며(법 제58조 1항), 피해자가 제3자로부터 이미 손해배상을 받았다면 그 한도 내에서 공단의 보험급여 지급의무는 소멸한다(법 제58조 2항).

보험자대위는 피해자의 이중배상금지와 제3자의 책임면탈 방지라는 형평의 원칙에 근거하여 인정되는 법정대위 제도이다. 다만, 건강보험이나 산업재해보상보험과 같이 사회보험법상의 보험자대위는 피보험자 등이 가지는 모든 권리를 대상으로 하는 상법상의 보험자대위와 달리 보험급여수급권자, 예컨대, 건강보험가입자 또는 피부양자가 가지는 손해배상청구권으로 그 범위가 제한되어 있다는 점에서 특색이 있다.

보험자가 피해자에게 보험급여를 한 후 제3자에게 피해자의 손해배상채권을 대위하는 경우 대위의 대상이 되는 제3자는 피해자의 직접적인 가해자뿐만 아니라 법률의 규정 또는 계약에 의해 가해자의 행위에 대해 손해배상채무를 지는 자도 포함된다.

• 판 례

◇ 대법원 2004. 8. 20. 선고 2003다1878 판결 : 국민건강보험법 제53조 제1항의 제3자는 당해 사고로 인하여 보험급여를 한 공단과 현실로 보험급여를 받는 피해자인 가입자 및 그 피해자와 건강보험관계가 있는 자 이외의 자로서 피해자에 대하여 손해배상책임 등을 지는 모든 사람을 말하고, 그 제3자에는 피해자에 대한 직접의 가해자뿐만 아니라 법률의 규정 또는 계약에 의해 당해 가해자의 행위에 대하여 손해배상책임 등을 지는 자도 포함된다.

국민건강보험공단의 보험자대위의 범위는 피해자의 손해배상채권의 범위 내에서 공단이 지급한 보험급여 전액이 된다.[161] 그러므로 손해의 발생 내지 확대에 피해자의 과실이 기여한 경우 피해자의 과실을 공제한 나머지 부분만이 대위의 대상이 된다. 그러므로 손해가 피해자의 중대한 과실로 인한 범죄행위에 기인한 것이라면 보험자는 보험급여지급의무가 없고(법 제53조 1호), 따라서 가해자를 상대로 구상할 수 없을 뿐만 아니라 이미 보험급여를 지급한 경우라면 피해자로부터 이를 환수할 수 있다(법 제57조).

그런데, 공단의 보험자대위에 의한 구상권 행사는 제3자와 피해자 사이에 특별한 인적관계가 존재하는 경우, 예컨대, 피해자가 제3자의 피부양자이거나 동거친족인 경우 등에는 제한될 수 있다. 이 경우에도 공단의 구상권을 인정하면 사실상 피해자의 보험혜택을 박탈하는 결과에 이르기 때문이다. 또, 만일 피해자가 보험급여를 받기 전에 제3자에 대한 손해배상청구권을 양도하거나 또는 면제 내지 포기한 경우 피해자는 보험급여 청구권을 상실하

161) 대법원 2002. 12. 26. 선고 2002다50149 판결.

였으므로 보험자는 보험급여를 지급할 의무가 없다. 이미 보험급여가 지급된 경우에는 보험자는 부당이득으로 이를 환수할 수 있다(법 제57조).[162] 마찬가지로, 피해자가 보험급여를 지급받은 후 제3자의 손해배상책임을 면제해 주거나 포기하기로 합의한 경우 합의의 내용에 따라 보험자는 피해자로부터 보험급여를 환수할 수 있다. 피해자의 수급권은 법정대위 이외에 이를 양도하거나 압류할 수 없다(법 제59조).

한편, 의사가 의사공제회에 가입되어 있거나 의사배상책임보험에 가입되어 있는 경우 피해자는 공제회나 보험사를 통해 구제방안을 모색할 수 있다.

4) 의료사고 피해구제 및 의료분쟁 조정 등에 관한 법률

『의료사고 피해구제 및 의료분쟁 조정 등에 관한 법률』

제1조(목적) 이 법은 의료분쟁의 조정 및 중재 등에 관한 사항을 규정함으로써 의료사고로 인한 피해를 신속 · 공정하게 구제하고 보건의료인의 안정적인 진료환경을 조성함을 목적으로 한다.

제6조(한국의료분쟁조정중재원의 설립) ① 의료분쟁을 신속 · 공정하고 효율적으로 해결하기 위하여 한국의료분쟁조정중재원(이하 "조정중재원"이라 한다)을 설립한다.

제8조(업무) 조정중재원의 업무는 다음 각 호와 같다.

1. 의료분쟁의 조정 · 중재 및 상담
2. 의료사고 감정
3. 손해배상금 대불
4. 의료분쟁과 관련된 제도와 정책의 연구, 통계 작성, 교육 및 홍보
5. 그 밖에 의료분쟁과 관련하여 대통령령으로 정하는 업무

제25조(의료사고감정단의 설치) ③ 감정단의 업무는 다음 각 호와 같다.

1. 의료분쟁의 조정 또는 중재에 필요한 사실조사
2. 의료행위등을 둘러싼 과실 유무 및 인과관계의 규명
3. 후유장애 발생 여부 등 확인
4. 다른 기관에서 의뢰한 의료사고에 대한 감정

제27조(조정의 신청) ① 의료분쟁(이하 "분쟁"이라 한다)의 당사자 또는 그 대리인(이하 "신청인"이라 한다)은 보건복지부령으로 정하는 바에 따라 조정중재원에 분쟁의

162) 대법원 1978. 2. 14. 선고 76다2119 판결

조정을 신청할 수 있다.

제33조(조정결정) ① 조정부는 사건의 조정신청이 있은 날부터 90일 이내에 조정결정을 하여야 한다.

② 제1항에도 불구하고 조정부가 필요하다고 인정하는 경우 그 기간을 1회에 한하여 30일까지 연장할 수 있다. 이 경우 그 사유와 기한을 명시하여 신청인에게 통지하여야 한다.

제43조(중재) ① 당사자는 분쟁에 관하여 조정부의 종국적 결정에 따르기로 서면으로 합의하고 중재를 신청할 수 있다.

제46조(불가항력 의료사고 보상) ① 조정중재원은 보건의료인이 충분한 주의의무를 다하였음에도 불구하고 불가항력적으로 발생하였다고 의료사고보상심의위원회에서 결정한 분만에 따른 의료사고로 인한 피해를 보상하기 위한 사업(이하 "의료사고 보상사업"이라 한다)을 실시한다.

제47조(손해배상금 대불) ① 의료사고로 인한 피해자가 다음 각 호의 어느 하나에 해당함에도 불구하고 그에 따른 금원을 지급받지 못하였을 경우 미지급금에 대하여 조정중재원에 대불을 청구할 수 있다. 다만, 제3호의 경우 판결은 확정된 경우에 한정한다.

1. 조정이 성립되거나 중재판정이 내려진 경우 또는 제37조제1항에 따라 조정절차 중 합의로 조정조서가 작성된 경우
2. 「소비자기본법」 제67조제3항에 따라 조정조서가 작성된 경우
3. 법원이 의료분쟁에 관한 민사절차에서 보건의료기관개설자, 보건의료인, 그 밖의 당사자가 될 수 있는 자에 대하여 금원의 지급을 명하는 집행권원을 작성한 경우

제51조(조정성립 등에 따른 피해자의 의사) ① 의료사고로 인하여 「형법」 제268조의 죄 중 업무상 과실치상죄를 범한 보건의료인에 대하여는 제36조제3항에 따른 조정이 성립하거나 제37조제2항에 따라 조정절차 중 합의로 조정조서가 작성된 경우 피해자의 명시한 의사에 반하여 공소를 제기할 수 없다. 다만, 피해자가 신체의 상해로 인하여 생명에 대한 위험이 발생하거나 장애 또는 불치나 난치의 질병에 이르게 된 경우에는 그러하지 아니하다.

② 제3장제2절에 따른 중재절차에서 「중재법」 제31조에 따른 화해중재판정서가 작성된 경우에도 제1항과 같다.

2012년 4월 8일부터 「의료사고 피해구제 및 의료분쟁 조정 등에 관한 법률(이하 의료분쟁조정법)」이 시행됨에 따라 의료사고로 인한 피해를 보다 신속하게 해결할 수 있는 제도가 마련되었다. 의료사고로 피해를 입은 사람은 의료분쟁조정법에 따라 한국의료분쟁조정중재원에 의료분쟁의 조정, 중재, 상담, 의료사고 감정 및 손해배상금 대불 등을 신청할 수 있다(법 제6조, 제8조, 제27조, 제43조). 동법에 따른 조정은 임의적 조정전치주의로 피해자는 조정절차를 거치지 아니하고도 소송을 제기할 수 있다(제40조). 의료과오소송은 일반적으로 많은 시일과 비용이 소요되는데 동 법에 따른 조정은 최대 90일 이내에 결정이 내려지며, 연장되더라도 최장 30일을 넘길 수 없으므로 피해자는 시간적 경제적 비용을 줄일 수 있다(법 제33조).

동법에 따라 조정이 성립되거나 중재판정이 내려졌음에도 피해자가 그에 따른 금원을 지급받지 못하였을 경우에는 미지급금에 대하여 조정중재원에 대불을 청구할 수 있다(법 제47조). 무엇보다 의료사고 감정단이 피해자측의 주장과 증명에 의존하지 않고 의료사고를 직접 조사하고 과실증명의 업무를 부담한다(법 제25조)는 점에서 피해자 구제에 한걸음 더 다가섰다. 또한, 피해자는 불가항력적으로 발생한 무과실의 분만사고에 대해 손해배상을 청구할 수 있다(법 제46조). 의료분쟁조정법은 자국민이 아닌 사람의 보건의료기관에 대한 의료사고에도 적용되므로(법 제3조), 의료관광산업의 활성화에 기여할 수 있을 것으로 평가된다.

3. 주요 판례

(1) 과실과 증명책임

1) 과실의 판단 기준

• 판 례

◇ 대법원 1992. 5. 12. 선고 91다23707 판결 : 인간의 생명과 건강을 담당하는 의사에게는 그 업무의 성질에 비추어 보아 위험방지를 위하여 필요한 최선의 주의의무가 요구되고, 따라서 의사로서는 환자의 상태에 충분히 주의하고 진료 당시의 의학적 지식에 입각하여 그 치료방법의 효과와 부작용 등 모든 사정을 고려하여 최선의 주의를 기울여 그 치료를 실시하여야 하며, 이러한 주의의무의 기준은 진료 당시의 이른바 임상의학의 실천에 의한 의료수준에 의하여 결정되어야 하나, 그 의료수준은 규범적으로 요구되는 수준으로 파악되어야 하고, 당해 의사나 의료기관의 구체적 상황에 따라 고려되어서는 안 된다.

◇ 대법원 1997. 2. 11. 선고 96다5933 판결 : 의사는 진료를 행함에 있어 환자의 상황과 당시의 의료수준 그리고 자기의 지식경험에 따라 적절하다고 판단되는 진료방법을 선택할 상당한 범위의 재량을 가진다고 할 것이고, 그것이 합리적인 범위를 벗어난 것이 아닌 한 진료의 결과를 놓고 그중 어느 하나 만이 정당하고 이와 다른 조치를 취한 것은 과실이 있다고 말할 수는 없다.

◇ 대법원 1990. 1. 23. 선고 87다카2305 판결 : 스트렙토마이신이 국가결핵관리체계에서 표준조치로 처방에 포함되어 있고 또 쇼크가 매우 드물다고 하더라도 이 사건 당시의 의학수준에 비추어 객관적인 견지에서 쇼크사에 대한 인식이 가능하였다면 결핵환자에게 스트렙토마이신을 주사하는 보건진료원으로서는 만일에 일어날지 모르는 쇼크에 대비하여 응급처치수단을 강구한 후 주사하여야 하고 특히 주사 후에 쇼크가 발생할 수 있는 시간동안 환자를 안정시키고 용태를 관찰하여 쇼크가 나타날 경우 기도확보, 약물투여 등의 응급처치를 취할 주의의무가 있다.

◇ 대법원 1998. 2. 27. 선고 97도2812 판결 : 피고인이 근무하는 병원에서는 인턴의 수가 부족하여 수혈의 경우 두 번째 이후의 혈액봉지는 인턴 대신 간호사가 교체하는 관행이 있었다고 하더라도, 위와 같이 혈액봉지가 바뀔 위험이 있는 상황에서 피고인이 그에 대한 아무런 조치도 취함이 없이 간호사에게 혈액봉지의 교체를 일임한 것이 관행에 따른 것이라는 이유만으로 정당화될 수는 없다.

2) 건강검진상의 과오

• 판 례

◇ 서울지방법원 1993. 9. 22. 선고 92가합49237 판결 : 의사 丙이 엑스레이검사결과서의 검토를 빠뜨린 채 엑스레이 소견 역시 아무런 이상이 없는 것으로 생각하고 모든 건강상태를 정상으로 판정함으로써 乙이 이에 따른 건강진단서를 발급받게 되어 결과적으로 건강진단을 통하여 질병을 미리 발견하고 이를 치료할 수 있는 기회를 잃게 한 건강진단상의 과실 책임을 면할 수 없고, 건강진단 당시 의사 丙이 乙의 폐암의 여부를 확인하여 치료를 받을 수 있었다고 하더라도 생존기간을 다소 연장시킬 수는 있을지언정 사망의 결과를 피할 수 없었다고 할 것이므로 乙의 이 사건 건강진단상의 과실과 망인의 폐암으로 인한 사망과 사이에는 상당 인과관계를 인정할 수는 없다고 할 것이나, 본인이나 혹은 가족들이 완치불능의 질병상태에서 죽음을 앞두고 개인적으로 또는 가족적, 사회적으로 신변을 정리할 수 있는 기회를 가질 수도 있었다고 할 것인데 의사 丙의 건강진단상의 과실로 인하여 위와 같은 모든 기회를 상실하였다고 할 것이고 이에 대하여 乙과 甲이 정신적 고통을 받았을 것임은 경험칙상 명백하므로 丙은 이를 위자하여 줄 의무가 있다.

3) 증명책임의 완화

• 판 례

◇ 대법원 1999. 9. 3. 선고 99다10479 판결 : 의료행위를 한 자에게 손해배상책임을 지우기 위하여서는 의료행위상의 주의의무 위반, 손해의 발생 및 주의의무 위반과 손해의 발생과 사이에 인과관계의 존재가 전제되어야 하는 것은 당연하나, 의료행위가 고도의 전문적 지식을 필요로 하는 분야이고, 그 의료의 과정은 대개의 경우 환자나 그 가족이 일부를 알 수 있는 점 외에 의사만 알 수 있을 뿐이며, 치료의 결과를 달성하기 위한 의료기법은 의사의 재량에 달려 있는 것이기 때문에 손해발생의 직접적인 원인이 의료상의 과실로 말미암은 것인지 여부는 전문가인 의사가 아닌 보통인으로서는 도저히 밝혀낼 수 없는 특수성이 있어서 환자 측이 의사의 의료행위 상의 주의의무위반과 손해의 발생과 사이의 인과관계를 의학적으로 완벽하게 증명한다는 것은 극히 어려우므로, 의료사고의 경우에 있어서는 피해자 측에서 일련의 의료행위과정에 있어서 저질러진 일반인의 상식에 바탕을 둔 의료상의 과실 있는 행위를 증명하고 그 결과와 사이에 일련의 의료행위 외에 다른 원인이 개재될 수 없다는 점, 이

를 테면 환자에게 의료행위 이전에 그러한 결과의 원인이 될 만한 건강상의 결함이 없었다는 사정을 증명한 경우에 있어서는 의료행위를 한 측이 그 결과가 의료상의 과실로 말미암은 것이 아니라 전혀 다른 원인으로 말미암은 것이라는 증명을 하지 아니하는 이상, 의료상 과실과 그 결과 사이의 인과관계를 추정하여 손해배상책임을 지울 수 있도록 증명책임을 완화하는 것이 손해의 공평·타당한 부담을 그 지도원리로 하는 손해배상제도의 이상에 맞는다.

◇ 대법원 2007. 5. 31. 선고 2005다5867 판결 : 의료행위는 고도의 전문적 지식을 필요로 하는 분야로서 전문가가 아닌 일반인으로서는 의사의 의료행위의 과정에 주의의무 위반이 있는지의 여부나 그 주의의무 위반과 손해 발생 사이에 인과관계가 있는지 여부를 밝혀내기가 극히 어려운 특수성이 있으므로, 수술 도중 환자에게 사망의 원인이 된 증상이 발생한 경우 그 증상 발생에 관하여 의료상의 과실 이외의 다른 원인이 있다고 보기 어려운 간접사실들을 증명함으로써 그와 같은 증상이 의료상의 과실에 기한 것이라고 추정하는 것도 가능하다고 하겠으나, 그 경우에도 의사의 과실로 인한 결과 발생을 추정할 수 있을 정도의 개연성이 담보되지 않는 사정들을 가지고 막연하게 중한 결과에서 의사의 과실과 인과관계를 추정함으로써 결과적으로 의사에게 무과실의 증명책임을 지우는 것까지 허용되는 것은 아니다.

(2) 설명의무

1) 인정근거와 범위

• 판 례

◇ 대법원 2002. 1. 11. 선고 2001다27449 판결 : 설명의무는 환자에 대한 수술은 물론, 치료를 위한 의약품의 투여도 신체에 대한 침습(침습)을 포함하는 것이므로, 의사는 긴급한 경우 기타의 특별한 사정이 없는 한, 그 침습에 대한 승낙을 얻기 위한 전제로서 환자에 대하여 질환의 증상, 치료방법 및 내용, 그 필요성, 예후 및 예상되는 생명, 신체에 대한 위험성과 부작용 등, 환자의 의사결정을 위하여 중요한 사항에 관하여 사전에 설명함으로써 환자로 하여금 투약에 응할 것인가의 여부를 스스로 결정할 기회를 가지도록 할 의무가 있고, 이러한 설명을 아니한 채 승낙 없이 침습한 경우에는, 설령 의사에게 치료 상의 과실이 없는 경우에도 환자의 승낙권을 침해하는 위법한 행위가 된다고 할 것이고, 투약에 있어서 요구되는 의사의 이러한 설명의무는 약사가 의약품을 조제하여 판매함으로써 환자로 하여금 복용하도록 하는 경우에도 원칙적으로 적용된다.

2) 설명의무의 주체 및 대상

• 판 례

◇ 대법원 1999. 9. 3. 선고 99다10479 판결 : 일반적으로 의사는 환자에게 수술 등 침습을 가하는 과정 및 그 후에 나쁜 결과 발생의 개연성이 있는 의료행위를 하는 경우 또는 사망 등의 중대한 결과 발생이 예측되는 의료행위를 하는 경우에 있어서 진료계약상의 의무 내지 침습 등에 대한 승낙을 얻기 위한 전제로서 당해 환자나 그 법정대리인에게 질병의 증상, 치료 방법의 내용 및 필요성, 발생이 예상되는 위험 등에 관하여 당시의 의료수준에 비추어 상당하다고 생각되는 사항을 설명하여 당해 환자가 그 필요성이나 위험성을 충분히 비교해 보고 그 의료행위를 받을 것인가의 여부를 선택할 수 있도록 할 의무가 있는 것이지만, 의사에게 당해 의료행위로 인하여 예상되는 위험이 아니거나 당시의 의료수준에 비추어 예견할 수 없는 위험에 대한 설명의무까지 부담하게 할 수는 없으며, 설명의무의 주체는 원칙적으로 당해 처치의사라 할 것이나 특별한 사정이 없는 한 처치의사가 아닌 주치의 또는 다른 의사를 통한 설명으로도 충분하다.

◇ 대법원 1994. 11. 25. 선고 94다35671 판결 : 수술 전날에 환자의 시숙이 '수술을 함에 있어 의사의 병내용설명을 숙지하고 자유의사로 승낙하며 수술 중 및 수술 후 경과에 대하여 의사와 병원당국에 하등 민·형사상의 책임을 묻지 아니하기로 하고 수술시행을 승인한다'는 내용의 부동문자로 인쇄된 수술승인서 용지에 서명 날인한 사실만으로는, 환자에 대한 수술 및 그 준비로서의 마취를 함에 있어서 병원의 의료팀이나 마취담당 의사가 환자나 그 가족에게 '가'항의 수술, 특히 전신마취가 초래할 수 있는 위험성이나 부작용에 대하여 설명의무를 다하였다고 볼 수 없으며, 환자가 성인으로서의 판단능력을 가지고 있는 이상 인척에 불과한 시숙의 승낙으로써 환자의 승낙에 갈음하는 것은 허용되지 아니한다고 할 것이므로, 환자에 대한 치료행위로서 마취담당 의사의 마취는 환자에 대한 설명의무를 다하지 아니함과 아울러 환자의 승낙권을 침해하여 이루어진 위법한 행위이다.

◇ 대법원 2002. 12. 10. 선고 2001다56904 판결 : 한약업사가 고객에게 독성물질이 함유된 한약재인 '초오'를 판매함에 있어 일반적인 복용방법과 함께 "조금씩 복용하라."는 간단한 설명만을 하였는데, 구입자가 그 구매 전량을 달여서 나온 분량을 한꺼번에 자신의 남편으로 하여금 복용하게 함으로써 남편이 이로 인하여 사망한 경우, 한약업사가 당시 판매한 '초오'를 달인 물질에는 치사량을 훨씬 초과하는 독성물질이 함유되어 이를 한꺼번에 마시는 경우 사람의

생명에 치명적인 위험을 초래할 것임이 명백히 예상되기 때문에 한약업사가 판매 당시 위 한약재의 독성과 생명에 치명적인 위험을 초래할 수도 있다는 점에 관하여 주의를 환기해 주면서 그 독성이 해독되는 데 필요한 달이는 시간과 1회 복용량 및 희석 정도에 관하여 최소한의 설명만이라도 해 주었더라면 구입자가 부주의하게 다량을 달여 농축된 액을 남편에게 먹여 사망에 이르는 일은 발생하지 않았으리라고 예견되는 점에 비추어 한약업사는 위 사망으로 인한 정신적 손해를 배상할 의무가 있다.

3) 설명의무의 면제

• 판 례

◇ 대법원 1994. 4. 15. 선고 92다25885 판결 : 의사는 반드시 병을 완치시켜야 할 의무를 부담하는 것은 아니라 할지라도 최선의 주의로써 병을 치료하기 위한 충분한 조치를 다할 의무가 있고, 환자에 대한 수술은 물론, 치료를 위한 의약품의 투여도 신체에 대한 침습을 포함하는 것이므로, 의사는 긴급한 경우 기타의 특별한 사정이 없는 한, 그 침습에 대한 승낙을 얻기 위한 전제로서 환자에 대하여 질환의 증상, 치료방법 및 내용, 그 필요성, 예후 및 예상되는 생명, 신체에 대한 위험성과 부작용 등, 환자의 의사결정을 위하여 중요한 사항에 관하여 사전에 설명함으로써 환자로 하여금 수술이나 투약에 응할 것인가의 여부를 스스로 결정할 기회를 가지도록 할 의무가 있고, 이러한 설명을 아니한 채 승낙 없이 침습한 경우에는, 설령 의사에게 치료 상의 과실이 없는 경우에도 환자의 승낙권을 침해하는 위법한 행위가 된다.

환자가 의사로부터 올바른 설명을 들었더라도 위 투약에 동의하였을 것이라는 이른바 가정적 승낙에 의한 의사의 면책은 의사 측의 항변사항으로서 환자의 승낙이 명백히 예상되는 경우에만 허용된다.

◇ 대법원 2002. 5. 28. 선고 2000다46511 판결 : 의사는 긴급한 경우나 다른 특별한 사정이 없는 한, 의약품을 투여하기 전에 환자에게 질병의 증상, 치료방법의 내용과 필요성, 예상되는 생명·신체에 대한 위험성과 부작용 등 환자의 의사결정을 위하여 중요한 사항을 설명함으로써 환자로 하여금 투약에 응할 것인가의 여부를 스스로 결정할 기회를 가질 수 있도록 하여야 하지만, 환자에게 발생한 중대한 결과가 설명으로 인한 것이 아니거나 또는 환자 스스로의 결정이 관련되지 아니하는 사항에 관한 것일 때에는 설명의무 위반이 문제되지 아니한다.

◇ 대법원 1995. 1. 20. 선고 94다3421 판결 : 의사의 설명이 환자로 하여금 의학지식 및 기술상 합리적인 진료행위를 비합리적인 근거로 거부하게 하는 결과를 초래할 염려가 있다는 사정만으로는 의사의 설명의무가 면제된다고 할 수 없는 것이고, 또 의사의 후유증 위험에 대한 설명이 환자를 직접적으로 위태롭게 하는 신체적, 정신적 반응 또는 치료목적을 좌절시키는 반응을 일으킬 염려가 있었다고 인정할 만한 증거를 찾아볼 수 없으므로, 위와 같은 염려가 있었음을 전제로 하여 이른바 의사의 치료특권의 차원에서 설명의무가 면제되어야 한다는 주장은 받아들일 수 없다.

4) 설명의무위반으로 인한 전손해

• 판 례

◇ 대법원 1995. 2. 10. 선고 93다52402 판결 : 의사가 설명의무를 위반한 채 수술 등을 하여 환자에게 사망 등의 중대한 결과가 발생한 경우에 환자 측에서 선택의 기회를 잃고 자기결정권을 행사할 수 없게 된 데 대한 위자료만을 청구하는 경우에는 의사의 설명결여 내지 부족으로 선택의 기회를 상실하였다는 사실만을 증명함으로써 족하고, 설명을 받았더라면 사망 등의 결과는 생기지 않았을 것이라는 관계까지 증명할 필요는 없으나, 그 결과로 인한 모든 손해를 청구하는 경우에는 그 중대한 결과와 의사의 설명의무 위반 내지 승낙취득 과정에서의 잘못과의 사이에 상당인과관계가 존재하여야 하며, 그때의 의사의 설명의무 위반은 환자의 자기결정권 내지 치료행위에 대한 선택의 기회를 보호하기 위한 점에 비추어 환자의 생명, 신체에 대한 구체적 치료과정에서 요구되는 의사의 주의의무 위반과 동일시 할 정도의 것이어야 한다.

◇ 대법원 2002. 12. 10. 선고 2001다56904 판결 : 한약업사 제도의 취지 및 한약재의 특성에 비추어 볼 때, 한약업사는 한약재의 성분과 효능 및 용법 등에 관한 전문적 지식을 가진 자이므로 적어도 그 용법이나 용량이 어떠한지에 따라 인체에 치명적인 결과를 초래할 수도 있는 한약재를 일반인에게 판매함에 있어서는, 신의칙상 매수인에게 그 효능 내지 위험성과 안전한 용법 등을 상세히 알려 줌으로써 매수인 등으로 하여금 그 복용 여부나 복용방법에 관하여 스스로 선택, 결정할 기회를 가지도록 할 의무가 있다고 보아야 할 것이고, 만일 이러한 의무를 다하지 아니하여 한약재의 매수인 등이 잘못된 복용방법을 선택함으로써 그 생명 또는 신체의 위험이 초래된 경우에는 위와 같은 선택 내지 결정권을 침해하는 위법한 행위가 된다고 할 것이고, 그러한 위법한 행위와 복용자에게 발생된 생명, 신체의 위험 사이에 상당인과관계가 있는 경우에는

한약업사가 그 위험 발생으로 인한 모든 손해를 배상할 의무를 지는 것이지만, 그렇지 아니한 경우에는 복용자가 선택의 기회를 잃고 복용 여부나 복용방법에 관한 자기결정권을 행사할 수 없게 된 데 대하여 위자료의 지급을 구할 수 있을 뿐이다.

(3) 특수문제

1) 연명치료중단

● 판 례

◇ 대법원 2009. 5. 21. 선고 2009다17417 전원합의체 판결 : [다수의견] (가) 의학적으로 환자가 의식의 회복가능성이 없고 생명과 관련된 중요한 생체기능의 상실을 회복할 수 없으며 환자의 신체상태에 비추어 짧은 시간 내에 사망에 이를 수 있음이 명백한 경우(이하 '회복불가능한 사망의 단계'라 한다)에 이루어지는 진료행위(이하 '연명치료'라 한다)는, 원인이 되는 질병의 호전을 목적으로 하는 것이 아니라 질병의 호전을 사실상 포기한 상태에서 오로지 현 상태를 유지하기 위하여 이루어지는 치료에 불과하므로, 그에 이르지 아니한 경우와는 다른 기준으로 진료중단 허용 가능성을 판단하여야 한다. 이미 의식의 회복가능성을 상실하여 더 이상 인격체로서의 활동을 기대할 수 없고 자연적으로는 이미 죽음의 과정이 시작되었다고 볼 수 있는 회복불가능한 사망의 단계에 이른 후에는, 의학적으로 무의미한 신체 침해 행위에 해당하는 연명치료를 환자에게 강요하는 것이 오히려 인간의 존엄과 가치를 해하게 되므로, 이와 같은 예외적인 상황에서 죽음을 맞이하려는 환자의 의사결정을 존중하여 환자의 인간으로서의 존엄과 가치 및 행복추구권을 보호하는 것이 사회상규에 부합되고 헌법정신에도 어긋나지 아니한다. 그러므로 회복불가능한 사망의 단계에 이른 후에 환자가 인간으로서의 존엄과 가치 및 행복추구권에 기초하여 자기결정권을 행사하는 것으로 인정되는 경우에는 특별한 사정이 없는 한 연명치료의 중단이 허용될 수 있다. 한편, 환자가 회복불가능한 사망의 단계에 이르렀는지 여부는 주치의의 소견뿐 아니라 사실조회, 진료기록 감정 등에 나타난 다른 전문의사의 의학적 소견을 종합하여 신중하게 판단하여야 한다.

(나) 환자가 회복불가능한 사망의 단계에 이르렀을 경우에 대비하여 미리 의료인에게 자신의 연명치료 거부 내지 중단에 관한 의사를 밝힌 경우(이하 '사전의료지시'라 한다)에는, 비록 진료 중단 시점에서 자기결정권을 행사한 것은 아니지만 사전의료지시를 한 후 환자의 의사가 바뀌었다고 볼 만한 특별한 사정

이 없는 한 사전의료지시에 의하여 자기결정권을 행사한 것으로 인정할 수 있다. 다만, 이러한 사전의료지시는 진정한 자기결정권 행사로 볼 수 있을 정도의 요건을 갖추어야 하므로 의사결정능력이 있는 환자가 의료인으로부터 직접 충분한 의학적 정보를 제공받은 후 그 의학적 정보를 바탕으로 자신의 고유한 가치관에 따라 진지하게 구체적인 진료행위에 관한 의사를 결정하여야 하며, 이와 같은 의사결정 과정이 환자 자신이 직접 의료인을 상대방으로 하여 작성한 서면이나 의료인이 환자를 진료하는 과정에서 위와 같은 의사결정 내용을 기재한 진료기록 등에 의하여 진료 중단 시점에서 명확하게 입증될 수 있어야 비로소 사전의료지시로서의 효력을 인정할 수 있다.

(다) 한편, 환자의 사전의료지시가 없는 상태에서 회복불가능한 사망의 단계에 진입한 경우에는 환자에게 의식의 회복가능성이 없으므로 더 이상 환자 자신이 자기결정권을 행사하여 진료행위의 내용 변경이나 중단을 요구하는 의사를 표시할 것을 기대할 수 없다. 그러나 환자의 평소 가치관이나 신념 등에 비추어 연명치료를 중단하는 것이 객관적으로 환자의 최선의 이익에 부합한다고 인정되어 환자에게 자기결정권을 행사할 수 있는 기회가 주어지더라도 연명치료의 중단을 선택하였을 것이라고 볼 수 있는 경우에는, 그 연명치료 중단에 관한 환자의 의사를 추정할 수 있다고 인정하는 것이 합리적이고 사회상규에 부합된다. 이러한 환자의 의사 추정은 객관적으로 이루어져야 한다. 따라서 환자의 의사를 확인할 수 있는 객관적인 자료가 있는 경우에는 반드시 이를 참고하여야 하고, 환자가 평소 일상생활을 통하여 가족, 친구 등에 대하여 한 의사표현, 타인에 대한 치료를 보고 환자가 보인 반응, 환자의 종교, 평소의 생활태도 등을 환자의 나이, 치료의 부작용, 환자가 고통을 겪을 가능성, 회복불가능한 사망의 단계에 이르기까지의 치료 과정, 질병의 정도, 현재의 환자 상태 등 객관적인 사정과 종합하여, 환자가 현재의 신체상태에서 의학적으로 충분한 정보를 제공받는 경우 연명치료 중단을 선택하였을 것이라고 인정되는 경우라야 그 의사를 추정할 수 있다.

(라) 환자 측이 직접 법원에 소를 제기한 경우가 아니라면, 환자가 회복불가능한 사망의 단계에 이르렀는지 여부에 관하여는 전문의사 등으로 구성된 위원회 등의 판단을 거치는 것이 바람직하다.

2) 원치 않은 아이

• 판 례

◇ 서울고등법원 1996. 10. 17. 선고 96나10449 판결 : 불임시술을 목적으로 하는 의료계약은 다른 일반계약과는 달리 그 이행으로서의 수술은 아직 구체화되지 않은 인간의 생명 및 그 탄생에 반하는 것이고, 오히려 그 불이행은 인간 생명의 탄생으로 직결되는 것이며, 또한 위 불이행으로 인한 원치 않은 아이의 임신 및 그 탄생은 부모의 입장에서 보면 부모로 하여금 그 자(자)에 대한 부양의무 등을 지게 한다는 점에서 일응 경제적 손해를 가져온다고도 볼 수 있으나 태어난 자의 시각에서 본다면 유일한 생명을 구해준 은혜로운 행위가 된다는 점에서 그 법적 특수성이 있으므로, 과연 그 계약의 불이행으로 인하여 부모가 '손해'를 입게 될 것인가의 문제는 부모의 재산상 이익과 자(자)의 생명권 중 어디에 우월적 지위를 인정할 것인가의 문제로 귀착된다고 볼 것인데, 우리 헌법 제10조에서 "모든 국민은 인간으로서의 존엄과 가치를 가지며, 행복을 추구할 권리를 가진다. 국가는 개인이 가지는 불가침의 기본적 인권을 확인하고 이를 보장할 의무를 진다."고 규정하여 개인의 생명권 존중 및 기본적 인권 보장의 원칙을 천명하고 있고, 이를 받아 민법 제752조에서 타인의 생명을 해한 자는 피해자의 직계존속, 직계비속 및 배우자에 대하여는 재산상의 손해 없는 경우에도 손해배상의 책임이 있다고 규정하고, 형법 제250조 내지 제256조(살인 등의 죄), 제262조(폭행치사죄), 제268조(업무상 과실치사상 죄) 등에서 사람의 생명을 해한 행위를 범죄로 규정하여 처벌하고 있는 점 등에 비추어 비록 원치 않은 임신에 의하여 출생한 자라 할지라도 그 자의 생명권은 절대적으로 보호되어야 할 가치로서 부모의 재산상 이익에 우선하여야 한다고 보아야 할 뿐만 아니라(만일 반대로 해석하여 제3자가 채무불이행으로 인하여 아이의 생명을 탄생시키게 함을 법적 비난의 대상으로 삼아 그 제3자에게 손해배상의 형식으로 제재를 가한다면 이는 실질적으로 우리 헌법정신에 반하는 것이 될 것이다), 민법 제913조에서는 "친권자는 자를 보호하고 교양할 권리의무가 있다."고 규정하고 있고, 위 부모의 친권에 기한 미성년의 자(자)에 대한 부양의무는 원칙적으로 이를 면제받거나 제3자에게 전가할 수 있는 성질이 아니라 할 것이므로 비록 원치 않은 임신에 의하여 출생한 자라고 할지라도 부모는 일단 출생한 자에 대하여는 부양의무를 면할 수 없다 할 것이고, 따라서 자의 출생 및 그로 인한 부양의무를 '손해'로 파악할 수는 없다.

◇ 대법원 2002. 6. 25. 선고 2001다66321 판결 : 원심은, 피고 3. 문○○의 염색체 검사결과 판독상의 과실 및 태아의 발육부전증 등 특이소견을 의심하여 정밀

판독을 요청할 여지가 있음에도 불구하고 이러한 조치를 취하지 아니한 피고 2. 박○○의 과실로 말미암아 김○○이 7번 염색체의 장완결실로 인하여 정신지체, 발육지연 등의 증상을 겪게 된다는 점을 원고들이 미리 알고 이에 대비할 기회를 상실하게 함으로써, 위 피고들의 잘못된 검사결과 및 진찰결과를 신뢰하여 김○○이 정상아로 태어나리라고 믿고 있던 원고들이 기형아를 출산하는 예기치 않은 결과로 인하여 정신적 고통(원고들의 낙태결정권 침해로 인한 정신적 고통은 제외)을 당하게 되었으므로, 피고들은 연대하여 원고들이 입은 정신적 고통으로 인한 손해를 배상할 책임이 있다고 판단하였는바, 이러한 원심의 인정 및 판단은 정당하고, 거기에 상고이유로 주장하는 바와 같은 채증법칙 위배로 인한 사실오인 등의 위법이 없다.

◇ **서울서부지법 2006. 12. 6. 선고 2005가합4819 판결**(조정성립) : 태아가 산전 검사인 융모막 검사에서 정상아로 확인되었으나 출생 후 운동신경세포생존(SMN1) 유전자 결손에 의한 척추성근위축증(SMA) 환자로 진단받은 사안에서, 태아가 가족 병력에 비추어 SMA 환자일 확률이 높고, 태아가 SMA 환자일 경우 그 부모가 출산을 원하지 않는다는 사정 등을 잘 알고 있는 의사로서는 통상의 경우와 달리 태아가 SMA 환자일 가능성을 배제하기 위하여(즉, 융모막 검사의 오류가능성을 최소화하기 위하여) 가능한 모든 검사를 시행하여 보아야 할 의무가 있으므로, 의사가 태아에게서 SMN1 유전자의 결손이 없음을 확진하기 위하여 필요한 양수천자 등의 추가검사조차 시행하지 않았다면 의료상 과실이 있다. 〈의사가 태아의 척추성근위축증(SMA) 검사 방법으로서 융모막 검사 자체의 정확도가 97.5%로 오류가능성이 있다는 점과 융모막 검사보다 더 정확한 검사 방법인 양수천자 등이 있다는 점 등에 대하여 태아의 부모에게 설명을 하지 않은 사안에서 의사가 설명의무상의 과실이 있다고 본 사례〉

3) 수혈거부

• 판 례

◇ **서울동부지방법원 2010. 10. 21. 자 2010카합2341 결정** : [1] 신생아는 자기결정권을 가지고 있으나 문제되는 진료행위를 받을 것인지 여부를 판단하고 그러한 의사를 표시할 수 있는 능력이 없다. 이러한 경우 친권자가 자녀를 대신하여 진료행위에 대한 동의를 하게 되는데, 이러한 친권자의 동의는 자기결정권이 일신전속적인 성격을 갖고 있음을 고려할 때 자녀의 자기결정권을 대리하여 행사하는 것이 아니라 자신의 친권에서 파생되는 것이라고 볼 수 있다. 민법 제912조는 "친권을 행사함에 있어서는 자의 복리를 우선적으로 고려하여야 한

다."고 하여 '자녀의 복리'가 친권 행사의 기준이 됨을 명시하고 있고, 민법 제913조 는 "친권자는 자를 보호하고 교양할 권리의무가 있다."고 정하고 있으므로, 친권은 자녀를 양육, 보호 및 감호하여 자녀의 복리를 실현하도록 하기 위한 친권자의 권리이자 의무의 성격을 갖는다. 따라서 친권자의 친권 행사가 자녀의 생명 · 신체의 유지, 발전에 부합하는 것이 아니라면 그러한 내용의 친권의 행사는 존중되어서는 아니 되고, 이는 민법에서 친권의 상실을 허용하고 있는 점에 비추어 보더라도 명백하다. 또한 의사능력이 없는 자녀에 대한 진료행위가 긴급하고 필수적으로 이루어져야 하는 상황에서 친권자가 존재하지 아니하거나 친권자가 친권을 남용하여 그러한 진료행위를 거부하는 경우에는 예외적으로, 의료인은 객관적이고 합리적인 자료에 기초하여 의사능력이 없는 자녀의 진료행위에 대한 의사를 추정하여 제한적이고 필수적인 범위에 한하여 필요한 진료행위를 할 수 있다고 보아야 한다.

[2] 부모가 자신들의 종교적 신념에 기초하여 신생아 자녀의 수술에 수반되는 수혈을 거부한 사안에서, 위 환자의 생명을 유지하기 위하여 현재 시행될 수 있는 가장 적절하고도 필수적인 치료방법은 수혈을 수반하는 수술임에도, 친권자들이 자신들이 믿고 있는 종교의 교리에 반한다는 이유로 수혈을 거부하는 행위는 부모를 자녀의 친권자로 지정한 취지 및 친권 행사의 기준에 비추어 볼 때 정당한 친권 행사의 범위를 넘어서는 것이므로 그 수혈 거부의 의사는 효력을 인정할 수 없고, 수혈을 통한 수술이 시행되어야 할 필요성이 절실하고 긴급하므로 병원 측은 환자에 대하여 수혈을 시행할 수 있고, 친권자들이 이에 동의하지 않는 경우 이러한 진료행위에 대한 방해의 배제를 구할 수 있다.

【서식】 감정신청서

감 정 신 청

원　　고　○ ○ ○ (주민등록번호)
　　　　○○시 ○○구 ○○동 ○○(우편번호 ○○○-○○○)
　　　　전화 · 휴대폰번호 :
　　　　팩스번호, 전자우편(e-mail)주소 :

피　　고　◇ ◇ ◇ (주민등록번호 또는 한자)
　　　　○○시 ○○구 ○○동 ○○(우편번호 ○○○-○○○)
　　　　전화 · 휴대폰번호 :
　　　　팩스번호, 전자우편(e-mail)주소 :

위 당사자간 귀원 ○○가합 123호 손해배상 청구사건에 관하여 원고는 다음과 같은 증거조사를 신청합니다.

다　음

1. 신체감정신청
 가. 신체감정할 사람의 표시
 　성　　명 : 이○○(李원○○)
 　생년월일 : 19○○.○.○.
 　본　　적 : ○○시 ○○구 ○○동 ○
 　주　　소 : ○○시 ○○구 ○○동 ○

 나. 신체감정할 사항
 　원고 이○○이 2000.○.○.입은 상해에 관하여
 　(1) 치료가 종결된 여부
 　(2) 향후치료가 필요하다면 그 치료의 내용과 치료기간 및 소요치료비예상액
 　(3) 원고에게 특별히 개호인을 붙일 필요가 있는지 여부, 있다면 개호인을 붙여야 할 기간과 개호인 비용(개호인 업무내용이 도시일용 보통인부가 담당할 수 있는 것일 때는 그 취지를 기재 요망)

(4) 원고가 휠체어, 의족 등 보조구를 필요로 할 때에는 보조구의 소요개수와 개당 수명 및 그 단가

(5) 위의 상해가 원고의 평균수명에 영향이 있는지의 여부, 있다면 예상되는 여명의 단축기간

(6) 치료(예상치료의 경우 포함)종결상태를 기준으로 하여 원고에게 정신 및 육체적 노동능력의 감퇴가 예상되는지의 여부

(7) 노동능력 감퇴가 예상되는 경우에

(ㄱ) 원고가 직업에 계속 종사할 수 있는지의 여부, 종사할 수 있다면 그에 대한 노동능력의 상실정도(%로 표시)

(ㄴ) 원고가 일반도시 또는 농촌 일용노동자(보통인부)로 종사하는 경우 그 노동능력 상실의 정도(%로 표시)

다. 기타 필요한 사항

20○○. ○. ○.

위 원고 소송대리인 변호사 ○ ○ ○ (인)

○○지방법원 귀중

【서식】 손해배상청구 소장 (신생아가 뒤바뀐 경우)

소 장

원 고 1. ○ ○ ○ (XXXXXX-XXXXXXX)
○○시 ○○구 ○○동 ○번지
2. ○ ○ ○ (XXXXXX-XXXXXXX)
○○시 ○○구 ○○동 ○번지
3. ○ ○ ○ (XXXXXX-XXXXXXX)
○○시 ○○구 ○○동 ○번지
원고 3.은 미성년자이므로
법정대리인 친권자 부○○○, 모○○○
위 원고들의 소송대리인 변호사 신○○

피 고 ○ ○ ○ (XXXXXX-XXXXXXX)
○○시 ○○구 ○○동 ○번지
전화번호 : ○○○-○○○○

손해배상(의) 청구의 소

청 구 취 지

1. 피고는 원고 ○○○에게 금 131,019,452원 원고 ○○○, ○○○에게 각 금 20,000,000원 및 각 이에 대하여 19○○. 2. 21.부터 이 소장부본 송달일까지는 연 5%의, 그 다음날부터 완제일까지는 연 20%의 각 비율에 의한 금원을 지급하라.
2. 소송비용은 피고의 부담으로 한다.
3. 위 제1항은 가집행할 수 있다.

라는 판결을 구합니다.

청 구 원 인

1. 손해배상책임의 발생

가. 기초 사실

(1) 피고는 1987. 6. 28.부터 ○○시 ○○구 ○○동 8가 12의 1에서 ○○병원을 개설, 운영해오다가 1994. 1. 23.부터 병원 명칭을 ○○의원으로 바꾸

고, 신병으로 인하여 환자에 대하여 진료능력이 없는 의사인 소외 ○○○을 병원 개설자로 내세워 1996. 3. 7.까지 위 병원(이하 피고병원이라 한다)을 사실상 운영해 오던 자이고, 원고 ○○○, ○○○는 1994. 9. 3. 혼인신고를 마친 부부로서(이하 원고 부부라 한다), 원고 ○○○는 1995. 2. 14. 피고 병원에서 분만수술을 받은 자이며, 원고 ○○○은 같은 무렵 피고 병원에서 다른 산모로부터 출생하였으나 신생아가 뒤바뀐 이 사건 사고로 인하여 원고부부에게 인도됨으로써 그들 사이의 딸로 출생신고 되어 양육되고 있는 자입니다.

(2) 원고 ○○○는 1994. 경 임신하여 임신 7개월 무렵인 같은 해 12.부터 조산사인 소외 ○○○의 산전진찰을 받아 오다가 1995. 2. 14. 08:00경 분만을 위해 위 ○○○의 조산원에 찾아왔는바, 위 ○○○는 당시 위 원고의 양수가 이미 파열되어 있고 태아가 거꾸로 들어서 있는 것을 발견하고 산부인과 의사의 진료가 필요한 것으로 판단하여 피고에게 급히 연락하여 위와 같은 사정을 알려주고 피고병원에서 그 분만시술을 해 줄 것을 의뢰하였습니다.

(3) 이에 피고는 구급차를 보내어 원고 ○○○를 피고 병원으로 후송해 온 다음 09:00경 전신마취하에 직접 제왕절개술을 시행하여 10:45경 신생아를 분만시켰는데, 위 신생아는 분만 직후 피고 병원 신생아실로 옮겨져 피고 및 피고 병원 간호사들의 감호하에 보육되고 있었고, 산모인 원고 ○○○는 위 분만 후 3일간 중환자실에서, 4일간 일반병실에서 치료를 받은 후 같은 달 21. 퇴원하면서 피고 병원 신생아실에서 원고 ○○○을 그가 출산한 신생아로 인도받았습니다.

(4) 원고 ○○○는 1995. 3. 13.경 주소지 관할인 ○○시 ○○구청에서 원고 ○○○을 원고 부부의 딸로 출생신고를 하면서 피고 병원의 주소를 잘 알지 못해 그 출생신고서에 위 ○○○의 출생장소를 피고 병원이 아닌 그 인근에 있던 ○○시 ○○구 ○○동 792의 2 소재 ○○산부인과에서 출생한 것으로 신고하였고(당시에는 호적법상 출생신고시 의사 등의 출생증명서가 요구되지 않았다, 호적법 제49조), 원고 부부는 그 이후 계속하여 원고 ○○○을 그들의 딸로 알고 양육하여 왔는데, 원고 ○○○이 그들을 닮지 아니하여 의문을 품어 오던 중 2004. 9. 24. ○○대학교 법의학연구소에 원고 ○○○의 친생자 여부에 대한 감정을 의뢰한 결과 같은 해 10. 18. 원고 ○○○이 원고부부 중 누구와도 친생자관계가 없다는 확인을 받았습니다.

(5) 원고 부부는 그 과정에서 원고 ○○○가 원고 ○○○의 부정을 의심하는 등 가정불화 끝에 2004. 9. 22. 협의이혼하였다가 오해가 풀려 2004. 10. 10. 재결합하였습니다.

(6) 원고 부부는 2004. 10. 19. 피고를 수소문하여 만나 위 사실을 말하고 당시 진료기록의 열람을 요구하는 등 원고 부부의 신생자를 찾을 수 있도록 협조하여 줄 것을 요구하였던바, 피고는 처음에는 당시 진료기록을 금방 찾을 수 없다고 하다가(위 분만시술 당시의 의료법시행규칙 제18조에는 진료기록부 및 수술기록 등 모든 진료기록은 5년간 보존하도록 규정되어 있었으나 위 5년 경과 전인 2000. 1. 9. 위 규정이 개정, 시행되어 위 진료기록 중 진료기록부와 수술기록은 그 보존기간이 10년으로 연장되었으므로 피고는 원고 부부의 위 요구 당시까지 위 기록을 보존할 의무가 있었다 할 것이다.) 이 사건 제소 후에는 원고 ○○○가 피고 병원에서 분만수술을 받은 사실 자체를 부인하면서 당원의 2005. 3. 9.자 문서제출 명령에도 불구하고 원고 ○○○에 관한 진료기록부 및 수술기록을 제출하지 아니함을 물론 그 무렵 피고 병원에서 출산한 다른 산모들에 관한 진료기록부도 제시하지 않는 등 원고 부부의 친생자를 찾는 데 필요한 협조를 전혀 하지 않고 있습니다.

나. 원고 부부에게 그 친생자 아닌 원고 ○○○을 인도한 것은 피고 자신 또는 피고가 고용한 신생아실 근무 간호사 등의 과실로 인한 것이라 할 것이므로 피고는 그 불법행위자 본인 또는 그 사용자로서 원고 부부 및 원고 ○○○에게 이로 인한 손해를 배상할 의무가 있다 할 것입니다.

2. 손해배상책임의 범위

가. 가계지출비

원고 ○○○는 자신의 친생자도 아닌 원고 ○○○을 1995.부터 2004. 2/4분기까지 양도하면서 그 양육비로서 적어도 통계청 발생 "도시가계조사 30년"에 나온 도시가계 지출비를 기준으로 계산한 합계 금 43,579,452원을 지출하는 손해를 입었으므로 그 배상을 구합니다.

나. 친생자 수색비

(1) 일실수입 : 원고 ○○○는 자신의 친생자가 원고 ○○○과 뒤바뀐 사실을 알고 그 친생자를 찾느라고 2004. 6.경부터 5개월간 그 생업인 개인택시 운전에 종사하지 못하여 월 금 2,000,000원의 수입을 얻지 못하는 손해를 입었는바, 우선 그 중 금 5,000,000원의 배상을 구합니다.

(2) 광고비, 인건비 : 원고 ○○○는 향후 그의 친생자를 찾기 위하여 국내 일간지 등에의 광고비로 금 20,000,000원, 용역회사에 용역의뢰비로 금 10,000,000원이 소요되는 손해를 입게 되었으므로 그 배상을 구합니다.

(3) 유전자감식비용 : 원고 ○○○는 위 ○○대학교 법의학연구소에 원고 부부와 원고 ○○○ 간의 친생관계 존부를 확인하기 위한 유전자 검사를 의뢰하여 그 비용으로 금 950,000원을 지출하였고, 앞으로 원고의 친생자

일 가능성이 있는 10여 명에 대한 유전자 검사가 필요한바, 그 비용의 지출 또는 소요로 인한 손해금으로서 우선 금 5,000,000원의 배상을 구합니다.

다. 호적정정비용

원고 ○○○는 원고 ○○○에 대한 친생자관계부존재확인 소송 및 향후 밝혀질 친생자에 대한 친자확인소송이 불가피하므로 그 소요비용의 손해액 중 우선 금 10,000,000원의 배상을 구합니다.

라. 가족융화비

원고 ○○○는 자신의 친생자를 찾게 되면 그를 원고 부부와 그 환경에 동화시키고 가족 간의 이질감을 극복하기 위하여 회식, 여행, 이사 등의 비용이 필요하므로 그 소요비용의 손해액 중 우선 금 30,000,000원의 배상을 구합니다.

마. 정신과 치료비

(1) 원고 부부는 원고 ○○○이 그들의 친생자가 아님을 알고 이로 인하여 불안과 우울반응의 증상이 나타난 사실, 그 정신과적 치료를 위하여는 향후 6개월간 개인치료 (1인당 1주 1회 금 80,000원) 및 가족치료 (1주 1회 금 150,000원)가 필요한 사실, 원고 ○○○○는 그 본인 및 원고 ○○○의 남편으로서 아래 계산과 같은 그 치료비 상당의 손해를 입었다 할 것입니다.

(2) 계산

(가) 개인치료비 : 금 80,000원×24주×2(원고 부부) = 금 3,840,000원

(나) 가족치료비 : 금 150,000원×24주 = 금 3,60,000원

(다) 위 합계 : 금 7,440,000원

바. 위 자 료

피고 또는 그 피용자의 과실로 인하여 원고 부부는 그 친생자 아닌 원고 ○○○을 그 친생자로 잘못 알고 10년 가까이 양육하고, 그 과정에서 위 사실이 밝혀져 남편이 처를 의심하는 등 가정불화 끝에 이혼과 재결합을 하는 우여곡절을 겪은 사실, 원고 부부는 아직까지 친생자를 찾지 못하고 있으며 그럼에도 불구하고 피고는 그 친생자 추적에 전혀 협조하지 않고 있는 사실, 원고 부부는 이로 인하여 심한 불안과 우울증에 빠지게 된 사실에 피고는 원고 부부의 이로 인한 정신적 고통을 금전적으로나마 달래 줄 의무가 있다 할 것인바, 원고들의 나이, 가족관계, 기타 이 사건에 나타난 여러 사정을 두루 참작하면 그 위자료액은 원고 부부 각자에 대하여 각 금 20,000,000원으로 정함이 상당하다 할 것입니다.

원고 ○○○은 그 역시 피고의 위와 같은 잘못으로 인하여 정신적 고통을 입었으므로 그 위자료로서 금 20,000,000원의 배상을 구합니다.

3. 결 론

그렇다면 피고는 원고 ○○○에게 합계 금 131,019,452원, 원고 ○○○, ○○○에게 각 위자료 금 20,000,000원 및 각 이에 대하여 이 사건 사고일(원고 ○○○이 원고 부부의 신생아와 뒤바뀌어 인도된 날)인 19○○, 2. 21.부터 이 소장부본 송달일까지는 민법 소정의 연 5%의, 그 다음날부터 완제일까지는 소송촉진등에관한특례법 소정의 연 20%의 각 비율에 의한 지연손해금을 가산 지급할 의무가 있다 할 것입니다.

입 증 방 법

1. 갑 제1호증	호적등본
1. 갑 제2호증	○○○○
1. 갑 제3호증	○○○○
1. 갑 제4호증	출생증명서
1. 갑 제5호증	○○○○

그 밖의 입증자료는 변론진행에 따라 추후 제출하겠습니다.

첨 부 서 류

1. 위 입증방법	1통
1. 소장부본	1통
1. 소송위임장	1통

2006년 월 일

위 원고의 소송대리인

변호사 ○ ○ ○ (인)

○○지방법원 귀중

【서식】 손해배상청구 소장 (의료사고)

소 장

원 고 1. ○ ○ ○ (주민등록번호)외 ○명
○○시 ○○구 ○○동 ○○(우편번호 ○○○-○○○)
소송대리인 변호사 ○ ○ ○
○○시 ○○구 ○○동 ○○(우편번호 ○○○-○○○)
전화 · 휴대폰번호 :
팩스번호, 전자우편(e-mail)주소 :

피 고 학교법인 ○○대학
○○시 ○○구 ○○동 ○○(우편번호 ○○○-○○○)
대표자 이사 ○ ○ ○

손해배상(의) 청구의 소

청 구 취 지

1. 피고는 원고들에게 금 ○○○○원 및 이에 대한 20○○.○.○.부터 이사건 소장부본 송달일까지는 연 5%의 다음날부터 완제일까지는 연 20%의 각 비율에 의한 금원을 지급하라.
2. 소송비용은 피고의 부담으로 한다.

라는 판결을 구합니다.

청 구 원 인

1. 당사자들 관계

가. 원 고

○○○은 이 건 사고로 사망한 소외 망 ○○○의 남편이고, 원고 ○○○, 같은 ○○○는 위 소외 망 ○○○의 자식들입니다.

나. 피 고

학교법인 ○○대학 ○○병원의 내과전문의들로서 피고에게 고용되어 근무하는 의사입니다.

2. 손해배상 책임의 발생

가. 사건의 경위

피고들은 20○○.○.○. ○○:○○경 ○○시 ○○구 ○○동 ○소재 학교법인 ○○대학 ○○병원 수술실에서 소외 망 ○○○의 ○○에 대한 치료를 하였던 바, 이러한 경우 피고들로서는 문진, 사진, 촉진 등의 방법과 아울러 위 망인의 체온 및 혈압측정, 혈액검사 등의 방법을 통하여 위 망인의 정확한 병인을 파악하고 이에 대하여 적절한 치료약을 투약하여 약물 쇼크사고를 피해야할 업무상 주의의무가 있음에도 불구하고 위 망인이 ○○ 등을 호소하자 단순히 ○○으로 오진한 채 ○○환자에게는 ○○○의 부작용이 있어 절대로 사용해서는 아니되는 ○○○을 주사한 과실로 위 망인으로 하여금 같은 날 ○○:○○경 ○○○에 의한 ○○○ 등의 증세로 사망케 한 것입니다.

나. 피고들의 책임

(1) 피고는 위 망인데 대한 검사를 제대로 하지 않고 단순한 ○○증세로 오진하고 ○○○을 주사한 잘못이 있습니다.

피고들은 위 망인과 체결한 진료계약에 따라 성실하게 진료하고 진상에 알맞은 처방을 하였어야 함에도 불구하고, 위 진료계약에 따른 의무를 다하지 않은 잘못이 있습니다. 또한, 피고들은 위 망인에 대하여 오전 및 오처방을 한 불법행위 책임을 져야 할 것입니다.

(2) 피고는 피고의 고의, 과실로 인하여 이건 사고가 발생하였는바, 이에 대한 사용자 책임도 져야 할 것입니다.

3. 손해배상의 범위

가. 연령, 성별, 기대여명

나. 직업 및 수입관계

다. 가동연한 및 일실수익 손해금

4. 장 례 비

5. 위 자 료

6. 상속관계

7. 결 론

그렇다면 피고는 원고 ○○○에게 금 ○○○원(상속지분금 ○○○원+장례비금 ○○○원+위자료 금 ○○○원), 원고 ○○○, 같은 ○○○에게 각 금 ○○○원(상속지분금 각금 ○○○원+위자료 금 ○○○원) 및 각 이에 대하여 이건 불법행위날인 20○○.○.○.부터 이 건 판결 선고일까지는 연 5%의 민사지연이자를 그 다음날부터 완제일까지는 소송촉진등에관한특례법 소정의 연 20%의 비율에 의한 지연손해금을 지급받고자 본소 청구에 이른 것입니다.

입 증 방 법

1. 갑 제1호증　　　　　　　　가족관계등록상황별 증명서
1. 갑 제2호증　　　　　　　　주민등록등본
1. 갑 제3호증　　　　　　　　사망진단서
1. 기타 변론시 수시 제출하겠습니다.

첨 부 서 류

1. 위 입증서류　　　　　　　　각 1통
1. 소송위임장　　　　　　　　1통
1. 소장부본　　　　　　　　　1통

20○○. ○. ○.

위 원고들 소송대리인
변호사 ○ ○ ○ (인)

○○지방법원 귀중

제 5 절 산업재해책임

1. 의 의

(1) 산업재해 및 산업재해보상보험법

『산업재해보상보험법』

제1조(목적) 이 법은 산업재해보상보험 사업을 시행하여 근로자의 업무상의 재해를 신속하고 공정하게 보상하며, 재해근로자의 재활 및 사회 복귀를 촉진하기 위하여 이에 필요한 보험시설을 설치·운영하고, 재해 예방과 그 밖에 근로자의 복지 증진을 위한 사업을 시행하여 근로자 보호에 이바지하는 것을 목적으로 한다.

제6조(적용 범위) 이 법은 근로자를 사용하는 모든 사업 또는 사업장(이하 "사업"이라 한다)에 적용한다. 다만, 위험률·규모 및 장소 등을 고려하여 대통령령으로 정하는 사업에 대하여는 이 법을 적용하지 아니한다.

제10조(근로복지공단의 설립) 고용노동부장관의 위탁을 받아 제1조의 목적을 달성하기 위한 사업을 효율적으로 수행하기 위하여 근로복지공단(이하 "공단"한다)을 설립한다.

산업현장에서 일하는 근로자는 항상 산업재해의 위험에 노출되어 있다. 그럼에도 산업재해로 피해를 입은 근로자가 자신의 사용자를 상대로 손해배상을 받는 것은 현실적으로 어려움이 있다. 또, 산업재해는 그 특성상 사용자나 제3자의 귀책사유를 증명하기 어려운 경우가 많으며, 특히 근로자의 과실이 경합하여 재해사고가 발생한 경우 민법상의 과실책임에 기초한 일반불법행위책임을 통해 해결하는 데는 한계가 있다.

이러한 문제를 해결하기 위해 산업재해보상보험법은 무과실책임원리에 기초하여 산업재해가 발생하면 그 재해 발생과 관련하여 사용자 또는 제3자의 고의 또는 과실이 없더라도 사업주 또는 근로복지공단이 보상하도록 규정하고 있다. 이러한 무과실책임보상은 산업재해로 피해를 입은 근로자에 대해 국가의 위탁을 받은 근로복지공단이 보험자로서 재해보상책임을 지는 보험제도를 통해 이루어진다. 즉, 근로자를 고용한 사용자가 보험가입자로서 보험자인 근로복지공단에 보험료를 납입하고 산업재해를 입은 근로자가 산재사고 발생 시 수급권자로서 근로복지공단에 보험급여를 청구하면 공단이 보험자로서 피해를 보상 해주는 것이다.

산업재해보상보험법은 근로자를 사용하는 모든 사업 또는 사업장에 적용되는 것이 원칙이나 위험률·규모 및 장소 등을 고려하여 대통령령으로 정하는 사업에 대하여는 적용되지 않는다(법 제6조). 그러므로 공무원연금법이나 군인연금법에 의하여 재해보상이 행하여지는 사업 등에는 동법이 적용되지 않는다(법 시행령 제2조).

(2) 산업재해보상보험법, 근로기준법, 민법의 관계

산업재해로 피해를 입은 근로자는 근로기준법상의 재해보상청구 내지 산업재해보상보험법상의 산재보험급여청구 또는 민법상의 불법행위청구를 할 수 있다. 그런데, 산업재해보상보험법상의 보험급여의 대상에서 제외되는 경우를 제외하고, 통상 산업재해보상보험법상의 보험급여의 보상한도는 근로기준법의 그것보다 다액이다. 특히 휴업보상, 장해보상의 경우 근로기준법은 근로자에게 중과실이 있는 경우 이를 보상하지 않으므로(근로기준법 제81조) 피해자의 입장에서는 산업재해보상보험법에 근거한 책임청구가 유리할 수 있다. 또, 근로기준법상의 재해보상청구나 산업재해보상보험법상의 산재보험급여청구는 원칙적으로 재산상 손해에 대한 보상만을 규정하고 있고 정신적 손해에 대한 위자료는 포함하지 않는다. 그러므로 근로자는 민사상 불법행위책임에 근거하여 위자료에 따른 손해배상을 청구할 수 있다.

그리고 근로자가 산재보험급여를 통해 자신이 입은 손해를 완전히 보전받지 못한 경우 과실이 있는 사용자 또는 제3자에 대해 추가적으로 민법상의 불법행위책임을 물을 수 있다. 이 경우 민법상 책임근거와 관련하여 주로 문제가 되는 것은 사용자의 안전배려의무 내지 보호의무 위반인데, 과실에 대한 증명책임이 근로자에게 있는 제750조 일반불법행위책임보다는 증명책임이 사용자 내지 공작물점유자에게 전환된 제390조 채무불이행책임이나 제758조 공작물점유자·소유자책임을 우선적으로 묻는 것이 유리하다. 이처럼 근로기준법, 산업재해보상보험법, 민법은 이중배상이 되지 않는 범위 내에서 서로 보완관계에 있다.

2. 성립요건 및 효과

(1) 성립요건

『산업재해보상보험법』

제37조(업무상의 재해의 인정 기준) ① 근로자가 다음 각 호의 어느 하나에 해당하는 사유로 부상·질병 또는 장해가 발생하거나 사망하면 업무상의 재해로 본다. 다만, 업무와 재해 사이에 상당인과관계가 없는 경우에는 그러하지 아니하다.

1. 업무상 사고
   가. 근로자가 근로계약에 따른 업무나 그에 따르는 행위를 하던 중 발생한 사고
   나. 사업주가 제공한 시설물 등을 이용하던 중 그 시설물 등의 결함이나 관리소홀로 발생한 사고
   다. 사업주가 제공한 교통수단이나 그에 준하는 교통수단을 이용하는 등 사업주의 지배관리하에서 출퇴근 중 발생한 사고
   라. 사업주가 주관하거나 사업주 지시에 따라 참여한 행사나 행사준비 중에 발생한 사고
   마. 휴게시간 중 사업주의 지배관리 하에 있다고 볼 수 있는 행위로 발생한 사고
   바. 그 밖에 업무와 관련하여 발생한 사고
2. 업무상 질병
   가. 업무수행 과정에서 물리적 인자, 화학물질, 분진, 병원체, 신체에 부담을 주는 업무 등 근로자의 건강에 장해를 일으킬 수 있는 요인을 취급하거나 그에 노출되어 발생한 질병
   나. 업무상 부상이 원인이 되어 발생한 질병
   다. 그 밖에 업무와 관련하여 발생한 질병

② 근로자의 고의·자해행위나 범죄행위 또는 그것이 원인이 되어 발생한 부상·질병·장해 또는 사망은 업무상의 재해로 보지 아니한다. 다만, 그 부상·질병·장해 또는 사망이 정상적인 인식능력 등이 뚜렷하게 저하된 상태에서 한 행위로 발생한 경우로서 대통령령으로 정하는 사유가 있으면 업무상의 재해로 본다.

산업재해보상보험법상의 보험급여를 청구하기 위해서는 근로자가 업무상 사고 내지 업무상 질병으로 인해 부상을 입거나 질병 또는 장해가 발생하거

나 또는 사망해야 한다(법 제37조 1항). 즉, 업무수행성 및 업무와 재해 사이의 상당인과관계인 업무기인성 두 가지 모두 인정되어야 한다.

업무상 사고의 유형으로는, 근로자가 근로계약에 따른 업무나 그에 따르는 행위를 하던 중 발생한 사고, 사업주가 제공한 시설물 등을 이용하던 중 그 시설물 등의 결함이나 관리소홀로 발생한 사고, 사업주가 제공한 교통수단이나 그에 준하는 교통수단을 이용하는 등 사업주의 지배관리하에서 출퇴근 중 발생한 사고, 사업주가 주관하거나 사업주의 지시에 따라 참여한 행사나 행사준비 중에 발생한 사고, 휴게시간 중 사업주의 지배관리하에 있다고 볼 수 있는 행위로 발생한 사고, 그 밖에 업무와 관련하여 발생한 사고 등이 있다.

업무상 질병의 유형으로는, 업무수행 과정에서 물리적 인자, 화학물질, 분진, 병원체, 신체에 부담을 주는 업무 등 근로자의 건강에 장해를 일으킬 수 있는 요인을 취급하거나 그에 노출되어 발생한 질병, 업무상 부상이 원인이 되어 발생한 질병, 그 밖에 업무와 관련하여 발생한 질병 등이 있다.[163] 그런데, 근로자의 고의 또는 자해행위나 범죄행위 또는 그것이 원인이 되어 발생한 부상·질병·장해 또는 사망은 업무상의 재해로 보지 않는다. 다만, 그 부상·질병·장해 또는 사망이 정상적인 인식능력 등이 명확히 저하된 상태에서 한 행위로 발생한 경우로서 대통령령으로 정하는 사유가 있으면 업무상의 재해에 해당한다(법 37조 2항).

한편, 산업재해보상보험법상 보험급여를 받을 권리는 3년간 행사하지 않으면 시효로 소멸한다(법 제112조 1항 1호). 산업재해보상보험에 규정된 것을 제외하고는 민법의 규정에 따른다(법 제112조 2항).

(2) 효과

1) 보험급여의 청구

『산업재해보상보험법』

제36조(보험급여의 종류와 산정 기준 등) ① 보험급여의 종류는 다음 각 호와 같다. 다만, 진폐에 따른 보험급여의 종류는 제1호의 요양급여, 제4호의 간병급여, 제7

163) 업무상 질병에 대한 구체적인 인정기준은 산업재해보상보험법 시행령 제34조 제3항 관련한 별표 참조.

호의 장의비, 제8호의 직업재활급여, 제91조의3에 따른 진폐보상연금 및 제91조의4에 따른 진폐유족연금으로 한다.

1. 요양급여 2. 휴업급여 3. 장해급여 4. 간병급여 5. 유족급여 6. 상병(傷病)보상연금 7. 장의비 8. 직업재활급여

② 제1항에 따른 보험급여는 제40조, 제52조부터 제57조까지, 제60조부터 제62조까지, 제66조부터 제69조까지, 제71조, 제72조, 제91조의3 및 제91조의4에 따른 보험급여를 받을 수 있는 자(이하 "수급권자"라 한다)의 청구에 따라 지급한다.

『근로기준법』

제78조(요양보상) ① 근로자가 업무상 부상 또는 질병에 걸리면 사용자는 그 비용으로 필요한 요양을 행하거나 필요한 요양비를 부담하여야 한다.

제79조(휴업보상) ① 사용자는 제78조에 따라 요양 중에 있는 근로자에게 그 근로자의 요양 중 평균임금의 100분의 60의 휴업보상을 하여야 한다.

제80조(장해보상) ① 근로자가 업무상 부상 또는 질병에 걸리고, 완치된 후 신체에 장해가 있으면 사용자는 그 장해 정도에 따라 평균임금에 별표에서 정한 일수를 곱한 금액의 장해보상을 하여야 한다.

제82조(유족보상) ① 근로자가 업무상 사망한 경우에는 사용자는 근로자가 사망한 후 지체 없이 그 유족에게 평균임금 1,000일분의 유족보상을 하여야 한다.

제83조(장의비) 근로자가 업무상 사망한 경우에는 사용자는 근로자가 사망한 후 지체 없이 평균임금 90일분의 장의비를 지급하여야 한다.

산업재해로 근로자에게 피해가 발생하면 근로자는 그 재해발생과 관련하여 자신이 입은 손해에 대해 근로기준법상의 재해보상청구 내지 산업재해보상보험법상의 산재보험급여청구를 할 수 있다. 근로기준법은 근로자가 업무상 재해를 입은 경우 사용자에 대해 무과실책임을 지우는 재해보상에 대한 규정을 두고 있는데, 근로자가 업무상 재해로 인해 사상을 당하게 되면 사용자는 요양보상(제78조), 휴업보상(제79조), 장해보상(제80조), 유족보상(제82조), 장의비(제83조) 지급을 하여야 한다. 마찬가지로 산업재해보상보험법상 근로복지공단은 산업재해로 피해를 입은 근로자의 청구에 따라 요양급여, 휴업급여, 장해급여, 간병급여, 유족급여, 상병보상연금, 장의비 등을 지급해야 한다(산업재해보상보험법 제36조).

이처럼 피재근로자는 근로복지공단을 상대로 직접청구권을 행사할 수 있다. 이 경우 직접청구권의 법적 성질은 손해배상청구권이며, 보험자인 근로복지공단과 계약자인 사용자가 병존적으로 채무를 인수한 것으로 본다. 이 경우 근로복지공단과 사용자, 가해자는 부진정연대채무 관계에 있다.

2) 다른 보상이나 배상과의 관계

『산업재해보상보험법』

제80조(다른 보상이나 배상과의 관계) ① 수급권자가 이 법에 따라 보험급여를 받았거나 받을 수 있으면 보험가입자는 동일한 사유에 대하여 「근로기준법」에 따른 재해보상 책임이 면제된다.

② 수급권자가 동일한 사유에 대하여 이 법에 따른 보험급여를 받으면 보험가입자는 그 금액의 한도 안에서 「민법」이나 그 밖의 법령에 따른 손해배상의 책임이 면제된다. 이 경우 장해보상연금 또는 유족보상연금을 받고 있는 자는 장해보상일시금 또는 유족보상일시금을 받은 것으로 본다.

③ 수급권자가 동일한 사유로 「민법」이나 그 밖의 법령에 따라 이 법의 보험급여에 상당한 금품을 받으면 공단은 그 받은 금품을 대통령령으로 정하는 방법에 따라 환산한 금액의 한도 안에서 이 법에 따른 보험급여를 지급하지 아니한다. 다만, 제2항 후단에 따라 수급권자가 지급받은 것으로 보게 되는 장해보상일시금 또는 유족보상일시금에 해당하는 연금액에 대하여는 그러하지 아니하다.

제87조(제3자에 대한 구상권) ① 공단은 제3자의 행위에 따른 재해로 보험급여를 지급한 경우에는 그 급여액의 한도 안에서 급여를 받은 자의 제3자에 대한 손해배상청구권을 대위(代位)한다. 다만, 보험가입자인 2 이상의 사업주가 같은 장소에서 하나의 사업을 분할하여 각각 행하다가 그 중 사업주를 달리하는 근로자의 행위로 재해가 발생하면 그러하지 아니하다.

② 제1항의 경우에 수급권자가 제3자로부터 동일한 사유로 이 법의 보험급여에 상당하는 손해배상을 받으면 공단은 그 배상액을 대통령령으로 정하는 방법에 따라 환산한 금액의 한도 안에서 이 법에 따른 보험급여를 지급하지 아니한다.

제88조(수급권의 보호) ① 근로자의 보험급여를 받을 권리는 퇴직하여도 소멸되지 아니한다.

② 보험급여를 받을 권리는 양도 또는 압류하거나 담보로 제공할 수 없다.

제89조(수급권의 대위) 보험가입자(보험료징수법 제2조제5호에 따른 하수급인을 포함한

> 다. 이하 이 조에서 같다)가 소속 근로자의 업무상의 재해에 관하여 이 법에 따른 보험급여의 지급 사유와 동일한 사유로 「민법」이나 그 밖의 법령에 따라 보험급여에 상당하는 금품을 수급권자에게 미리 지급한 경우로서 그 금품이 보험급여에 대체하여 지급한 것으로 인정되는 경우에 보험가입자는 대통령령으로 정하는 바에 따라 그 수급권자의 보험급여를 받을 권리를 대위한다.
>
> **『근로기준법』**
>
> **제87조(다른 손해배상과의 관계)** 보상을 받게 될 자가 동일한 사유에 대하여 「민법」이나 그 밖의 법령에 따라 이 법의 재해보상에 상당한 금품을 받으면 그 가액(價額)의 한도에서 사용자는 보상의 책임을 면한다.

피재근로자의 사용자에 대한 재해보상청구와 근로복지공단에 대한 보험급여 청구는 별개의 제도로서 피재근로자는 양자의 청구를 모두 할 수 있다. 다만, 피재근로자가 산업재해보상보험법에 의해 보험급여를 받았거나 받을 수 있는 경우에는 동일한 사유에 대하여 보험가입자의 근로기준법상의 보상책임이 면제되므로(법 제80조 1항), 산업재해보상보험법이 근로기준법에 우선하여 적용된다.[164)]

수급권자가 동일한 사유에 대하여 산업재해보상보험법에 따른 보험급여를 받으면 보험가입자인 사용자는 그 금액의 한도 내에서 민법이나 그 밖의 법령에 따른 손해배상의 책임이 면제된다(법 제80조 2항). 산업재해보상보험법에 의한 보험급여는 국가가 보험자 입장에서 사용자가 보상해야 할 근로자의 업무상 재해로 인한 손실을 근로자에게 직접 보상하는 것이다. 따라서 수급권자인 근로자가 그 보험급여의 원인이 되는 업무상 재해와 동일한 사유로 사용자로부터 민법에 의한 손해배상을 받음으로써 사용자에 대한 근로기준법상의 재해보상청구권이 소멸한 경우에는 이 보험급여청구권도 소멸하게 된다(법 제80조 3항).[165)] 역으로 말하면, 수급권자가 사용자에 대한 근로기준

164) 대법원 2001. 9. 18. 선고 2001다7834 판결 이 사안은 산업재해보상보험법상의 수급권자가 보험급여지급 거부처분에 대하여 전심절차를 거치지 않은 채 행정소송을 제기한 과실로 각하판결을 선고 받아 결과적으로 마땅히 지급받아야 보험급여를 지급받지 못하게 된 경우, 이는 동법 제48조 제1항 소정의 '보험급여를 받을 수 있는 경우'에 해당하여 사용자의 근로기준법상 재해보상책임이 면제된다고 판단한 사례이다.

165) 대법원 1985. 12. 24. 선고 84누697 판결; 대법원 1983. 11. 8. 선고 83누242 판결

법상의 재해보상청구권을 행사할 수 있는 지위에 있는 이상 그 전보를 목적으로 하는 위 보험급여청구권은 소멸하지 않는다.[166] 근로자의 보험급여를 받을 권리는 그 퇴직으로 인하여 소멸되지 않으며(법 제88조 1항), 보험급여를 받을 권리는 양도 또는 압류할 수 없다(법 제88조 2항). 사용자가 민법 등에 따라 근로자에게 손해배상을 한 경우에는 근로자의 보험급여를 받을 권리를 대위할 수 있다(법 제89조).

만일 근로자가 제3자로부터 동일한 사유로 산업재해보상보험법상의 보험급여에 상당하는 손해배상을 받으면 근로복지공단은 그 범위 내에서 보험급여의 지급책임을 면한다(법 제87조 2항). 그러나, 근로복지공단으로부터 받은 배상액에 포함되지 않은 보험급여의 경우는 지급의무가 여전히 존재하므로 근로복지공단은 그에 대한 보험급여를 지급해야 한다. 근로복지공단이 제3자의 행위에 따른 재해로 피해를 입은 근로자에게 보험급여를 지급한 경우에는 그 급여액의 한도 안에서 급여를 받은 자의 제3자에 대한 손해배상청구권을 대위할 수 있다(법 제87조 1항). 다만, 보험가입자인 둘 이상의 사업주가 같은 장소에서 하나의 사업을 분할하여 각각 행하다가 그 중 사업주를 달리하는 근로자의 행위로 재해가 발생하면 그러하지 아니하다(제87조 1항 단서). 그러므로 예컨대, 도급회사의 근로자가 하수급업체의 근로자를 폭행하여 근로복지공단이 피해자에게 보험급여를 한 경우 도급회사의 근로자는 제3자에 해당하지 않으므로 공단은 가해자를 상대로 구상권을 행사할 수 없다.[167]

한편, 근로복지공단이 보험가입자와 제3자의 공동불법행위로 재해를 입은 근로자에게 보험급여를 전액 지급한 경우 제3자에게 행사할 수 있는 구상권의 범위는 보험가입자의 과실비율의 상당액을 제외한 나머지 부분에 대해서만 구상할 수 있다.[168] 그리고 근로복지공단이 보험가입자와 제3자의 공동불법행위로 재해를 입은 근로자에게 보험급여를 전액 지급한 경우 제3자에게 행사할 수 있는 구상권의 범위는 보험가입자의 과실비율의 상당액을 제외한 나머지 부분에 한정된다.[169]

166) 대법원 1985. 12. 24. 선고 84누697 판결
167) 대법원 2011. 7. 28. 선고 2008다12408 판결
168) 대법원 2002. 3. 21. 선고 2000다62322 전원합의체 판결
169) 대법원 2002. 3. 21. 선고 2000다62322 전원합의체 판결

이처럼 근로기준법과 산업재해보상보험법, 민법은 동일한 사유에 대한 이중배상을 허용하지 않는 것을 원칙으로 하여 보상과 배상간의 보완관계를 인정한다. 여기서 동일한 사유란 보험급여의 대상이 된 손해와 민사상 손해배상청구의 대상이 된 손해가 같은 성질을 가지고 있어 보험급여와 민사상 손해배상이 상호보완적인 관계에 있는 경우를 의미한다.[170] 따라서 적극적 손해는 적극적 손해보상에서, 소극적 손해는 소극적 손해보상에서 급여의 성질별로 각각 공제하여야 한다.[171] 또, 손해배상에서의 위자료는 정신적 손해에 대한 것이고 재해보상은 재산상 손해에 대한 것이므로 서로 간에 보완관계는 생기지 않는다.[172]

그리고 재해보상이나 산재보험급여를 받은 자와 손해배상의 청구권자가 서로 다른 경우 손해배상청구권과 급여청구권은 상호보완관계에 있다고 할 수 없다.

• 판 례

◇ **대법원 2009. 5. 21. 선고 2008다13104 전원합의체 판결** : 근로자가 업무상 재해로 사망함에 따라 근로복지공단이 구 산업재해보상보험법(2007. 4. 11. 법률 제8373호로 전문 개정되기 전의 것)에 의한 유족급여를 수급권자에게 지급하였다 하더라도, 수급권자가 아닌 망인의 공동상속인들이 상속한 손해배상채권과 그 유족급여의 수급권은 그 귀속주체가 서로 상이하여 상호보완적 관계를 인정할 수 없으므로, 수급권자에 대한 유족급여의 지급으로써 그 수급권자가 아닌 다른 공동상속인들에 대한 보험가입자의 손해배상책임까지 같은 법 제48조 제2항에 의하여 당연히 소멸된다고 할 수는 없다.

---

170) 대법원 1991. 7. 23. 선고 90다11776 판결

171) 대법원 1977. 12. 27. 선고 75다1098 판결

172) 대법원 1994. 04. 26. 선고 94다6628 판결에서 대법원은 '산업재해보상보험법에 의하여 지급되는 재해보상금은 재산상 손해를 배상하는 것이므로 피해자가 제3자인 가해자로부터 받은 위자료는 위 보험급여에서 공제되어서는 아니 된다'고 판시하여 상호 보완관계에 있지 아니한 경우라면 공제의 대상이 되지 않음을 명확히 하고 있다.

3. 주요 판례

(1) 성립요건

1) 업무수행성 · 업무기인성과 증명책임

• 판 례

◇ 대법원 1995. 3. 14. 선고 94누7935 판결 : 업무상 재해의 요건인 업무수행성은 반드시 근로자가 현실적으로 업무수행에 종사하는 동안만 인정할 수 있는 것이 아니라 업무수행에 수반되는 활동과정에서 일어난 재해도 업무수행성이 인정된다.

질병의 주된 발생원인이 업무와 직접적인 관계가 없다고 하더라도 적어도 업무상의 과로가 질병의 주된 발생원인에 겹쳐서 질병을 유발 또는 악화시켰다면 그 인과관계가 있고, 그 인과관계 또한 반드시 의학적·자연과학적으로 명백히 증명하여야 하는 것은 아니고 제반 사정을 고려할 때 업무와 질병 사이에 상당인과관계가 있다고 추단되는 경우도 그 증명이 있다 할 것이다.

◇ 대법원2007. 4. 12. 선고 2006두4912 판결 : 구 산업재해보상보험법 제4조 제1호(2007. 4. 11. 법률 제8373호로 전문 개정되기 전의 것)의 업무상 재해라고 함은 근로자의 업무수행 중 그 업무에 기인하여 발생한 질병을 의미하는 것이므로 업무와 질병 사이에 상당인과관계가 있어야 하고, 이 경우 근로자의 업무와 질병 사이의 인과관계에 관하여는 이를 주장하는 측에서 증명하여야 하지만, 질병의 주된 발생원인이 업무수행과 직접적인 관계가 없더라도 적어도 업무상의 과로나 스트레스가 질병의 주된 발생원인에 겹쳐서 질병을 유발 또는 악화시켰다면 그 사이에 인과관계가 있다고 보아야 할 것이고, 그 인과관계는 반드시 의학적·자연과학적으로 명백히 증명되어야 하는 것은 아니며 제반 사정을 고려할 때 업무와 질병 사이에 상당인과관계가 있다고 추단되는 경우에도 증명이 되었다고 보아야 하고, 또한 평소에 정상적인 근무가 가능한 기초질병이나 기존질병이 직무의 과중 등이 원인이 되어 자연적인 진행속도 이상으로 급격하게 악화된 때에도 그 증명이 된 경우에 포함되는 것이며, 업무와 질병과의 인과관계의 유무는 보통평균인이 아니라 당해 근로자의 건강과 신체조건을 기준으로 판단하여야 한다.

〈근로자가 헤르페스 바이러스에 기인한 급성망막괴사증이나 뇌염 등의 질병이 발생하기 직전에 업무로 인하여 극도로 과로하였거나 스트레스를 받은 사실이 인정되는 경우, 업무상 재해에 해당한다고 한 사례〉

2) 업무수행성의 구체적 사례

① 출근 통근버스 탑승하기 전 발생한 교통사고

• 판 례

◇ 대법원 1996. 2. 9. 선고 95누16769 판결 : 출·퇴근 중의 근로자는 일반적으로 그 방법과 경로를 선택할 수 있어 사용자의 지배 또는 관리 하에 있다고 볼 수 없고 따라서 출·퇴근 중에 발생한 재해가 업무상의 재해로 인정되기 위해서는 사용자가 근로자에게 제공한 차량 등의 교통수단을 이용하거나 사용자가 이에 준하는 교통수단을 이용하도록 하여 근로자의 출·퇴근 과정이 사용자의 지배·관리 하에 있다고 볼 수 있는 경우에 해당되어야 한다.

◇ 대법원 1993. 9. 14. 선고 93누5970 판결 : 청원경찰이 일반근로자와 출퇴근 시간이 달라 사업주가 제공하는 통근버스를 이용할 수 없는 관계로 오토바이로 출퇴근을 하였고 업무수행 시에도 이를 사용하여 왔을 뿐만 아니라 사업주가 그 연료를 제공한 적이 있다는 사정만으로는 위 "업무상의 재해"에 해당하지 아니한다.

◇ 대법원 1996. 4. 26. 선고 96누2026 판결 : 근로자가 통근 중에 입은 재해가 업무상 재해로 인정되기 위해서는 사업주가 제공한 교통수단을 근로자가 이용하는 등 근로자의 통근과정이 사업주의 지배·관리 하에 있다고 볼 수 있는 경우여야 한다.
〈근로자가 통근버스에 탑승하기 위하여 횡단보도를 건너다 교통사고를 당하였다면 아직 사업주의 지배관리하에 있었다고 보기는 어렵고, 단순히 위 사고지점이 통근버스에서 5m 정도 떨어진 가까운 지점이라는 사정만으로는 업무상 재해에 해당하지 않는다고 본 사례〉

◇ 대법원 1994. 4. 12. 선고 93누24186 판결 : 회사에서 제공한 통근버스를 놓쳐 하는 수 없이 택시를 타러 가던 중 교통사고를 당한 사정만으로는 그 퇴근과정이 사업주의 지배관리하에 있다고 볼 수 없어 업무상 재해에 해당하지 아니한다.

② 업무시작 전 or 업무종료 후 발생한 사고

• 판 례

◇ 대법원 1996. 10. 11. 선고 96누9034 판결 : 건물 신축공사 중 미장 공사를 하도급 받은 자의 피용인이 하도급계약 개시일 전날 밤에 그 다음날부터의 작업을 준비하기 위하여 작업도구를 공사현장에 옮겨 놓던 중 발생한 재해는, 업무 수행에 수반되는 업무 준비행위로서 구 산업재해보상보험법 제3조 제1항 소정의

업무상의 재해에 해당한다.

◇ 대법원 1999. 4. 9. 선고 99두189 판결 : 자동차종합수리 서비스업을 목적으로 하는 사업장의 근로자가 퇴근 후 위 사업장의 근무자로부터 연락을 받고 같은 장소에서 같은 사업주가 경영하는 특수화물자동차 운수업을 목적으로 하는 다른 사업장의 견인차를 운행하여 고장 차량을 견인하러 가던 중 교통사고로 사망한 경우, 위 자동차종합수리 서비스업을 목적으로 하는 사업장에서의 업무수행성을 인정할 수 있다.

③ 정기 업무시간 이외에 발생한 사고

• 판 례

노동조합이 개최한 결의대회에서 발생한 사고

◇ 대법원 1998. 12. 8. 선고 98두14006 판결 : 노동조합업무 전임자가 근로계약상 본래 담당할 업무를 면하고 노동조합의 업무를 전임하게 된 것이 사용자인 회사의 승낙에 의한 것이라면, 이러한 전임자가 담당하는 노동조합업무는, 그 업무의 성질상 사용자의 사업과는 무관한 상부 또는 연합관계에 있는 노동단체와 관련된 활동이나 불법적인 노동조합활동 또는 사용자와 대립관계로 되는 쟁의 단계에 들어간 이후의 활동 등이 아닌 이상, 원래 회사의 노무관리업무와 밀접한 관련을 가지는 것으로서 사용자가 본래의 업무 대신에 이를 담당하도록 하는 것이어서 그 자체를 바로 회사의 업무로 볼 수 있고, 따라서 그 전업자가 노동조합업무를 수행하거나 이에 수반하는 통상적인 활동을 하는 과정에서 그 업무에 기인하여 발생한 재해는 산업재해보상보험법 제4조 제1호 소정의 업무상 재해에 해당한다.

〈회사의 승낙에 의한 노조전임자가 노동조합이 단체교섭을 앞두고 조합원들의 단결력을 과시하기 위하여 개최한 결의대회에 사용된 현수막을 철거하던 중 재해를 입은 경우, 위 결의대회가 불법적인 것이 아니고 이를 쟁의단계에 들어간 이후의 노동조합 활동이라고 볼 수 없다는 이유로 업무상 재해에 해당한다고 본 사례〉

출장 내지 직장상사의 문상 중 발생한 사고

◇ 대법원 1993. 11. 9. 선고 93다23107 판결 : 근로자가 사업장을 떠나 출장 중인 경우에는 그 용무의 성, 불성이나 수행방법 등에 있어서 포괄적으로 사업주에게 책임을 지고 있다 할 것이므로, 특별한 사정이 없는 한 일단 출장과정의 전반에 대하여 사업주의 지배하에 있다고 말할 수 있고 따라서 그 업무수행성을 인정할 수 있고, 다만 출장 중의 행위가 출장에 당연 또는 통상 수반하는 범위 내의 행위가 아닌 자의적 행위나 사적 행위일 경우에 한하여 업무수행성을 인정할 수 없고, 그와 같은 행위에 즈음하여 발생한 재해는 업무기인성을 인정할

여지가 없게 되어 업무상 재해로 볼 수 없다.

◇ **대법원 1993. 10. 12. 선고 93누14806 판결** : 직장의 상사나 애경사를 담당하는 직원의 요청으로 근무시간 중에 직장상사의 문상을 갔다 하더라도, 이는 사람이 사회생활을 하면서 원만한 인간관계를 유지하고 서로 부조하기 위한 사적·의례적 행위이지, 이를 업무 또는 업무에 준하는 행위라고 할 수 없어 위 문상을 가다가 교통사고로 사망한 경우 "업무상 재해"라고 할 수 없다.

❙휴게시간에 발생한 사고❙

◇ **대법원 1996. 8. 23. 선고 95누14633 판결** : 휴게시간 중의 근로자의 행위는 휴게시간 종료 후의 노무제공과 관련되어 있다고 하더라도 기본적으로는 근로자가 휴게시간을 자유로 이용하는 것이 보장되어 있어 통상 사업주의 지배·관리 하에 있다고 할 수 없으므로, 근로자가 휴게시간 중에 사업장 내 시설을 이용하여 어떠한 행위를 하다가 부상을 입은 경우에 그 부상이 업무상 재해로 인정되기 위하여는, 그 행위가 당해 근로자의 본래의 업무행위 또는 그 업무의 준비행위 내지 정리행위, 사회통념상 그에 수반되는 것으로 인정되는 생리적 행위 또는 합리적·필요적 행위이거나, 사업주의 지시나 주최에 의하여 이루어지는 행사 또는 취업규칙, 단체협약 기타 관행에 의하여 개최되는 행사에 참가하는 행위라는 등 그 행위과정이 사업주의 지배·관리 하에 있다고 볼 수 있는 경우, 또는 그 이용하는 시설의 하자로 인하여 당해 부상을 입은 경우이어야 한다. 점심시간 중에 사업장내 축구장에서 노동조합 대의원들끼리 친선 축구경기를 하다가 부상을 입은 경우, 업무상 재해에 해당되지 않는다.

◇ **대법원 1994. 8. 23. 선고 94누3841 판결** : 사업주의 지시나 승낙도 없이 업무시간 중에 본래의 업무를 하지 않고 근로자들의 휴식장소로 사용하기 위하여 작업장 내의 2층 다락에 사다리와 휴식용 간이침대를 제작하다가 발각되어 그 작업을 중지 당하자 퇴근 후 술에 취한 상태에서 작업장에 들어가 그 작업을 계속하다가 다락에서 추락하여 사망하였다면 업무상 재해에 해당하지 않는다.

◇ **대법원 2000. 4. 25. 선고 2000다2023 판결** : 휴게시간 중에는 근로자에게 자유행동이 허용되고 있으므로 통상 근로자는 사업주의 지배·관리 하에 있다고 할 수 없고, 따라서 근로자가 휴게시간 중에 사업장 내 시설을 이용하여 어떠한 행위를 하다가 부상을 입은 경우에는 업무상 재해라고 할 수 없으나, 한편 휴게시간 중의 근로자의 행위는 휴게시간 종료 후의 노무제공과 관련되어 있으므로, 근로자의 휴게시간 중의 행위가 당해 근로자의 본래의 업무행위 또는 그 업무의 준비행위 내지 정리행위, 사회통념상 그에 수반되는 것으로 인정되는 생리적 행위 또는 합리적·필요적 행위라는 등 그 행위 과정이 사업주의

지배·관리 하에 있다고 볼 수 있는 경우에는 업무상 재해로 인정하여야 한다.
〈근로자가 휴게시간에 구내매점에 간식을 사먹으러 가다가 제품하치장에서 교통사고를 당한 경우, 위 행위는 근로자의 본래의 업무행위에 수반된 생리적 또는 합리적 행위라는 이유로 업무상 재해에 해당한다고 한 사례〉

▌회사의 행사 내지 회식에서 발생한 사고▐

◇ 대법원 1997. 8. 29. 선고 97누7271 판결 : 회사의 적극적인 지원 하에 매년 정기적으로 실시되는 동호인모임인 낚시회 행사는 비록 참가인은 많지 않았지만 회사의 업무수행의 연장행위로서 사회통념상 그 전반적인 과정이 사용자의 회사의 관리를 받는 상태 하에 있었으므로 그 행사에 참가하여 귀가 도중 교통사고로 사망한 것이 업무상 재해에 해당한다.

◇ 대법원 1995. 5. 26. 선고 94다60509 판결 : 근로자가 근로계약에 의하여 통상 종사할 의무가 있는 업무로 규정되어 있지 아니한 회사 외의 행사나 모임에 참가하던 중 재해를 당한 경우, 이를 업무상 재해로 인정하려면, 우선 그 행사나 모임의 주최자, 목적, 내용, 참가인원과 그 강제성 여부, 운영방법, 비용부담 등의 사정들에 비추어, 사회통념상 그 행사나 모임의 전반적인 과정이 사용자의 지배나 관리를 받는 상태에 있어야 하고, 또한 근로자가 그와 같은 행사나 모임의 순리적인 경로를 일탈하지 아니한 상태에 있어야 한다.
〈사용자가 주재하던 정례회식을 마치고서 참석 근로자들에게 귀가를 지시한 후 먼저 귀가한 다음에도 근로자들이 다른 곳에 가서 술을 더 마시기 위하여 사용자 소유의 차량을 함께 타고 가다가 발생한 교통사고로 인하여 근로자들이 사망하거나 다친 경우, 피재근로자들이 임의로 자기들만의 모임을 계속한 것은 그들의 사적인 행위에 해당하는 것으로서 이를 가리켜 사용자의 지배 관리하의 행사가 계속된 것이라고 볼 수는 없고, 더욱이 피재근로자들은 당초 행사의 순리적인 경로를 이탈한 것이므로, 그 업무수행성을 인정할 수 없어 근로기준법에 의한 재해 보상을 받을 수 있는 업무상의 재해에 해당한다고 볼 수 없다고 한 사례〉

3) 업무기인성

① 상당인과관계의 의미

• 판 례

◇ 대법원 1997. 5. 28. 선고 97누10 판결 : 업무상의 재해가 되기 위해서는 업무와 사망의 원인이 된 질병 사이에 인과관계가 있어야 하는 것이지만, 이 경우 사망의 원인이 된 질병의 주된 발생 원인이 업무와 직접 관련이 없다고 하더라도 적어도 업무상의 과로 등이 질병의 주된 발생 원인에 겹쳐서 질병을 유발 또는 악화시킨 경우에도 그 인과관계가 있다고 보아야 하고, 그 인과관계는 반드시 의학적·자연과학적으로 명백하게 증명되어야 하는 것은 아니고 제반 사

정을 고려할 때에 업무와 질병 사이에 상당인과관계가 있다고 추단되는 경우에도 그 증명이 있다고 보아야 하고, 또한 평소에 정상적인 근무가 가능한 기초질병이나 기존질병이 직무의 과중 등이 원인이 되어 자연적인 진행속도 이상으로 급격하게 악화된 경우도 포함된다.

〈비형 간염바이러스에 감염된 사람이 일상적으로 음주를 할 필요가 있는 업무에 종사하다가 간암으로 진행되어 사망한 사안에서, 비형 간염바이러스에 이환된 것이 업무와 관련이 없다하더라도 그 이후 노무담당팀장으로서 또 업무과장으로서 그 업무의 수행을 위하여 지속적으로 과다한 음주를 한 탓으로 간염이 자연적인 악화의 정도를 넘어서서 급격하게 악화되었다고 볼 소지가 있으므로 업무상 재해에 해당한다고 본 사례〉

② 업무기인성의 구체적 사례

• 판 례

▌과로사의 경우▐

◇ 대법원 2000. 5. 12. 선고 99두11424 판결 : 신발 중창의 모형 제작을 담당하던 근로자의 급성심근경색증이 소음, 분진, 고열 등 작업장의 환경으로 인한 육체적 과로와 정신적 스트레스로 유발되었으리라고 추단된다는 이유로 위 상병이 업무상 재해에 해당한다.

◇ 대법원 1991. 10. 22. 선고 91누4751 판결 : 만성간질환이 있던 영업사원이 과중한 업무로 인한 정신적, 육체적 과로의 누적으로 말미암아 본사의 직원들에게 저녁식사를 대접하고 나오던 중 쓰러져 간경변증으로 인한 위장정맥류의 파열로 사망하였다면 업무상의 재해에 해당한다.

◇ 대법원 1991. 9. 10. 선고 91누5433 판결 : 업무상 재해의 요건인 업무수행성은 반드시 근로자가 현실적으로 업무수행에 종사하는 동안만 인정할 수 있는 것이 아니라 사업장에서 업무시간 중 또는 그 전후에 휴식하는 동안에도 인정할 수 있는 것이고 또 업무기인성을 판단함에 있어서 업무와 사망사이의 상당인과 관계유무는 보통평균인이 아니라 당해근로자의 건강과 신체조건을 기준으로 하여 판단하여야 할 것이다.

망인이 사망 당시 현실적으로 작업에 종사 중이 아니었고 또 망인이 담당한 업무가 비교적 힘든 일이 아닐 뿐 아니라 사망할 무렵의 작업시간도 보통평균인에게는 과중한 업무가 아니었다고 하더라도, 망인이 하기휴가를 갔다 온 후 8일간을 매일 3시간씩 연장근무를 한데다가 그 후 2주일간은 매일 8시간씩 주간근무를 하고 그 후부터 사망 시까지 1주일간은 매일 8시간씩 야간근무를 함으로써 이와 같이 주야간이 뒤바뀌는 근무형태로 축적된 피로가 망인의 건강과 신체조건으로 보아 과로원인이 될 수 있다면, 망인에게 근무 외에 과로원인이 될 만한 다른 사유가 인정되지 않는 한 망인의 사인인 급성심장사는 위와 같은 근무 형태로부터 온 과로에 기인한 것이라고 볼 여지가 있다.

◇ 대법원 1998. 12. 8. 선고 98두13287 판결 : 산업재해보상보험법 제4조 제1호가 정하는 업무상의 사유에 의한 사망으로 인정되기 위해서는, 당해 사망이 업무수행중의 사망이어야 함은 물론이고 업무에 기인하여 발생한 것으로서 업무와 재해 사이에 상당인과관계가 있어야 하고, 이 경우 근로자의 업무와 재해 사이의 인과관계에 관하여는 이를 주장하는 측에서 증명하여야 할 것이므로, 근로자의 사망이 업무수행 중에 일어났다 하더라도 그 사인이 분명하지 아니한 때에는 업무에 기인한 사망으로 추정된다고 할 수 없다.

〈아파트 경비원이 근무 중 사망한 경우, 그 사인이 심장마비라 하더라도 망인의 업무가 비교적 단순하고 가벼운 육체노동인 경비업무인 점 등에 비추어 업무상 과로 및 스트레스로 심장마비를 일으켰다고 보기 어렵다는 이유로 업무상 재해에 해당하지 않는다고 본 사례〉

◇ 대법원 2004. 7. 22. 선고 2003다20183 판결 : 사용자는 근로계약에 수반되는 신의칙상의 부수적의무로서피용자가 노무를 제공하는 과정에서 생명, 신체, 건강을 해치는 일이 없도록 인적·물적 환경을 정비하는 등 필요한 조치를 강구하여야 할 보호 의무를 부담하므로(피용자의 건강을 세심하게 관리하고 감독할 의무란 이러한 보호 의무를 말하는 것으로 이해된다.), 이러한 사용자에게 근로자가 입은 신체상의 재해에 대하여 민법 제750조 소정의 불법행위책임을 지우기 위해서는 사용자에게 당해 근로로 인하여 근로자의 신체상의 재해가 발생할 수 있음을 알았거나 알 수 있었음에도 불구하고 그 회피를 위한 별다른 안전조치를 취하지 않은 과실이 있음이 인정되어야 할 것이고, 위와 같은 과실의 존재는 손해배상을 청구하는 근로자에게 그 증명책임이 있다 할 것이다.

피고는 원료 투입 시부터 제품출고에 이르기까지 전 공정을 자동화하였고, 특히 근로시간 내내 계속적 연속적으로 작업을 반복하는 여타 업무에 비하여 비교적 그 업무의 수행이 자유로울 뿐 아니라 공정에 이상이 없으면 잠시 휴식을 취할 수도 있으므로, 망인이 담당한 업무가 혼자 감당하기에 지나칠 정도로 과중한 것은 아니라 보여지고, 또한 망인은 위와 같은 연장 및 휴일근로를 하면서 이에 상응하는 수당을 모두 받아왔으며 재직기간 중 한 번도 위와 같은 근무형태에 대하여 피고에게 이의를 제기하거나, 고혈압이나 건강을 이유로 연장근로를 거부하거나 피고에게 업무수행에 지장이 있다는 점을 알렸다는 아무런 증거가 없는 점 등에 비추어 보면, 피고가 망인에게 판시와 같은 업무를 부과할 경우 그로 인하여 보통의 성인 남자인 피고가 사망에 이를 우려가 있음을 알거나 알 수 있었음에도 불구하고 계속하여 판시 업무를 수행케 하였다고 볼 수는 없다.

(2) 효 과

1) 산업재해보상보험법과 근로기준법의 관계

• 판 례

◇ 대법원 2001. 9. 18. 선고 2001다7834 판결 : 산업재해보상보험법 제48조 제1항은 "수급권자가 이 법에 의하여 보험급여를 받았거나 받을 수 있는 경우에는 보험가입자는 동일한 사유에 대하여 근로기준법에 의한 재해보상책임이 면제된다."고 규정하고 있고, 이 규정의 취지는, 산업재해보상보험이 재해보상에 대한 책임보험적 성질을 가지고 있고, 근로자로 하여금 산업재해보상보험급여를 먼저 청구하도록 하는 것이 근로자에게 불리하지 아니하며, 사용자로서는 강제로 산업재해보상보험에 가입하여 보험료를 납부하여 왔는데도 다시 근로자에 대하여 재해보상을 선이행하여야 한다면 그 보험이익을 박탈당하는 불합리한 결과를 초래할 뿐만 아니라 재해보상을 한 사용자가 사후에 국가에 대하여 구상할 수 있다고 하더라도 그들 사이의 법률관계가 복잡하게 되는 점 등에 비추어 볼 때, 사용자가 산업재해보상보험에 가입하여 당해 사고에 대하여 마땅히 보험급여가 지급되어야 하는 경우라면 사용자로 하여금 근로기준법에 의한 재해보상책임을 면하게 하자는 것이다.

〈산업재해보상보험법상의 수급권자가 보험급여지급 거부처분에 대하여 전심절차를 거치지 않은 채 행정소송을 제기한 과실로 각하판결을 선고 받아 결과적으로 마땅히 지급받아야 보험급여를 지급받지 못하게 된 경우, 이는 동법 제48조 제1항 소정의 '보험급여를 받을 수 있는 경우'에 해당하여 사용자의 근로기준법상 재해보상책임이 면제된다고 판단한 사례〉

2) 근로기준법상 산재보험급여 청구권과 민법상 손해배상청구권의 관계

• 판 례

◇ 대법원 1985. 12. 24. 선고 84누697 판결 : 산업재해보상보험법에 의한 보험급여는 국가가 보험자의 입장에서 사용자가 보상하여야 할 노동자의 업무상 재해로 인한 손실을 근로자에게 직접 전보하는 성질의 것이므로 수급자가 그 보험급여의 원인이 되는 업무상 재해와 동일한 사유로 사용자로 부터 민법에 의한 손해배상 등을 받음으로써 사용자에 대한 근로기준법상의 재해보상청구권이 소멸한 경우에는 이 보험급여청구권도 소멸한다고 보아야 할 것이나, 수급권자가 사용자에 대한 근로기준법상의 재해보상청구권을 행사할 수 있는 지위에 있는 이상 그 전보를 목적으로 하는 위 보험급여청구권은 소멸되지 않는다.

◇ 대법원 1983. 11. 8. 선고 83누242 판결 : 사용자와 근로자간의 손해배상소송계

속중 손해금으로 승소금보다 적은 금액을 지급받은 대신 장해급여금은 산재결정에 따라 근로자가 직접 수령하기로 하는 합의를 한 경우에는 수급권자는 근로기준법상의 재해보상청구권을 행사할 수 있는 지위에 있으므로 그 전보를 목적으로 하는 위 보험급여청구권은 소멸되지 아니한다.

3) 사용자와 제3자의 공동불법행위 경우 근로복지공단의 구상권 범위

• 판 례

◇ 대법원 2002. 3. 21. 선고 2000다62322 전원합의체 판결 : 산업재해보상보험법(1999. 12. 31. 법률 제6100호로 개정된 것) 제55조의2에서는 "보험가입자가 소속 근로자의 업무상의 재해에 대하여 이 법에 의한 보험급여의 지급사유와 동일한 사유로 민법 기타 법령에 의하여 보험급여에 상당하는 금품을 수급권자에게 미리 지급한 경우로서 당해 금품이 보험급여에 대체하여 지급한 것으로 인정되는 경우 보험가입자는 대통령령이 정하는 바에 따라 당해 수급권자의 보험급여를 받을 권리를 대위한다."라고 규정하고 있으므로(같은 취지의 규정이 1986. 8. 27. 대통령령 제11960호로 개정된 산업재해보상보험법시행령 제35조에 이미 규정되어 있었고, 1995. 4. 15. 위 시행령이 전면 개정되면서 그 제51조에서 역시 같은 취지로 규정되었다가, 위와 같이 법률에 규정이 되면서 위 시행령 제51조는 삭제되었다), 산업재해가 보험가입자와 제3자의 공동불법행위로 인하여 발생한 경우에, 근로복지공단이 제3자에 대하여 위 산업재해보상보험법 제54조 제1항에 의하여 보험급여액 전액을 구상할 수 있다면, 그 급여액 전액을 구상당한 제3자는 다시 공동불법행위자인 보험가입자를 상대로 그 과실 비율에 따라 그 부담 부분의 재구상을 할 수 있고, 재구상에 응한 보험가입자는 위 산업재해보상보험법 제55조의2의 유추적용에 의하여 근로복지공단에게 재구상당한 금액의 재재구상을 할 수 있다고 하여야 할 것인데, 그렇게 되면 순환소송이 되어 소송경제에도 반할 뿐만 아니라, 근로복지공단이 결국은 보험가입자에게 반환할 것을 청구하는 것이 되어 이를 허용함은 신의칙에 비추어 보더라도 상당하지 아니하므로, 근로복지공단은 제3자에 대하여 보험가입자의 과실 비율 상당액은 구상할 수 없다고 해석하여야 할 것이고, 구체적으로는 피해자가 배상받을 손해액 중 보험가입자의 과실 비율 상당액을 보험급여액에서 공제하고 차액이 있는 경우에 한하여 그 차액에 대하여만 근로복지공단이 제3자로부터 구상할 수 있다고 할 것이다. 이와 달리 근로복지공단이 산업재해보상보험법 제54조 제1항에 따라 제3자에 대하여 그 지급한 보험급여액 전액에 관하여 구상권을 행사할 수 있다는 취지로 판시한 대법원 1997. 1. 24. 선고 96다39080 판결,

1996. 1. 26. 선고 95다19751 판결, 1992. 12. 8. 선고 92다23360 판결, 1992. 2. 25. 선고 91다28726 판결 등은 이 판결의 견해에 배치되는 범위 내에서 이를 모두 변경하기로 한다.

4) 근로복지공단의 구상권의 대상

• 판 례

◇ 대법원 2011. 7. 28. 선고 2008다12408 판결 : 구 산업재해보상보험법(2003. 12. 31. 법률 제7049호로 개정되기 전의 것)에 규정된 '업무상 재해'란 업무상 사유에 의한 근로자의 부상·질병·신체장해 또는 사망을 말하는데, 근로자가 직장 안에서 타인의 폭력에 의하여 재해를 입은 경우, 그것이 가해자와 피해자 사이의 사적인 관계에 기인한 때 또는 피해자가 직무의 한도를 넘어 상대방을 자극하거나 도발한 때에는 업무상 사유에 의한 것이라고 할 수 없어 업무상 재해로 볼 수 없으나, 직장 안의 인간관계 또는 직무에 내재하거나 통상 수반하는 위험의 현실화로서 업무와 상당인과관계가 있으면 업무상 재해로 인정하여야 한다.

〈산업재해보상보험법에 의한 보험가입자인 갑 주식회사가 자신이 시공하는 건물신축공사 중 전기공사 부분을 을에게 도급을 주었는데 작업진행과정 중 갑 회사 소속 근로자 병, 정과 을의 피용자 무가 다투게 되었고 결국 정이 무를 폭행하여 상해를 입게 한 사안에서, 건물신축 공사현장에서 작업진행방식 등에 관한 근로자들 상호간의 의사소통 부족으로 인하여 야기된 다툼으로서 직장 안의 인간관계 또는 직무에 내재하거나 통상 수반하는 위험이 현실화된 것이므로 업무와 위 재해 사이에는 상당인과관계가 인정되고, 다만 갑 회사가 구 산재법 제9조 제1항에 의해 무에 대해서도 보험가입자의 지위에 있는 사업주인 이상, 가해 근로자인 병, 정과 피해 근로자인 무는 보험가입자인 갑 회사와 함께 직·간접적으로 산업재해보상보험관계를 가지는 사람으로서 구 산재법 제54조 제1항(현행 제87조 제1항)에 규정된 '제3자'에서 제외된다고 한 사례〉

【서식】 산업재해보상보험 신청

산 업 재 해 보 상 보 험

요양급여 및 휴업급여(최초분) 신청(청구)서

※ 공통란은 모두 기재하시고, 해당 신청란에 [☑] 하고 기재하시기 바랍니다.

접수번호	접수일	처리기간 : 7일

공통	재해 근로자	성 명	주민등록번호 □□□□□□-□□□□□□□	
		주 소 :	휴대전화:	전화번호:
		재해발생일시 □□□□년 □□월 □□일 □□시 □□분		
		채용일자: 년 월 일	국 적:	직 종:
		출근시간:	퇴근시간:	작업개시시간:
		보험가입자와의 관계: □실제사업주 □하수급인 □동업자 □배우자 □부모 □자녀 □형제자매 □기타 친인척( ) □해당없음		
		종사상 지위: □상용 □임시 □일용	고용형태: □정규직 □비정규직	
		평균급여액: 원(□1개월 □1일)	<사업장의 산재보험 담당자> 성명: 직책: 연락처:	
		향후 치유(치료종결)후 동 사업장에서 계속 근무할 의사가 있습니까?	□ 예 □ 아니오	
		본인은 「산업재해보상보험법」에 따라 근로복지공단이 산재보험 관련 안내와 고객만족도 조사를 위하여 본인의 개인정보를 수집·이용하는 것에 동의합니다.	□ 예 □ 아니오	
		본인은 「산업재해보상보험법」에 따라 근로복지공단이 산재보험 관련 안내와 SMS서비스 및 고객만족도 조사를 위하여 본인의 주민번호, 성명, 전화번호 등 개인정보를 제3자(위탁발송)에게 제공하고 조회정보 및 조회결과를 수집·이용함에 동의합니다.	□ 예 □ 아니오	

[ ] 요양	신청구분 □최초요양 □재요양 □전원 □병행진료 □진폐 ※ 최초요양 및 재요양 신청시 휴업급여(뒷면)를 함께 청구하실 수 있습니다.		
	사업장관리번호 □□□-□□-□□□□□□-□ (사업개시번호:)		
	재해원인 및 발생상황 (별지사용 가능)		
	① 위 재해와 관련하여 음주 또는 음주운전으로 관공서에 신고(접수)한 사실이 있습니까?	□ 예 □ 아니오	
	② 위 재해와 관련하여 119 또는 소방서에 구조구급·재난 신고(접수)한 사실이 있습니까?	□ 예 □ 아니오	
	③ 위 재해와 관련하여 경찰서에 사고(사건) 신고한 사실이 있습니까?	□ 예 □ 아니오	
	※재해경위 등 주요사항을 사실과 달리 기재하여 보험급여를 지급받은 경우에는 「산업재해보상보험법」 제84조에 따라 배액징수 등 불이익 처분을 받게 되오니 사실대로·구체적으로 기재하셔야 합니다. ※작성방식: 어디에서(·구체적장소), 무엇을 하기 위해(작업내용, 목적), 무엇을 사용하여(작업도구, 취급물질) 어떻게 하다가(경위, 동작, 움직임), 어떤 이유 때문에 어떻게 재해를 당하였는지 작성하여주시기 바랍니다.		
	목격자가 있는 경우: 성명( ), 연락처( ), 재해자와의 관계( )		
	가해자가 있는 경우: 성명( ), 연락처( ), 재해자와의 관계( )		
	재요양을 받는 사유	사유	□금속내 고정물 제거 □증상악화로 인한 요양 □물리치료 □증상악화로 인한 수술적 가료 □의지장착을 위한 요양 □기타
		수술할 경우 기재	수술부위: 수술예정일자: 년 월 일
	재해 발생 후 현재 요양 중인 의료기관 전에 진료(치료) 받은 의료기관 · 의료기관명: · 소재지: · 의료기관명: · 소재지:		
	· 전원의료기관명: · 소재지: · 신청사유: ※전원이란 생활근거지 또는 전문적 치료 등을 위해 현재 요양 중인 의료기관에서 다른 의료기관으로 변경하는 것을 말합니다.		

(뒷면에 휴업급여 청구서가 있습니다)

[ ] 휴업급여

< 근로자 확인사항 >

① 휴업급여 청구기간에 대하여 이미 사업주로부터 급여를 받았습니까? 1.예( ) 2.아니오( )

※ '휴업급여'에 상당하는 금액을 사업주로부터 받은 경우 근로자는 중복으로 휴업급여를 받으실 수 없습니다.

※ 사업주는 휴업급여에 상당하는 금품을 근로자에게 지급한 경우에는 지급 사실을 증명하는 서류(급여대장, 계좌이체내역 등)를 첨부하여 공단에 휴업급여를 대체청구 할 수 있습니다.

② 휴업급여를 청구한 기간 중 취업한 사실이 있습니까? 1.취업 함 ( ) 2.취업하지 못함 ( )

③ 휴업급여 자동지급을 신청하겠습니까? 1.예( ) 2.아니오( )

※ **'휴업급여 자동지급제도'**란 입원 요양기간 동안(통원기간 제외)에는 본 청구로 휴업급여가 매월 10일내에 자동지급 되는 제도입니다. (부분휴업급여 대상자는 자동지급신청에서 제외됩니다)

휴업급여 청구기간	. . . ~ . . .
수령희망은행 및 계좌번호	**은행명:** ______ 계좌번호: ______ (예금주:)

<요양급여 신청 구비서류>

1. 초진소견서(최초요양 또는 재요양) 1부
2. **목격자** 및 행정기관(경찰서) 등에서의 관련 진술서 사본 등 재해경위와 사실 확인을 위한 관계인의 진술 또는 관련 서류 1부.
3. 「민법」 또는 다른 법령에 의거 보상이나 배상을 받은 경우 및 사업주(보험가입자) 또는 제3자 등으로부터 보험급여에 상당한 금품을 받은 경우 금품의 내역 및 금액을 알 수 있는 판결문·합의서 등의 서류

<휴업급여 청구 구비서류>

1. 재해가 발생한 달을 포함하여 이전 4개월간의 임금대장(단, 연차수당 및 상여금이 있는 경우에는 12개월간의 임금대장)

2. 일용근로자의 경우 일용근로계약서 또는 일당을 확인할 수 있는 자료

※ 유의사항 ※

1. 요양기간이 아닌 기간 또는 취업한 기간에 허위 기타 부정한 방법으로 휴업급여를 받은 경우에는 받은 급여액의 2배에 해당하는 금액을 부당이득금으로 공단에 납부하여야 합니다.
2. 휴업급여 청구서의 처리기한내에 평균임금을 산정하기 곤란한 경우에는 산재근로자의 생계보호를 위하여 최저임금액을 1일당 휴업급여 지급액으로 산정하여 우선 지급하며 평균임금 산정 후 지급 차액이 있는 경우에는 추가 지급합니다.
3. 「산재보험법 시행령」 제23조에 따른 일용근로자는 일당에 0.73을 곱한 금액이 평균임금으로 적용됩니다.

공통

본 재해와 동일한 사유로 민법, 기타 법령의 규정에 의하여 수령한 보상 또는 배상내역 (산업재해보상보험법 제80조)	수령일자	수령금액	보상 또는 배상내역(수령근거)
	첨부서류	1. 합의서 2. 판결문 3. 영수증 4. 기타	

<확인서> 본인은 최초요양 또는 재요양을 신청하기 전에 보험가입자 또는 제3자 등으로부터 보험급여에 상당한 금품을 받지 아니하였음을 확인합니다.

청 구 인 (서명 또는 인)

요양급여 신청 및 휴업급여 청구에 관한 기재 사실이 틀림없음을 확인합니다.

년 월 일

사업장명 ☎

소 재 지

보험가입자(사업주) (서명 또는 인)

위와 같이 신청(청구)합니다.

년 월 일

신청인(청구인) (서명 또는 인)

대 리 인 (서명 또는 인)

근로복지공단 지역본부(지사)장 귀하

<요양급여 신청 및 휴업급여 청구 대행에 대한 위임(동의)장>

위 본인은 □요양급여 신청, □휴업급여 청구를 아래 산재보험 의료기관이 대행하여 근로복지공단(고용·산재보험 토탈서비스(total.kcomwel.or.kr) 제출포함)에 제출하는 것에 대하여 동의합니다.

위임하는 자(신청인) (서명 또는 인) 위임받는 자 (서명 또는 인)

(210mm×297mm, 백상지 80g/㎡)

【서식】 손해배상(산)청구 소장(장해 · 사용자 과실)

소 장

원 고 ○ ○ ○ (XXXXXX-XXXXXXX)
○○시 ○○구 ○○동 ○번지
소송대리인 변호사 ○○○
피 고 ○ ○ ○ (XXXXXX-XXXXXXX)
○○시 ○○구 ○○동 ○번지
(등기부상 주소 : ○○시 ○○구 ○○동 ○번지)

손해배상(산) 청구의 소

청 구 취 지

1. 피고는 원고에게 금 118,430,000원 및 이에 대하여 2001.11.○.부터 이 사건 소장부본 송달일까지는 연 5%의, 그 다음날부터 완제일까지는 연 20%의 각 비율에 의한 금원을 지급하라.
2. 소송비용은 피고의 부담으로 한다.
3. 제1항은 가집행할 수 있다.

라는 재판을 구합니다.

청 구 원 인

1. 당사자의 관계

원고는 피고가 운영하는 ○○시 ○○구 ○○동 ○번지 소재 ○○공업사의 직원이고, 피고는 위 ○○공업사를 운영하면서 금형 등 공작물을 제조하는 자로서 원고의 사용자 겸 이 사건 사고의 불법행위자입니다.

2. 손해배상책임의 발생

가. 사고발생

피고는 2001.11.○○. 15:20경 위 ○○공업사 공장 내에서 산반 작업을 하기 위해 원고에게 환봉을 잡아 달라고 요청하여 원고가 환봉을 잡고 있었으나 피고가 환봉을 선반 척에 완전히 물리지 않은 상태에서 조작하는 바람에 환봉이 휘어지면서 튕겨 나가 원고의 머리부취를 충격하여 원고를 하여금 중증뇌좌상, 두개골 복잡분쇄 함몰골절, 뇌기저골 골절 등 약 10주간의 치료를 요하는 상해를 입게 하였습니다.

나. 피고의 불법행위 성립

그런데 피고는 환봉과 같이 재료가 길어 돌출된 채 선반작업을 하고자 하는 때에는 선반보조기구인 삼각베어링 지지대를 사용하여 회전중인 절삭 면을 손에 접촉시키지 말아야 하고, 재료가 돌출된 부근에는 사람의 접근을 막고 위험표시나 체크를 하여야 하며, 작업자에게 안전보호구를 지급하고 부근 작업자에게 위해가 미칠 때에는 칸막이를 하는 등 작업 안전수칙을 지켜야 할 업무상 주의의무가 있다할 것임에도 불구하고 피고는 사용자 겸 작업자로서 위와 같은 주의의무를 다하지 아니하고 안전수칙을 위반하여 작업보조자인 원고로 하여금 위험한 작업을 보조하게 함으로써 위와 같은 상해를 입게 하였는바, 피고는 민법 제750조, 제751조에 의한 불법행위 및 제756조에 의한 사용자로서 원고가 입은 손해를 배상할 책임이 있다 할 것입니다.

3. 손해배상책임의 범위

가. 일실수입

(1) 기초사실

가) 성별, 연령, 기대여명 등

- 성별 : 남자
- 생년월일 : 1958. 2. ○○ 생 연령 : 사고 당시 43세 9개월
- 기대여명 : 38.46년

나) 직업, 경력 및 소득실태

- 원고는 피고가 운영하던 ○○공업사에 2000. 11. ○○.부터 생산직 근로자로 근무하여 왔으나, 입증의 편의를 위해 원고는 도시일용노임을 청구하는 바, 이 사건 사고 당시에 가까운 2001. 11.의 ○○건설협회 발생의 월간거래가격에 다르면 평균 도시일용노임이 38,932원이고, 도시일용노동자로서 적어도 매월 5일씩 일하여 월 856,504원의 소득을 얻을 수 있다 할 것이고, 한편, 위 도시일용노임은 2003. 9. 이후에는 52,483원으로 인상되어 그 때부터는 원고가 월 1,154,626원(52,483 × 22일)의 소득을 얻을 수 있다 할 것입니다.

다) 후유장해 및 노동능력상실률

① 원고는 이 사고로 뇌좌상, 외상성 뇌경막하 혈종 및 뇌경막의 혈종, 외상성 뇌 실질내 출혈, 뇌 농양 등의 피해를 입었으며, 현재 두부외상으로 인한 만성적인 정신분열증상을 보이는 바, 이는 맥브라이드 장해불구평가표 중 신경계 장애율표제 Ⅷ-B-3항에 해당되어 옥의 노동능력이 58% 상실된 것으로 사료됩니다.

② 노동능력상실률은

입원치료기간인 2001. 11. 9.부터 2002. 3. 14.까지(126일간)는 100%로, 그 다음날로부터 2018. 2. 2까지는 58%로 사료됩니다. (실제 입원은 2001. 11. 9.부터 2002. 2. 9.까지, 2003. 10. 14.부터 2003. 10. 27.까지, 2003. 12. 1.부터 2003. 12. 19.까지 세 번에 걸쳐하였지만 계산의 편의상 사고일로부터 합산하여 계산하고, 월 미만은 버리기로 합니다.).

(2) 가동연한 : 도시일용노동자로 60세가 될 때까지 근무할 수 있었습니다.

가) 2001. 11. 9.부터 2002. 3. 14까지(126일간, 4개월)

금 856,504원 × 100% × 3.9588 = 3,390,728원

나) 2002. 3. 15.부터 2003. 9. 14.까지(18개월)

금 856,504원 × 58% × 17.0486(=21.0074 + 39588) = 8,469,272원

다) 2003. 9. 15.부터 2018. 2. 2.까지(173개월)

금 1,154,626원 × 58% × (142.5058 − 21.0074) = 81,366,484원

라) 합계 : 가) + 나) + 다) = 93,226,484원

나. 치 료 비

(1) 기왕치료비

원고는 이 사건 사고로 인하여 근로복지공단으로부터 요양급여를 받았으나, 그 이외에도 원고 본인은 치료비를 지출하였는바, ○○대학교 병원에서 입원치료비로 ① 2001. 11. 15.부터 2002. 1. 7.까지 금 3,104,080원, ② 2003. 10. 14.부터 2003. 10. 27.까지 금 760,210원, ③ 2003. 12. 1.부터 같은 달 19.까지 금 785,620원, 외래치료비로 ④ 2002. 1. 19.부터 2004. 5. 14.까지 316,900원 ⑤ 2004. 5. 14. 금 442,994원, ⑥ 2004. 6. 7. 금 290,000원을 지출하여 합계 5,699,804원 치료비로 청구하는 바입니다.

(2) 장래치료비는 추후 신체감정결과에 의해 확정하겠습니다.

다. 개 호 비

기왕 개호비 및 장래 개호비는 추후 신체감정에 따라 청구하기로 하겠습니다.

라. 퇴 직 금

추후 확정하여 청구하기로 합니다.

마. 위 자 료

원고는 성실하게 사회생활을 영위하여 오는 것은 물론 가족들과 단란한 생활을 영위하여 오다가 이 사건 사고로 상해를 입고 불구의 몸이 됨으로써 현재 및 장래에 형언할 수 없는 실의와 비탄에 잠겨 있는바, 정신적으로 극심한 고통을 받았을 것임은 경험칙상 명백하므로 피고는 이를 금전적으로 위자함이 마땅하다고 할 것이고, 그 액수는 원고의 나이, 직업, 이 사건 사고의 경위 및

결과 등 제반사정을 참작하여 금 35,000,000원이 상당하다고 할 것입니다.

바. 손익상계

원고는 이 사건 사고로 인하여 근로복지공단으로 휴업급여로 15,486,490원을 지급 받았습니다(요양급여도 지급을 받았으나, 원고가 요양급여 받은 부분의 치료비는 애초에 청구하지 아니하였으므로 이 부분은 공제대상에서 제외되어야 할 것입니다.)

4. 결 론

그렇다면 원고는 일단 피고에게 금 118,430,000원[10,000원 이하는 버림(=일실수입 금 93,226,484원 + 기왕치료비 금 5,699,804원 + 위자료 금 35,000,000원 - 손익상계 금 15,586,490원)] 및 이에 대한 이 사건 사고일인 2001. 11. ○○.부터 이 사건 소장 부본 송달일까지는 민법 소정의 연 5%, 그 다음날부터 완제일까지는 소송촉진등에관한특례법 소정의 연 20% 비율에 의한 금원을 지급할 의무가 있다 할 것입니다.

입 증 방 법

1. 갑 제1호증	재해조사복명서
1. 갑 제2호증의 1,2	각 사실확인서
1. 갑 제3호증	자문의 소견서
1. 갑 제4호증	진단서
1. 갑 제5호증	선반안전수칙
1. 갑 제6호증	주민등록등본
1. 갑 제7호증의 1,2	각 월간거래가격
1. 갑 제8호증	장애진단서
1. 갑 제9호증의 1내지 6	각 진료비계산서
1. 갑 제10호증	표창장
1. 갑 제11호증	보험급여지급확인서

기타 입증자료는 변론진행에 따라 추후 제출하겠습니다.

첨 부 서 류

1. 위 입증방법 각 1통
1. 소장부본 1통
1. 납부서 1통
1. 위임장 1통

2004년 11월 00 일

위 원고의 소송대리인

변호사 ○ ○ ○ (인)

○○지방법원 귀중

【서식】 손해배상(산)청구 소장(산업재해사고, 일실퇴직금, 재해보상과 산재보상과의 관계)

소 장

원 고 1. 이 ○ ○ (○○○○○○-○○○○○○○) (전화 :)
2. 김 ○ ○ (○○○○○○-○○○○○○○) (전화 :)
3. 이 ○ ○ (○○○○○○-○○○○○○○) (전화 :)
4. 이 ○ ○ (○○○○○○-○○○○○○○) (전화 :)
원고들의 주소 :
○○시 ○○구 ○○로 ○번지 (우 :)
원고 3, 4는 미성년자이므로 법정대리인 친권자 부 ○○○, 모 ○○○

피 고 △△토건주식회사 (○○○○○○-○○○○○○○)
○○시 ○○구 ○○로 ○번지 (우 :)
대표이사 ○ ○ ○

손해배상(산) 청구의 소

청 구 취 지

1. 피고는 원고 ○○○에게 223,819,589원, 원고 ○○○에게 1,000,000원, 원고 ○○○, 원고 ○○○에게 각 500,000원과 각 이에 대하여 2011. 5. 11.부터 이 사건 소장부본 송달일까지는 연 5%, 그 다음날부터 다 갚는 날까지는 연 20%의 각 비율로 계산한 돈을 각 지급하라.
2. 소송비용은 피고의 부담으로 한다.
3. 위 제1항은 가집행할 수 있다.

라는 판결을 구합니다.

청 구 원 인

1. 피고회사는 2011. 5. 10. 15:00경 소외 양○○으로 하여금 서울 가락동 소재 하수도공사장에서 가배수로 설치작업을 하게 하였습니다.

2. 그 때 소외 양○○은 가배수로를 설치하기 위하여 착암기로 아스팔트 절단작업을 하다가 빈 깡통에 발이 걸려 넘어지면서 착암기를 밀어던져 원고 ○○○에게 상해를 입게 하였습니다.

3. 그런데 소외 양○○은 빈 깡통을 치우고 안전하게 작업을 하여야 하는데 그러하지 아니한 과실이 있습니다.

4. 한편 원고 ○○○은 1975. 6. 3.생이고 기대여명은 31년 정도입니다. 그리고 피고회사의 배관공인 원고 ○○○의 가동시간은 사고시부터 정년인 55세까지입니다.

5. 원고 ○○○은 이 사고로 배관공으로는 더 이상 종사할 수 없게 되었고 도시일용노동에 종사하는 경우 노동능력상실율은 100분의 40입니다. 원고 ○○○의 사고 당시 수입은 월급 150만원, 상여금 연 300%이다. 그리고 사고 당시 도시일용노동수입은 1일 금 45,031입니다.

6. 따라서 원고 ○○○의 일실수입은 다음과 같이 금 208,455,457원이 됩니다.

   배관공의 월 수입
   (1,500,000원×12+1,500,000원×3) / 12=1,875,000원
   도시일용노임 45,031원×22일=990,682원
   가동기간
   사고일로부터 치료종결일인 2011. 11. 10.까지 6개월
   치료종결일로부터 정년가지 222개월(월 미만 포기)
   1,875,000원×5.9140+(1,875,000원－990,682원×0.6)×(160.0357－5.9140)
   =208,455,457원

7. 그리고 원고 ○○○은 피고회사에 2008. 5. 1. 취직하여 위와 같은 임금을 받다가 2011. 11. 10. 퇴직하였습니다.
   피고회사의 퇴직금규정은 계속근로년수 1년에 대하여 30일분의 평균임금을 지급하는 것으로 규정하고 있습니다.

8. 따라서 원고 ○○○의 일실퇴직금은 다음과 같이 금 22,564,102원이 됩니다.
   (1,500,000원+1,500,000원+3,000,000원)/90일 × 30일
   = 2,000,000원 (30일분의 평균임금)
   2030년－2008년=22년(계속근로년수)
   2,000,000원×22년=44,000,000원
   44,000,000원 / 1+0.05 × 19년=22,564,102원

9. 또한 원고 ○○○과 그의 아내인 원고 ○○○, 그의 아들인 원고 ○○○, 그의 딸인 원고 ○○○는 소외 양○○의 불법행위로 상당한 정신적 고통을 받았습니다.

그 위자료로는 원고 ○○○는 금 20,000,000원, 원고 ○○○는 금 1,000,000원, 원고 ○○○, 원고 ○○○는 각 금 500,000원씩이 상당합니다.

10. 그러므로 피고는 소외 양○○을 사용하여 그의 사무에 종사하게 한 자로 소외 양○○이 그 사무에 관하여 원고들에게 가한 손해 중 이미 원고 ○○○에게 지급한 휴업급여금 6,000,000원과 장해보상금 20,000,000원과 퇴직금 1,199,970원을 공제한 돈을 원고들에게 지급하고, 이에 대하여 이행지체를 원인으로 하여 불법행위 다음날부터 다 갚는 날까지 법 소정의 각 비율로 계산한 지연손해금을 지급할 의무가 있다 할 것이므로 본 소 청구에 이르렀습니다.

입 증 방 법

변론시 수시 제출하겠습니다.

첨 부 서 류

1. 주민등록초본	4통
1. 법인등기사항증명서	1통
1. 소장 부본	1통
1. 납부서	1통

20○○. ○. .

위 원고 1. ○ ○ ○ (인)
2. ○ ○ ○ (인)
3. ○ ○ ○
4. ○ ○ ○
원고 3. 4.는 미성년자이므로
법정대리인 친권자 부 ○○○ (인)
모 ○○○ (인)

○○지방법원 귀중

제 6 절 국가배상책임

1. 의 의

(1) 국가배상책임

『헌법』

제29조 ① 공무원의 직무상 불법행위로 손해를 받은 국민은 법률이 정하는 바에 의하여 국가 또는 공공단체에 정당한 배상을 청구할 수 있다. 이 경우 공무원 자신의 책임은 면제되지 아니한다.

② 군인·군무원·경찰공무원 기타 법률이 정하는 자가 전투·훈련 등 직무집행과 관련하여 받은 손해에 대하여는 법률이 정하는 보상 외에 국가 또는 공공단체에 공무원의 직무상 불법행위로 인한 배상은 청구할 수 없다.

『국가배상법』

제2조(배상책임) ① 국가나 지방자치단체는 공무원 또는 공무를 위탁받은 사인(이하 "공무원"이라 한다)이 직무를 집행하면서 고의 또는 과실로 법령을 위반하여 타인에게 손해를 입히거나, 「자동차손해배상 보장법」에 따라 손해배상의 책임이 있을 때에는 이 법에 따라 그 손해를 배상하여야 한다. 다만, 군인·군무원·경찰공무원 또는 향토예비군대원이 전투·훈련 등 직무 집행과 관련하여 전사(戰死)·순직(殉職)하거나 공상(公傷)을 입은 경우에 본인이나 그 유족이 다른 법령에 따라 재해보상금·유족연금·상이연금 등의 보상을 지급받을 수 있을 때에는 이 법 및 「민법」에 따른 손해배상을 청구할 수 없다.

② 제1항 본문의 경우에 공무원에게 고의 또는 중대한 과실이 있으면 국가나 지방자치단체는 그 공무원에게 구상(求償)할 수 있다.

제5조(공공시설 등의 하자로 인한 책임) ① 도로·하천, 그 밖의 공공의 영조물(營造物)의 설치나 관리에 하자(瑕疵)가 있기 때문에 타인에게 손해를 발생하게 하였을 때에는 국가나 지방자치단체는 그 손해를 배상하여야 한다. 이 경우 제2조제1항 단서, 제3조 및 제3조의2를 준용한다.

② 제1항을 적용할 때 손해의 원인에 대하여 책임을 질 자가 따로 있으면 국가나 지방자치단체는 그 자에게 구상할 수 있다.

제8조(다른 법률과의 관계) 국가나 지방자치단체의 손해배상 책임에 관하여는 이 법에 규정된 사항 외에는 「민법」에 따른다. 다만, 「민법」 외의 법률에 다른 규정이 있을 때에는 그 규정에 따른다.

국가배상책임이란 공무원의 직무관련 불법행위나 영조물의 설치 및 관리상의 잘못으로 인하여 손해가 발생하는 경우 국가나 지방자치단체가 부담하는 손해배상책임을 말한다. 국가나 지방자치단체는 공무원의 직무집행과 관련하여 공무원이 고의 또는 과실로 법령을 위반하여 타인에게 손해를 입히거나 자동차손해배상보장법에 따라 손해배상의 책임이 있을 때에는 이에 대해 책임을 져야 한다(법 제2조 1항). 또, 도로 · 하천, 그 밖의 공공의 영조물의 설치나 관리상의 하자로 타인에게 손해를 발생시킨 경우에도 그 손해를 배상해야 한다(법 제5조 1항). 국가배상책임은 헌법 제29조의 내용을 구체화 한 것으로서, 사무의 귀속주체 및 비용부담자가 책임주체가 된다(법 제5조 1항).

국가배상법 제2조상의 배상책임은 국가나 지방자치단체가 직접 타인에게 불법행위를 하지 않더라도 소속 공무원이 직무를 집행함에 있어 고의나 과실로 인한 불법행위를 한 경우 국가나 지방자치단체가 사용자로서 그 손해에 대해 배상책임을 지는 것이므로 그 성질은 민법 제756조 사용자배상책임과 유사하다. 또한, 국가배상법 제5조상의 영조물책임은 국가나 지방자치단체가 물적 시설을 설치하거나 관리함에 있어 고도의 안전의무를 다하지 않은 하자로 손해가 발생한 경우 그에 대해 무과실책임을 진다는 점에서 민법 제758조 공작물책임과 그 성질이 매우 유사하다. 이 점에서 국가배상법 제2조 및 제5조는 민법 제756조 및 제758조의 특별규정이다.

(2) 민법과의 관계

공무원의 불법행위에 대해 국가 또는 지방자치단체가 책임을 지는 국가배상법 제2조의 적용이 있는 경우에는 사용자의 배상책임에 관한 민법 제756조의 규정이 배제된다.[173] 이 경우 국가배상의 본질에 대해 국가나 지방자치단체가 공무원의 사용자의 지위에서 위법한 행위를 한 공무원을 대위하여 책임을 진다고 보는 대위책임설, 공무원의 행위를 국가기관 자신의 행위로

173) 대법원 1975. 5. 27. 선고 75다300 판결 대법원은 국가 또는 지방자치단체가 공권력을 행사함에 있어서 공무원이 그 직무를 집행함에 당하여 고의 또는 과실로 법령에 위반하여 타인에게 손해를 가하였을 때에는 국가배상법 제2조에 의하여 그 손해를 배상할 책임이 있는 것이고, 이와 같이 국가배상법 제2조의 적용이 있는 경우에는 사용자의 배상책임에 관한 민법 제756조의 규정이 배제된다고 한다.

보아 자신의 고유책임을 진다고 보는 자기책임설, 그리고 공무원의 고의 또는 중과실에 기한 행위는 기관행위로 볼 수 없으므로 그 경우에는 대위책임설에 따르고 경과실에 기한 행위는 기관행위로 볼 수 있으므로 자기책임설에 따르는 절충설 등이 있다.

판례는 공무원의 고의 또는 중과실에 기한 행위와 경과실에 기한 행위로 나누어 그 본질을 파악한다. 특히 경과실에 의한 공무원의 직무상 위법행위의 경우 공무원 개인은 손해배상책임을 지지 않는다.

• 판 례

◇ 대법원 1996. 2. 15. 선고 95다38677 전원합의체 판결 : 국가배상법 제2조 제1항 본문 및 제2항의 입법 취지는 공무원의 직무상 위법행위로 타인에게 손해를 끼친 경우에는 변제자력이 충분한 국가 등에게 선임감독상 과실 여부에 불구하고 손해배상책임을 부담시켜 국민의 재산권을 보장하되, 공무원이 직무를 수행함에 있어 경과실로 타인에게 손해를 입힌 경우에는 그 직무수행상 통상 예기할 수 있는 흠이 있는 것에 불과하므로, 이러한 공무원의 행위는 여전히 국가 등의 기관의 행위로 보아 그로 인하여 발생한 손해에 대한 배상책임도 전적으로 국가 등에만 귀속시키고 공무원 개인에게는 그로 인한 책임을 부담시키지 아니하여 공무원의 공무집행의 안정성을 확보하고, 반면에 공무원의 위법행위가 고의·중과실에 기한 경우에는 비록 그 행위가 그의 직무와 관련된 것이라고 하더라도 그와 같은 행위는 그 본질에 있어서 기관행위로서의 품격을 상실하여 국가 등에게 그 책임을 귀속시킬 수 없으므로 공무원 개인에게 불법행위로 인한 손해배상책임을 부담시키되, 다만 이러한 경우에도 그 행위의 외관을 객관적으로 관찰하여 공무원의 직무집행으로 보여질 때에는 피해자인 국민을 두텁게 보호하기 위하여 국가 등이 공무원 개인과 중첩적으로 배상책임을 부담하되 국가 등이 배상책임을 지는 경우에는 공무원 개인에게 구상할 수 있도록 함으로써 궁극적으로 그 책임이 공무원 개인에게 귀속되도록 하려는 것이라고 봄이 합당하다.

경과실에 의한 공무원의 직무상 위법행위에 대하여 공무원 개인의 손해배상책임을 인정하지 않는 것이 피해자인 국민의 입장에서 보면 헌법 제23조가 보장하고 있는 재산권에 대한 제한이 될 수 있다. 다만, 공무수행의 안정성이란 공공의 이익을 위한 것이라는 점과 공무원 개인책임이 인정되지 아니하더라도 충분한 자력이 있는 국가에 의한 배상책임이 인정되고 국가배상책임의 인정요건도 민법상 사용자책임에 비하여 완화하고 있는 점 등에 비추어 볼 때, 헌법 제29조 제1항 본문과 단서 및 국가배상법 제2조의 입법취지에 조화되는 올바른 해석이며, 또한 헌법 제37조 제2항(법률유보)이 허용하는 기본권의 제한 범위에 속하는 것으로 헌법 제23조(재산권보장 및 그 제한)에 위배되는 것도 아니다.[174)]

한편, 국가나 지방자치단체의 손해배상 책임에 관하여는 국가배상법에 규정된 사항 외에는 민법에 따른다. 다만, 민법 외의 법률에 다른 규정이 있을 때에는 그 규정에 따른다(법 제8조). 그러므로 민법은 국가배상법의 보충적 규정이다.

2. 국가배상법 제2조

(1) 성립요건

1) 공무원의 행위

국가배상법 제2조상의 공무원이란 국가공무원법이나 지방공무원법에 의하여 공무원으로서의 신분을 가진 자뿐 아니라, 널리 공무를 위탁받아 실질적으로 공무에 종사하고 있는 일체의 자를 말한다. 그러므로 기관이 공무를 수행하는 경우에는 기관 그 자체가 공무원의 개념에 포함되며, 이 경우 공무의 위탁이 일시적이고 한정적인 사항이라도 무방하다.[175)]

공무원의 행위는 작위뿐 아니라 부작위의 경우도 포함한다. 특히, 부작위의 경우 국가배상책임이 성립하기 위해서는 관련 공무원에게 작위의무가 있어야 한다. 그러므로 공무원이 관련 법령대로 직무를 수행하였다면 고의 또는 과실로 법령에 위반하였다고 할 수 없으므로 원칙적으로 국가배상책임이

174) 대법원 1996. 2. 15. 선고 95다38677 전원합의체 판결 이 판결에서 별개의견은, '공무원의 직무상 경과실로 인한 불법행위의 면책의 근거를 헌법규정의 연혁과 기본권보장 정신, 법치주의의 이념에서 구하였다. 한편, 반대의견은 공무원이 직무상 불법행위를 한 경우에 국가 또는 공공단체만이 피해자에 대하여 국가배상법에 의한 손해배상책임을 부담할 뿐, 공무원 개인은 고의 또는 중과실이 있는 경우에도 피해자에 대하여 손해배상책임을 부담하지 않는 것으로 보아야 한다'고 판시하였다.

175) 대법원 2001. 1. 5 선고 98다39060 판결

성립하지 않는다. 다만, 관련 공무원에 대하여 작위의무를 명하는 법령의 규정이 없다면 공무원의 부작위로 인하여 침해된 국민의 법익 또는 국민에게 발생한 손해의 심각성 및 관련 공무원의 결과예견가능성과 결과회피가능성 등을 종합적으로 고려하여 책임의 성립여부를 판단하여야 한다.[176)]

2) 직무관련성

국가배상책임이 성립하기 위해서는 공무원이 그 직무를 집행함에 당하여 불법행위를 하였어야 한다. 여기서 직무는 국가나 지방자치단체의 업무로 직접 해당 공무원의 직무집행 행위이거나 그와 밀접한 관련이 있는 행위를 말한다. 직무관련성은 이른바 외형이론에 따라 판단한다. 그러므로 행위자체의 외관을 객관적으로 관찰하여 공무원의 직무행위로 보일 때에는 비록 그것이 실질적으로 직무행위가 아니거나 또는 행위자로서는 주관적으로 공무집행의 의사가 없었다 하더라도 직무행위에 해당한다.[177)] 다만, 국가나 지방자치단체가 사경제의 주체로서 하는 직무는 이에 포함되지 않으며,[178)] 근무가 시작되기 전 출근하는 공무원이 과실로 교통사고를 낸 경우에도 직무관련성을 인정할 수 없다.[179)] 이러한 경우는 민법상 계약책임 내지 불법행위책임의 법리에 따라 해결하여야 한다.

3) 귀책사유

국가배상책임은 공무원의 과실에 의한 불법행위책임으로 타인의 손해가 공무원의 고의 또는 과실로 인해 발생하여야 한다. 이 때 과실은 가령, 법관이 재판을 함에 있어 법령의 규정을 따르지 아니한 잘못이 있다 하더라도 이로써 바로 그 재판상 직무행위가 국가배상법 제2조 제1항에서 말하는 위법한 행위로 되어 국가의 손해배상책임이 발생하는 것은 아니다.

---

176) 대법원 2001. 4. 24 선고 2000다57856 판결

177) 대법원 2005. 1. 14 선고 2004다 26805판결.

178) 대법원 2004. 4. 9. 선고 2002다10691 판결

179) 대법원 1996. 5. 31. 선고 94다15271 판결 이 사례는 공무원이 근무지로 출근하기 위하여 자기 소유의 자동차를 운행하다가 과실로 교통사고를 일으킨 경우로 법원은 특별한 사정이 없는 한 공무원이 '직무를 집행함에 당하여' 타인에게 불법행위를 한 것이라고 할 수 없어 국가배상책임이 성립하지 않는다고 판결하였다. 다만, 공무원이 회사차량을 이용하여 교통사고가 난 경우라면 달리 판단할 여지가 있을 것이다.

법관에게 국가배상책임이 인정되기 위해서는 법관이 행하는 재판사무의 특수성과 그 재판과정의 잘못에 대하여 따로 불복절차에 의하여 시정될 수 있는 제도적 장치가 마련되어 있는 점 등에 비추어, 당해 법관이 위법 또는 부당한 목적을 가지고 재판을 하는 등 법관이 그에게 부여된 권한의 취지에 명백히 어긋나게 이를 행사하였다고 인정할 만한 특별한 사정이 있어야 한다.[180] 다만, 이와 같은 경우에도 피해자가 불복절차를 활용할 수 없다면 국가배상책임이 인정될 수 있다.[181]

검사의 경우 검사가 형사소송법 등 법령에 명시되지 아니한 피의자의 권리를 헌법적 해석을 통하여 인정하거나 피의자의 다른 권리에 관한 형사소송법의 규정 등을 유추적용하여 인정함으로써, 사후적으로 피의자에게 그러한 권리가 존재하지 않는 것으로 해석한 검사의 조치가 잘못된 것으로 판명되고 그에 따른 처리가 결과적으로 위법하게 되어 법령의 부당집행이라는 결과를 가져오게 되었다고 하더라도, 그 자체만으로 합리적인 평균적 검사를 기준으로 그 조치를 내린 검사에게 과실이 있다고 할 수 없다.[182] 또한, 어떠한 행정처분 이후에 항고소송에서 그 처분이 취소되었다고 할지라도 그 자체만으로 그 행정처분이 곧바로 공무원의 고의 또는 과실로 인한 불법행위라고 할 수는 없다.

이처럼 공무원의 과실여부를 판단함에 있어서는 공무원의 주의의무 해태가 명백하지 않은 이상, 공무원에게는 합리적인 재량에 따른 직무수행 권한이 있으므로 구체적인 상황하에서 공무원의 당해 행위가 현저하게 합리성을 잃어 사회적 타당성이 없는 경우이어야 한다.[183] 이 경우 국가나 지방자치단체는 당해 공무원의 선임, 감독상의 주의의무해태의 부존재를 이유로 면책될 수 없다.

4) 위법성 및 인과관계

국가배상책임이 인정되기 위해서는 공무원의 법령위반행위가 있어야 한다.

---

180) 대법원 2001. 4. 24. 선고 2000다16114 판결
181) 대법원 2003. 7. 11. 선고 99다24218 판결
182) 대법원 2010. 6. 24 선고 2006다58738 판결
183) 대법원 2010. 9. 9. 선고 2008다77795 판결

이때, 법령은 형식적 의미의 법령에 한정하지 않으며, 법률과 명령뿐 아니라 행정법의 일반원칙도 포함한다. 또, 국가가 초범규적 , 일차적으로 그 위험배제에 나서지 않으면 국민의 생명, 신체, 재산 등을 보호할 수 없는 경우에는 형식적 의미의 법령에 근거가 없더라도 국가나 지방자치단체의 의무가 인정된다.

국가배상책임은 공무원의 직무집행이 법령에 위반한 것임을 요건으로 하므로 공무원의 직무집행이 법령이 정한 요건과 절차에 따라 이루어진 것이라면 특별한 사정이 없는 한 이는 법령에 적합한 것이고 그 과정에서 개인의 권리가 침해되는 일이 생긴다고 하여 그 법령적합성이 곧바로 부정되는 것은 아니다.[184]

또, 공무원의 직무집행 행위와 타인의 손해 사이에는 상당인과관계가 있어야 한다. 이때 상당인과관계의 유무를 판단함에 있어서는 일반적인 결과 발생의 개연성은 물론 직무상 의무를 부과하는 법령 기타 행동규범의 목적이나 가해행위의 태양 및 피해의 정도 등을 종합적으로 고려하여야 하며, 이는 지방자치단체와 소속 공무원에 대하여도 마찬가지이다.[185]

5) 면책요건

국가배상법 제2조 제1항 단서는 '군인·군무원·경찰공무원 또는 향토예비군대원이 전투·훈련 등 직무 집행과 관련하여 전사·순직하거나 공상을 입은 경우에 본인이나 그 유족이 다른 법령에 따라 재해보상금·유족연금·상이연금 등의 보상을 지급받을 수 있을 때에는 이 법 및 민법에 따른 손해배상을 청구할 수 없다.'고 규정하고 있다. 군인 등이 직무집행 행위와 관련하여 사상을 당한 경우 국가배상책임을 부인하는 것이 타당한지에 대해서는 논란이 있으나, 판례는 국가배상법 제2조 1항 단서는 헌법의 내재적 제한규정인 헌법 제29조 제2항을 구체화한 것이라고 한다.

---

184) 대법원 2000. 11. 10. 선고 2000다26807판결.
185) 대법원 2008. 4. 10. 선고 2005다48994판결.

• 판 례

◇ **대법원 1996. 2. 15. 선고 95다38677 전원합의체 판결** : 헌법 제29조 제2항은 군인, 군무원, 경찰공무원, 기타 법률이 정한 공무원의 경우 전투, 훈련 등 직무집행과 관련하여 받은 손해에 대하여 법률이 정하는 보상 외에 국가 등에 대하여 공무원의 직무상 불법행위로 인한 배상을 청구할 수 없도록 규정하고 있고 국가배상법 제2조 제1항 단서도 이를 이어 받아 이를 구체화하고 있지만, 이는 군인 등이 전투, 훈련 등과 관련하여 받는 손해에 한하여는 국가의 손해배상을 인정하지 아니하고 법률이 정한 보상만을 인정함이 타당하다는 헌법적 결단에 의한 것이기 때문이다.

면책요건이 적용되는 직무집행의 범위는 전투·훈련 또는 이에 준하는 직무집행뿐만 아니라 일반 직무집행도 포함한다. 따라서 경찰공무원이 낙석사고가 일어난 지점 주변의 교통정리를 위하여 순찰차를 운전하여 그 사고현장 부근으로 가다가 산에서 떨어진 소형차량 크기의 낙석이 순찰차를 덮쳐 사망하더라도 국가배상법 제2조 제1항 단서에 해당하여 국가배상책임이 인정되지 않는다.[186)]

(2) 효 과

1) 배상신청 및 손해배상

제3조(배상기준) ① 제2조제1항을 적용할 때 타인을 사망하게 한 경우(타인의 신체에 해를 입혀 그로 인하여 사망하게 한 경우를 포함한다) 피해자의 상속인(이하 "유족"이라 한다)에게 다음 각 호의 기준에 따라 배상한다.

1. 사망 당시(신체에 해를 입고 그로 인하여 사망한 경우에는 신체에 해를 입은 당시를 말한다)의 월급액이나 월실수입액(月實收入額) 또는 평균임금에 장래의 취업가능기간을 곱한 금액의 유족배상(遺族賠償)
2. 대통령령으로 정하는 장례비

② 제2조제1항을 적용할 때 타인의 신체에 해를 입힌 경우에는 피해자에게 다음 각 호의 기준에 따라 배상한다.

186) 대법원 2011. 3. 10. 선고 2010다85942 판결

1. 필요한 요양을 하거나 이를 대신할 요양비
2. 제1호의 요양으로 인하여 월급액이나 월실수입액 또는 평균임금의 수입에 손실이 있는 경우에는 요양기간 중 그 손실액의 휴업배상(休業賠償)
3. 피해자가 완치 후 신체에 장해(障害)가 있는 경우에는 그 장해로 인한 노동력 상실 정도에 따라 피해를 입은 당시의 월급액이나 월실수입액 또는 평균임금에 장래의 취업가능기간을 곱한 금액의 장해배상(障害賠償)

③ 제2조제1항을 적용할 때 타인의 물건을 멸실·훼손한 경우에는 피해자에게 다음 각 호의 기준에 따라 배상한다.

1. 피해를 입은 당시의 그 물건의 교환가액 또는 필요한 수리를 하거나 이를 대신할 수리비
2. 제1호의 수리로 인하여 수입에 손실이 있는 경우에는 수리기간 중 그 손실액의 휴업배상

④ 생명·신체에 대한 침해와 물건의 멸실·훼손으로 인한 손해 외의 손해는 불법행위와 상당한 인과관계가 있는 범위에서 배상한다.

⑤ 사망하거나 신체의 해를 입은 피해자의 직계존속(直系尊屬)·직계비속(直系卑屬) 및 배우자, 신체의 해나 그 밖의 해를 입은 피해자에게는 대통령령으로 정하는 기준 내에서 피해자의 사회적 지위, 과실(過失)의 정도, 생계 상태, 손해배상액 등을 고려하여 그 정신적 고통에 대한 위자료를 배상하여야 한다.

⑥ 제1항제1호 및 제2항제3호에 따른 취업가능기간과 장해의 등급 및 노동력 상실률은 대통령령으로 정한다.

⑦ 제1항부터 제3항까지의 규정에 따른 월급액이나 월실수입액 또는 평균임금 등은 피해자의 주소지를 관할하는 세무서장 또는 시장·군수·구청장(자치구의 구청장을 말한다)과 피해자의 근무처의 장의 증명이나 그 밖의 공신력 있는 증명에 의하고, 이를 증명할 수 없을 때에는 대통령령으로 정하는 바에 따른다.

제4조(양도 등 금지) 생명·신체의 침해로 인한 국가배상을 받을 권리는 양도하거나 압류하지 못한다.

제9조(소송과 배상신청의 관계) 이 법에 따른 손해배상의 소송은 배상심의회(이하 "심의회"라 한다)에 배상신청을 하지 아니하고도 제기할 수 있다.

제12조(배상신청) ① 이 법에 따라 배상금을 지급받으려는 자는 그 주소지·소재지 또는 배상원인 발생지를 관할하는 지구심의회에 배상신청을 하여야 한다.

공무원의 직무집행상의 불법행위가 성립하면 피해자는 관할 주소지·소재지 또는 배상원인 발생지를 관할하는 지구심의회에 배상신청을 하거나(법 제12조), 배상신청을 하지 않고 바로 국가나 지방자치단체를 상대로 한 손해배상청구 소송을 제기할 수 있다(법 제9조). 피해자의 배상신청이 있게 되면 배상심의회는 4주 이내에 배상금의 지급결정 내지 기각 결정을 내려야 한다.(법 제13조 1항). 배상심의회에 대한 배상청구는 시효중단의 효력이 있으며, 이 경우 국가나 지방자치단체는 공무원의 선임, 감독상의 과실이 없어도 손해배상책임을 진다. 즉, 국가나 지방자치단체의 배상책임은 무과실책임이다. 다만 공무원의 경우 고의 또는 중과실이 있는 경우에 한해서만 개인 책임을 부담하는데, 이는 공무원의 공무역량을 확보함으로써 공무수행의 안정성에 기여하기 위함이다.[187]

사상을 입은 피해자는 사망의 경우 유족배상금과 장례비, 위자료를, 상해의 경우 요양비, 휴업배상, 장해배상, 위자료 등을 통상의 손해로 청구할 수 있으며(법 제3조 1항 및 2항), 물건이 멸실·훼손된 경우에는 교환비나 수리비, 휴업배상을 통상손해로 청구할 수 있다(법 제3항). 피해자가 사망한 경우 이와 동시에 이익을 얻었다면 손해배상액에서 그 이익에 상당하는 금액을 공제해야 한다(법 제3조의2).

공무원의 불법행위로 생명·신체에 손해를 입은 피해자는 자신이 취득한 국가배상청구권을 양도하지 못하며 이해관계인도 이를 압류하지 못한다(법 제4조). 다만 피해자를 치료한 의료인이 피해자에 대한 치료비 청구권을 보전하기 위하여 피해자의 국가에 대한 국가배상청구권을 압류하거나 대위 행사하는 것은 가능하다.[188] 공무원의 과실로 인한 영조물의 하자로 피해를 입은 피해자는 국가배상법 제2조 내지 제5조상 책임을 선택적으로 또는 공동으로 하여 청구할 수 있다.

2) 구상관계

고의 또는 중대한 과실로 불법행위를 한 공무원의 배상책임을 피해자에게 이행한 국가나 지방자치단체는 해당 공무원을 상대로 구상권을 행사할 수

187) 대법원 1996. 2. 15. 선고 95다38677 전원합의체 판결
188) 대법원 1981. 6. 23. 선고 80다1351 판결

있다(법 제2조 2항). 다만, 국가나 지방자치단체는 경과실이 있는 공무원에 대해서는 구상권을 행사할 수 없다. 또, 공무원과 사인이 함께 공동불법행위로 타인에게 손해를 발생시킨 경우 사인이 자신의 귀책부분을 넘어서 배상하거나 국가 등이 공무원의 귀책부분을 넘어서 배상을 하면 상대방에 대하여 구상권을 행사할 수 있다. 다만, 국가의 구상권의 행사범위는 직무내용 및 불법행위 상황등 제반사정을 고려하여 신의칙상 상당한 범위내로 제한된다.

그런데 사인(민간인)과 군인의 공동불법행위로 다른 군인이 피해를 입은 경우 국가배상법 제2조 제1항의 단서의 적용으로 구상권 행사에 제한이 생긴다. 즉 사인이 자신의 귀책부분을 넘어서 배상한 경우 국가 등은 피해 군인 등에 대한 국가배상책임을 면할 뿐만 아니라, 사인에 대해 국가의 귀책비율에 따른 구상의무도 부담하지 않기 때문이다. 그러므로 사인이 피해 군인 등에게 자신의 귀책부분을 넘어서 배상한 경우에도 국가 등에게 구상권을 행사할 수 없는데 이에 대해 판례는 일반 공동불법행위책임과는 다른 법리를 제시하면서 구체적 타당성을 도모한다.

• 판 례

◇ 대법원 2001. 2. 15. 선고 96다42420 전원합의체 판결 : 피해 군인 등은 헌법 및 국가배상법 규정에 의하여 국가 등에 대한 배상청구권을 상실한 대신에 자신의 과실 유무나 그 정도와 관계없이 무자력의 위험부담이 없는 확실한 국가보상의 혜택을 받을 수 있는 지위에 있게 되는 특별한 이익을 누리고 있음에 반하여 민간인으로서는 손해 전부를 배상할 의무를 부담하면서도 국가 등에 대한 구상권을 행사할 수 없다고 한다면 부당하게 권리침해를 당하게 되는 결과가 되는 것과 같은 각 당사자의 이해관계의 실질을 고려하여, 위와 같은 경우에는 공동불법행위자 등이 부진정연대채무자로서 각자 피해자의 손해 전부를 배상할 의무를 부담하는 공동불법행위의 일반적인 경우와 달리 예외적으로 민간인은 피해 군인 등에 대하여 그 손해 중 국가 등이 민간인에 대한 구상의무를 부담한다면 그 내부적인 관계에서 부담하여야 할 부분을 제외한 나머지 자신의 부담부분에 한하여 손해배상의무를 부담하고, 한편 국가 등에 대하여는 그 귀책부분의 구상을 청구할 수 없다고 해석함이 상당하다.

3) 소멸시효

『국가재정법』

제96조(금전채권 · 채무의 소멸시효) ① 금전의 급부를 목적으로 하는 국가의 권리로서 시효에 관하여 다른 법률에 규정이 없는 것은 5년 동안 행사하지 아니하면 시효로 인하여 소멸한다.
② 국가에 대한 권리로서 금전의 급부를 목적으로 하는 것도 또한 제1항과 같다.
③ 금전의 급부를 목적으로 하는 국가의 권리에 있어서는 소멸시효의 중단 · 정지 그 밖의 사항에 관하여 다른 법률의 규정이 없는 때에는 「민법」의 규정을 적용한다. 국가에 대한 권리로서 금전의 급부를 목적으로 하는 것도 또한 같다.
④ 법령의 규정에 따라 국가가 행하는 납입의 고지는 시효중단의 효력이 있다.

국가재정법 제96조 제1항의 '다른 법률에 규정이 없는 것'의 의미는 동법에서 규정한 5년의 소멸시효 기간보다 짧은 기간의 소멸시효의 규정이 있는 경우만을 가리키는 것이고, 5년보다 긴 소멸시효를 규정한 조문은 이에 해당하지 않는다.[189] 그에 따라 금전채권인 손해배상청구권의 단기소멸시효는 다른 법률에 해당하는 민법 제766조 제1항의 규정에 따라 3년이 적용된다. 다만, 장기소멸시효는 민법이 아닌 국가재정법 제96조 제1항이 적용되므로 5년의 소멸시효가 적용된다. 그러므로 국가배상법 제2조상의 배상책임의 소멸시효는 가해자 및 손해를 안 날로부터 3년, 불법행위가 있은 날로부터 5년이 지나면 소멸시효가 완성된다.

이 때, 단기소멸시효의 기산이 되는 가해자를 안다는 것의 의미는, 피해자나 그 법정대리인이 가해 공무원이 국가 또는 지방자치단체와 공법상 근무관계가 있다는 사실을 알고, 또한 피해자가 당해 공무원의 불법행위가 국가 또는 지방자치단체의 직무를 집행함에 있어서 행하여진 것이라고 판단하기에 족하다는 사실까지 인식한 것을 말한다.[190]

소멸시효의 완성사실은 국가 또는 지방자치단체의 항변사항이다. 이러한 항변권의 행사는 신의성실의 원칙과 권리남용금지의 원칙에 위배되어서는

189) 대법원 2001. 4. 24. 선고 2000다57856 판결
190) 대법원 2008. 5. 29. 선고 2004다 33469 판결

안된다. 다만, 국가가 국민에 대한 보호의무가 있다는 사유만으로 국가가 소멸시효의 완성을 주장하는 것 자체가 신의성실의 원칙에 반하여 권리남용에 해당한다고 할 수는 없고, 신의칙 위반 내지 권리남용의 일반적인 요건을 충족해야 한다.[191]

3. 국가배상법 제5조

(1) 성립요건

1) 공공의 영조물

공공의 영조물이란 국가 또는 지방자치단체에 의하여 특정 공공의 목적에 공여된 유체물 내지 물적 설비를 말한다.[192] 도로, 교량, 공원, 운하와 같은 인공공물 뿐만 아니라 하천과 같은 자연공물도 이에 포함되며 소방차나 경찰견도 포함된다. 다만 행정목적과 무관한 행정재산으로서의 일반재산은 이에 해당하지 않는다.[193]

2) 설치 및 관리상의 하자

국가배상법 제5조 제1항 소정의 영조물의 설치 또는 관리상의 하자란 영조물이 그 용도에 따라 통상 갖춰야 할 안전성을 갖추지 못한 상태를 말한다. 설치상의 하자는 영조물의 설치 당시부터 원시적으로 안전성을 결한 것을 말하는 것으로 설계상 또는 축조상의 하자가 이에 해당한다. 또, 관리상의 하자는 영조물이 설치된 후에 후발적으로 생긴 하자를 말하는 것으로 유지 또는 수선이 불완전한 것을 말한다.

그런데 영조물이 완전무결한 상태에 있지 아니하고 그 기능상 어떠한 결함이 있다는 것만으로 영조물의 설치 또는 관리에 하자가 있다고 할 수는 없다. 그러므로, 위와 같은 안전성의 구비여부를 판단함에 있어서는 당해 영조물의 용도, 그 설치장소의 현황 및 이용상황 등 제반사정을 종합적으로 고려하여 설치자 내지 관리자가 그 영조물의 위험성에 비례하여 사회통념상

---

191) 대법원 2005. 5. 13. 선고 2004다71881 판결
192) 대법원 1981. 7. 7. 선고 80다2478 판결
193) 대법원 1998. 10. 23. 선고 98다17381 판결

일반적으로 요구되는 정도의 방호조치의무를 다하였는지 여부를 기준으로 판단하여야 한다. 또한, 객관적으로 보아 시간적 또는 장소적으로 영조물의 기능상의 결함으로 인한 손해발생의 예견가능성과 회피가능성이 없는 경우 즉, 그 영조물의 결함이 영조물의 설치자 내지 관리자의 행위가 미칠 수 없는 상황 아래에 있는 경우에는 영조물의 설치 및 관리상의 하자를 인정할 수 없다.[194] 이례적인 자연력과 같은 불가항력의 경우 역시 영조물의 하자가 인정되지 않는 한 영조물책임을 물을 수 없다.

3) 손해발생 및 인과관계

영조물책임이 인정되기 위해서는 영조물 설치 및 관리상의 하자로 타인에게 손해가 발생하여야 한다. 이 때, 타인이란 국가배상법 제2조 제1항 단서에서 규정하고 있는 군인, 군무원, 경찰공무원 또는 향토예비군대원은 제외된다. 이들은 다른 법령에 의한 보상이 인정되므로 국가배상법상의 손해배상청구권을 갖지 않는다. 아울러 영조물의 설치 내지 관리상의 하자와 손해발생 사이에는 상당인과관계가 있어야 한다.

(2) 효 과

1) 배상신청 및 손해배상책임

영조물책임이 성립하면 국가나 지방자치단체는 피해자에게 무과실의 손해배상책임을 부담한다. 배상책임자는 국가나 지방자치단체이지만 영조물의 설치 또는 관리를 맡은 자와 그 비용을 부담하는 자가 서로 다른 경우에는 그 비용부담자도 배상책임을 부담한다(법 제6조 1항). 양자는 별개의 소송물이므로 피해자는 어느 누구를 상대로 하여 선택적으로 손해배상을 청구하거나 공동으로 하여 배상청구를 할 수 있다.

국가의 영조물시설로 손해를 입은 피해자는 국가배상심의회에 배상신청을 하지 않고 바로 국가나 지방자치단체를 상대로 한 손해배상청구 소송을 제기할 수 있으나(법 제9조), 배상심의회의 절차를 거치는 것이 문제를 간이하고 신속하게 해결할 수 있는 경우가 있으므로 피해자는 배상심의회의 배상신청을

194) 대법원 2000. 2. 25. 선고 99다54004 판결

우선적으로 검토할 필요가 있다.

2) 비용부담자의 책임

> **제6조(비용부담자 등의 책임)** ① 제2조 · 제3조 및 제5조에 따라 국가나 지방자치단체가 손해를 배상할 책임이 있는 경우에 공무원의 선임 · 감독 또는 영조물의 설치 · 관리를 맡은 자와 공무원의 봉급 · 급여, 그 밖의 비용 또는 영조물의 설치 · 관리 비용을 부담하는 자가 동일하지 아니하면 그 비용을 부담하는 자도 손해를 배상하여야 한다.
> ② 제1항의 경우에 손해를 배상한 자는 내부관계에서 그 손해를 배상할 책임이 있는 자에게 구상할 수 있다.

지방자치단체가 국가사무를 기관위임 받아 처리하는 과정에서 손해가 발생한 경우에는 국가가 배상책임을 부담하되, 국가배상법 제6조 제1항 소정의 비용부담자에 해당하는 경우에 한하여 그 지방자치단체가 손해배상책임을 부담한다.[195] 비용부담자란 공무원의 봉급, 급여 기타의 비용 또는 영조물의 설치 내지 관리의 비용을 부담하는 자를 말하며(법 제6조 제1항), 형식적 비용부담자 뿐 아니라 실질적 비용부담자 모두를 포함한다. 그러므로 지방자치단체의 사무수행 중 손해가 발생한 경우에 당해 지방자치단체가 책임을 지는 것 이외에도 국가가 비용부담자로서 국가배상법 제6조 제1항에 따라 책임을 부담할 수 있다.[196]

반대로 기관위임사무의 경우 형식적 비용부담자인 국가뿐 아니라 실질적으로 비용을 부담하는 지방자치단체도 책임을 부담한다. 이 경우 국가와 지방자치단체의 책임은 부진정연대채무의 관계에 있다.[197] 그러므로 이들은 부진정연대채무자로서 각자 피해자에게 발생한 손해 전부에 대하여 피해자에게 배상할 의무를 부담하고 내부적으로는 과실비율에 상응하는 만큼 책임을 부담하는 것이므로 이를 초과하여 배상한 경우에는 상대가 부담하는 범위 내에서 구상권을 행사할 수 있다.

---

195) 대법원 2000. 5. 12. 선고 99다70600 판결
196) 대법원 1999. 6. 25. 선고 99다11120 판결
197) 대법원 1998. 9. 22. 선고 97다42502 판결

4. 주요 판례

(1) 국가배상법 제2조

1) 성립요건

① 직무집행 관련

• 판 례

◇ 대법원 2005. 1. 14. 선고 2004다26805 판결 : 국가배상법 제2조 제1항의 '직무를 집행함에 당하여'라 함은 직접 공무원의 직무집행행위이거나 그와 밀접한 관련이 있는 행위를 포함하고, 이를 판단함에 있어서는 행위 자체의 외관을 객관적으로 관찰하여 공무원의 직무행위로 보일 때에는 비록 그것이 실질적으로 직무행위가 아니거나 또는 행위자로서는 주관적으로 공무집행의 의사가 없었다고 하더라도 그 행위는 공무원이 '직무를 집행함에 당하여' 한 것으로 보아야 한다.

〈인사업무담당 공무원이 다른 공무원의 공무원증 등을 위조한 행위에 대하여 실질적으로는 직무행위에 속하지 아니한다 할지라도 외관상으로 국가배상법 제2조 제1항의 직무집행 관련성을 인정한 원심의 판단을 수긍한 사례〉

◇ 대법원 1995. 4. 21. 선고 93다14240 판결 : 국가배상법 제2조 제1항의 "직무를 집행함에 당하여"라 함은 직접 공무원의 직무집행행위이거나 그와 밀접한 관계에 있는 행위를 포함하고, 이를 판단함에 있어서는 행위 자체의 외관을 객관적으로 관찰하여 공무원의 직무행위로 보일 때에는 비록 그것이 실질적으로 직무행위가 아니거나 또는 행위자로서는 주관적으로 공무집행의 의사가 없었다고 하더라도 그 행위는 공무원이 "직무를 집행함에 당하여" 한 것으로 보아야 한다.

〈전입신병에 대한 보호조인 상급자가 같은 소대에 새로 전입한 하급자에 대하여 암기사항에 관한 교육을 실시하던 중 암기상태가 불량하다는 이유로 그 하급자를 훈계하다가 도가 지나쳐 폭행을 하기에 이른 경우, 그 상급자의 교육·훈계행위는 적어도 외관상으로는 직무집행으로 보이고 교육·훈계 중에 한 폭행도 그 직무집행과 밀접한 관련이 있는 것이므로 결국 그 폭행은 국가배상법 제2조 제1항 소정의 공무원이 직무를 집행함에 당하여 한 행위로 볼 수 있다고 한 사례〉

② 과실 및 위법성, 인과관계

• 판 례

◇ 대법원 2010. 9. 9 선고 2008다77795판결 : 식품위생법의 관련규정이 식약청장 등에게 합리적인 재량에 따른 직무수행권한을 부여한 것으로 해석된다고 하더

라도, 식약청장 등에게 그러한 권한을 부여한 취지와 목적에 비추어 볼 때 구체적인 상황 아래에서 식약청장 등이 그 권한을 행사하지 아니한 것이 현저하게 합리성을 잃어 사회적 타당성이 없는 경우에는 직무상 의무를 위반한 것이 되어 위법하게 된다고 할 것이나, 위와 같이 식약청장 등이 그 권한을 행사하지 아니한 것이 직무상 의무를 위반하여 위법한 것으로 되는 경우에는 특별한 사정이 없는 한 과실도 인정된다고 할 것이다.

이 사건 사고의 경우 당시의 미니컵 젤리에 대한 외국의 규제수준, 그 이전에 피고가 실시한 규제조치 등에 비추어 식품의약품안정청장 등 관계공무원으로서는 미니컵 젤리로 인한 질식의 위험을 인식하거나 예견하기 어려웠던 사정 등을 종합하면 식품의약품안전청장 등이 미니컵 젤리의 수입·유통 등을 금지하거나 그 기준과 규격, 표시 등을 강화하고 그에 필요한 검사 등을 실시하지 아니하였다고 하여 이를 위법하다고 보기 어렵고, 과실이 있다고 할 수도 없다.

◇ 대법원 1998. 9. 22 선고 98다2631 판결 : 예고등기는 등기원인의 무효 또는 취소로 인한 등기의 말소 또는 회복의 소가 제기된 경우에 그 등기에 의하여 소의 제기가 있었음을 제 3자에게 경고하여 계쟁 부당산에 관하여 법률행위를 하고자 하는 선의의 제3자로 하여금 소송의 결과 발생할 수 도 있는 불측의 손해를 방지하려는 목적에서 하는 것인바, 등기원인의 무효 또는 취소로 인한 등기의 말소 또는 회복의 소가 제기되었음에도 불구하고 담당 공무원이 예고등기의 촉탁을 하지 아니한 탓으로 제3자가 등기명의인으로부터 권리를 취득할 수 있다고 믿고 그 부동산에 관한 거래를 하였다가 그 소송의 결과에 따라 불측의 손해를 입게 되었다면 이는 담당 공무원이 그 직무를 집행함에 당하여 과실로 법령에 위반하여 타인에게 손해를 가한 자에 해당하여 국가는 국가배상법 제2조 제1항에 따라 손해배상책임을 진다.

◇ 대법원 1997. 7. 25. 선고 94다2480 판결 : 국가배상책임은 공무원의 직무집행이 법령에 위반한 것임을 요건으로 하는 것으로서, 공무원의 직무집행이 법령이 정한 요건과 절차에 따라 이루어진 것이라면 특별한 사정이 없는 한 이는 법령에 적합한 것이고 그 과정에서 개인의 권리가 침해되는 일이 생긴다고 하여 그 법령 적합성이 곧바로 부정되는 것은 아니라고 할 것인바, 불법시위를 진압하는 경찰관들의 직무집행이 법령에 위반한 것이라고 하기 위해서는 그 시위진압이 불필요하거나 또는 불법시위의 태양 및 시위 장소의 상황 등에서 예측되는 피해 발생의 구체적 위험성의 내용에 비추어 시위진압의 계속 수행 내지 그 방법 등이 현저히 합리성을 결하여 이를 위법하다고 평가할 수 있는 경우이어야 한다.

〈경찰관들의 시위진압에 대항하여 시위자들이 던진 화염병에 의하여 발생한 화재로 인하여 손해를 입은 주민의 국가배상청구를 인정한 원심판결을 법리오해를 이유로 파기한 사례〉

◇ 대법원 1995. 7. 14. 선고 93다16819 판결 : 국가배상법에 의한 손해배상책임이 성립하기 위해서는 관련 공무원의 직무상의 작위 또는 부작위가 반드시 당연무효일 필요는 없고 고의과실에 의한 위법한 가해행위이면 족하나, 한편 소속 부대장이 육군 참모총장 명의로 발령된 무효인 병인사관리규정이 상위법령에 위배되어 무효임을 알았다고 하더라도 소속 부대장으로서는 육군참모총장이 발령한 병인사관리규정의 적용을 거부할 수는 없는 것이므로, 소속 부대장이 이를 적용한 행위가 과실로 법령을 위반한 행위에 해당한다고 할 수 없다.

◇ 대법원 2003. 4. 25. 선고 2001다59842 판결 : 공무원에게 부과된 직무상 의무의 내용이 단순히 공공 일반의 이익을 위한 것이거나 행정기관 내부의 질서를 규율하기 위한 것이 아니고 전적으로 또는 부수적으로 사회 구성원 개인의 안전과 이익을 보호하기 위하여 설정된 것이라면, 공무원이 그와 같은 직무상 의무를 위반함으로 인하여 피해자가 입은 손해에 대하여는 상당인과관계가 인정되는 범위 내에서 국가가 배상책임을 지는 것이고, 이 때 상당인과관계의 유무를 판단함에 있어서는 일반적인 결과발생의 개연성은 물론 직무상 의무를 부과하는 법령 기타 행동규범의 목적, 그 수행하는 직무의 목적 내지 기능으로부터 예견 가능한 행위후의사정, 가해행위의 태양 및 피해의 정도 등을 종합적으로 고려하여야 한다.

〈주민등록사무를 담당하는 공무원이 개명으로 인한 주민등록상 성명정정을 본적지 관할관청에 통보하지 아니한 직무상 의무위배행위와 갑과 같은 이름으로 개명허가를 받은 듯이 호적등본을 위조하여 주민등록상 성명을 위법하게 정정한 을이 갑의 부동산에 관하여 불법적으로 근저당권 설정등기를 경료함으로써 갑이 입은 손해 사이에는 상당인과 관계가 있다고 한 사례〉

◇ 대법원 2008. 4. 10. 선고 2005다48994 판결 : 유흥주점에 감금된 채 윤락을 강요받으며 생활하던 여종업원들이 유흥주점에 화재가 났을 때 미처 피신하지 못하고 유독가스에 질식해 사망한 사안에서, 지방자치단체의 담당 공무원이 위 유흥주점의 용도변경, 무허가 영업 및 시설기준에 위배된 개축에 대하여 시정명령 등 식품위생법상 취하여야 할 조치를 게을리 한 직무상 의무위반행위와 위 종업원들의 사망 사이에 상당인과관계가 존재하지 않는다 한편, 유흥주점에 감금된 채 윤락을 강요받으며 생활하던 여종업원들이 유흥주점에 화재가 났을 때 미처 피신하지 못하고 유독가스에 질식해 사망한 사안에서, 소방공무원이 위 유흥주점에 대하여 화재 발생 전 실시한 소방점검 등에서 구 소방법상 방염 규정 위반에 대한 시정조치 및 화재 발생시 대피에 장애가 되는 잠금장치의 제거 등 시정조치를 명하지 않은 직무상 의무 위반은 현저히 불합리한

경우에 해당하여 위법하고, 이러한 직무상 의무 위반과 위 사망의 결과 사이에 상당인과관계가 존재한다.

③ 유형별 검토

• 판 례

▌사법행위▐

◇ 대법원 2001. 4. 24. 선고 2000다16114 판결 : 법관이 행하는 재판사무의 특수성과 그 재판과정의 잘못에 대하여는 따로 불복절차에 의하여 시정될 수 있는 제도적 장치가 마련되어 있는 점 등에 비추어 보면, 법관의 재판에 법령의 규정을 따르지 아니한 잘못이 있다 하더라도 이로써 바로 그 재판상 직무행위가 국가배상법 제2조 제1항에서 말하는 위법한 행위로 되어 국가의 손해배상책임이 발생하는 것은 아니고, 그 국가배상책임이 인정되려면 당해 법관이 위법 또는 부당한 목적을 가지고 재판을 하는 등 법관이 그에게 부여된 권한의 취지에 명백히 어긋나게 이를 행사하였다고 인정할 만한 특별한 사정이 있어야 한다고 해석함이 상당하다.

〈임의경매절차에서 경매담당 법관의 오인에 의해 배당표 원안이 잘못 작성되고 그에 대해 불복절차가 제기되지 않아 실체적 권리관계와 다른 배당표가 확정된 경우, 경매담당 법관이 위법·부당한 목적을 가지고 있었다거나 법이 법관의 직무수행 상 준수할 것을 요구하고 있는 기준을 현저히 위반하였다는 등의 자료를 찾아볼 수 없어 국가배상법상의 위법한 행위가 아니라고 한 사례〉

▌법관▐

◇ 대법원 2003. 7. 11. 선고 99다24218 판결 : 재판에 대하여 따로 불복절차 또는 시정절차가 마련되어 있는 경우에는 재판의 결과로 불이익 내지 손해를 입었다고 여기는 사람은 그 절차에 따라 자신의 권리 내지 이익을 회복하도록 함이 법이 예정하는 바이므로, 불복에 의한 시정을 구할 수 없었던 것 자체가 법관이나 다른 공무원의 귀책사유로 인한 것이라거나 그와 같은 시정을 구할 수 없었던 부득이한 사정이 있었다는 등의 특별한 사정이 없는 한, 스스로 그와 같은 시정을 구하지 아니한 결과 권리 내지 이익을 회복하지 못한 사람은 원칙적으로 국가배상에 의한 권리구제를 받을 수 없다고 봄이 상당하다고 하겠으나, 재판에 대하여 불복절차 내지 시정절차 자체가 없는 경우에는 부당한 재판으로 인하여 불이익 내지 손해를 입은 사람은 국가배상 이외의 방법으로는 자신의 권리 내지 이익을 회복할 방법이 없으므로, 이와 같은 경우에는 배상책임의 요건이 충족되는 한 국가배상책임을 인정하지 않을 수 없다.

▌경찰관▐

◇ 대법원 1996. 10. 25. 선고 95다45927 판결 : 긴급구호권한과 같은 경찰관의 조치권한은 일반적으로 경찰관의 전문적 판단에 기한 합리적인 재량에 위임되어 있는 것이나, 그렇다고 하더라도 구체적 상황 하에서 경찰관에게 그러한 조치권한을 부여한 취지와 목적에 비추어 볼 때 그 불행사가 현저하게 불합리하다고 인정되는 경우에는, 그러한 불행사는 법령에 위반하는 행위에 해당하게 되어 국가배상법상의 다른 요건이 충족되는 한, 국가는 그로 인하여 피해를 입은 자에 대하여 국가배상책임을 부담하지만, 정신질환자의 평소 행동에 포함된 범죄내용이 경미하거나 범죄라고 볼 수 없는 비정상적 행동에 그치고 그 거동 기타 주위의 사정을 합리적으로 판단하여 보더라도 정신질환자에 의한 집주인 살인범행에 앞서 그 구체적 위험이 객관적으로 존재하고 있었다고 보기 어려운 경우, 경찰관이 그때그때의 상황에 따라 그 정신질환자를 훈방하거나 일시 정신병원에 입원시키는 등 경찰관직무집행법의 규정에 의한 긴급구호조치를 취하였고, 정신질환자가 퇴원하자 정신병원에서의 장기 입원치료를 받는데 도움이 되도록 생활보호대상자 지정의뢰를 하는 등 그 나름대로의 조치를 취한 이상, 더 나아가 경찰관들이 정신질환자의 살인범행 가능성을 막을 수 있을 만한 다른 조치를 취하지 아니하였거나 입건·수사하지 아니하였다고 하여 이를 법령에 위반하는 행위에 해당한다고 볼 수 없고, 정신병원에의 장기입원이나 사회로부터의 장기격리와 같은 조치는 위 경찰관직무집행법의 규정이 정한 경찰관의 권한을 넘는 것이다. 따라서 사법경찰관리의 수사 미개시 및 긴급구호권불행사를 이유로 제기한 국가배상청구는 이유 없다.

◇ 대법원 2008. 2. 1. 선고 2006다6713 판결 : 경찰관은 범인의 체포, 도주의 방지, 자기 또는 타인의 생명·신체에 대한 방호, 공무집행에 대한 항거의 억제를 위하여 무기를 사용할 수 있으나, 이 경우에도 무기는 목적 달성에 필요하다고 인정되는 상당한 이유가 있을 때 그 사태를 합리적으로 판단하여 필요한 한도 내에서 사용하여야 하는바(경찰관직무집행법 제10조의4), 경찰관의 무기 사용이 이러한 요건을 충족하는지 여부는 범죄의 종류, 죄질, 피해법익의 경중, 위해의 급박성, 저항의 강약, 범인과 경찰관의 수, 무기의 종류, 무기 사용의 태양, 주변의 상황 등을 고려하여 사회통념상 상당하다고 평가되는지 여부에 따라 판단하여야 하고, 특히 사람에게 위해를 가할 위험성이 큰 권총의 사용에 있어서는 그 요건을 더욱 엄격하게 판단하여야 한다.

〈경찰관이 범인을 제압하는 과정에서 총기를 사용하여 범인을 사망에 이르게 한 사안에서, 경찰관이 총기사용에 이르게 된 동기나 목적, 경위 등을 고려하여 형사사건에서 무죄판결이 확정되었더라도 당해 경찰관의 과실의 내용과 그로 인하여 발생한 결과의 중대함에 비추어 민사상 불법행위책임을 인정한 사례〉

◇ 대법원 1999. 4. 23. 선고 98다41377 판결 : 경찰서에 설치되어 있는 보호실은 영장대기자나 즉결대기자 등의 도주 방지와 경찰업무의 편의 등을 위한 수용시설로서 사실상 설치, 운영되고 있으나 이러한 보호실은 그 시설 및 구조에 있어 통상 철창으로 된 방으로 되어 있어 그 안에 대기하고 있는 사람들이나 그 가족들의 출입이 제한되는 등 일단 그 장소에 유치되는 사람은 그 의사에 기하지 아니하고 일정 장소에 구금되는 결과가 되므로, 경찰관직무집행법상 정신착란자, 주취자, 자살기도자 등 응급의 구호를 요하는 자를 24시간을 초과하지 아니하는 범위 내에서 경찰관서에 보호조치할 수 있는 시설로 제한적으로 운영되는 경우를 제외하고는 구속영장을 발부받음이 없이 피의자를 보호실에 유치함은 영장주의에 위배되는 위법한 구금이므로, 긴급구속절차를 밟음이 없이 영장집행을 위한 편의를 위해 보호실에 유치하는 것은 불법구금에 해당한다.

〈영장발부 시간을 넘겨 부당하게 신체를 구금당한 피해자의 직계존속은 특별한 사정이 없는 한 경험칙상 정신적 고통을 받았다 할 것이므로 정신적 고통에 대하여 위자료를 청구할 수 있다고 한 사례〉

◇ 대법원 1998. 7. 14. 선고 96다17257 판결 : 형법 제126조가 검찰, 경찰 기타 범죄수사에 관한 직무를 행하는 자 또는 이를 감독하거나 보조하는 자가 그 직무를 행함에 당하여 지득한 피의사실을 공판청구 전에 공표하는 것을 범죄로 규정하고 있는 점, 헌법 제27조 제4항이 형사피고인에 대하여 무죄추정 원칙을 규정하고 있는 점과 아울러 직접 수사를 담당한 수사기관이나 수사담당 공무원의 발표에 대하여는 국민들이 그 공표된 사실이 진실할 것으로 강하게 신뢰하리라는 점 등을 고려한다면 직접 수사를 담당한 수사기관이나 수사담당 공무원이 피의사실을 공표하는 경우에는 공표하는 사실이 의심의 여지없이 확실히 진실이라고 믿을 만한 객관적이고 타당한 확증과 근거가 있는 경우가 아니라면 그러한 상당한 이유가 있다고 할 수 없다.

〈경찰관이 위 원고에 대한 수사과정에서 알게 된 피의사실에 대하여 공소제기 전에는 이를 공표할 수 없음에도 불구하고 경찰출입기자들을 상대로 피의사실을 공표하고 원고의 피의사실을 관계자들의 실명 또는 초상과 함께 각 해당 신문에 게재하거나 방송되게 함으로써 결국 허위사실에 의하여 원고의 명예를 훼손하게 하였다고 인정한 사례〉

❙입법행위❙

◇ 대법원 1997. 6. 13. 선고 96다56115 판결 : 우리 헌법이 채택하고 있는 의회민주주의하에서 국회는 다원적 의견이나 각가지 이익을 반영시킨 토론과정을 거쳐 다수결의 원리에 따라 통일적인 국가의사를 형성하는 역할을 담당하는 국가기관으로서 그 과정에 참여한 국회의원은 입법에 관하여 원칙적으로 국민 전체에 대한 관계에서 정치적 책임을 질 뿐 국민 개개인의 권리에 대응하여 법적

의무를 지는 것은 아니므로, 국회의원의 입법행위는 그 입법 내용이 헌법의 문언에 명백히 위반됨에도 불구하고 국회가 굳이 당해 입법을 한 것과 같은 특수한 경우가 아닌 한 국가배상법 제2조 제1항 소정의 위법행위에 해당된다고 볼 수 없다.

▌국가시험출제오류▐

◇ 대법원 2003. 11. 27. 선고 2001다33789, 33796, 33802, 33819 판결 : 법령에 의하여 국가가 그 시행 및 관리를 담당하는 시험에 있어 시험문항의 출제 및 정답결정에 오류가 있어 이로 인하여 합격자 결정이 위법하게 되었다는 것을 이유로 공무원 내지 시험출제에 관여한 시험위원의 고의·과실로 인한 국가배상책임을 인정하기 위해서는, 해당 시험의 실시목적이 시험에 응시한 개인에게 특정한 자격을 부여하는 개인적 이해관계 이외에 일정한 수준의 적정 자격을 갖춘 자에게만 특정 자격을 부여하는 사회적 제도로서 그 시험의 실시에 일반 국민의 이해관계와도 관련되는 공익적 배려가 있는지 여부, 그와 같은 시험이 시험시행 당시의 법령이 정한 요건과 절차에 따라 국가기관 내지 소속 공무원이 구체적 시험문제의 출제, 정답 결정, 합격 여부의 결정을 위하여 해당 시험과목별로 외부의 전문 시험위원을 적정하게 위촉하였는지 여부, 위촉된 시험위원들이 문제를 출제함에 있어 최대한 주관적 판단의 여지를 배제하고 객관적 입장에서 해당 과목의 시험을 출제하였는지 및 같은 과목의 시험위원들 사이에 출제된 문제와 정답의 결정과정에 다른 의견은 없었는지 여부, 1차 시험의 오류를 주장하는 응시자 본인에게 사후에 국가가 1차 시험의 합격을 전제로 2차 시험의 응시자격을 부여하였는지 여부 등 제반 사정을 종합적으로 고려하여 시험관련 공무원 혹은 시험위원이 객관적 주의의무를 결하여 그 시험의 출제와 정답 및 합격자 결정 등의 행정처분이 객관적 정당성을 상실하고, 이로 인하여 손해의 전보책임을 국가에게 부담시켜야 할 실질적인 이유가 있다고 인정되어야 한다.

▌우편집배원▐

◇ 대법원 2009. 7. 23. 선고 2006다87798 판결 : 특별송달우편물의 배달업무에 종사하는 우편집배원으로서는 압류 및 전부명령 결정 정본에 대하여 적법한 송달이 이루어지지 아니할 경우에는 법령에 정해진 일정한 효과가 발생하지 못하고 그로 인하여 국민의 권리 실현에 장애를 초래하여 당사자가 불측의 피해를 입게 될 수 있음을 충분히 예견할 수 있다고 봄이 상당하다.

〈우편집배원이 압류 및 전부명령 결정 정본을 특별송달하는 과정에서 민사소송법을 위반하여 부적법한 송달을 하고도 적법한 송달을 한 것처럼 우편송달보고서를 작성하여 압류 및 전부의 효력이 발생한 것과 같은 외관을 형성시켰으나, 실제로는 압류 및 전부의 효력이 발생하지 아니하여 집행채권자로 하여금 피압류채권을 전부받지 못하게 함으로써 손해를 입게 한 경우에는, 우편집배원의 위와 같은 직무상 의무위반과 집행채권자의 손해 사이에는 상당인과관계가 있다고 봄이 상당하고, 국가는 국가배상법에 의하여 그 손해에 대하여 배상할 책임이 있다고 한 사례〉

▌집중호우▐

◇ 대법원 2004. 6. 25. 선고 2003다69652 판결 : 공무원의 부작위로 인한 국가 배상책임을 인정하기 위하여는 공무원의 작위로 인한 국가배상책임을 인정하는 경우와 마찬가지로 '공무원이 그 직무를 집행함에 당하여 고의 또는 과실로 법령에 위반하여 타인에게 손해를 가한 때'라고 하는 국가배상법 제2조 제1항의 요건이 충족되어야 할 것인바, 여기서 '법령에 위반하여'라고 하는 것은 엄격하게 형식적 의미의 법령에 명시적으로 공무원의 작위의무가 규정되어 있는데도 이를 위반하는 경우만을 의미하는 것은 아니고, 국민의 생명, 신체, 재산 등에 대하여 절박하고 중대한 위험상태가 발생하였거나 발생할 우려가 있어서 국민의 생명, 신체, 재산 등을 보호하는 것을 본래적 사명으로 하는 국가가 초법규적, 일차적으로 그 위험 배제에 나서지 아니하면 국민의 생명, 신체, 재산 등을 보호할 수 없는 경우에는 형식적 의미의 법령에 근거가 없더라도 국가나 관련 공무원에 대하여 그러한 위험을 배제할 작위의무를 인정할 수 있을 것이며(대법원 1998. 10. 13. 선고 98다18520 판결 참조), 이는 지방자치단체와 그 소속 공무원에 대하여도 마찬가지라 할 것이다.

▌군대 내 사고▐

◇ 대법원 2000. 3. 15. 선고 2000다7257 판결 : 군복무자가 수사과정에서 군사법경찰관에 의한 불법구금과 가혹행위로 인하여 허위자백을 함으로써 살인미수죄로 구속기소 되었으나 그 후 무죄확정 판결을 받은 경우, 국가는 군사법경찰관의 불법행위로 인한 손해배상책임을 질 의무가 있다. 이 경우, 자신의 아들이 범행을 하였다고 오신한 나머지 모친이 피해자와 형사합의를 하면서 형사합의금을 지급하였으나 그 후 아들에 대한 무죄판결이 확정된 경우, 그 형사합의는 착오에 의한 것이므로 이를 취소하고 위 형사합의금의 반환을 청구할 수 있다. 그리고 위 군복무자가 형사사건에서 무죄판결을 받고 석방된 뒤 형사보상법에 따라 지급받은 형사보상금 안에는 일반 손해배상에 있어서의 적극적, 소극적 손해는 물론 위자료 손해까지 포함되어 있는 것으로 볼 수 있으므로 위와 같은 형사보상금을 위 군복무자가 입은 모든 손해에서 공제해야 한다.

▌학교사고▐

◇ 대법원 2002. 12. 10. 선고 2000다55126 판결 : 학교에서 학생들을 지도·감독할 의무는 학교 내에서의 학생의 전생활관계에 미치는 것이 아니라 학교에서의 교육활동 및 이와 밀접불가분의 관계에 있는 생활관계에 한하고, 그 의무

범위 내의 생활관계라 하더라도 교육활동의 때, 장소, 가해자의 분별능력, 가해자의 성행, 가해자와 피해자의 관계, 기타 여러 사정을 고려하여 학교생활에서 통상 발생할 수 있다고 예측되거나 또는 그 예측가능성(사고발생의 구체적 위험성)이 있는 경우에 한한다.

〈국립 전남대학교에서 한총련 산하남총련의 간부들이 엉뚱한 사람을 경찰프락치라고 속단하여 감금폭행하여 사망에 이르게 한 경우, 그 사망사고가 전남대학교의 불법행위자들에 대한 교육활동이나 이에 밀접한 생활관계와 연관성이 있다고 보기 어려울 뿐만 아니라 전남대학교에 학교생활에서 위와 같은 사망사고가 발생하리라는 점에 대한 예견가능성이 있었다고 보기 어렵다는 이유로 국가측의 손해배상책임을 부정한 사례〉

2) 효 과

① 소멸시효

• 판 례

◇ 대법원 2000. 4. 7. 선고 99다53742 판결 : (구)예산회계법 제96조에서 다른 법률의 규정 운운은 다른 법률에 예산회계법 제96조에서 규정한 5년의 소멸시효기간보다 짧은 기간의 소멸시효의 규정이 있는 경우에 그 규정에 의한다는 뜻이고, 이보다 긴 10년의 소멸시효를 규정한 민법 제766조 제2항은 예산회계법 제96조에서 말하는 다른 법률의 규정에 해당하지 아니한다. 또, (구)예산회계법 제96조 제2항, 제1항은 국가에 대한 권리로서 금전의 급부를 목적으로 하는 것은 다른 법률의 규정이 없는 한 5년간 행사하지 아니할 때 시효로 인하여 소멸한다고 규정하고 있으나, 같은 법 제96조 제1항이 국가의 금전채권도 5년의 시효로 소멸한다고 규정하고 있는 점 등에 비추어 국가에 대한 금전채권의 소멸시효를 규정한 위 예산회계법 제96조 제2항, 제1항이 헌법상의 평등의 원칙에 반하여 무효인 규정이라고 할 수 없다.

◇ 대법원 1999. 3. 23. 선고 98다30285 판결 : 소멸시효의 기산점에 있어 '그 손해 및 가해자를 안 날'이라 함은 현실적으로 손해의 발생과 가해자를 알아야 할 뿐만 아니라 그 가해행위가 불법행위로서 이를 이유로 손해배상을 청구할 수 있다는 것을 안 때를 의미한다.

◇ 대법원 1998. 7. 10. 선고 98다7001 판결 : 군인 등이 공상을 입은 경우에 다른 법령에 의하여 보상을 받을 수 없음이 판명되어 국가배상법 제2조 제1항 단서 규정의 적용이 배제됨이 확정될 때까지는 국가배상법 제2조 제1항 본문에 기한 손해배상청구권은 법률상 이를 행사할 수가 없으므로, 이처럼 다른 법령에 의하여 보상을 받을 수 없음이 판명되지 않고 있다는 사정은 위 손해배상청구

권의 행사에 대한 법률상의 장애라고 할 수 있다.

② 구상권

• 판 례

◇ 대법원 1991. 5. 10. 선고 91다6764 판결 : 국가 또는 지방자치단체의 산하 공무원이 그 직무를 집행함에 당하여 중대한 과실로 인하여 법령에 위반하여 타인에게 손해를 가함으로써 국가 또는 지방자치단체가 손해배상책임을 부담하고, 그 결과로 손해를 입게 된 경우에는 국가 등은 당해 공무원의 직무내용, 당해 불법행위의 상황, 손해발생에 대한 당해 공무원의 기여정도, 당해 공무원의 평소 근무태도, 불법행위의 예방이나 손실분산에 관한 국가 또는 지방자치단체의 배려의 정도 등 제반사정을 참작하여 손해의 공평한 분담이라는 견지에서 신의칙상 상당하다고 인정되는 한도 내에서만 당해 공무원에 대하여 구상권을 행사할 수 있다고 봄이 상당하다.

◇ 대법원 2001. 2. 15. 선고 96다42420 전원합의체 판결 : 헌법 제29조 제2항, 국가배상법 제2조 제1항 단서의 입법 취지를 관철하기 위해서는 국가배상법 제2조 제1항 단서가 적용되는 공무원의 직무상 불법행위로 인하여 직무집행과 관련하여 피해를 입은 군인 등에 대하여 위 불법행위에 관련된 일반국민(법인을 포함한다. 이하 '민간인'이라 한다)이 공동불법행위책임, 사용자배상책임, 자동차운행자책임 등에 의하여 그 손해를 자신의 귀책부분을 넘어서 배상한 경우에도, 국가 등은 피해 군인 등에 대한 국가배상책임을 면할 뿐만 아니라, 나아가 민간인에 대한 국가의 귀책비율에 따른 구상의무도 부담하지 않는다고 하여야 할 것이다. 그러나 위와 같은 경우, 민간인은 여전히 공동불법행위자 등이라는 이유로 피해 군인 등의 손해 전부를 배상할 책임을 부담하도록 하면서 국가 등에 대하여는 귀책비율에 따른 구상을 청구할 수 없도록 한다면, 공무원의 직무활동으로 빚어지는 이익의 귀속주체인 국가 등과 민간인과의 관계에서 원래는 국가 등이 부담하여야 할 손해까지 민간인이 부담하는 부당한 결과가 될 것이고(가해 공무원에게 경과실이 있는 경우에는 그 공무원은 손해배상책임을 부담하지 아니하므로 민간인으로서는 자신이 손해발생에 기여한 귀책부분을 넘는 손해까지 종국적으로 부담하는 불이익을 받게 될 것이고, 가해 공무원에게 고의 또는 중과실이 있는 경우에도 그 무자력 위험을 사용관계에 있는 국가 등이 부담하는 것이 아니라 오히려 민간인이 감수하게 되는 결과가 된다.), 이는 위 헌법과 국가배상법의 규정에 의하여도 정당화될 수 없다고 할 것이다. 이러한 부당한 결과를 방지하면서 위 헌법 및 국가배상법 규정의 입법 취지를 관철하기 위해서는 피해 군인 등은

위 헌법 및 국가배상법 규정에 의하여 국가 등에 대한 배상청구권을 상실한 대신에 자신의 과실 유무나 그 정도와 관계없이 무자력의 위험부담이 없는 확실한 국가보상의 혜택을 받을 수 있는 지위에 있게 되는 특별한 이익을 누리고 있음에 반하여 민간인으로서는 손해 전부를 배상할 의무를 부담하면서도 국가 등에 대한 구상권을 행사할 수 없다고 한다면 부당하게 권리침해를 당하게 되는 결과가 되는 것과 같은 각 당사자의 이해관계의 실질을 고려하여, 위와 같은 경우에는 공동불법행위자 등이 부진정연대채무자로서 각자 피해자의 손해 전부를 배상할 의무를 부담하는 공동불법행위의 일반적인 경우와 달리 예외적으로 민간인은 피해 군인 등에 대하여 그 손해 중 국가 등이 민간인에 대한 구상의무를 부담한다면 그 내부적인 관계에서 부담하여야 할 부분을 제외한 나머지 자신의 부담부분에 한하여 손해배상의무를 부담하고, 한편 국가 등에 대하여는 그 귀책부분의 구상을 청구할 수 없다고 해석함이 상당하다 할 것이고, 이러한 해석이 손해의 공평·타당한 부담을 그 지도원리로 하는 손해배상제도의 이상에도 맞는다 할 것이다.

(2) 국가배상법 제5조

1) 성립요건 : 설치 및 관리상의 하자

• 판 례

◇ 대법원 2000. 4. 25. 선고 99다54998 판결 : 국가배상법 제5조 제1항 소정의 '영조물 설치 관리상의 하자'라 함은 공공의 목적에 공여된 영조물이 그 용도에 따라 통상 갖추어야 할 안전성을 갖추지 못한 상태에 있음을 말하고, 영조물의 설치 및 관리에 있어서 항상 완전무결한 상태를 유지할 정도의 고도의 안전성을 갖추지 아니하였다고 하여 영조물의 설치 또는 관리에 하자가 있는 것으로는 할 수 없는 것으로서, 영조물의 설치자 또는 관리자에게 부과되는 방호조치의무의 정도는 영조물의 위험성에 비례하여 사회통념상 일반적으로 요구되는 정도의 것을 말하므로, 영조물인 도로의 경우도 다른 생활필수시설과의 관계나 그것을 설치하고 관리하는 주체의 재정적, 인적, 물적 제약 등을 고려하여 그것을 이용하는 자의 상식적이고 질서 있는 이용 방법을 기대한 상대적인 안전성을 갖추는 것으로 족하다.

2) 유형별 검토

① 노면결빙에 의한 교통사고

• 판 례

◇ 대법원 2000. 4. 25. 선고 99다54998 판결 : 도로의 설치 · 관리상의 하자는 도로의 위치 등 장소적인 조건, 도로의 구조, 교통량, 사고시에 있어서의 교통 사정 등 도로의 이용상황과 본래의 이용목적 등 제반사정과 물적결함의 위치, 형상 등을 종합적으로 고려하여 사회통념에 따라 구체적으로 판단하여야 하는 바, 특히 강설은 기본적 환경의 하나인 자연현상으로서 그것이 도로교통의 안전을 해치는 위험성의 정도나 그 시기를 예측하기 어렵고 통상 광범위한 지역에 걸쳐 일시에 나타나고 일정한 시간을 경과하면 소멸되는 일과성을 띠는 경우가 많은 점에 비하여, 이로 인하여 발생되는 도로상의 위험에 대처하기 위한 완벽한 방법으로서 도로 자체에 융설 설비를 갖추는 것은 현대의 과학기술의 수준이나 재정사정에 비추어 사실상 불가능하고, 가능한 방법으로 인위적으로 제설작업을 하거나 제설제를 살포하는 등의 방법을 택할 수밖에 없는데, 그러한 경우에 있어서도 적설지대에 속하는 지역의 도로라든가 최저속도의 제한이 있는 고속도로 등 특수 목적을 갖고 있는 도로가 아닌 일반 보통의 도로까지도 도로관리자에게 완전한 인적, 물적 설비를 갖추고 제설작업을 하여 도로통행상의 위험을 즉시 배제하여 그 안전성을 확보하도록 하는 관리의무를 부과하는 것은 도로의 안전성의 성질에 비추어 적당하지 않고, 오히려 그러한 경우의 도로통행의 안전성은 그와 같은 위험에 대면하여 도로를 이용하는 통행자 개개인의 책임으로 확보하여야 한다.

〈강설의 특성, 기상적 요인과 지리적 요인, 이에 따른 도로의 상대적 안전성을 고려하면 겨울철 산간지역에 위치한 도로에 강설로 생긴 빙판을 그대로 방치하고 도로상황에 대한 경고나 위험 표지판을 설치하지 않았다는 사정만으로 도로관리상의 하자가 있다고 볼 수 없다고 한 사례〉

② 신호등 오작동

• 판 례

◇ 대법원 2001. 7. 27. 선고 2000다56822 판결 : 가변차로에 설치된 신호등의 용도와 오작동시에 발생하는 사고의 위험성과 심각성을 감안할 때, 만일 가변차로에 설치된 두 개의 신호기에서 서로 모순되는 신호가 들어오는 고장을 예방할 방법이 없음에도 그와 같은 신호기를 설치하여 그와 같은 고장을 발생하게 한 것이라면, 그 고장이 자연재해 등 외부요인에 의한 불가항력에 기인한 것이 아닌 한 그 자체로 설치 · 관리자의 방호조치의무를 다하지 못한 것으로서 신

호등이 그 용도에 따라 통상 갖추어야 할 안전성을 갖추지 못한 상태에 있었다고 할 것이고, 따라서 설령 적정전압보다 낮은 저전압이 원인이 되어 위와 같은 오작동이 발생하였고 그 고장은 현재의 기술수준상 부득이한 것이라고 가정하더라도 그와 같은 사정만으로 손해발생의 예견가능성이나 회피가능성이 없어 영조물의 하자를 인정할 수 없는 경우라고 단정할 수 없다.

③ 사격장의 설치상 하자

• 판 례

◇ 대법원 2004. 3. 12. 선고 2002다14242 판결 : 소음 등을 포함한 공해 등의 위험지역으로 이주하여 들어가서 거주하는 경우와 같이 위험의 존재를 인식하면서 그로 인한 피해를 용인하며 접근한 것으로 볼 수 있는 경우에 그 피해가 직접 생명이나 신체에 관련된 것이 아니라 정신적 고통이나 생활방해의 정도에 그치고, 그 침해행위에 상당한 고도의 공공성이 인정되는 때에는 위험에 접근한 후 실제로 입은 피해 정도가 위험에 접근할 당시에 인식하고 있었던 위험의 정도를 초과하는 것이거나 위험에 접근한 후에 그 위험이 특별히 증대하였다는 등의 특별한 사정이 없는 한 가해자의 면책을 인정하여야 하는 경우도 있을 수 있을 것이나, 일반인이 공해 등의 위험지역으로 이주하여 거주하는 경우라고 하더라도 위험에 접근할 당시에 그러한 위험이 문제가 되고 있지 아니하였고, 그러한 위험이 존재하는 사실을 정확하게 알 수 없었으며, 그 밖에 위험에 접근하게 된 경위와 동기 등의 여러 가지 사정을 종합하여 그와 같은 위험의 존재를 인식하면서 굳이 위험으로 인한 피해를 용인하였다고 볼 수 없는 경우에는 그 책임이 감면되지 아니한다고 봄이 상당하다.

〈매향리 사격장에서 발생하는 소음 등으로 지역 주민들이 입은 피해는 사회통념상 참을 수 있는 정도를 넘는 것으로서 사격장의 설치 또는 관리에 하자가 있었다고 본 사례〉

④ 여의도광장의 관리상 하자

• 판 례

◇ 대법원 1995. 2. 24. 선고 94다57671 판결 : 여의도광장의 관리는 광장의 관리에 관한 별도의 법령이나 규정이 없으므로 서울특별시는 여의도광장을 도로법 제2조 제2항 소정의 "도로와 일체가 되어 그 효용을 다하게 하는 시설"로 보고 같은 법의 규정을 적용하여 관리하고 있으며, 그 관리사무 중 일부를 영등포구청장에게 권한위임하고 있어, 여의도광장의 관리청이 본래 서울특별시장이라 하더라도 그 관리사무의 일부가 영등포구청장에게 위임되었다면, 그 위임된

관리사무에 관한 한 여의도광장의 관리청은 영등포구청장이 되고, 같은 법 제56조에 의하면 도로에 관한 비용은 건설부장관이 관리하는 도로 이외의 도로에 관한 것은 관리청이 속하는 지방자치단체의 부담으로 하도록 되어 있어 여의도광장의 관리비용부담자는 그 위임된 관리사무에 관한 한 관리를 위임받은 영등포구청장이 속한 영등포구가 되므로, 영등포구는 여의도광장에서 차량진입으로 일어난 인신사고에 관하여 국가배상법 제6조 소정의 비용부담자로서의 손해배상책임이 있다.

〈차량진입으로 인한 인신사고 당시에는 차도와의 경계선 일부에만 이동식쇠기둥이 설치되어 있고 나머지 부분에는 별다른 차단시설물이 없었으며 경비원도 없었던 것은, 평소 시민의 휴식공간으로 이용되는 여의도광장이 통상 요구되는 안전성을 결여하고 있었다 할 것이고, 만약 사고 후에 설치된 차단시설물이 이미 설치되어 있었고 경비원이 배치되어 있었더라면 가해자가 승용차를 운전하여 광장 내로 진입하는 것을 막을 수 있었거나, 설사 차량진입을 완전히 막지는 못하더라도 최소한 진입시에 차단시설물을 충격하면서 발생하는 소리나 경비원의 경고를 듣고 많은 사람들이 대피할 수 있었다고 보이므로, 차량진입으로 인한 사고와 여의도광장의 관리상의 하자 사이에는 상당인과관계가 있다고 한 사례〉

【서식】 국가배상신청(지구배상심의회)

(앞 면)

<table>
<tr><td colspan="5">배상신청서</td></tr>
<tr><td rowspan="2">신 청 인</td><td colspan="4">성 명: (인) 주민등록번호:
주 소: (전화번호:)
직 업: 피해자와의 관계:</td></tr>
<tr><td colspan="4">다음 에게 국가배상신청에 관한 일체의 권한을 위임함
위임인 성 명: (인)
대리인 성 명: (인) 주민등록번호:
주 소: (전화번호:)</td></tr>
<tr><td>피 해 자</td><td colspan="4">성 명: 주민등록번호:
주 소:
직 업: 기왕의 신체상해:</td></tr>
<tr><td>사 고 개 요
(상세한 것은 별지에 적음)</td><td colspan="4">발생일시:
발생장소:
가해자 소속: 성 명:
사고내용:</td></tr>
<tr><td>신 청 액</td><td colspan="4">요 양 비 원 장 례 비 원
휴업배상 원 위 자 료 원
장해배상 원 재산손해 원
유족배상 원 기 타 원
합 계 원</td></tr>
<tr><td rowspan="2">위 사고와 관련하여 이미 지급받은 금액</td><td>내 역</td><td>금 액</td><td>지급일자</td><td>지 급 자</td></tr>
<tr><td></td><td></td><td></td><td></td></tr>
<tr><td rowspan="2">사전지급 신청액</td><td>내 역</td><td>금 액</td><td colspan="2">사 유</td></tr>
<tr><td></td><td></td><td colspan="2"></td></tr>
<tr><td colspan="5">「국가배상법」 제12조에 따라 위와 같이 배상신청을 합니다.
년 월 일

○○지구배상심의회 위원장 귀하</td></tr>
<tr><td>구 비 서 류</td><td colspan="3">뒷 면 참 조</td><td>수수료
없 음</td></tr>
</table>

【서식】 국가배상금 결정통지서(지급결정)

배상결정통지서

20 . . .

사건번호: 배심 년 제 호

성 명:

주 소:

귀하의 배상신청에 대하여 별첨 배상결정서와 같이 결정되었음을 통지하니 아래 요령에 따라 조치하시기 바랍니다.

아 래

1. 배상결정에 동의할 경우

배상금지급 해당 행정청인 00000 에 다음 서류를 갖추어 배상금지급을 청구(우송 또는 직접 제출)하시기 바랍니다.

가. 신청인이 직접 청구하는 경우

1) 동의 및 청구서 2통

2) 배상결정서 정본 1통

3) 신청인이 미성년자 등 행위무능력자인 경우: 법정대리인의 신분증 사본 및 동의서, 가족관계증명서 등 법정대리관계를 소명하는 자료 각 2통

나. 대리인이 청구하는 경우

1) 가목 1) 및 2)에 따른 서류

2) 신청인 및 대리인의 신분증 사본 각 2통

3) 대리권을 증명하는 위임장 등 대리관계를 소명하는 자료 2통

4) 신청인 명의의 예금통장 사본 2통

다. 비 고

1) 입금받을 은행명 · 계좌번호 · 예금주 등 필요한 사항을 동의 및 청구서 또는 별지에 적어 제출하시기 바랍니다.

2) 동일한 내용으로 손해배상의 소송을 제기하여 배상금지급의 확정판결을 받거나 이에 준하는 화해 · 인낙 · 조정 등이 있는 경우에는 확정판결 정본이나 화해 · 인낙 · 조정조서 정본 등을 함께 제출하여야 합니다.

2. 배상결정에 부동의할 경우

부동의서 1통을 작성하여 2월 이내에 배상금지급 해당 행정청에 제출하시기 바랍니다.

첨부: 1. 배상결정서 정본 1통

2. 동의 및 청구서 용지 2통

3. 부동의서 용지 1통. 끝.

배상심의회위원장 [인]

【서식】 국가배상결정에 대한 부동의서(지급결정에 대한 불복)

배상결정에 대한 부동의서

사건번호 배심 년 제 호

신청인 주 소

2인 이상일 때에는 별지 성 명

제8-2호 서식
(신청인표시에 기재함) 생년월일

대리인 변호사

1. 본인은 위 사건에 대한 귀하의 배상결정통지서를 년 월 일 수령하였음
2. 본인은 동 배상결정에 불복하여 동의하기를 거절함
3. 본인은 본 사건에 대하여 국가를 상대로 법원에 손해배상청구소송을 제기하고자 함

현재 법원 호로 소 계속 중에 있음
( )

년 월 일

신청인 ㊞

【서식】 국가배상 청구의 소장

소 장

원 고 ○ ○ ○ (주민등록번호)외 ○인
○○시 ○○구 ○○로 ○번지(우편번호 ○○○-○○○)
소송대리인 변호사 ○ ○ ○
○○시 ○○구 ○○로 ○번지(우편번호 ○○○-○○○)
전화 · 휴대폰번호 :
팩스번호, 전자우편(e-mail)주소 :

피 고 대한민국
법률상 대표자 국방부장관 ○ ○ ○

손해배상(자) 청구의 소

청 구 취 지

1. 피고는 원고 ○○○엑 금 ○○○원, 원고 ○○○, 원고 ○○○에게 각 금 ○○○원, 원고 ○○○, 원고 ○○○에게 각 금 ○○○원 및 이에 대하여 20○○.○.○부터 이 사건 판결선고일까지는 연 5%의, 그 다음날부터 완제일까지는 연 20%의 각 비율에 의한 금원을 지급하라.
2. 소송비용은 피고의 부담으로 한다.

라는 판결 및 가집행선고를 구합니다.

청 구 원 인

1. 당사자의 신분관계

원고 ○○○은 피고산하의 육군 ○○○부대에서 근무하던 중 20○○.○.○. ○○:○○경 동 부대 내무반에서 고참병들로부터 폭행을 당하여 실어증과 하반신이 마비된 피해당사자이고, 원고 ○○○, 원고 ○○○은 위 원고의 부모들이고 원고 ○○○, 원고 ○○○는 원고 ○○○의 형과 동생입니다.

그리고 피고국가는 이 사건 폭행가담 고참병들과 위 부대원들의 지휘, 감독책임자인 ○○부대의 소대장, 중대장, 및 각 부대장의 각 사용자입니다.

2. 손해배상책임의 발생

가. 폭행경위

피고 국가산하의 ○○부대 사병으로 근무하는 ○○병장 외 ○명은 소대장과 중대장의 승인도 없이 감시가 소홀한 틈을 이용, 원고 ○○○일병과 동료 사병 ○○명을 부대 내 식당에 집합 시켜놓고 극히 위험한 흉기인 각목 등으로 폭행을 가하였습니다.

나. 치료경위

원고 ○○○은 폭행당시 위 ○○○ 병장이 휘두른 각목에 머리 및 허벅지 등을 맞고 곧바로 식당 바닥에 쓰러지자 폭행에 가담한 고참병들은 원고 ○○○를 내무반으로 업고 가 침상에 옮겨놓고 소대장, 중대장에게는 몸살이라고 거짓으로 보고한 후 약 ○○시간을 방치, 머리의 충격이 악화되어 급기야는 위 원고 ○○○이 실어증과 함께 하반신이 마비되자 ○○에 있는 육군병원으로 옮겨 진찰결과 실어증과 하반신마비의 원인을 머리의 충격으로 인한 뇌경색증으로 판명되어 그에 대한 치료를 받게 되었고 위 원고는 현재 ○○병원을 거쳐 치료를 받았으나 호전되지 않아 의가사제대처리된 후 민간 병원인 ○○대학교 ○○병원에 치료중에 있습니다.

다. 책임근거

이 사건 폭행사고는 전적으로 피고국가산하의 ○○부대에서 평소 고참병들에 대한 구타근절교육을 철저히 시키지 않고 방치하여 발생된 폭행사고로서, 소대장, 중대장 및 부대장이 평소 병무 행정업무를 집행함에 있어서 소홀함이 없이 성실히 집행하였다면 위의 폭행사고 정도는 충분히 막을 수가 있었을 것입니다.

따라서 피고국가의 위 폭행가담 고참병들과 소대장, 중대장 및 각 부대장 등의 사용자이자 공무원인 위 사람들의 직무집행상 일어난 행위에 대하여 국가배상법에 의하여 원고들이 이건 폭행사고로 인하여 입게 된 물심양면의 손해를 배상하여야 할 책임이 있다할 것입니다.

3. 손해배상의 범위

별지기재와 같다. (별지생략)

4. 따라서 원고는 청구취지 기재와 같은 판결을 구하고자 이건 청구에 이르게 된 것입니다.

입 증 방 법

1. 갑 제1호증 가족관계등록상황별 증명서
1. 갑 제2호증 기대여명표 표지 및 내용
1. 갑제3호증 임금구조기본통계조사보고서
1. 기타는 필요에 따라 수시로 입증하겠습니다.

첨 부 서 류

1. 위 입증서류 각 1통
1. 소장부본 1통
1. 위임장 1통
1. 납부서 1통

20○○. ○. ○.

위 원고들 소송대리인
변호사 ○ ○ ○ (인)

○○지방법원 귀중

【사례】 구상금청구 소장(국가배상법에 의한 구상금)

소 장

원 고 대한민국
법률상 대표자 법무부장관 ○ ○ ○
소송대리인 변호사 ○ ○ ○ (전화 :)
○○시 ○○구 ○○동 ○번지 (우 :)

피 고 1. ○ ○ ○ (XXXXXX-XXXXXXX)
○○시 ○○구 ○○동 ○번지 (우 :)
2. ○ ○ ○ (XXXXXX-XXXXXXX)
○○시 ○○구 ○○동 ○번지 (우 :)

구상금 청구의 소

청 구 취 지

1. 원고에게, 피고 ○○○은 280,000,000원, 피고 ○○○는 120,000,000원과 각 이에 대하여 이 사건 소장부본 송달다음날부터 다 갚는 날까지 연 20%의 비율로 계산한 돈을 지급하라.
2. 소송비용은 피고들의 부담으로 한다.
3. 위 제1항은 가집행할 수 있다.

라는 판결을 구합니다.

청 구 원 인

1. 원고 산하 00경찰서 00파출소 소속 순경으로 근무하고 있던 피고 ○○○과 같은 파출소 소속 의무경찰로 근무하고 있던 피고 ○○○는 2011. 6. 4. 01:20경, 그 전날 저녁 23:00경 경기 00읍 00리 소재 ㅁㅁ마트에서 직장동료들과 함께 술을 마시다가 술값 문제로 가게주인과 다투고 소란을 피웠다는 혐의로 위 파출소에 연행된 소외 000이 파출소 내에서 소란을 피웠습니다.

2. 피고 ○○○은 고의로 위 000의 가슴을 발로 수회 차고, 피고 ○○○는 고의로 위 000의 목을 붙잡아 바닥에 수회 찧는 등 상해를 가함으로써 그로 하여금 같은 달 4일 2:20경 병원으로 후송 도중 사망케 하였습니다.

3. 위 000의 처인 소외 △△는 피고들의 위 범행을 이유로 원고를 상대로 국가배상청구의 소를 제기하여 원고는 소외 △△에게 금 4억원을 지급하라는 판결이 선고되었고 원고와 위 000가 항소를 하지 않아 위 판결이 확정되었습니다.

4. 그 후 2012. 4. 4. 원고는 위 금액을 위 △△에게 지급하였습니다. 피고들의 위 000의 사망에 대한 가공기여도는 피고들 각자의 직분, 행위 등에 비추어 피고 ○○○이 10분의 7, 피고 ○○○가 10분의 3 이라고 봄이 상당합니다.

5. 따라서 원고는 피고들로부터 국가배상법 제2조 제2항에 의하여 각 청구취지 기재의 금액과 각 이에 대한 소송촉진등에관한특례법에서 정한 지연손해금의 지급받고자 본 소 청구에 이르렀습니다.

입 증 방 법

변론시 수시 제출하겠습니다.

첨 부 서 류

1. 주민등록초본	2통
1. 소장 부본	2통
1. 납부서	1통

20○○. ○. .

원고 소송대리인 변호사 ○ ○ ○ (인)

○○지방법원 귀중

【서식】 손해배상청구 소장(음주측정오류와 운전면허취소)

소　　장

원　　고　○ ○ ○ (123456-3456789)
　　　　　○○시 ○○구 ○○동 ○번지
　　　　　전화번호 : ○○○-○○○○
　　　　　소송대리인 변호사 ○○○
피　　고　대한민국
　　　　　법률상대표자 법무부장관 ○○○
　　　　　(소관 : ○○○)

손해배상(기) 청구의 소

청 구 취 지

1. 피고는 원고에게 금 22,464,340원 및 이에 대하여 이 사건 소장부본 송달일 다음날부터 완제일까지 연 20%의 비율에 의한 금원을 지급하라
2. 소송비용은 피고의 부담으로 한다.
3. 위 제1항은 가집행할 수 있다.

라는 판결을 구합니다.

청 구 원 인

1. 손해배상책임의 발생

가. 기초 사실

(1) 부동산중개업자인 원고는 2004. 1. 19. 21 : 40경 ○○시 ○○구 ○○동 소재 ○○초등학교 앞길에서 자신 소유인 ○○우 ○○호 ○○○승용차(이하 이 사건 차량이라고 한다)를 운전하여 가다가 음주운전자 합동단속 중이던 피고 산하 ○○경찰서 소속의 경찰공무원인 소외 ○○○, ○○○로부터 음주측정 요구를 받고 그 순찰차에서 음주측정기로 측정을 한 결과 혈중알코올 농도가 0.14%로 나왔습니다.

(2) 원고는 당시 음주사실이 없으므로 위 측정수치를 믿을 수 없다면서 채혈검사를 하자고 요구하는 등 강력히 항의하였고, 이에 위 최초 측정으로부터 1시간 10분이 경과한 같은 날 22 : 50경 위 경찰서에서 다른 음주측정기로 2차 측정을 한 결과 그 수치는 0.02%가 나왔으며, 그로부터 약 40분이 경과한 같은 날 23 : 30경 다시 음주측정을 한 결과 그 수치는 오히려 2차 측정수치보다 높은 0.03%가 나왔습니다.

(3) 원고는 위 2차, 3차 측정결과를 들어 최초로 측정한 음주측정기의 성능을 믿을 수 없다라고 주장하였으나, 위 소외인들은 다시 음주측정을 하여 그 수치가 다르게 나오더라도 일단 음주측정기로 측정하여 스티커를 발부한 이상 재측정한 수치를 무시하고 최초의 수치만으로 사건을 처리해 온 관행(위와 같은 관행은 경찰관들의 비리 의혹을 면하기 위해서 생긴 것으로 보여진다)에 따라 원고를 입건, 수사하는 한편, 같은 해 2. 22. 음주운전을 이유로 원고의 운전면허를 취소(이하 이 사건 처분이라고 한다)하였습니다.

(4) 한편 위 경찰서로부터 원고의 위 음주운전 사건을 송치받은 ○○지방검찰청은 원고의 음주운전 사실이 인정된다고 판단하여 ○○지방법원 북부지원에 원고를 도로교통법위반죄로 약식기소하였고, 이에 대하여 위 법원은 벌금 1,000,000원의 약식명령을 고지하였으며, 이에 불복하여 원고가 제기한 정식재판 청구에 따라 진행된 1심 형사재판에서 원고는 유죄의 판결을 선고받았으나(위 법원 ○○. ○○. ○○. 선고 ○○고단○○○○판결), 원고가 다시 이에 불복학여 제기한 항소에 의하여 진행된 항소심에서는, 위 최초 측정수치와 2차, 3차 측정수치의 하강률 등에 비추어 보면, 위 최초의 측정결과는 그 측정한 음주측정기의 성능에 하자가 있거나 그 측정방법이 정확하지 못한 상태에서 계측된 것일 가능성이 높아 신빙성이 없다는 이유로 무죄의 판결을 선고받았고(위 법원 ○○. ○○. ○○. 선고 ○○노○○○○판결), 위 판결은 2005. 7. 6. 확정되었으며, 이에 따라 위 경찰서는 같은 달 18. 이 사건 처분을 취소함으로써 원고는 같은 해 8. 31. 운전면허증을 재교부받았습니다.

나. 위 사실에 의하며, 위 2차, 3차 측정 결과에 비추어 보면 위 최초의 측정 결과는 잘못된 것이었을 개연성이 높았다고 할 것이고, 따라서 원고를 음주운전자로 적발한 공무원인 위 소외인들로서는 위 최초 측정 결과에 대하여 의심을 품고 최초 측정에 사용하였던 음주측정기가 정상적으로 작동되는 것인지 여부를 확인하거나 원고가 요구했던 대로 채혈검사를 시행하여 보는 등으로 그 측정수치가 올바른 것인지의 여부를 확인하기 위한 필요조치를

취하였어야 함이 마땅함에도, 이러한 조치를 취하지 아니한 채 위 최초 측정수치만을 경신한 나머지 이를 기초로 이 사건 처분을 내린 잘못이 있다고 할 것이고, 따라서 피고는 소속공무원인 위 소외인들의 잘못으로 인하여 원고가 입은 손해를 배상할 책임이 있다 할 것입니다.

2. 손해배상의 범위

가. 재산상 손해

(1) 일실수입

원고는 부동산중개업자로서 중개대상 부동산의 현장답사 및 고객들의 운송 등을 위하여 이 사건 차량을 직접 운전하여 왔는데, 이 사건 처분으로 인하여 이 사건 차량을 운전할 수 없게 됨에 따라 생업인 부동산중개업을 제대로 영위하지 못하였으므로, 피고에 대하여 위 면허취소 기간 동안 원고가 얻을 수 있었던 수익 상당액인 금 16,000,000원의 지급을 구합니다.

(2) 자동차세 및 보험료

원고는 위 면허취소 기간 동안 실제로 이 사건 차량을 운전하지 못하였음에도, 이 사건 차량에 대한 자동차세로 합계 금 467,340원, 보험료로 합계 금 497,000원을 지출하였으므로, 피고는 위 각 금 원 상당의 손해를 배상할 의무가 있습니다.

(3) 법무사비

원고는 위 형사재판절차에서 서류작성 등을 위한 법무사비용으로 금 500,000원을 지출하였으므로, 피고는 이를 배상할 의무가 있다고 할 것입니다.

나. 위자료

원고는 잘못된 이 사건 처분으로 인하여 상당기간 동안 이 사건 차량을 운행하지 못함으로써 생업에 지장을 받았을 뿐만 아니라, 위 1심에서 유죄의 판결을 선고받기까지 하였고, 이로 인하여 원고가 상당한 정신적인 고통을 받았을 것임은 경험칙상 명백하므로, 피고는 이를 금전으로나마 위자할 의무가 있다고 할 것인 즉, 이 사건 처분의 경위 및 그 결과, 이로 인하여 원고가 입게 된 불이익 등 제반사정을 감안하면, 피고는 원고에게 그 위자료로 금 5,000,000원을 지급함이 상당하다고 할 것입니다.

3. 결 론

그렇다면 피고는 원고에게 금 22,464,340원 및 이에 대하여 이 사건 소장부본 송달 다음날부터 완제일가지 소송촉진등에관한특례법 소정의 연 20%의 비율에 의한 지연손해금을 지급할 의무가 있다 할 것입니다.

입 증 방 법

1. 갑 제1호증	진단서
1. 갑 제2호증	○○○○
1. 갑 제3호증	후유장애진단서
1. 갑 제4호증	법무사영수증

그 밖의 입증자료는 변론에 따라 수시로 제출하겠습니다.

첨 부 서 류

1. 위 입증방법	1통
1. 소장부본	1통
1. 소송위임장	1통

2006년 월 일

위 소송대리인
변호사 ○ ○ ○ (인)

○○지방법원 귀중

제 7 절 제조물책임

1. 의 의

(1) 제조물책임법과 소비자보호

『제조물책임법』

제1조(목적) 이 법은 제조물의 결함으로 발생한 손해에 대한 제조업자 등의 손해배상책임을 규정함으로써 피해자 보호를 도모하고 국민생활의 안전 향상과 국민경제의 건전한 발전에 이바지함을 목적으로 한다.

『소비자기본법』

제1조(목적) 이 법은 소비자의 권익을 증진하기 위하여 소비자의 권리와 책무, 국가·지방자치단체 및 사업자의 책무, 소비자단체의 역할 및 자유시장경제에서 소비자와 사업자 사이의 관계를 규정함과 아울러 소비자정책의 종합적 추진을 위한 기본적인 사항을 규정함으로써 소비생활의 향상과 국민경제의 발전에 이바지함을 목적으로 한다.

제16조(소비자분쟁의 해결) ① 국가 및 지방자치단체는 소비자의 불만이나 피해가 신속·공정하게 처리될 수 있도록 관련기구의 설치 등 필요한 조치를 강구하여야 한다.

② 국가는 소비자와 사업자 사이에 발생하는 분쟁을 원활하게 해결하기 위하여 대통령령이 정하는 바에 따라 소비자분쟁해결기준을 제정할 수 있다.

③ 제2항의 규정에 따른 소비자분쟁해결기준은 분쟁당사자 사이에 분쟁해결방법에 관한 별도의 의사표시가 없는 경우에 한하여 분쟁해결을 위한 합의 또는 권고의 기준이 된다.

제31조(자율적 분쟁조정) ① 제29조의 규정에 따라 공정거래위원회에 등록한 소비자단체의 협의체는 제28조제1항제5호의 규정에 따른 소비자의 불만 및 피해를 처리하기 위하여 자율적 분쟁조정(紛爭調停)을 할 수 있다. 다만, 다른 법률의 규정에 따라 설치된 전문성이 요구되는 분야의 분쟁조정기구(紛爭調停機構)로서 대통령령이 정하는 기구에서 관장하는 사항에 대하여는 그러하지 아니하다.

제50조(수거·파기 등의 명령 등) ① 중앙행정기관의 장은 사업자가 제공한 물품 등의 결함으로 인하여 소비자의 생명·신체 또는 재산에 위해를 끼치거나 끼칠 우려가 있다고 인정되는 경우에는 대통령령이 정하는 절차에 따라 그 물품 등

의 수거 · 파기 · 수리 · 교환 · 환급을 명하거나 제조 · 수입 · 판매 또는 제공의 금지를 명할 수 있고, 그 물품등과 관련된 시설의 개수(改修) 그 밖의 필요한 조치를 명할 수 있다. 다만, 소비자의 생명 · 신체 또는 재산에 긴급하고 현저한 위해를 끼치거나 끼칠 우려가 있다고 인정되는 경우로서 그 위해의 발생 또는 확산을 방지하기 위하여 불가피하다고 인정되는 경우에는 그 절차를 생략할 수 있다.

② 중앙행정기관의 장은 사업자가 제1항의 규정에 따른 명령에 따르지 아니하는 경우에는 대통령령이 정하는 바에 따라 직접 그 물품 등의 수거 · 파기 또는 제공금지 등 필요한 조치를 취할 수 있다.

제55조(피해구제의 신청 등) ① 소비자는 물품 등의 사용으로 인한 피해의 구제를 한국소비자원에 신청할 수 있다.

② 국가 · 지방자치단체 또는 소비자단체는 소비자로부터 피해구제의 신청을 받은 때에는 한국소비자원에 그 처리를 의뢰할 수 있다.

③ 사업자는 소비자로부터 피해구제의 신청을 받은 때에는 다음 각 호의 어느 하나에 해당하는 경우에 한하여 한국소비자원에 그 처리를 의뢰할 수 있다.

1. 소비자로부터 피해구제의 신청을 받은 날부터 30일이 경과하여도 합의에 이르지 못하는 경우

2. 한국소비자원에 피해구제의 처리를 의뢰하기로 소비자와 합의한 경우

3. 그 밖에 한국소비자원의 피해구제의 처리가 필요한 경우로서 대통령령이 정하는 사유에 해당하는 경우

제70조(단체소송의 대상 등) 다음 각 호의 어느 하나에 해당하는 단체는 사업자가 제20조의 규정을 위반하여 소비자의 생명 · 신체 또는 재산에 대한 권익을 직접적으로 침해하고 그 침해가 계속되는 경우 법원에 소비자권익침해행위의 금지 · 중지를 구하는 소송(이하 "단체소송"이라 한다)을 제기할 수 있다.

1. 제29조의 규정에 따라 공정거래위원회에 등록한 소비자단체로서 다음 각 목의 요건을 모두 갖춘 단체

가. 정관에 따라 상시적으로 소비자의 권익증진을 주된 목적으로 하는 단체일 것

나. 단체의 정회원수가 1천명 이상일 것

다. 제29조의 규정에 따른 등록 후 3년이 경과하였을 것

2. 「상공회의소법」에 따른 대한상공회의소, 「중소기업협동조합법」에 따른 중소기업협동조합중앙회 및 전국 단위의 경제단체로서 대통령령이 정하는 단체

3. 「비영리민간단체 지원법」 제2조의 규정에 따른 비영리민간단체로서 다음 각

목의 요건을 모두 갖춘 단체
가. 법률상 또는 사실상 동일한 침해를 입은 50인 이상의 소비자로부터 단체소송의 제기를 요청받을 것
나. 정관에 소비자의 권익증진을 단체의 목적으로 명시한 후 최근 3년 이상 이를 위한 활동실적이 있을 것
다. 단체의 상시 구성원수가 5천명 이상일 것
라. 중앙행정기관에 등록되어 있을 것

제74조(소송허가요건 등) ① 법원은 다음 각 호의 요건을 모두 갖춘 경우에 한하여 결정으로 단체소송을 허가한다.
1. 물품 등의 사용으로 인하여 소비자의 생명·신체 또는 재산에 피해가 발생하거나 발생할 우려가 있는 등 다수 소비자의 권익보호 및 피해예방을 위한 공익상의 필요가 있을 것
2. 제73조의 규정에 따른 소송허가신청서의 기재사항에 흠결이 없을 것
3. 소제기단체가 사업자에게 소비자권익 침해행위를 금지·중지할 것을 서면으로 요청한 후 14일이 경과하였을 것
② 단체소송을 허가하거나 불허가하는 결정에 대하여는 즉시항고 할 수 있다.

제품이 생산되어 유통되고 소비자가 소비하는 일련의 과정에서 제품의 결함으로 인하여 소비자나 이용자에게 또는 제3자에게 손해가 발생한 경우 제조자나 판매자가 부담하는 손해배상책임을 제조물책임이라고 한다. 제품의 결함으로 인해 손해를 본 소비자나 이용자는 민법상의 불법행위책임이나 채무불이행책임에 의한 손해배상을 청구할 수 있다. 이 경우 제조자나 판매자의 귀책사유 및 결함과 손해와의 인과관계에 대한 증명책임이 피해자에게 있는데, 제품에 대해 전문지식이 없는 피해자가 이를 증명하는 것은 매우 어렵다.

이러한 문제점을 개선하고자 제조물책임법이 제정되었고 2002. 7. 1.부터 시행하게 되었다. 동 법이 시행됨에 따라 제조업자 또는 판매업자는 제품의 결함으로 인해 발생한 손해에 대하여 피해자에게 무과실의 책임을 진다(법 제3조). 즉, 제조물책임법 제3조는 민법 제750조에 대한 특칙으로서 제조물에 결함이 있는 경우 제조업자 등에게 무과실책임을 부과한다. 다만, 설계상의 결함과 표시상의 결함은 대체설계를 채용하지 아니하였거나, 합리적인 설명,

지시, 경고 기타의 표시를 하지 아니한 과실이 있어야만 결함이 인정된다는 점에서 제조상의 결함과 달리 과실책임이다. 제조물책임법의 시행으로 소송 남발에 따른 사회적 비용증대 및 제품가격의 상승이라는 부정적인 결과가 예측된 바 있으나 안전한 소비환경을 조성하고 피해자구제에 보다 진일보한 입법으로서 제조물책임법은 의의가 있다.

제조물책임법 이외에 소비자의 안전한 거래 내지 소비자 피해구제에 관한 관련 법규로, 「소비자기본법」, 「상법」, 「약관의 규제에 관한 법률」, 「공정거래법」, 「독점규제 및 공정거래에 관한 법률」, 「금융소비자보호법」, 「할부거래에 관한 법률」, 「방문판매 등에 관한 법률」, 「전자상거래 등에서의 소비자보호에 관한 법률」, 「표시·광고의 공정화에 관한 법률」, 「행정규제기본법」, 「사행행위 등 규제 및 처벌특례법」 등이 있다.

(2) 제조물의 결함과 인과관계

물품을 제조·판매한 자에게 손해배상책임을 지우기 위해서는 결함의 존재, 손해의 발생 및 결함과 손해 발생과의 사이에 인과관계의 존재가 전제되어야 한다. 그런데, 고도의 기술이 집약되어 대량으로 생산되는 제품의 경우, 그 생산과정은 대개의 경우 소비자가 알 수 있는 부분이 거의 없고, 전문가인 제조업자만이 알 수 있을 뿐이다. 이는 제품의 수리 경우에도 마찬가지이다. 수리한 제품에 어떠한 결함이 존재하였는지, 나아가 그 결함으로 인하여 손해가 발생한 것인지 여부는 전문가인 제조업자 내지 수리업자가 아닌 일반 소비자로서는 도저히 밝혀 낼 수 없는 특수성이 있다.

그에 따라 제조물책임의 경우 피해자가 간접사실만 증명하면 결함과 손해발생 사이의 인과관계가 사실상 추정된다. 따라서 제조물의 정상적인 이용 중 사고가 발생한 경우 피해자는 그 사고가 제조업자의 배타적 지배하에 있는 영역에서 발생한 것임을 주장, 증명하고 그러한 사고가 어떤 자의 과실 없이는 통상 발생하지 않는다는 사정을 증명하면 제조물의 결함으로 인하여 사고가 발생하였다고 추정된다. 그러므로 제조업자가 그 사고가 제품의 결함이 아닌 다른 원인으로 말미암아 발생한 것임을 반증으로 제시하지 못하는 한 인과관계가 인정되어 제조업자는 제조물책임을 지게 된다.

• 판 례

◇ 대법원 2000. 2. 25. 선고 98다15934 판결 : 텔레비전이 정상적으로 수신하는 상태에서 발화·폭발한 경우에 있어서는, 소비자 측에서 그 사고가 제조업자의 배타적 지배하에 있는 영역에서 발생한 것임을 증명하고, 그러한 사고가 어떤 자의 과실 없이는 통상 발생하지 않는다고 하는 사정을 증명하면, 제조업자 측에서 그 사고가 제품의 결함이 아닌 다른 원인으로 말미암아 발생한 것임을 증명하지 못하는 이상, 위와 같은 제품은 이를 유통에 둔 단계에서 이미 그 이용 시의 제품의 성상이 사회통념상 당연히 구비하리라고 기대되는 합리적 안전성을 갖추지 못한 결함이 있었고, 이러한 결함으로 말미암아 사고가 발생하였다고 추정하여 손해배상책임을 지울 수 있도록 증명책임을 완화하는 것이 손해의 공평·타당한 부담을 그 지도원리로 하는 손해배상제도의 이상에 맞는다.

2. 성립요건 및 효과

(1) 성립요건

1) 책임의 성립 및 주체, 적용범위

제2조(정의) 이 법에서 사용하는 용어의 뜻은 다음과 같다.

1. "제조물"이란 제조되거나 가공된 동산(다른 동산이나 부동산의 일부를 구성하는 경우를 포함한다)을 말한다.
2. "결함"이란 해당 제조물에 다음 각 목의 어느 하나에 해당하는 제조상·설계상 또는 표시상의 결함이 있거나 그 밖에 통상적으로 기대할 수 있는 안전성이 결여되어 있는 것을 말한다.

가. "제조상의 결함"이란 제조업자가 제조물에 대하여 제조상·가공상의 주의의무를 이행하였는지에 관계없이 제조물이 원래 의도한 설계와 다르게 제조·가공됨으로써 안전하지 못하게 된 경우를 말한다.

나. "설계상의 결함"이란 제조업자가 합리적인 대체설계(代替設計)를 채용하였더라면 피해나 위험을 줄이거나 피할 수 있었음에도 대체설계를 채용하지 아니하여 해당 제조물이 안전하지 못하게 된 경우를 말한다.

다. "표시상의 결함"이란 제조업자가 합리적인 설명·지시·경고 또는 그 밖의 표시를 하였더라면 해당 제조물에 의하여 발생할 수 있는 피해나 위험을 줄이거나 피할 수 있었음에도 이를 하지 아니한 경우를 말한다.

3. "제조업자"란 다음 각 목의 자를 말한다.
가. 제조물의 제조 · 가공 또는 수입을 업(業)으로 하는 자
나. 제조물에 성명 · 상호 · 상표 또는 그 밖에 식별(識別) 가능한 기호 등을 사용하여 자신을 가목의 자로 표시한 자 또는 가목의 자로 오인(誤認)하게 할 수 있는 표시를 한 자

제3조(제조물 책임) ① 제조업자는 제조물의 결함으로 생명 · 신체 또는 재산에 손해(그 제조물에 대하여만 발생한 손해는 제외한다)를 입은 자에게 그 손해를 배상하여야 한다.
② 제조물의 제조업자를 알 수 없는 경우에 그 제조물을 영리 목적으로 판매 · 대여 등의 방법으로 공급한 자는 제조물의 제조업자 또는 제조물을 자신에게 공급한 자를 알거나 알 수 있었음에도 불구하고 상당한 기간 내에 그 제조업자나 공급한 자를 피해자 또는 그 법정대리인에게 고지하지 아니한 경우에는 제1항에 따른 손해를 배상하여야 한다.

제5조(연대책임) 동일한 손해에 대하여 배상할 책임이 있는 자가 2인 이상인 경우에는 연대하여 그 손해를 배상할 책임이 있다.

제조물의 결함으로 발생한 손해는 원칙적으로 제조업자가 배상책임을 지며(법 제3조 1항), 제조업자를 알 수 없는 경우에는 예외적으로 제조물의 공급자가 배상책임을 진다(법 제3조 2항). 이 때, 제조업자란 제조물의 제조 · 가공 또는 수입을 업으로 하는 자(법 제2조 제3호 가목) 또는 제조물에 성명 · 상호 · 상표 또는 그 밖에 식별가능한 기호 등을 사용하여 자신을 제조물의 제조 · 가공 또는 수입을 업으로 하는 자로 표시한 자나 그렇게 오인하게 할 수 있는 표시를 한 자를 말한다(법 제2조 제3호 나목).

예외적으로 제조물공급자가 책임을 지는 경우에는 제조업자와 달리 제조물공급자가 이를 업으로 할 필요는 없으나 영리목적이 있어야 한다. 제조물공급자는 제조업자가 책임을 지지 않을 때 책임을 부담하는 자로 그 책임은 2차적이고 부수적인 책임이다. 원재료 또는 부품의 결함으로 인해 완성품에 결함이 발생한 경우와 같이 동일한 손해에 대하여 배상할 책임이 있는 자가 2인 이상인 경우에는 연대하여 그 손해를 배상해야 한다(법 제5조). 다만, 이 경우 원재료 또는 부품의 제조업자 등이 제조업자의 설계 또는 제작에 관한

지시로 결함이 발생하였다는 사실을 증명하면 면책된다(법 제4조 1항 4호).

그런데 제조물책임법은 제조물의 상품적합성이 결여되어 제조물 그 자체에 발생한 손해에 대해서는 적용되지 않는다. 동법 제3조에 따라 제조물책임은 제조물의 결함으로 생명·신체 또는 재산에 손해를 입은 자에 대한 배상책임이다. 그러므로 제조물자체의 결함에 대해서는 매도인을 상대로 상법상 또는 민법상의 담보책임 내지 채무불이행책임을 물어야 한다.

2) 결함의 존재

제조물책임이 성립되기 위해서는 제조물에 결함이 있어야 한다. 여기서 제조란 제조물의 설계, 가공, 검사, 표시를 포함하는 일련의 행위로서 일반적으로 원재료를 가공하여 새로운 물품으로 만드는 것을 말한다. 그러므로 1차 생산품의 산출과 서비스 제공은 제조행위에 해당하지 않는다. 또, 제조물이란 제조되거나 가공된 동산(다른 동산이나 부동산의 일부를 구성하는 경우를 포함한다)을 말한다(법 제2조 제1호). 그러므로 전기 기타 관리할 수 있는 자연력, 부동산에 부합된 동산, 동산에 부합된 부품 또는 원재료 등은 제조물에 해당되지만, 제조되지 않거나 가공되지 않은 1차 생산품인 농, 축, 임, 수산물과 부동산 및 무형물인 소프트웨어와 서비스 등은 제조물이라 할 수 없다.

결함이란 해당 제품에 통상적으로 기대할 수 있는 안전성이 결여되어 있는 것을 말한다(법 제2조 2호). 결함은 그 유형별로 제조상의 결함(제2조 2호 가목), 설계상의 결함(제2조 2호 나목), 표시상의 결함(제2조 2호 다목)으로 나누어 살펴볼 수 있다. 먼저, 제조상의 결함이란 제조업자가 제조물에 대하여 제조상·가공상의 주의의무를 다하였는지와 관계없이 제조물이 원래 의도한 설계와 다르게 제조·가공됨으로써 안전하지 못하게 된 경우를 말한다. 또, 설계상의 결함은 제조업자가 합리적인 대체설계를 채용하였더라면 피해나 위험을 줄이거나 피할 수 있었음에도 대체설계를 채용하지 아니하여 해당 제조물이 안전하지 못하게 된 경우를 말한다. 그리고, 표시상의 결함은 제조업자가 합리적인 설명·지시·경고 또는 그 밖의 표시를 하였더라면 해당 제조물에 의하여 발생할 수 있는 피해나 위험을 줄이거나 피할 수 있었음에도 이를 하지 아니한 경우를 말한다. 그러므로 제조물에서 이 중 어느 하나에 해당하는 결함이라도 발견되면 제조업자는 제조물책임을 지게 된다.

3) 면책사유의 부존재

제4조(면책사유) ① 제3조에 따라 손해배상책임을 지는 자가 다음 각 호의 어느 하나에 해당하는 사실을 입증한 경우에는 이 법에 따른 손해배상책임을 면한다.

1. 제조업자가 해당 제조물을 공급하지 아니하였다는 사실
2. 제조업자가 해당 제조물을 공급한 당시의 과학·기술 수준으로는 결함의 존재를 발견할 수 없었다는 사실
3. 제조물의 결함이 제조업자가 해당 제조물을 공급한 당시의 법령에서 정하는 기준을 준수함으로써 발생하였다는 사실
4. 원재료나 부품의 경우에는 그 원재료나 부품을 사용한 제조물 제조업자의 설계 또는 제작에 관한 지시로 인하여 결함이 발생하였다는 사실

② 제3조에 따라 손해배상책임을 지는 자가 제조물을 공급한 후에 그 제조물에 결함이 존재한다는 사실을 알거나 알 수 있었음에도 그 결함으로 인한 손해의 발생을 방지하기 위한 적절한 조치를 하지 아니한 경우에는 제1항 제2호부터 제4호까지의 규정에 따른 면책을 주장할 수 없다.

제6조(면책특약의 제한) 이 법에 따른 손해배상책임을 배제하거나 제한하는 특약(特約)은 무효로 한다. 다만, 자신의 영업에 이용하기 위하여 제조물을 공급받은 자가 자신의 영업용 재산에 발생한 손해에 관하여 그와 같은 특약을 체결한 경우에는 그러하지 아니하다.

제조업자는 다음 중 어느 하나에 해당한다는 사실을 증명하면 제조물책임으로부터 면책된다. 첫째, 제조업자가 해당 제조물을 공급하지 아니하였다는 사실(제조물불공급의 항변), 둘째. 제조업자가 해당 제조물을 공급한 당시의 과학·기술 수준으로는 결함의 존재를 발견할 수 없었다는 사실(개발위험의 항변), 셋째, 제조물의 결함이 제조업자가 해당 제조물을 공급한 당시의 법령에서 정하는 기준을 준수함으로써 발생하였다는 사실(법령준수의 항변), 넷째, 원재료나 부품의 경우에는 그 원재료나 부품을 사용한 제조물 제조업자의 설계 또는 제작에 관한 지시로 인하여 결함이 발생하였다는 사실(법 제4조 제1항)(설계·제작상지시의 항변). 다만 제조업자는 제조물을 공급한 후에도 제조물의 결함이 발견되면 즉시 리콜 등 피해 예방조치를 취하거나 설계변경 등 안전조치를 취하지 않으면 면책될 수 없다(법 제4조 2항).

한편, 제조업자와 거래 상대방 사이에서 이루어지는 제조물책임법상의 면책특약은 원칙적으로 무효이다(법 제6조 본문). 다만, 자신의 영업에 이용하기 위해 제조물을 공급받은 자가 자신의 영업용 재산에 대하여 발생한 손해에 관하여 그와 같은 면책의 특약을 체결한 경우에는 예외적으로 인정된다(법 제6조 단서).

(2) 효 과

1) 손해배상

제7조(소멸시효 등) ① 이 법에 따른 손해배상의 청구권은 피해자 또는 그 법정대리인이 다음 각 호의 사항을 모두 알게 된 날부터 3년간 행사하지 아니하면 시효의 완성으로 소멸한다. 1. 손해 2. 제3조에 따라 손해배상책임을 지는 자
② 이 법에 따른 손해배상의 청구권은 제조업자가 손해를 발생시킨 제조물을 공급한 날부터 10년 이내에 행사하여야 한다. 다만, 신체에 누적되어 사람의 건강을 해치는 물질에 의하여 발생한 손해 또는 일정한 잠복기간이 지난 후에 증상이 나타나는 손해에 대하여는 그 손해가 발생한 날부터 기산한다.

제품의 결함으로 인해 손해를 본 소비자나 이용자는 제조물책임법 제3조에 근거하여 제조업자 또는 공급업자를 상대로 손해배상을 청구할 수 있다. 이 경우 민법상의 불법행위책임이나 채무불이행책임에 의한 손해배상청구도 가능하나 제조물책임법이 그에 우선하여 적용된다.

제조물책임법에 따른 손해배상의 청구권은 손해 및 배상책임자를 안 날로부터 3년, 제조업자가 손해를 발생시킨 제조물을 공급한 날부터 10년 이내에 행사하여야 한다(법 제7조 1항 및 제2항 본문). 다만, 신체에 누적되어 사람의 건강을 해치는 물질에 의한 손해 또는 잠복기간이 지난 후에 증상이 나타나는 손해에 대하여는 그 손해가 발생한 날부터 기산한다(법 제7조 2항 단서).

2) 단체소송과 집단소송

제조물의 결함으로 피해를 입은 경우 동일 제품을 사용하는 다수가 존재하는 경우가 많기 때문에 그에 대한 구제제도 역시 단체나 집단으로 이뤄지는 경우가 많다. 그 대표적인 예로 소비자 단체소송과 집단소송이 있다. 소비자단

체소송제도란 일정요건을 갖춘 소비자단체 등이 법원에 소비자의 생명·신체·재산상의 권익을 침해하는 사업자의 위법행위에 대한 금지·중지를 청구하는 소송이다. 일반적으로 소액피해를 입은 개별소비자가 기업을 상대로 소를 제기하는 것이 현실적으로 곤란하므로 조직력과 전문성을 바탕으로 공익적 활동을 하는 단체에게 소 제기권을 부여하여 소비자피해의 확산을 예방하려는 취지로서 인정된다. 현재 우리나라에서는 소비자기본법에서 단체소송이 인정되고 있는데, 이러한 단체소송제도는 소제기를 우려한 사업자의 자발적인 위법행위 예방 및 리콜활성화 등의 긍정적 효과가 기대되는 반면 금전적 배상이 배제되므로 직접적 피해구제의 효과는 작을 수밖에 없다.

집단소송제도란 대표당사자가 소송을 수행하고 그 판결의 효력이 적극적인 제외신고를 하지 않은 모든 구성원에게 미치는 제도이다. 즉 대표당사자가 승소할 경우 소를 제기하지 않은 모든 피해자도 동일한 손해배상이 가능하고, 반대로 대표당사자가 패소한다면 다른 모든 피해자는 동일한 내용에 대하여 소를 제기할 수 없게 된다. 집단소송은 피해구제 측면에서 단체소송에 비해 장점이 있으나, 소의 남용 및 지나친 기업 활동의 위축 등 사회적 비용이 과다하다는 단점이 있다.

〈단체소송과 집단소송의 비교〉

구분	단체소송제도	집단소송제도
목적·효과	위법·침해행위의 중지를 통한 피해확산 예방/공공이익의 실현	이미 발생한 손해의 사후구제책으로서 금전적 손해배상 /소비자 피해의 직접구제
청구권자	공익 소비자단체, 사업자 단체 등	일정규모의 피해자 (모든 피해자를 대표)
적용법규	소비자기본법	증권관련 집단소송법
장점	·사회적인 공공이익의 실현에 기여 ·집단소송에 비해 남소의 가능성 희박(소송수행단체의 제한) ·소송절차의 간편함	·소비자 피해구제 효과 증대 (배상액을 피해자에게 분배)

구분	단체소송제도	집단소송제도
단점	·개별적 위임이 없는 경우에는 손해배상이 불가하므로 소비자 피해구제 효과가 적음. ·제소 가능한 단체의 범위를 규정하기 어려움.	·소송절차의 복잡성, 남소 우려, 거액의 피해배상으로 기업 활동 위축 등 사회적 비용의 과다 ·패소할 경우 소송당사자가 아닌 피해자의 소제기권까지 박탈되는 문제 ·변호사비용 등 소송비용과 관련하여 실질적인 소비자 보상에 충실하지 못할 가능성

한편, 제조물책임법 등 기타 관련 법령에 따라 제조업체 등이 손해배상책임을 질 때 손해의 규모 및 피해확산의 정도는 상당하다. 또, 경우에 따라서는 손해의 회복이 불가능할 수도 있다. 이 때문에 제조물책임을 부담하는 기업들은 심지어 대기업일지라도 파산위기로부터 자유로울 수 없다. 또, 이러한 위험에 처한 기업들이 막다른 궁여지책으로 제품가격의 상승이라는 방식으로 소비자에게 책임을 전가하는 상황도 간과할 수 없다. 이 점에서 기업의 위기를 보호하고 소비자의 권익을 보호하기 위해서 제조물배상 책임보험의 확대실시 내지 의무화가 요청된다.

3. 주요 판례

(1) 성립요건 : 제조물 및 결함

• 판 례

I 제조물 I

◇ 대법원 2013. 7. 12. 선고 2006다17539 판결 : 제조물책임의 대상이 되는 제조물은 원재료에 설계·가공 등의 행위를 가하여 새로운 물품으로 제조 또는 가공된 동산으로서 상업적 유통에 제공되는 것을 말하고, 여기에는 여러 단계의 상업적 유통을 거쳐 불특정 다수 소비자에게 공급되는 것뿐만 아니라 특정 소비자와의 공급계약에 따라 그 소비자에게 직접 납품되어 사용되는 것도 포함된다.

▌제조물책임법 시행 전▐

◇ 대법원 1992. 11. 24. 선고 92다18139 판결 : 물품을 제조하여 판매하는 제조자는 제품의 구조, 품질, 성능 등에 있어서 현대의 기술수준과 경제성에 비추어 기대 가능한 범위 내의 안전성과 내구성을 갖춘 제품을 제조하여야 할 책임이 있고, 이러한 안전성과 내구성을 갖추지 못한 결함 내지 하자로 인하여 소비자에게 손해가 발생한 경우에는 계약상의 배상의무와는 별개로 불법행위로 인한 배상의무를 부담한다.

◇ 대법원 2000. 2. 25. 선고 98다15934 판결 : 무릇 물품을 제조·판매하는 제조업자 등은 그 제품의 구조, 품질, 성능 등에 있어서 그 유통 당시의 기술 수준과 경제성에 비추어 기대 가능한 범위 내의 안전성과 내구성을 갖춘 제품을 제조·판매하여야 할 책임이 있고, 이러한 안전성과 내구성을 갖추지 못한 결함으로 인하여 소비자에게 손해가 발생한 경우에는 불법행위로 인한 손해배상의무를 부담한다.

▌제조물책임법 시행 후▐

◇ 대법원 2003. 9. 5. 선고 2002다17333 판결 : 일반적으로 제조물을 만들어 판매하는 자는 제조물의 구조, 품질, 성능 등에 있어서 현재의 기술 수준과 경제성 등에 비추어 기대 가능한 범위 내의 안전성을 갖춘 제품을 제조하여야 하고, 이러한 안전성을 갖추지 못한 결함으로 인하여 그 사용자에게 손해가 발생한 경우에는 불법행위로 인한 배상책임을 부담하게 되는 것인바, 그와 같은 결함 중 주로 제조자가 합리적인 대체설계를 채용하였더라면 피해나 위험을 줄이거나 피할 수 있었음에도 대체설계를 채용하지 아니하여 제조물이 안전하지 못하게 된 경우를 말하는 소위 설계상의 결함이 있는지 여부는 제품의 특성 및 용도, 제조물에 대한 사용자의 기대와 내용, 예상되는 위험의 내용, 위험에 대한 사용자의 인식, 사용자에 의한 위험회피의 가능성, 대체설계의 가능성 및 경제적 비용, 채택된 설계와 대체설계의 상대적 장단점 등의 여러 사정을 종합적으로 고려하여 사회통념에 비추어 판단하여야 한다.

◇ 대법원 2003. 9. 5. 선고 2002다17333 판결 : 제조물에 대한 제조상 내지 설계상의 결함이 인정되지 아니하는 경우라 할지라도, 제조업자 등이 합리적인 설명, 지시, 경고 기타의 표시를 하였더라면 당해 제조물에 의하여 발생될 수 있는 피해나 위험을 줄이거나 피할 수 있었음에도 이를 하지 아니한 때에는 그와 같은 표시상의 결함(지시·경고상의 결함)에 대하여도 불법행위로 인한 책임이 인정될 수 있고, 그와 같은 결함이 존재하는지 여부에 대한 판단을 함에 있어서는 제조물의 특성, 통상 사용되는 사용형태, 제조물에 대한 사용자의 기대

의 내용, 예상되는 위험의 내용, 위험에 대한 사용자의 인식 및 사용자에 의한 위험회피의 가능성 등의 여러 사정을 종합적으로 고려하여 사회통념에 비추어 판단하여야 한다.

▎성능보장기간 의미▎

◇ 대법원 2013. 7. 12. 선고 2006다17539 판결 : 제조업자가 인체에 유해한 독성물질이 혼합된 화학제품을 설계·제조하는 경우, 그 화학제품의 사용 용도와 방법 등에 비추어 사용자나 그 주변 사람이 그 독성물질에 계속적·반복적으로 노출될 수 있고, 그 독성물질이 가진 기능적 효용은 없거나 극히 미미한 반면, 그 독성물질에 계속적·반복적으로 노출됨으로써 사용자 등의 생명·신체에 위해가 발생할 위험이 있으며 제조업자가 사전에 적절한 위험방지조치를 취하기 전에는 사용자 등이 그 피해를 회피하기 어려운 때에는, 제조업자는 고도의 위험방지의무를 부담한다. 즉 이러한 경우 제조업자는 그 시점에서의 최고의 기술 수준으로 그 제조물의 안전성을 철저히 검증하고 조사·연구를 통하여 발생 가능성 있는 위험을 제거·최소화하여야 하며, 만약 그 위험이 제대로 제거·최소화되었는지 불분명하고 더욱이 실제 사용자 등에게 그 위험을 적절히 경고하기 곤란한 사정도 존재하는 때에는, 안전성이 충분히 확보될 정도로 그 위험이 제거·최소화되었다고 확인되기 전에는 그 화학제품을 유통시키지 말아야 한다. 따라서 제조업자가 이러한 고도의 위험방지의무를 위반한 채 생명·신체에 위해를 발생시킬 위험이 있는 화학제품을 설계하여 그대로 제조·판매한 경우에는 특별한 사정이 없는 한 그 화학제품에는 사회통념상 통상적으로 기대되는 안전성이 결여된 설계상의 결함이 존재한다고 봄이 타당하다.

◇ 대법원 1992. 11. 24. 선고 92다18139 판결 : 제작공급계약에서 제조자가 제품의 성능을 정상가동 후 일정기간 보장하고 성능보장기간 내에 발생하는 하자에 대하여는 무상수리를 하여야 하되 소비자가 사용불가라고 판단할 때에는 제조자는 즉시 재제작납품 하기로 약정한 경우 위 성능보장은 제작공급계약 당사자 사이에서 계약목적물에 결함 내지 하자가 있는 경우에 제조자가 이를 보수, 교환하는 등 불완전이행을 추완 할 것을 약속한 이행담보의 약정으로서 그 보장기간은 이행담보기간에 지나지 않는다.

(2) 구체적 검토

1) 의약품

• 판 례

◇ 대법원 2011. 9. 29. 선고 2008다16776 판결 : 의약품의 제조물책임에서 손해배상책임이 성립하기 위해서는 의약품의 결함 또는 제약회사의 과실과 손해 사이에 인과관계가 있어야 한다. 그러나 의약품 제조과정은 대개 제약회사 내부자만이 알 수 있을 뿐이고, 의약품 제조행위는 고도의 전문적 지식을 필요로 하는 분야로서 일반인들이 의약품의 결함이나 제약회사의 과실을 완벽하게 증명하는 것은 극히 어렵다. 따라서 환자인 피해자가 제약회사를 상대로 바이러스에 오염된 혈액제제를 통하여 감염되었다는 것을 손해배상책임의 원인으로 주장하는 경우, 제약회사가 제조한 혈액제제를 투여받기 전에는 감염을 의심할 만한 증상이 없었고, 혈액제제를 투여받은 후 바이러스 감염이 확인되었으며, 혈액제제가 바이러스에 오염되었을 상당한 가능성이 있다는 점을 증명하면, 제약회사가 제조한 혈액제제 결함 또는 제약회사 과실과 피해자 감염 사이의 인과관계를 추정하여 손해배상책임을 지울 수 있도록 증명책임을 완화하는 것이 손해의 공평·타당한 부담을 지도 원리로 하는 손해배상제도의 이상에 부합한다. 여기서 바이러스에 오염되었을 상당한 가능성은, 자연과학적으로 명확한 증명이 없더라도 혈액제제의 사용과 감염의 시간적 근접성, 통계적 관련성, 혈액제제의 제조공정, 해당 바이러스 감염의 의학적 특성, 원료 혈액에 대한 바이러스 진단방법의 정확성 정도 등 여러 사정을 고려하여 판단할 수 있다. 한편 제약회사는 자신이 제조한 혈액제제에 아무런 결함이 없다는 등 피해자의 감염원인이 자신이 제조한 혈액제제에서 비롯된 것이 아니라는 것을 증명하여 추정을 번복시킬 수 있으나, 단순히 피해자가 감염추정기간 동안 다른 회사가 제조한 혈액제제를 투여받았거나 수혈을 받은 사정이 있었다는 것만으로는 추정이 번복되지 않는다.

〈혈우병 환자인 갑 등이 을 주식회사가 제조·공급한 혈액제제로 인하여 HIV(인간면역결핍바이러스, Human Immunodeficiency Virus)에 감염되었는지가 문제된 사안에서, 갑 등이 을 회사가 제조한 혈액제제를 투여받기 전에는 감염을 의심할 만한 증상이 없었고, 을 회사가 제조한 혈액제제를 투여받은 후 바이러스 감염이 확인되었으며, 혈액제제가 HIV에 오염되었거나 오염되었을 상당한 가능성이 있으므로, 을 회사가 제조한 혈액제제의 결함 또는 을 회사의 과실과 갑 등의 HIV 감염 사이에 인과관계가 있다고 추정되고, 감염혈액을 제공하였을 것으로 추정되는 사람이 보유한 HIV의 유전자 정보와 갑 등이 보유한 HIV의 유전자 정보가 정확히 일치하지 않는다거나, 일부 환자들이 HIV 오염 여부를 알 수 없는 외국산 혈액제제 또는 수혈을 받은 사정만으로 위 추정이 번복된다고 할 수 없다고 한 사례〉

2) 고엽제

• 판 례

◇ 대법원 2013. 7. 12. 선고 2006다17539 판결 : 갑 등 베트남전 참전군인들이 을 외국법인 등에 의해 제조되어 베트남전에서 살포된 고엽제 때문에 염소성여드름 등 각종 질병이 발생하였다며 을 법인 등을 상대로 제조물책임 등에 따른 손해배상을 구한 사안에서, 고엽제에 함유된 유해물질인 TCDD에 대한 개개인의 신체적 감수성이 염소성여드름 발현 여부와 형태에 미치는 영향, TCDD에 노출된 후 염소성여드름이 발병하는 기간 등 제반 사정을 종합하여, 참전군인들 중 일부가 고엽제에 함유된 TCDD에 노출되어 특이성 질환인 염소성여드름이 발생하였을 개연성이 인정된다는 이유로, 그들이 베트남전 동안 복무지역 등에 살포되거나 잔류하는 고엽제의 TCDD에 노출되어 염소성여드름이 발생하는 손해를 입었다고 본 원심판단은 정당하다.

3) 자동차급발진

• 판 례

◇ 대법원 2004. 3. 12. 선고 2003다16771 판결 : 급발진사고가 운전자의 액셀러레이터 페달 오조작으로 발생하였다고 할지라도, 만약 제조자가 합리적인 대체설계를 채용하였더라면 급발진사고를 방지하거나 그 위험성을 감소시킬 수 있었음에도 대체설계를 채용하지 아니하여 제조물이 안전하지 않게 된 경우 그 제조물의 설계상의 결함을 인정할 수 있지만, 그러한 결함의 인정 여부는 제품의 특성 및 용도, 제조물에 대한 사용자의 기대의 내용, 예상되는 위험의 내용, 위험에 대한 사용자의 인식, 사용자에 의한 위험회피의 가능성, 대체설계의 가능성 및 경제적 비용, 채택된 설계와 대체설계의 상대적 장단점 등의 여러 사정을 종합적으로 고려하여 사회통념에 비추어 판단하여야 할 것이다.

4) 자동차 화재

• 판 례

◇ 대법원 2000. 7. 28. 선고 98다35525 판결 : 지하주차장에 주차해 둔 차량의 운전석에서 원인불명의 화재가 발생하여 차량이 전소한 경우, 차량의 결함부위 및 내용이 특정되지 아니하였고 차량의 외부에서 발화하여 그 내부로 인화되었을 가능성도 배제할 수 없는 점 등에 비추어 차량의 제조상의 결함(하자)으로 화재가 발생하였다고 추정하기는 어렵다.

5) 텔레비전

• 판 례

◇ 대법원 2000. 2. 25. 선고 98다15934 판결 : 오늘날 일반 국민에게 널리 보급된 대표적 가전제품인 텔레비전은 제조자가 설정한 내구연한이 다소 경과되었다 하더라도 사회통념상 이를 소비자의 신체나 재산에 위해를 가할 수 있는 위험한 물건으로는 여겨지지 아니하므로 텔레비전의 제조업자는 그 내구연한이 다소 경과된 이후에도 제품의 위험한 성상에 의하여 소비자가 손해를 입지 않도록 그 설계 및 제조과정에서 안전성을 확보해야할 고도의 주의의무를 부담한다 할 것이어서 이 사건 텔레비전이 비록 그 내구연한으로부터 1년 정도 초과된 상태라 하더라도 그 정상적인 이용 상황 하에서 위와 같이 폭발한 이상, 그 제조상의 결함을 인정함에는 아무런 지장이 없다.

6) 닭사료

• 판 례

◇ 대법원 1977. 1. 25. 선고 75다2092 판결 : 배합사료와 기초사료에 어떠한 불순물이 함유되었고 또 그것이 어떤 화학적 영양학적 내지는 생리적 작용을 하여 이를 사료로 한 닭들이 난소협착증을 일으키게 되고 산란율을 급격 현저하게 저하케한 것인지는 구체적으로 밝혀지지는 않았어도 위 사료로서 사양시험을 한 결과 똑같은 시험결과를 보였고 급식방법이나 계사관리 또는 사료보관에 어떤 이상이 없었고 사양시험에 제공했던 사료들이 변질되거나 부패한 것도 아니고 또 이건 사료를 급식할 무렵 닭들에 시주한 뉴켓슬 예방주사의 시주방법이나 약품에 아무런 하자도 없어 적어도 그 사료에 어떤 불순물이 함유된 것이 틀림없어 제조과정에 과실이 있었고 이로 인하여 원고가 사육하던 닭들이 위와같은 현상을 초래하게 된 경우에는 그 사료 제조 판매자에게 불법행위의 책임이 있다.

【서식】 제조물책임(기)청구 소장(스프링클러 연결 부분이 이탈하여 발생한 침수사고)

소 장

원 고 ○○ 주식회사
○○시 ○○구 ○○동 ○○
소송대리인 변호사 ○○○
○○시 ○○구 ○○동 ○○
전화번호 : 598-1111, 팩스 : 598-1112, 전자우편 ○○@hotmail.com

피 고 △△ 주식회사
소송대리인 변호사 ○ ○ ○ 외 2인

청 구 취 지

1. 피고는 원고에게 22,830,000원과 이에 대하여 2007. 1. 12.부터 다 갚는 날까지 연 20%의 비율로 계산한 돈을 지급하라.
2. 소송비용은 피고의 부담으로 한다.

라는 판결을 구합니다.

청 구 원 인

1. 손해배상책임의 발생

가. 인정 사실

(1) 원고는 소방설비 시공전문업체로서 2005. 6.경 서울 서초구 소재 노블레스타워 건물(이하 '이 사건 건물'이라 한다) 신축공사에서 소방시설 일체를 다인건설 주식회사로부터 하수급받았다. 원고는 소방기기 제품의 제조 · 판매회사인 피고로부터 스프링클러 3,200개를 납품받아 위 건물의 소방시설공사에 사용하였다.

(2) 피고가 납품한 스프링클러는 별지 도면과 같이 주름관(플렉시블 관) 중 SP 너트와 연결되는 부위를 패킹으로 감싸고 그 위를 다시 SP 압착링이 감싼 제품으로서, SP 압착링의 내경에 걸림턱이 형성되고 이 걸림턱은

주름관의 홈에 끼워진 상태에서 SP 너트에 결합되어 있으며, SP 압착링의 외경이 SP 너트의 외경보다 크게 제작된다. 원고는 주름관이 결합된 상태로 출고된 SP 너트를 나사를 이용하여 SP 닛뿔과 조립만 하는 방식으로 시공하였다. 한편, SP 너트는 황동으로 제작되었고, SP 압착링은 플라스틱으로 제작되었다.

(3) 2006. 8. 3. 이 사건 건물 1408호에서, 스프링클러의 주름관 연결부위가 SP 너트로부터 이탈되면서 스프링클러 배관 내에 있던 소화용수가 천정에서부터 쏟아져 내려 살림살이, 전기설비, 주방기기, 가전제품, 가구, 벽체, 바닥 등이 물에 잠겨 사용할 수 없게 되었다.

(4) 사고현장인 1408호에 설치된 스프링클러(이하 '이 사건 스프링클러'라고 한다.)에는 사고 이후에도 SP 압착링이나 주름관의 목 부분(SP 너트에 연결되는 부분)에 별다른 손상이나 변형된 흔적이 남아 있지 않다.

(5) 이 사건 스프링클러의 SP 압착링 후면 외경은 별지 표에서 보는 것과 같이 피고가 검정승인을 통과할 당시 제출한 규격 28.8㎜와 비교하여 허용오차범위 0.2㎜를 넘어서는 0.35㎜가 작은 28.45㎜로 제작되어 있다.

나. 책임의 근거

(1) 물품을 제조 · 판매하는 제조업자는 그 제품의 구조 · 품질 · 성능 등에 있어서 그 유통 당시의 기술수준과 경제성에 비추어 기대 가능한 범위 내의 안전성과 내구성을 갖춘 제품을 제조 · 판매하여야 할 책임 있다. 이러한 안전성과 내구성을 갖추지 못한 결함으로 인하여 소비자에게 손해가 발생한 경우에는 불법행위로 인한 손해배상의무를 부담한다. 한편, 고도의 기술이 집약되어 대량으로 생산되는 제품의 결함을 이유로 그 제조업자만이 알 수 있어서 그 제품에 어떠한 결함이 존재하였는지, 그 결함으로 인하여 손해가 발상한 것인지 여부는 일반인으로서는 밝힐 수 없는 특수성이 있다. 따라서 소비자측이 제품의 결함 및 그 결함과 손해의 발생과의 사이의 인과관계를 과학적 · 기술적으로 입증한다는 것은 지극히 어려우므로 그 제품이 정상적으로 사용되는 상태에서 사고가 발생한 경우 소비자측에서 그 사고가 제조업자의 배타적 지배하에 있는 영역에서 발생하였다는 점과 그 사고가 어떤 자의 과실 없이는 통상 발생하지 않는다고 하는 사정을 증명하면, 제조업자 측에서 그 사고가 어떤 자의 과실 없이는 통상 발생하지 않는다고 하는 사정을 증명하면, 제조업자측에서 그 사고가 제품의 결함이 아닌 다른 원인으로 말미암아 발생한 것임을 입증하지 못하는 이상 그 제품에 결함이 존재하며 그 결함으로 말미암아 사고가 발생하였다고 추정하여 손해배상 책임을

지울 수 있도록 입증책임을 완화하는 것이 손해의 공평·타당한 부담을 그 지도원리로 하는 손해배상제도의 이상에 맞다 할 것이다.

(2) 이 사건 사고는 스프링클러를 시공한 후 1개월 이상 별다른 이상이 없다가 갑작스럽게 주름관 연결 부분이 SP 너트에서 이탈되면서 발생한 것이다. 이 사건 스프링클러는 SP 너트와 SP 압착링이 일체형으로 납품된 것으로서 시공을 하면서 무리하게 SP 너트에 압력을 가한다는 이유만으로 SP 압착링이 제 위치에서 벗어나 기능을 발휘하지 못한다면 이는 이미 제품의 안전성과 내구성을 갖추지 못하였음을 나타내는 것이다. 더구나 이 사건 스프링클러의 SP 너트에 흠이 있다는 이유만으로 원고가 시공을 함에 있어서 통상의 힘 이상의 무리한 힘을 가하였다거나 내부 구조에 변경을 가하여 SP 압착링이 제 위치를 벗어나게 하였다고 보기에는 부족하다. 결국, 원고가 이 사건 스프링클러를 정상적으로 설치하였음에도 이 사건 사고가 발생하였다고 봄이 상당하다. 따라서 피고는 이 사건 스프링클러의 제조자로서 원고가 입은 모든 손해를 배상할 책임이 있다.

(3) 이에 대하여 피고는, 이 사건 스프링클러는 검정승인을 받은 제품으로서 공급 당시의 법령 기준을 준수한 만큼 제조물책임법 제4조 제1항 제3호에 의해 면책된다고 주장한다. 그러나 이 사건 스프링클러가 검정승인을 받은 제품의 크기와 달리 SP 압착링 후면 외경이 허용오차를 벗어나는 크기로 제작되었음은 위에서 본 바이므로, 피고가 검정승인을 받은 기준을 준수하였다고 볼 수 없다.

2. 손해배상의 범위

이 사건 건물의 시행사인 대원종합건설은 위 1408호의 입주자인 소외 2에게 피해물품변상비 및 위로금 등으로 1,500만 원, 도배 87만 원, 마루 208만 원, 천정 219만 원, 전기설비 등 150만 원의 재시공비용, 이사비용 40만 원, 소파 및 침대세탁비 10만 원, 커텐 재설치비용 9만 원, 세탁비 4만 원, 청소용품비 6만 원, 청소인건비 50만 원 등 총 22,830,000원을 지급하였고, 원고는 대원종합건설에 위 비용을 모두 지급하였는바, 위 금원만큼 원고에게 손해가 발생하였다고 볼 수 있다.

3. 결 론

따라서 이 사건 피고는 원고에게 22,830,000원과 이에 대하여 소장 송달일 다음날인 2007. 1. 12.부터 다 갚는 날까지 소송촉진 등에 관한 특례법에 정한 연 20%의 비율로 계산한 지연손해금을 지급할 의무가 있다 할 것이므로, 원고는 피고에 대하여 이 사건 청구취지 기재와 같이 손해배상금 지급을 구하기 위하여 이건 소를 제기하게 되었습니다.

입 증 방 법

〈 생 략 〉

첨 부 서 류

〈 생 략 〉

2007. ○○. ○○.

원 고 ○ ○ ○ 외 15인(인)

□□ 지방법원 귀중

제 8 절 지식재산권침해책임

1. 의 의

지식재산권[198]은 저작권과 저작인접권을 포함하여 특허권, 실용신안권, 상표권, 디자인권, 상호권 등 다양하고 광범위한 권리를 포함하고 있으나 여기서는 저작물을 창작한 사람의 배타적 권리인 저작권을 중심으로 살펴본다.

(1) 저작물과 저작자

『저작권법』

제4조(저작물의 예시 등) ① 이 법에서 말하는 저작물을 예시하면 다음과 같다.
1. 소설·시·논문·강연·연설·각본 그 밖의 어문저작물 2. 음악저작물 3. 연극 및 무용·무언극 그 밖의 연극저작물 4. 회화·서예·조각·판화·공예·응용미술저작물 그 밖의 미술저작물 5. 건축물·건축을 위한 모형 및 설계도서 그 밖의 건축저작물 6. 사진저작물(이와 유사한 방법으로 제작된 것을 포함한다) 7. 영상저작물 8. 지도·도표·설계도·약도·모형 그 밖의 도형저작물 9. 컴퓨터프로그램저작물

제5조(2차적저작물) ① 원저작물을 번역·편곡·변형·각색·영상제작 그 밖의 방법으로 작성한 창작물(이하 "2차적저작물"이라 한다)은 독자적인 저작물로서 보호된다.
② 2차적저작물의 보호는 그 원저작물의 저작자의 권리에 영향을 미치지 아니한다.

제6조(편집저작물) ① 편집저작물은 독자적인 저작물로서 보호된다.
② 편집저작물의 보호는 그 편집저작물의 구성부분이 되는 소재의 저작권 그 밖에 이 법에 따라 보호되는 권리에 영향을 미치지 아니한다.

제7조(보호받지 못하는 저작물) 다음 각 호의 어느 하나에 해당하는 것은 이 법에 의한 보호를 받지 못한다.
1. 헌법·법률·조약·명령·조례 및 규칙
2. 국가 또는 지방자치단체의 고시·공고·훈령 그 밖에 이와 유사한 것

198) 종래에는 지적재산권이라는 표현이 일반적으로 사용되어 왔으나 2011년 지식재산기본법이 제정되면서 지적재산권이란 용어는 지식재산권(intellectual property)이란 표현으로 대체되었다.

3. 법원의 판결 · 결정 · 명령 및 심판이나 행정심판절차 그 밖에 이와 유사한 절차에 의한 의결 · 결정 등
4. 국가 또는 지방자치단체가 작성한 것으로서 제1호 내지 제3호에 규정된 것의 편집물 또는 번역물
5. 사실의 전달에 불과한 시사보도

저작물이란 인간의 사상 또는 감정을 표현한 창작물을 말하며, 저작자는 저작물을 창작한 자를 말한다(법 제2조 제1호 및 제2호). 그러므로 저작권의 대상이 되는 저작물이 되기 위해서는 창작성이 있을 것과 인간의 사상이나 감정을 표현할 것이어야 한다. 여기서 창작성은 독창성 내지 창조성을 뜻하며 특허법에서 요구되는 신규성과는 다른 개념이다.[199] 원저작물을 번역 · 편곡 · 변형 · 각색 · 영상제작 그 밖의 방법으로 작성한 창작물, 즉 2차적 저작물도 독자적인 저작물로서 보호되나, 사회공공의 이익이라는 견지에서 국민에게 널리 알려져야 할 성질을 갖는 관공문서 등은 저작권법에 의해 보호받지 못한다(제5조 및 제7조). 저작물의 유형으로는 어문, 음악, 연극, 미술, 건축, 사진, 영상, 도형, 컴퓨터프로그램 등이 있다(법 제4조 제1항).

• 판 례

◇ **대법원 2012. 8. 30. 선고 2010다70520 판결** : 구 저작권법(2006. 12. 28. 법률 제8101호로 전문 개정되기 전의 것, 이하 같다) 제2조 제1호는 저작물을 '문학 · 학술 또는 예술의 범위에 속하는 창작물'로 규정하고 있다. 위 규정에서 말하는 창작물이란 창작성이 있는 저작물을 말하고 그 창작성이란 완전한 의미의 독창성을 요구하는 것은 아니므로, 어떠한 작품이 남의 것을 단순히 모방한 것이 아니라 저작자가 사상이나 감정 등을 자신의 독자적인 표현방법에 따라 정리하여 기술하였다면 창작성이 인정될 수 있다. 누가 하더라도 같거나 비슷할 수 밖에 없는 표현, 즉 저작물 작성자의 창조적 개성이 발현될 여지가 없는 경우에는 저작물의 창작성이 인정되기 어렵다.

---

199) 대법원 1995. 11. 14. 선고 94도2238 판결; 대법원 2005. 1. 27. 선고 2002도965 판결

저작자의 표시가 없는 저작물에 있어서는 발행자·공연자 또는 공표자로 표시된 자가 저작권을 가지는 것으로 추정한다(법 제8조 2항). 추정의 효과는 소급하므로 저작명의인은 저작물의 창작시부터 그 저작물의 저작자인 것으로 추정되며, 상대방의 반증에 의해 추정이 깨어지는 경우에는 창작시부터 그 저작물의 저작자가 아닌 것으로 취급된다. 저작자는 원래 자연인만이 될 수 있으나, 예외적으로 법인 등의 명의로 공표되는 업무상저작물의 저작자는 계약 또는 근무규칙 등에 다른 정함이 없는 때에는 그 법인이 저작자로 된다(법 제9조). 또, 2인 이상이 공동으로 창작한 저작물로서 각자의 이바지한 부분을 분리하여 이용할 수 없는 공동저작물의 저작자는 공동으로 창작한 전원이 저작자가 된다. 소설, 논문 등의 저작물을 본인 대신에 저작하는 대작의 경우에는 일단 대작자가 아닌 저작명의인이 저작자로 추정되나(법 제8조), 대작의 사실이 증명되면 대작자는 저작물의 저작시에 소급하여 저작자로서의 지위를 갖는다. 저작물의 감수 내지 교열을 한 자의 경우에는 창작에의 기여의 정도에 따라 저작자와 공동저작자가 될 수도 있다.

(2) 저작권

제10조(저작권) ① 저작자는 제11조 내지 제13조의 규정에 따른 권리(이하 "저작인격권"이라 한다)와 제16조 내지 제22조의 규정에 따른 권리(이하 "저작재산권"이라 한다)를 가진다.

제11조(공표권) ① 저작자는 그의 저작물을 공표하거나 공표하지 아니할 것을 결정할 권리를 가진다.

제12조(성명표시권) ① 저작자는 저작물의 원본이나 그 복제물에 또는 저작물의 공표 매체에 그의 실명 또는 이명을 표시할 권리를 가진다.

제13조(동일성유지권) ① 저작자는 그의 저작물의 내용·형식 및 제호의 동일성을 유지할 권리를 가진다.

제15조(공동저작물의 저작인격권) ① 공동저작물의 저작인격권은 저작자 전원의 합의에 의하지 아니하고는 이를 행사할 수 없다. 이 경우 각 저작자는 신의에 반하여 합의의 성립을 방해할 수 없다.

제16조(복제권) 저작자는 그의 저작물을 복제할 권리를 가진다.

제17조(공연권) 저작자는 그의 저작물을 공연할 권리를 가진다.

제18조(공중송신권) 저작자는 그의 저작물을 공중송신 할 권리를 가진다.

제19조(전시권) 저작자는 미술저작물 등의 원본이나 그 복제물을 전시할 권리를 가진다.

제20조(배포권) 저작자는 저작물의 원본이나 그 복제물을 배포할 권리를 가진다. 다만, 저작물의 원본이나 그 복제물이 해당 저작재산권자의 허락을 받아 판매 등의 방법으로 거래에 제공된 경우에는 그러하지 아니하다.

제21조(대여권) 제20조 단서에도 불구하고 저작자는 판매용 음반이나 판매용 프로그램을 영리를 목적으로 대여할 권리를 가진다.

제22조(2차적저작물 작성권) 저작자는 그의 저작물을 원저작물로 하는 2차적저작물을 작성하여 이용할 권리를 가진다.

제45조(저작재산권의 양도) ① 저작재산권은 전부 또는 일부를 양도할 수 있다. ② 저작재산권의 전부를 양도하는 경우에 특약이 없는 때에는 제22조에 따른 2차적저작물을 작성하여 이용할 권리는 포함되지 아니한 것으로 추정한다. 다만, 프로그램의 경우 특약이 없는 한 2차적저작물작성권도 함께 양도된 것으로 추정한다.

제46조(저작물의 이용허락) ① 저작재산권자는 다른 사람에게 그 저작물의 이용을 허락할 수 있다.

저작권은 저작자가 창작한 저작물에 대해 갖는 배타적 권리를 말한다. 저작권은 저작재산권과 저작인격권으로 이루어지는 바, 저작자는 저작재산권과 저작인격권을 갖는다(법 제10조). 저작재산권은 저작자의 저작물에 대한 재산적 이익을 보호하는 권리로서 통상 제3자가 저작물을 이용하는 것을 허락하고 그 대가를 받을 수 있는 권리가 주된 내용이 된다. 이에는 복제권(법 제16조) · 공연권(법 제17조) · 공중송신권(법 제18조) · 전시권(법 제19조) · 배포권(법 제20조) · 대여권(법 제21조) 및 2차적 저작물 등의 작성권(법 제22조) 등이 포함된다. 저작재산권은 특히 타인으로 하여금 이를 배타적으로 이용할 수 있도록 허락하고 그로부터 대가를 취득한다는 점에서 물권 유사의 배타적 지배권의 성질을 갖는다. 그러므로 저작재산권은 전부 내지 일부를 양도할 수 있다(법 제45조 1항). 다만, 원저작물의 원형을 해칠 우려가 있는 2차적 저작물 등의 작성권의 전부양도시 별도의 특약이 없는 한 원저작권자에게 유보되어 있는 것으로 추정하고 있으며, 프로그램의 경우 특약이 없는 한 2차적 저작물작성권도 함께 양도된 것으로 추정한다(법 제45조 2항). 아울러 저작재산권에 대해서는 권리질권의 설정도 가능하다. 이 경우 질권자는 저작재산권자가 받을 금전 그 밖의 물건에 대하여도 질권을 행사할 수 있는데 이를 행사하기 위해서는 지급 또는 인도가 있기 전에 이를 압류하여야 한다(법 제47 1항).

저작인격권은 저작자의 저작물에 반영된 인격을 보호하는 권리를 말한다. 이에는 미공표저작물에 대해 공표여부를 결정할 권리인 공표권 및 저작물의 창작자인 것을 주장할 수 있는 성명표시권, 저작물의 내용 및 형식 등 동일성을 유지할 권리인 동일성유지권 등이 포함된다. 공동저작물의 저작인격권은 저작자 전원의 합의에 의하지 아니하고는 이를 행사할 수 없으며, 각 저작자는 신의에 반하여 합의의 성립을 방해할 수 없다(법 제115조 1항).

저작인격권은 저작재산권과 달리 일신전속권이며 양도불가능한 권리로서 저작자의 사망과 더불어 소멸한다. 다만, 저작자 사후에 저작자의 명예훼손 등의 행위가 있거나 우려가 있는 경우 저작자의 유족(사망한 저작자의 배우자·자·부모·손·조부모 또는 형제자매)이나 유언집행자는 침해금지청구를 할 수 있으며, 고의 또는 과실로 저작인격권을 침해하거나 명예를 훼손한 경우 명예회복 등의 청구를 할 수 있다(법 제128조). 아울러 공동저작물의 각 저작자 또는 각 저작재산권자는 다른 저작자 또는 다른 저작재산권자의 동의가 없더라도 침해금지 청구를 할 수 있으며 그 저작재산권의 침해에 관하여 자신의 지분에 따른 손해배상의 청구를 할 수 있다(법 제129조).

저작권은 저작의 사실로부터 발생하기 때문에 특정한 절차나 형식의 이행을 필요로 하지 않는다(법 제10조 2항). 저작권의 등록 역시 권리발생의 요건이 아니며 저작재산권의 이전에 있어서도 등록은 대항요건에 해당한다. 다만, 일정한 경우 일반공중이 저작권자의 허락을 받지 않고 자유롭게 사용할 수 있는 자유사용, 즉, 저작재산권이 제한되는 경우가 있다. 가령, 재판절차나 입법·행정의 목적을 위한 내부자료의 경우 그 한도 안에서 저작물을 복제할 수 있는데 이 경우에는 그 출처를 반드시 명시해야 한다(법 제23조). 또, 공개적으로 행한 정치적 연설 등의 경우는 그 이용이 자유로우나 다만 이를 편집하여 이용하는 경우에는 그러하지 아니하다(법 제24조). 공표된 저작물을 학교교육 목적을 위해 사용하는 경우에도 자유롭게 사용할 수 있으며(법 제25조), 시사보도를 하는 경우에 있어 그 과정에서 보이거나 들리는 저작물을 보도를 위한 정당한 범위 안에서 복제·배포·공연 또는 방송을 할 수 있다(법 제26조). 기타 시사적인 기사 및 논설의 복제(법 제27조), 공표된 저작물의 인용(법 제28조), 영리를 목적으로 하지 아니하는 공연·방송(법 제29조), 사적이용을 위한 복제(법 제30조), 도서관 등에서의 복제(법 제31조), 시험문제로서의 복제(법 제32조), 시각장애인 등을 위한 복제(법 제33조), 방송사업자의 일시적 녹음·녹화(법 제34조), 미술저작물 등의 전시 또는 복제(법 제35조), 번역 등에 의한 이용(법 제36조), 공정이용(법 제35조의 3)의 경우에는 저작물을 자유롭게 이용할 수 있다.

• 판 례

◇ 대법원 1990. 10. 23. 선고 90다카8845 판결 : 개정 전 저작권법 제24조 소정의 시사보도를 위한 이용으로 타인 저작물의 자유이용이 허용되기 위하여는 사회통념과 시사보도의 관행에 비추어 보도의 목적상 정당한 범위 안에서의 이용이어야 한다고 할 것인바, 잡지에 게재된 사진이 칼라로 된 양질의 사진으로서 그 크기나 배치를 보아 전체적으로 3면의 기사 중 비평기사 보다는 사진이 절대적 비중을 차지하는 화보형식으로 구성되어 있는 경우 위 사진들은 보도의 목적이라기 보다는 감상용으로 인용되었다고 보이므로 보도를 위한 정당한 범위 안에서 이용되었다고 볼 수 없다.

또한, 저작권법 제25조 소정의 보도, 비평 등을 위한 인용의 요건 중의 하나인 정당한 범위에 들기 위하여서는 그 표현형식상 피인용저작물이 보족, 부연, 예증, 참고자료 등으로 이용되어 인용저작물에 대하여 부종적 성질을 가지는 관계(즉, 인용저작물이 주이고, 피인용저작물이 종인 관계)에 있다고 인정되어야 할 것이다.

한편, 음악이나 연극과 같이 예술적 창작물은 창작자 이외에도 이를 실연하고 방송 등 배포에 기여하는 자가 관여하기 마련이다. 이처럼 저작물배포에 기여하는 제3자인 보조자들에게도 정당한 이익을 보장하는 권리가 저작인접권이다. 저작인접권에는 실연자 및 음반제작자가 갖는 복제권(법 제69조 및 제78조), 배포권(법 제70조 및 제79조), 대여권(법 제71조 및 제80조), 공연권(법

제72조), 방송권(법 제73조), 전송권(법 제74조 및 제81조), 방송사업자에 대한 보상금청구권(법 제75조 및 제82조) 등이 해당한다. 아울러 실연자에게도 성명표시권과 동일성유지권과 같은 인격권이 인정된다(법 제66조 내지 제68조, 법 제127조).

2. 성립요건 및 효과

(1) 성립요건

1) 침해의 태양

저작권법상의 권리침해는 저작재산권 침해, 저작인격권 침해, 출판권 침해, 저작인접권 침해로 나타난다. 먼저, 저작재산권의 침해의 유형으로는 저작물의 도용을 포함하여 저작물의 이용권한이 없는 자가 이를 이용하는 무단이용 및 허락된 범위를 넘어서서 저작물을 이용하는 부정이용이 있다. 또한, 저작권 자체의 직접적인 침해는 아니나 침해로 의제되는 행위가 있을 수 있는데, 가령, 국내에서 만들어졌더라면 저작재산권의 침해로 될 물건을 국내에서 배포할 목적으로 수입하는 행위나 저작재산권을 침해하는 행위에 의해 만들어진 물건을 알면서도 배포하는 행위 및 프로그램의 저작권을 침해하여 만들어진 프로그램의 복제물을 취득한 자가 이를 업무상 이용하는 행위가 그러하다(법 제124조 1항). 저작인격권 침해의 유형에는 인격권의 내용에 따라, 공표권 침해, 성명표시권 침해, 동일성유지권 침해, 저작자 사후의 인격권침해가 있다. 저작자의 명예를 훼손하는 방법으로 그 저작물을 이용하는 행위 역시 저작인격권을 침해하는 행위이다(법 제124조 2항). 권한 없이 출판권이 설정된 타인의 저작물을 무단으로 출판함으로써 출판권을 침해할 수도 있으며, 저작인접권자의 허락 없이 실연 및 방송을 무단이용하는 것 역시 저작인접권의 침해에 해당한다.

저작재산권, 저작인격권, 출판권, 저작인접권을 이루는 개별적인 권리들은 저작재산권이나 저작인격권이라는 동일한 권리의 한 내용에 불과한 것이 아니라 각 독립적인 권리로 파악하여야 하므로 위 각 권리에 기한 청구는 별개의 소송물이 된다.[200)]

2) 이용허락과 법정허락

저작자는 자신의 저작물에 대해 다른 사람이 복제, 공연, 전시, 방송 또는 전송하는 등 법이 정하고 있는 일정한 방식으로 이용하는 것을 허락하거나 금지할 수 있다. 그러므로 저작물을 이용하려는 자는 저작자와 저작권에 관한 계약을 체결하는 등 저작자의 동의를 받아야 한다. 저작권에 관한 계약을 해석함에 있어 그것이 저작권 양도계약인지 이용허락 계약인지 명백하지 않은 경우, 저작권 양도 또는 이용허락 되었음이 외부적으로 표현되지 하였다면 저작자에게 권리가 유보된 것으로 유리하게 추정함이 상당하다.[201] 다만, 계약내용이 불분명한 경우 구체적인 의미를 해석함에 있어 거래관행이나 당사자의 지식, 행동 등을 종합하여 해석하되 저작권자의 허락을 받지 못한 경우라도 저작자가 불분명하거나, 저작물의 이용이 공중에게 필요한 경우 적정한 대가를 지급하거나 공탁하고 이를 이용케 할 수 있도록 하는 법정허락 제도에 의해 저작물의 이용이 가능하다.

저작재산권자가 불명인 저작물에 대해서는 문화체육관광부장관이 정하는 기준에 의한 보상금을 공탁하고 이를 이용할 수 있다(법 제50조), 또, 공표된 저작물을 공익상 필요에 의하여 방송하고자 하는 방송사업자가 그 저작재산권자와 협의하였으나 협의가 성립하지 아니하는 경우 역시 일정한 보상금을 당해 저작재산권자에게 지급하거나 공탁하고 이를 방송할 수 있다(법 제51조). 그리고 판매용 음반이 우리나라에서 처음으로 판매되어 3년이 경과한 경우 그 음반에 녹음된 저작물을 녹음하여 다른 판매용 음반을 제작하고자 하는 자가 그 저작재산권자와 협의하였으나 협의가 성립되지 아니하는 때에도 마찬가지이다(법 제52조). 이처럼 저작자 내지 저작물에 대한 동의권이 있는 자로부터 저작물 이용에 관해 동의를 받지 않거나, 법정허락이 인정되지 않음에도 저작물을 무단으로 이용하는 행위는 저작권침해로서 불법행위를 구성한다.

---

200) 대법원 2013. 7. 12. 선고 2013다22775 판결

201) 대법원 1996. 7. 30. 선고 95다29130 판결

• 판 례

◇ 대법원 1996. 7. 30. 선고 95다29130 판결 : 저작권에 관한 이용허락계약의 해석에 있어서 저작권 이용허락을 받은 매체의 범위를 결정하는 것은 분쟁의 대상이 된 새로운 매체로부터 발생하는 이익을 누구에게 귀속시킬 것인가의 문제라고 할 것이므로, '녹음물 일체'에 관한 이용권을 허락하는 것으로 약정하였을 뿐 새로운 매체에 관한 이용허락에 대한 명시적인 약정이 없는 경우 과연 당사자 사이에 새로운 매체에 관하여도 이용을 허락한 것으로 볼 것인지에 관한 의사해석의 원칙은, ① 계약 당시 새로운 매체가 알려지지 아니한 경우인지 여부, 당사자가 계약의 구체적 의미를 제대로 이해한 경우인지 여부, 포괄적 이용허락에 비하여 현저히 균형을 잃은 대가만을 지급 받았다고 보여지는 경우로서 저작자의 보호와 공평의 견지에서 새로운 매체에 대한 예외조항을 명시하지 아니하였다고 하여 그 책임을 저작자에게 돌리는 것이 바람직하지 않은 경우인지 여부 등 당사자의 새로운 매체에 대한 지식, 경험, 경제적 지위, 진정한 의사, 관행 등을 고려하고, ② 이용허락계약 조건이 저작물 이용에 따른 수익과 비교하여 지나치게 적은 대가만을 지급하는 조건으로 되어 있어 중대한 불균형이 있는 경우인지 여부, 이용을 허락 받은 자는 계약서에서 기술하고 있는 매체의 범위 내에 들어간다고 봄이 합리적이라고 판단되는 어떠한 사용도 가능하다고 해석할 수 있는 경우인지 여부 등 사회일반의 상식과 거래의 통념에 따른 계약의 합리적이고 공평한 해석의 필요성을 참작하며, ③ 새로운 매체를 통한 저작물의 이용이 기존의 매체를 통한 저작물의 이용에 미치는 경제적 영향, 만일 계약 당시 당사자들이 새로운 매체의 등장을 알았더라면 당사자들이 다른 내용의 약정을 하였으리라고 예상되는 경우인지 여부, 새로운 매체가 기존의 매체와 사용, 소비 방법에 있어 유사하여 기존 매체시장을 잠식, 대체하는 측면이 강한 경우이어서 이용자에게 새로운 매체에 대한 이용권이 허락된 것으로 볼 수 있는지 아니면 그와 달리 새로운 매체가 기술혁신을 통해 기존의 매체시장에 별다른 영향을 미치지 않으면서 새로운 시장을 창출하는 측면이 강한 경우이어서 새로운 매체에 대한 이용권이 저작자에게 유보된 것으로 볼 수 있는지 여부 등 새로운 매체로 인한 경제적 이익의 적절한 안배의 필요성 등을 종합적으로 고려하여 사회정의와 형평의 이념에 맞도록 해석하여야 한다.

3) 보호기간

저작재산권은 그 양도가 자유롭고 질권 등의 담보물권을 설정할 수 있으며 종국적인 처분 역시 인정된다는 점에서 일반적인 소유권과 크게 다르지 않다. 다만, 항구성을 갖는 일반소유권과 달리 저작재산권의 존속기간은 저작물의 창작시를 시기로 하여 저작자가 생존하는 동안과 사망한 후 70년간 존속한다(법 제39조 1항). 또, 공동저작물의 저작재산권은 맨 마지막으로 사망한 저작자가 사망한 후 70년간 존속한다(법 제39조 2항). 무명 또는 널리 알려지지 아니한 이명이 표시된 저작물의 저작재산권은 공표된 때부터 70년간 존속하며(법 제40조), 업무상저작물의 저작재산권 역시 공표한 때부터 70년간 존속한다(법 제41조). 다만, 창작한 때부터 50년 이내에 공표되지 아니한 경우에는 창작한 때부터 70년간 존속한다. 아울러, 영상저작물의 저작재산권은 제39조 및 제40조에도 불구하고 공표한 때부터 70년간 존속하며, 창작한 때부터 50년 이내에 공표되지 아니한 경우에는 창작한 때부터 70년간 존속한다(법 제42조). 저작재산권의 보호기간을 계산하는 경우에는 저작자가 사망하거나 저작물을 창작 또는 공표한 다음 해부터 기산하며(법 제44조), 보호기간이 종료된 이후에는 공유로 되어 누구나 자유롭게 저작물을 이용할 수 있다.

(2) 효 과

1) 유지청구 및 기타 필요한 조치

저작권자는 물권에 준한 권리를 갖는 자로서 저작물에 대해 침해를 받는 경우 권리를 침해하는 자에 대하여 침해의 정지를 청구할 수 있으며, 그 권리를 침해할 우려가 있는 자에 대하여 침해의 예방 또는 손해배상의 담보를 청구할 수 있다(법 제123조 1항). 또한, 침해행위의 금지를 청구함과 동시에 침해행위에 의해 만들어진 물건, 가령 무단으로 출판된 인쇄물이나 사진, 저작물의 내용을 변조한 저작복제물 등의 제거나 그 밖의 필요한 조치를 청구할 수 있다(법 제123조 2항). 아울러, 저작권법에 따른 형사기소가 있는 때에는 법원은 원고 또는 고소인의 신청에 따라 담보를 제공하거나 제공하지 아니하게 하고, 임시로 침해행위의 정지 또는 침해행위로 말미암아 만들어진 물건의 압류 그 밖의 필요한 조치를 직접 명할 수도 있다(법 제123조 3항). 이 경우 저작권 그 밖에 이 법에 따라 보호되는 권리의 침해가 없다는 뜻의 판결이 확정된 때에는 신청자는 그 신청으로 인하여 발생한 손해를 배상하여야 한다(법 제123조 4항).

2) 손해배상

저작재산권 그 밖에 저작권법에 따라 보호되는 권리(저작인격권 및 실연자의 인격권을 제외한다)를 가진 자는 고의 또는 과실로 권리를 침해한 자에 대하여 그 권리의 행사로 통상 받을 수 있는 금액에 상당하는 액을 손해의 액으로 하여 손해배상을 청구할 수 있다(법 제125조 2항). 이 경우 권리를 침해한 자가 그 침해행위에 의하여 이익을 받은 때에는 그 이익의 액을 저작재산권자 등이 받은 손해의 액으로 추정한다(법 제125조 1항). 손해액의 증명의 어려움을 감소시키고 손해배상의 실효성을 보장하기 위해 사전에 일정한 범위 내에서 법에서 정하는 금액을 청구할 수도 있다. 즉, 저작재산권자 등은 고의 또는 과실로 권리를 침해한 자에 대하여 사실심의 변론이 종결되기 전에는 실제 손해액이나 법정으로 정해지는 손해액에 갈음하여 침해된 각 저작물 등마다 1천 만원(영리를 목적으로 고의로 권리를 침해한 경우에는 5천만원) 이하의 범위에서 상당한 금액의 배상을 청구할 수 있다(법 제125조의2 1항). 이러한 손해배상청구를 하기 위해서는 침해행위가 일어나기 전에 저작권법에 따른 저작물의 등록이 되어 있어야 한다(법 제125조의2 3항). 원저작자가 저작권을 양도하였다고 하더라도 특별한 약정이 없는 한 그 양도 이전에 제3자의 저작권 침해로 인하여 원저작자가 취득한 손해배상청구권까지 당연히 양수인에게 양도되는 것은 아니다.[202]

법원은 손해가 발생한 사실은 인정되나 제125조의 규정에 따른 손해액을 산정하기 어려운 때에는 변론의 취지 및 증거조사의 결과를 참작하여 상당한 손해액을 인정할 수 있다(법 제126조).

• 판 례

◇ 대법원 2012. 2. 23. 선고 2010다66637 판결 : 구 저작권법(2006. 12. 28. 법률 제8101호로 전부 개정되기 전의 것, 이하 같다) 제93조 제2항에 따라 손해액을 산정함에 있어 '그 권리의 행사로 통상 받을 수 있는 금액에 상당하는 액'이라 함은 침해자가 저작물의 이용허락을 받았더라면 그 대가로서 지급하였을 객관적으

202) 대법원 2001. 11. 30. 선고 99다69631 판결

로 상당한 금액을 말하는 것으로, 저작권자가 침해행위와 유사한 형태의 저작물 이용과 관련하여 저작물 이용계약을 맺고 이용료를 받은 사례가 있는 경우라면, 특별한 사정이 없는 한 그 이용계약에서 정해진 이용료를 저작권자가 그 권리의 행사로 통상 받을 수 있는 금액으로 보아 이를 기준으로 손해액을 산정할 수 있다. 또한 저작권자가 그와 같은 저작물 이용계약을 체결하거나 이용료를 받은 적이 전혀 없는 경우라면 일응 그 업계에서 일반화되어 있는 이용료를 손해액 산정의 기준으로 삼을 수 있다 할 것이지만, 그 업계에서 일반화되어 있는 사용료를 기준으로 하여 구 저작권법 제93조 제2항의 규정에 의한 손해액을 산정하기도 어려운 때에는 법원은 구 저작권법 제94조에 따라 변론의 취지 및 증거조사의 결과를 참작하여 상당한 손해액을 인정할 수 있다. 한편 개정된 저작권법 제125조 제2항, 제126조에서 각각 같은 내용의 규정을 두고 있으므로, 이러한 법리는 개정된 저작권법에 의한 손해액의 산정에 있어서도 마찬가지라고 할 것이다.

공동저작물에 관한 권리가 침해된 경우는 각 저작자 또는 각 저작재산권자는 다른 저작자 또는 다른 저작재산권자의 동의 없이 저작권법 제91조의 규정에 의한 저작권 등의 침해행위 금지청구를 할 수 있고, 같은 법 제93조에 의하여 저작인격권을 제외한 저작재산권의 침해에 관하여 자신의 지분에 관한 손해배상의 청구를 할 수 있다. 같은 법 제95조에 의한 저작인격권의 침해에 대한 손해배상이나 명예회복 등 조치청구는 저작인격권의 침해가 저작자 전원의 이해관계와 관련이 있는 경우에는 전원이 행사하여야 하지만, 1인의 인격적 이익이 침해된 경우에는 단독으로 손해배상 및 명예회복조치 등을 청구할 수 있고, 특히 저작인격권 침해를 이유로 한 정신적 손해배상을 구하는 경우에는 공동저작자 각자가 단독으로 자신의 손해배상청구를 할 수 있다.[203)]

또, 물건의 일부가 저작재산권의 침해에 관계된 경우는 침해자가 그 물건을 제작·판매함으로써 얻은 이익 전체를 침해행위에 의한 이익이라고 할 수는 없고, 침해자가 그 물건을 제작·판매함으로써 얻은 전체 이익에 대한 당해 저작재산권의 침해행위에 관계된 부분의 기여도를 산정하여 그에 따라 침해행위에 의한 이익액을 산출하여야 한다. 기여도는 침해자가 얻은 전체

203) 대법원 1999. 5. 25. 선고 98다41216 판결

이익에 대한 저작재산권의 침해에 관계된 부분의 불가결성, 중요성, 가격비율, 양적 비율 등을 참작하여 종합적으로 평가해야 한다.[204) 저작재산권 침해로 인한 손해액을 산정하는 경우에도 피해자의 과실을 참작하여야 한다.[205)

한편, 저작권법은 일정한 의무위반에 대해 벌칙과 몰수 및 과태료 규정을 두고 있다(제136조 내지 제139조, 제142조). 저작권의 범죄에 대해서는 원칙적으로 권리자의 고소가 있어야 하나 영리목적으로 또는 상습적인 경우에는 검사가 직권으로 공소를 제기할 수 있다(법 제140조).

3. 주요 판례

(1) 성립요건

1) 창작물

• 판 례

◇ 대법원 2005. 10. 04. 자 2004마639 결정: 저작권법에 의하여 보호되는 저작물은 문학·학술 또는 예술의 범위에 속하는 창작물이어야 하는바, 여기에서 창작물이라 함은 저작자 자신의 작품으로서 남의 것을 베낀 것이 아니라는 것과 수준이 높아야 할 필요는 없지만 저작권법에 의한 보호를 받을 가치가 있는 정도로 최소한도의 창작성이 있다는 것을 의미한다.

〈저작물인 '대한수지의학강좌'가 '고려수지요법강좌'의 이론전개 방식이나 서술 내용, 그림, 도표 등을 그대로 인용하거나 일부 변경 또는 순서를 바꾸는 등의 방법으로 이를 실질적으로 복제함으로써 '고려수지요법강좌'의 저작권을 침해하였다고 본 사례〉

◇ 대법원 2011. 2. 10. 선고 2009도291 판결 : 구 저작권법(2006. 12. 28. 법률 제8101호로 전문 개정되기 전의 것, 이하 같다) 제2조 제1호는 저작물을 '문학·학술 또는 예술의 범위에 속하는 창작물'로 규정하고 있다. 위 규정에서 말하는 창작물이란 창작성이 있는 저작물을 말하고 그 창작성이란 완전한 의미의 독창성을 요구하는 것은 아니므로, 어떠한 작품이 남의 것을 단순히 모방한 것이 아니라

---

204) 대법원 2004. 6. 11. 선고 2002다18244 판결

205) 대법원 2010. 3. 11. 선고 2007다76733 판결에서 대법원은 인터넷 포털사이트 운영자가 타인의 사진작품을 무단 복제·전시·전송한 사안에서, 원심이 저작재산권 침해로 인한 손해배상액을 산정하면서 저작재산권자의 과실상계사유를 전혀 참작하지 아니한 것은 형평의 원칙에 비추어 현저히 불합리한 조치라고 하였다.

저작자가 사상이나 감정 등을 자신의 독자적인 표현방법에 따라 정리하여 기술하였다면 창작성이 인정될 수 있다.

〈국가고시나 전문자격시험의 수험서와 같은 실용적 저작물의 경우, 그 내용 자체는 기존의 서적, 논문 등과 공통되거나 공지의 사실을 기초로 한 것이어서 독창적이지는 않더라도, 저작자가 이용자들이 쉽게 이해할 수 있도록 해당 분야 학계에서 논의되는 이론, 학설과 그와 관련된 문제들을 잘 정리하여 저작자 나름대로의 표현방법에 따라 이론, 학설, 관련 용어, 문제에 대한 접근방법 및 풀이방법 등을 설명하는 방식으로 서적을 저술하였다면, 이는 저작자의 창조적 개성이 발현되어 있는 것이므로 저작권법에 의해 보호되는 창작물에 해당한다고 한 사례〉

◇ 대법원 2010. 12. 23. 선고 2008다44542 판결 : 구 저작권법(2006. 12. 28. 법률 제8101호로 전부 개정되기 전의 것)이 보호하는 것은 문학·학술 또는 예술에 관한 사상·감정을 말·문자·음·색 등에 의하여 구체적으로 외부에 표현하는 창작적인 표현형식이고, 그 표현되어 있는 내용, 즉 아이디어나 이론 등의 사상 및 감정 그 자체는 설사 그것이 독창성, 신규성이 있다 하더라도 원칙적으로는 저작권의 보호대상이 되지 아니하며, 특히 학술의 범위에 속하는 저작물의 경우 그 학술적인 내용은 만인에게 공통되는 것이고 누구에 대하여도 자유로운 이용이 허용되어야 하는 것으로서, 그 저작권의 보호는 창작적인 표현형식에 있는 것이지 학술적인 내용에 있는 것은 아니다.

◇ 대법원 2012. 8. 30. 선고 2010다70520 판결 : 복제 여부가 다투어지는 부분이 기존의 다른 저작물의 표현과 동일·유사한 경우는 물론 기존 이론이나 개념을 그 분야에서 일반적으로 사용하는 용어에 의하여 설명하거나 정리한 경우 또는 논리구성상 달리 표현하기 어렵거나 다르게 표현하는 것이 적합하지 아니한 경우 등 누가 하더라도 같거나 비슷할 수밖에 없는 표현, 즉 저작물 작성자의 창조적 개성이 발현될 여지가 없는 경우에는 저작물의 창작성이 인정되기 어렵다.

◇ 대법원 2012. 2. 23. 선고 2010다66637 판결 : 저작권법 제5조 제1항은 원저작물을 번역·편곡·변형·각색·영상제작 그 밖의 방법으로 작성한 창작물(이하 '2차적 저작물'이라 한다)은 독자적인 저작물로서 보호된다고 규정하고 있는데, 2차적 저작물로 보호를 받기 위하여는 원저작물을 기초로 하되 원저작물과 실질적 유사성을 유지하고, 이것에 사회통념상 새로운 저작물이 될 수 있을 정도의 수정·증감을 가하여 새로운 창작성이 부가되어야 하는 것이며, 원저작물에 다소의 수정·증감을 가한 것에 불과하여 독창적인 저작물이라고 볼 수 없는 경우에는 저작권법에 의한 보호를 받을 수 없다.

◇ 대법원 2010. 3. 11. 선고 2009다80637 판결 : 게임물에 등장하는 캐릭터에 창작성이 인정되므로 원저작물인 게임물과 별개로 저작권법의 보호대상이 될 수

있고, 그 캐릭터에 관하여 상품화가 이루어졌는지 여부는 저작권법에 의한 보호 여부를 판단함에 있어서 고려할 사항이 아니다.

◇ 대법원 1977. 7. 12. 선고 77다90 판결 : 만화제명 "또복이"는 사상 또는 감정의 표명이라고 볼 수 없어 저작물로서 보호받을 수 없다.

◇ 대법원 2010. 12. 23. 선고 2008다44542 판결 : 고주파 수술기를 이용한 수술 장면 및 환자의 환부 모습과 치료 경과 등을 충실하게 표현하여 정확하고 명확한 정보를 전달한다는 실용적 목적을 위하여 촬영된 사진들은 구 저작권법(2006. 12. 28. 법률 제8101호로 전부 개정되기 전의 것)상의 사진저작물로서 보호될 정도로 촬영자의 개성과 창조성이 인정되는 '저작물'에 해당한다고 보기는 어렵다.

◇ 대법원 1990. 10. 23. 선고 90다카8845 판결 : 저작권법의 보호대상인 저작물이라 함은 사상 또는 감정을 창작적으로 표현한 것으로서 문학, 학술 또는 예술의 범위에 속하는 것이면 되고 윤리성 여하는 문제되지 아니하므로 설사 그 내용 중에 부도덕하거나 위법한 부분이 포함되어 있다 하더라도 저작권법상 저작물로 보호된다 할 것이다.

2) 침해의 판단기준

• 판 례

◇ 대법원 2000. 10. 24. 선고 99다10813 판결 : 저작권의 침해 여부를 가리기 위하여 두 저작물 사이에 실질적인 유사성이 있는가의 여부를 판단함에 있어서도 창작적인 표현형식에 해당하는 것만을 가지고 대비하여야 한다.

3) 동일성유지권

• 판 례

◇ 대법원 2013. 4. 26. 선고 2010다79923 판결 : 저작자는 그의 저작물의 내용·형식 및 제호의 동일성을 유지할 권리를 가지는데(저작권법 제13조 제1항), 저작자가 명시적 또는 묵시적으로 동의한 범위 내에서 저작물을 변경한 경우에는 저작자의 위와 같은 동일성유지권 침해에 해당하지 아니한다. 그리고 저작물에 대한 출판계약을 체결한 저작자가 저작물의 변경에 대하여 동의하였는지 여부 및 동의의 범위는 출판계약의 성질·체결 경위·내용, 계약 당사자들의 지위와 상호관계, 출판의 목적, 출판물의 이용실태, 저작물의 성격 등 제반 사정을

종합적으로 고려하여 구체적·개별적으로 판단하여야 한다.

〈갑 등과 출판계약을 체결하여 그들이 작성한 원고(원고) 등으로 교과서를 제작한 을 주식회사가 교육과학기술부장관의 수정지시에 따라 교과서의 일부 내용을 수정하여 발행·배포한 사안에서, 출판계약의 성질과 내용, 갑 등 저작자들과 을 회사가 교과서 검정신청을 하면서 제출한 동의서의 내용과 제출 경위, 갑 등과 을 회사의 지위와 상호관계, 출판의 목적, 교과서의 성격 등 여러 사정에 비추어 갑 등은 출판계약 체결 및 동의서 제출 당시 을 회사에 교육과학기술부장관의 수정지시를 이행하는 범위 내에서 교과서를 변경하는 데 동의한 것으로 봄이 타당하고, 행정처분에 해당하는 위 수정지시를 당연 무효라고 보아야 할 사유가 없으므로, 이를 이행하기 위하여 을 회사가 위 교과서를 수정하여 발행·배포한 것은 교과서에 대한 갑 등의 동일성유지권 침해에 해당하지 않는다고 한 사례〉

◇ 대법원 1989. 10. 24. 선고 89다카12824 판결 : 원저작물을 원형 그대로 복제하지 아니하고 다소의 변경을 가한 것이라 하여도 원저작물의 재제 또는 동일성이 감지되는 정도이면 복제가 되는 것이고 이 같은 복제물이 타인의 저작물로 공표되게 되면 원저작자의 성명 표시권의 침해가 있었다고 보아야 할 것이고, 원저작물을 복제함에 있어 함부로 그 저작물의 내용, 형식, 제호에 변경을 가한 경우에는 원저작자의 동일성 유지권을 침해한 경우에 해당한다.

4) 정당한 사유

• 판 례

◇ 대법원 1989. 10. 24. 선고 88다카29269 판결 : 문교부가 국어교과서에 실은 산문의 지은이를 가공의 이름으로 표시한 이유가 교육정책상의 목적에 있었다 하더라도 이러한 사정만으로는 저작자에게 전속되는 창작자임을 주장할 수 있는 귀속권을 침해하는 정당한 사유가 되지 아니한다.

◇ 대법원 1990. 10. 23. 선고 90다카8845 판결 : 저작권법 제24조 소정의 시사보도를 위한 이용으로 타인 저작물의 자유이용이 허용되기 위하여는 사회통념과 시사보도의 관행에 비추어 보도의 목적상 정당한 범위 안에서의 이용이어야 한다고 할 것인바, 잡지에 게재된 사진이 칼라로 된 양질의 사진으로서 그 크기나 배치를 보아 전체적으로 3면의 기사 중 비평기사 보다는 사진이 절대적 비중을 차지하는 화보형식으로 구성되어 있는 경우 위 사진들은 보도의 목적이라기 보다는 감상용으로 인용되었다고 보이므로 보도를 위한 정당한 범위 안에서 이용되었다고 볼 수 없다.

5) 유형별 검토

① 링크의 침해성 여부

• 판 례

◇ 대법원 2010. 3. 11. 선고 2009다4343 판결 : 이른바 인터넷 링크(Internet link)는 인터넷에서 링크하고자 하는 웹페이지나, 웹사이트 등의 서버에 저장된 개개의 저작물 등의 웹 위치 정보 내지 경로를 나타낸 것에 불과하여, 비록 인터넷 이용자가 링크 부분을 클릭함으로써 링크된 웹페이지나 개개의 저작물에 직접 연결한다 하더라도, 이는 구 저작권법(2006. 12. 28. 법률 제8101호로 전부 개정되기 전의 것) 제2조 제14호에 규정된 '유형물에 고정하거나 유형물로 다시 제작하는 것'에 해당하지 아니하고, 또한 저작물의 전송의뢰를 하는 지시 또는 의뢰의 준비행위로 볼 수 있을지언정 같은 조 제9호의2에 규정된 '송신하거나 이용에 제공하는 것'에 해당하지 아니함은 물론, 같은 법 제19조에서 말하는 '유형물을 진열하거나 게시하는 것'에도 해당하지 아니한다. 그러므로 위와 같은 링크를 하는 행위는 구 저작권법이 규정하는 복제, 전송 및 전시에 해당하지 않는다.

② 상세보기의 침해성 여부

• 판 례

◇ 대법원 2010. 3. 11. 선고 2009다76256 판결 : 인터넷 포털사이트를 운영하는 온라인서비스제공자가 회원들이 게시판에 올린(upload) 이미지에 대하여 상세보기 이미지 검색서비스를 제공한 것이 저작권자의 복제권, 전시권 및 공중송신권을 직접 침해한 것으로 볼 수 없다.

③ 과실 내지 부작위에 의한 방조

• 판 례

◇ 대법원 2010. 3. 11. 선고 2009다80637 판결 : 디지털 카메라와 인터넷 이용이 대중화되면서 인터넷 포털사이트에 개인이나 동호인별 게시공간을 개설한 다음 스스로 촬영한 사진 등을 게시함으로써 회원들 상호간에 이를 자유로이 공유·교환하는 문화가 급속히 확산되고 있어, 피고 회사로서도 저작권에 관한 아무런 표시가 없는 이 사건 이미지가 타인의 저작권을 침해하는 것인지 여부를 쉽게 알 수 없었을 뿐만 아니라, 그와 같은 저작권 침해 게시물을 자동적으로 걸러내는 기술적 수단도 없었던 것으로 보이고, 그 밖에 피고 회사가 그 회

원인 피고 오인규의 '블로그'에 이 사건 이미지가 게시된 사정을 구체적으로 인식하고 있었거나 그 존재를 인식할 수 있었음이 외관상 명백히 드러난다고 볼 만한 사정을 기록상 찾아 볼 수도 없어, 원고의 요청이 없더라도 이 사건 이미지를 삭제하거나 그 게시를 차단할 의무가 있었다고는 보기 어렵다 할 것이므로, 피고 회사가 그와 같은 조치를 취하지 아니하였다 하여 피고 오인규의 불법행위에 도움을 주었다고 할 수 없다. 따라서 같은 취지에서 피고 회사에게 방조에 의한 공동불법행위자로서의 책임을 지울 수 없다.

◇ 대법원 2007. 1. 25. 선고 2005다11626 판결 : 저작권법이 보호하는 복제권의 침해를 방조하는 행위란 타인의 복제권 침해를 용이하게 해주는 직접·간접의 모든 행위를 가리키는 것으로서 복제권 침해행위를 미필적으로만 인식하는 방조도 가능함은 물론 과실에 의한 방조도 가능하다고 할 것인바, 과실에 의한 방조의 경우에 있어 과실의 내용은 복제권 침해행위에 도움을 주지 않아야 할 주의의무가 있음을 전제로 하여 그 의무를 위반하는 것을 말하고, 위와 같은 침해의 방조행위에 있어 방조자는 실제 복제권 침해행위가 실행되는 일시나 장소, 복제의 객체 등을 구체적으로 인식할 필요가 없으며 실제 복제행위를 실행하는 자가 누구인지 확정적으로 인식할 필요도 없다.

〈'소리바다' 서비스 제공자는 그 이용자들이 음반제작자들의 저작인접권을 침해하리라는 사정을 미필적으로 인식하였거나 적어도 충분히 예견할 수 있었음에도 불구하고 소리바다 프로그램을 개발하여 무료로 나누어 주고 소리바다 서버를 운영하면서 그 이용자들에게 다른 이용자들의 접속정보를 제공함으로써, 이용자들이 음악 CD로부터 변환한 MPEG-1 Audio Layer-3(MP3) 파일을 Peer-To-Peer(P2P) 방식으로 주고받아 복제하는 방법으로 저작인접권 침해행위를 실행하는 것을 용이하게 하였으므로 그에 대한 방조책임을 부담한다고 한 사례〉

(2) 효 과

1) 통상손해

① 권리행사로 통상 얻을 수 있는 금액

• 판 례

◇ 대법원 2001. 11. 30. 선고 99다69631 판결 : 구 저작권법(2000. 1. 12. 법률 제6134호로 개정되기 전의 것) 제93조 제3항은 저작재산권자 등은 제2항의 규정에 의한 손해액 외에 그 권리의 행사로 통상 얻을 수 있는 금액에 상당하는 액을 손해액으로 하여 그 배상을 청구할 수 있다고 규정하고 있는바, 여기서 권리의 행사로 통상 얻을 수 있는 금액에 상당하는 액이라 함은 침해자가 저작물의 사용 허락을 받았더라면 사용대가로서 지급하였을 객관적으로 상당한 금액을 말

한다고 보아야 할 것이고, 음악저작물은 저작물에 따라 작품성과 대중 인기도에 차이가 있어 저작권자로서는 저작물을 사용하고자 하는 자와 사이에 저작물사용계약을 체결하면서 나름대로의 사용료를 정할 수 있는 것이므로, 저작권자가 당해 저작물에 관하여 사용계약을 체결하거나 사용료를 받은 적이 전혀 없는 경우라면 일응 그 업계에서 일반화되어 있는 사용료를 저작권 침해로 인한 손해액 산정에 있어서 한 기준으로 삼을 수 있겠지만, 저작권자가 침해행위와 유사한 형태의 저작물 사용과 관련하여 저작물사용계약을 맺고 사용료를 받은 사례가 있는 경우라면, 그 사용료가 특별히 예외적인 사정이 있어 이례적으로 높게 책정된 것이라거나 저작권 침해로 인한 손해배상청구 소송에 영향을 미치기 위하여 상대방과 통모하여 비정상적으로 고액으로 정한 것이라는 등의 특별한 사정이 없는 한, 그 사용계약에서 정해진 사용료를 저작권자가 그 권리의 행사로 통상 얻을 수 있는 금액으로 보아 이를 기준으로 손해액을 산정함이 상당하다.

◇ 대법원 2001. 6. 26. 선고 99다50552 판결 : 구 컴퓨터프로그램보호법(1995. 12. 6. 법률 제4996호로 개정되기 전의 것) 제27조 제3항은 프로그램저작권을 침해한 자가 침해행위에 의하여 얻은 이익액은 프로그램저작권자가 입은 손해액으로 추정한다고 규정하고, 같은 조 제4항은 프로그램저작권자는 제3항에 의한 손해액 외에 그 권리의 행사로 통상 얻을 수 있는 금액에 상당하는 액을 손해액으로 하여 그 배상을 청구할 수 있다고 규정하고 있는바, 여기서 권리의 행사로 통상 얻을 수 있는 금액에 상당하는 액이라 함은 침해자가 프로그램저작물의 사용 허락을 받았더라면 사용대가로서 지급하였을 객관적으로 상당한 금액을 말한다고 보아야 할 것이고, 따라서 위 금액을 산정함에 있어서는 단위당 프로그램저작물의 통상적인 사용대가에 침해자의 복제품의 판매수량을 곱하여 계산하여야 할 것이다.

◇ 대법원 2013. 7. 11. 선고 2011다101483 판결 : 이동통신사업자인 갑 주식회사가 제공하는 통화연결음 서비스와 관련하여 한국음악저작권협회와 갑 회사가 저작권 사용료 징수규정에서 정한 저작권 사용료 산정방식에 따라 사용료를 지급하기로 하였는데, 전송사용료의 산출 기준인 매출액의 범위에 부가서비스 이용료가 포함되는지가 문제 된 사안에서, 위 징수규정에서 '매출액이란 당해 서비스 사이트에서 해당 서비스로 발생한 이용료 등의 수입에 광고, 기타의 수입을 합한 금액을 말한다'고 정하고 있는데, 위 매출액 정의 중 '당해 서비스 사이트'는 문언상의 의미대로 '콘텐츠제공업자(Contents Provider. 이하 'CP'라 한다) 등의 웹사이트'를 의미하고, '해당 서비스로 발생한 이용료 등의 수입'은 'CP 등이 음원을 통화연결음으로 전송한 대가로 받은 정보이용료 수입'만을 의

미하며, '광고 기타의 수입'은 'CP 등의 웹사이트에서 발생한 광고 기타의 수입'을 의미한다고 해석함이 타당하므로, 갑 회사가 '전송' 행위와는 무관하게 통신역무의 대가로 받는 부가서비스 이용료는 매출액 정의상 '매출액'에 포함되지 않는다.

② 창작성이 없는 부분의 손해

• 판 례

◇ 대법원 2012. 8. 30. 선고 2010다70520 판결 : 원저작물이 전체적으로 볼 때는 저작권법 소정의 창작물에 해당한다 하더라도 그 내용 중 창작성이 없는 표현 부분에 대해서는 원저작물에 관한 복제권 등의 효력이 미치지 않는다. 따라서 어문저작물에 관한 저작권침해소송에서 원저작물 전체가 아니라 그 중 일부가 상대방 저작물에 복제되었다고 다투어지는 경우에는, 먼저 원저작물 중 복제 여부가 다투어지는 부분이 창작성 있는 표현에 해당하는지 여부, 상대방 저작물의 해당 부분이 원저작물의 해당 부분에 의거하여 작성된 것인지 여부 및 그와 실질적으로 유사한지 여부를 개별적으로 살펴야 하고, 나아가 복제된 창작성 있는 표현 부분이 원저작물 전체에서 차지하는 양적·질적 비중 등도 고려하여 복제권 등의 침해 여부를 판단하여야 한다.

③ 위자료

• 판 례

◇ 대법원 1989. 10. 24. 선고 88다카29269 판결 : 재산적 손해로 인한 배상청구와 정신적 손해로 인한 배상청구는 각각 소송물을 달리하는 별개의 청구이므로 소송당사자로서는 그 금액을 특정하여 청구하여야 하고, 법원으로서도 그 내역을 밝혀 각 청구의 당부에 관하여 판단하여야 한다.

구 저작권법 제14조(1986.12.31. 법률 제3916호로 개정되기 전의 것)에 의하면 저작자는 저작물에 관한 재산적 권리에 관계없이 또한 그 권리의 이전후에 있어서도 그 저작물의 창작자임을 주장할 권리가 있고 이는 저작자가 저작자로서의 인격권에 터잡아 저작물의 원작품이나 그 복제물에 또는 저작물의 공표에 있어서 그의 실명 또는 이명을 표시할 권리가 있다는 것이므로 저작자의 동의나 승낙없이 그 성명을 표시하지 않았거나 가공의 이름을 표시하여 그 저작물을 무단복제한 자에 대하여는 특단의 사정이 없는 한 위 귀속권침해로 인한 정신적 손해의 배상을 청구할 수 있다.

◇ 대법원 1989. 10. 24. 선고 88다카29269 판결 : 구 저작권법 제17조에 의하면 저작자는 그 저작물의 내용, 형식과 제호를 변경할 권리가 있고, 이는 저작자가 그 저작물에 관한 인격적 권리에 터잡아 저작물의 동일성을 유지할 권리가 있다는 뜻이므로 저작자는 특단의 사정이 없는 한 그 저작물을 임의로 변경한 자에 대하여 위 법조 소정의 변경권 내지 동일성 유지권의 침해로 인한 정신적 손해의 배상을 구할 수 있다.

◇ 대법원 1989. 10. 24. 선고 89다카12824 판결 : 저작자는 고의 또는 과실로 저작인격권을 침해한 자에 대하여 손해배상에 갈음하거나 손해배상과 함께 명예회복을 위하여 필요한 조치를 청구할 수 있는 것으로서 저작인격권이 침해되었다면 특별한 사정이 없는 한 저작자는 그의 명예와 감정에 손상을 입는 정신적 고통을 받았다고 보는 것이 경험법칙에 합치된다.

2) 유지청구권 및 대위행사의 가부

• 판 례

◇ 대법원 2010. 8. 25. 자 2008마1541 결정 : 경쟁자가 상당한 노력과 투자에 의하여 구축한 성과물을 상도덕이나 공정한 경쟁질서에 반하여 자신의 영업을 위하여 무단으로 이용함으로써 경쟁자의 노력과 투자에 편승하여 부당하게 이익을 얻고 경쟁자의 법률상 보호할 가치가 있는 이익을 침해하는 행위는 부정한 경쟁행위로서 민법상 불법행위에 해당하는바, 위와 같은 무단이용 상태가 계속되어 금전배상을 명하는 것만으로는 피해자 구제의 실효성을 기대하기 어렵고 무단이용의 금지로 인하여 보호되는 피해자의 이익과 그로 인한 가해자의 불이익을 비교·교량할 때 피해자의 이익이 더 큰 경우에는 그 행위의 금지 또는 예방을 청구할 수 있다.

◇ 대법원 2007. 1. 25. 선고 2005다11626 판결 : 저작권법은 특허법이 전용실시권 제도를 둔 것과는 달리 침해정지청구권을 행사할 수 있는 이용권을 부여하는 제도를 마련하고 있지 아니하여, 이용허락계약의 당사자들이 독점적인 이용을 허락하는 계약을 체결한 경우라도 그 이용권자가 독자적으로 저작권법상의 침해정지청구권을 행사할 수는 없다. 따라서 이용허락의 목적이 된 저작권법이 보호하는 재산권의 침해가 발생하는 경우에도 그 권리자가 스스로 침해정지청구권을 행사하지 아니하는 때에는 독점적인 이용권자로서는 이를 대위하여 행사하지 아니하면 달리 자신의 권리를 보전할 방법이 없을 뿐만 아니라, 저작권법이 보호하는 이용허락의 대상이 되는 권리들은 일신전속적인 권리도 아니어서

독점적인 이용권자는 자신의 권리를 보전하기 위하여 필요한 범위 내에서 권리자를 대위하여 저작권법 제91조에 기한 침해정지청구권을 행사할 수 있다.

【서식】 저작권침해에 따른 손해배상(지) 청구의 소

소 장

원 고 ○ ○ ○ (○○○○○○-○○○○○○○)
○○시 ○○구 ○○동 ○○
소송대리인 법무법인 ○○ 담당변호사 ○○○
○○시 ○○구 ○○동 ○○
전화번호 : 441-7777, 팩스 : 441-7778, 전자우편 ○○@hotmail.com

피 고 ○ ○ ○ (○○○○○○-○○○○○○○)
○○시 ○○구 ○○동 ○○
소송대리인 법무법인 ○○ 담당변호사 ○○○외 1인

손해배상(기) 청구의 소

청 구 취 지

1. 피고는 원고에게 금 50,000,000원 및 이에 대하여 이 사건 소장 부본 송달 다음날부터 다 갚는 날까지 연 20%의 비율에 의한 금원을 지급하라.
2. 소송비용은 피고의 부담으로 한다.
3. 위 제1항은 가집행할 수 있다.

라는 판결 및 가집행선고를 구합니다.

청 구 원 인

1. 원고의 만화 '&&000' 집필과 피고의 시놉시스 '00***'의 발표
   가. 원고는 '김준'이라는 필명의 만화작가로서, 1992년경부터 '&&000'라는 제호의 만화를 저작하여 출판하였고, 피고는 '모래시계', '여명의 눈동자' 등을 쓴 드라마 작가로서, '00***'라는 제목의 드라마 시놉시스(synopsis)를 집필하여 2004. 9. 14. 서울 소공동 롯데호텔에서 제작발표회를 하였다.
   나. 원고의 만화 '&&000**'(이하 '&&000'라고만 한다)는 고구려 시대, 그 중에서 특히 제3대 대무신왕{재위 18-44, 휘(휘) 무휼(무휼), 이하 '무휼'이라고만 한다} 시대를 배경으로 하며, 의인화된 사신수 (사신수)가 자신이 선택한 왕을 중심으로 부도 (부도)를 지향한다는 내용으로 그 줄거리는 별지 제1목록 기재와 같다.

다. 한편, 피고의 드라마 시놉시스 '00***'(이하 '00***'라고만 한다)는 고구려 제19대 광개토대왕{재위 391-413, 이름은 담덕(담덕), 생존시의 칭호는 영락대왕(영락대왕), 이하 '담덕'이라고만 한다} 시대를 배경으로 하여, 주인공인 담덕이 진정한 주군을 찾아 그 주군과 함께 오래전에 떠났던 고향땅 신시 (신시)를 다시 찾기 위해 노력하는 사신 (사신)의 도움을 받으면서, 이 세상의 중심에 있는 것으로 알려진 단군의 나무를 찾아 그 땅에 도읍을 정하고 강한 나라를 만들기 위해 노력해 나가는 과정을 그린 작품으로 그 줄거리는 별지 제2목록 기재와 같다.

2. 원고의 주장

가. 피고가 원고의 승낙 없이 원고의 저작물인 &&000에 의거하여 00***를 작성하였고, 양 작품 사이에 부분적·문언적 유사성은 없다고 하더라도, &&000의 근본적인 본질 또는 구조인, '사신을 의인화하여 누군가의 수호신으로 설정하고, 각각의 사신 캐릭터들에 ㅇ대하여 작가만의 독창적이고 개성적인 특성을 부여함으로써 구체적이고 독특하게 개발된 캐릭터와 그 캐릭터들의 상관관계를 통해 부도 또는 신시를 지향한다는 이야기 패턴(전개방식) 및 기타 에피소드' 등을 차용하여, 원고의 &&000와 포괄적 · 비문언적 유상성이 있는 00***를 발표함으로써 원고가 &&000에 대하여 가지는 저적인격권 중 성명표시권 및 동일성유지권과 저작재산권인 2차적 저작물 작성권을 침해하였으므로, 피고는 원고에게 이에 대한 손해를 배상할 의무가 있다.

나. 이 사건 만화의 저작권자

원고는 &&000를 창작하였고, 이는 예술의 범위에 속하는 창작물로서 저작권법에 의하여 보호받을 가치가 있는 창작성을 갖추었다고 할 것이므로, 원고는 &&000의 저작권자로서 저작인격권 및 저작재산권을 갖는다고 할 것이다.

다. 실질적 유사성 인정 여부

(1) 부분적·문언적 유상성과 포괄적·비문언적 유사성에 대한 원고의 주장

피고가 &&000의 근본적인 본질 또는 구조를 복제하였으므로 양 저작물에 포괄적·비문언적으로 유사성이 있다.

(2) 소재, 주제 등에 있어서의 실질적 유사성에 대한 원고의 주장

원·피고의 저작물이 &&000의 근본적인 본질 또는 구조인, 사신을 의인화하여 누군가의 수호신으로 설정하고, 각각의 사신 캐릭터들에 대하여 작가만의 독창적이고 개성적인 특성을 부여함으로써 구체적이고 독특하게 개발된 캐릭터와 그 캐릭터들의 상관관계를 통해 부도 또는 신시를 지향한다는 이야기가 실질적으로 유사하다.

(가) 부도, 신시의 유사성

원고가 대무신왕 당시 고구려 영토와 대무신왕이 영토 확장을 했던 경로 등 역사적 사실로부터 대무신왕이 옛 고조선 영토인 신시와 신시의 법을 회복한다는 주몽의 '다물(다물)' 이념을 계승하여 신시를 되찾기 위해 노력하였다는 것을 추론해 내고 이를 표현하기 위해 부도를 '신시'와 같은 의미로 사용하였는바, 피고는 광개토대왕 시대에는 이미 위 지역이 회복되었음에도 불구하고, 그러한 역사적 사실을 무시한 채, 만연히 담덕이 주몽의 다물이념을 계승하여 신시를 회복하고자 노력하였다고 단정하고, 이를 표현하귀 위해 '신시'를 작품에 차용하였는바, 이는 피고가 &&000에서 원고가 쓴 '부도'의 위와 같은 표현적 의미를 베껴 '신시'로 대체하면서 시대적 배경만 광개토대왕 시대로 옮긴 결과이다.

(나) 주인공이 사신의 도움을 받아 부도, 신시를 지향하는 줄거리의 유사성

앞서 본 바와 같이 원 · 피고의 저작물은 주인공이 사신의 도움을 받아 신시 또는 부도를 지향한다는 점에서 양 작품의 주제 또는 전체적인 줄거리가 유사하다.

(3) 사신 캐릭터들 사이의 개별적인 유사성에 대한 원고의 주장

원고가 &&000에서 의인화된 사신 등 여러 등장인물에 대하여 원고만의 독창적이고 개성적인 특성을 부여함으로써 구체적이고 독특하게 개발된 등장인물과 피고 작품에서의 사신들의 개별적인 캐릭터가 실질적으로 유사하다.

(가) 현무 캐릭터의 유사성

먼저 &&000의 현무와 00***의 현무는 나이가 많다는 점, 나라를 넘어 이동하고 지혜가 뛰어나며 하늘에서 두 개의 별을 보고 예언이나 계시를 얻는다는 점 등에서 유사성이 있다.

(나) 청룡 캐릭터의 혼성모방

00***의 청룡 '처로'는 먼 옛날 소서노를 남몰래 사랑했을지도 모를 인물로 깊은 산속에서 은거하고, 스스로 시력을 포기하고 잠을 자고, 자연과 말이 통한다는 점에서 &&000에서 세류를 오랫동안 지켜보면서 망설이는 사랑을 하고, 오랜 잠을 자는 백호 '괴유'와 주인의 심리상태에 따라 눈이 멀기도 하는 청룡 '하얀사녀'와 산짐승, 나무들과 이야기가 통하는 천녀 '가희'와 그 특징이 유사한 바 이는 피고가 원고의 위 캐릭터들을 혼성모방한 결과이다.

(다) 백호 캐릭터의 유사성

00***의 백호 모두루는 ① 몰락한 가문의 아들이고, ② 자신이 아끼던 서천왕의 둘째 아들 돌고가 그 형의 시기를 받아 역적으로 몰려 죽어버리자, ③ 인간에게 염증을 느끼고 깊은 잠에 들었다는 점, ④ 못생긴 과부지만 현명하고 용감한 여자와 결혼한다는 점에서 &&000에서 부여

에 의하여 멸문된 은씨 집안의 아들로서, 존경하던 해명태자가 아버지인 유리왕의 미움을 받아 유리왕의 명으로 자결하는 것을 보고, 깊은 잠에 빠지게 되며, 과부지만 용감하고 현명한 세류의 연인이 되는 백호 괴유와 유사하다.

(라) 주작 캐릭터의 혼성모방

00***의 주작 수지니는 침몰당한 명문과 출신이라는 점, 어린시절을 궁에서 보내고 쾌활한 성격을 가진 점, 현무에게 죽임을 당할 뻔 한다는 점에서 &&000에서 부여의 주작인 용과, ① 유일한 여성이라는 점, ② 어린 시절부터 떠돌며 지냈다는 점, ③ 사랑하는 두 남자 사이에서 갈등하게 되며, ④ 형제국 간의 전쟁을 막으려 노력한 점에서 &&000의 세류와 유사한 바, 이는 피고가 용과 세류의 캐릭터를 혼성모방한 결과이다.

(4) 캐릭터 사이의 상관관계를 통한 이야기 전개, 에피소드 등에 있어서의 유사성에 대한 원고의 주장

(가) 설사 위 등장인물들이 그 자체로서 저작권법의 독자적인 보호를 받기 어렵다 하더라도 다른 등장인물들과의 상관관계를 맺으며 저개되는 이야기나 에피소드, 즉 무휼과 모로, 담덤과 모두루의 상관관계를 통해 나타난 주인공이 심복을 얻는 과정 및 그 심복이 나중에 죽음에 이르는 과정 및 그 심복이 나중에 죽음에 이르는 과정에 관한 이야기 전개, 흑주작과 난새와 관련된 에피소드, 양 작품 모두 외세와의 전쟁이 아닌 민족 내부의 전쟁을 다루고 있는 점, 주인공의 적국은 주인공이 사랑하는 여자와 관련되어 있다는 캐릭터들 사이의 상관관계, 주인공이 결국 부도나 신시에 이르지 못하고 죽게 된다는 비극적 결말 등이 유사하다.

3. 결　론

따라서 이 사건 피고가 원고의 저작권을 명백하게 침해하였다 할 것이므로, 이 사건 청구취지 기재 내용과 같이 피고는 원고에게 금 50,000,000원 및 이에 대하여 이 사건 소장 부본 송달 다음날부터 다 갚는 날까지 연 20%의 비율에 의한 금원을 지급할 의무가 있다 할 것이므로, 이 사건 손해배상금 지급을 구하기 위하여 이건 소를 제기하게 되었습니다.

입 증 방 법

〈 생　　략 〉

첨 부 서 류

〈 생　　략 〉

20△△. ○○. ○○.

원고 ○ ○ ○ (인)

ㅁㅁ중앙지방법원 귀중